AROMATHÉRAPIE

10695700

DU MÊME AUTEUR

- *Aux Éditions MALOINE* (Paris) :
  - *Aromathérapie* (éd. allemande). Die Behandlung von Krankheiten Mit Pflanzenessenzen — 1976.
  - *Traitement des maladies par les légumes, les fruits et les céréales.* 8ᵉ édition — 1982.
  - *Phytothérapie* (Traitement des maladies par les plantes). 5ᵉ édition — 1983.
  - *« Docteur Nature ».* 3ᵉ édition — 1980.
- *Aux Éditions ROBERT LAFFONT* (Paris) :
  - *L'Aromathérapie* (Collection Médecine et traitements naturels) — 1976.
- *Aux PRESSES DE LA RENAISSANCE* (en collaboration):
  - *Une médecine nouvelle. Phytothérapie et Aromathérapie* — 1978.
- *Aux Éditions « LIVRE DE POCHE »* :
  - *Aromathérapie* — 1979-1983.
- *Aux Éditions REUS* (Madrid) :
  - *Tratamiento de las enfermedades por las verduras, frutas y cereales* — 1973.
- *Aux Éditions ALDO MARTELLO* (Florence) :
  - *Cura delle malattie con ortaggi frutta e cereali.* 3ᵉ édition — 1975.
  - *Fitoterapia. Cura delle malattie con le piante.* 2ᵉ édition — 1976.
  - *Cura delle malattie con le essenze delle piante.* 2ᵉ édition — 1976.
- *Aux Éditions ERBONIA BOOKS, INC.* (New York) :
  - *Organic garden medicine. The medical uses of vegetables, fruits and grains* — 1975.
- *Aux Éditions C.W. DANIEL COMPANY LTD* (Londres) :
  - *The Practice of Aromatherapy* — 1982.
- *Aux ENCYCLOPÉDIES PLANÈTE* (en collaboration) :
  - *Les Médecines différentes* — 1964. Épuisé.

A PARAITRE :
  - *Phyto-aromathérapie, un traitement capital.*
  - *Maladies cardio-vasculaires et phyto-aromathérapie.*

Docteur Jean Valnet

AROMATHÉRAPIE

Traitement des maladies par les essences des plantes

10e édition
revue, corrigée et augmentée
avec un tableau des indications par Norman DEFRANCE

Maloine S.A. - Éditeur

Le docteur Jean Valnet

Franc-Comtois, est depuis longtemps considéré comme l'un des plus grands spécialistes de la médecine par les plantes, et présenté dans les milieux les plus divers, y compris par certains universitaires, comme celui qui a relancé en France la phytothérapie auprès des médecins et du grand public. Ses ouvrages font autorité et sont diffusés dans le monde entier. En France, on les trouve aussi bien dans les facultés que dans les bibliothèques municipales, chez les professionnels comme dans de nombreux foyers. Ses émissions à la radio et à la télévision, tant en France qu'à l'étranger, ainsi que les articles qui lui ont été consacrés dans de nombreux journaux et magazines mondiaux ont provoqué une extraordinaire prise de conscience à l'image de **Nader** aux U.S.A.

Auteur de nombreuses conférences destinées aux spécialistes (facultés, ministère de la Santé publique) ou au grand public en France, en Angleterre, en Belgique, en Suisse, en Allemagne, en Espagne, en Iran, en Afrique, aux États-Unis, au Canada... Le Dr Valnet a présidé — dès 1960 — plusieurs congrès sur les moyens de traitements naturels préconisés dans ses livres.

Ancien médecin et chirurgien des Armées, le Dr Valnet a toujours soigné par les plantes. En Indochine, chirurgien de l'antenne chirurgicale n° 1 au Tonkin de 1950 à 1953, il pansait les blessés avec des solutions aromatiques en obtenant des résultats généralement bien supérieurs à la moyenne.

En 1959, il quitte l'Armée pour s'installer à Paris et poursuivre ses recherches. Médaille de bronze pour travaux scientifiques en 1954, le Dr Valnet est officier de la Légion d'honneur, commandeur des Palmes académiques, titulaire de nombreuses distinctions civiles et militaires, membre de plusieurs sociétés savantes françaises et étrangères. Il est président-fondateur de plusieurs sociétés de recherches ayant pour objet : «Toutes études, recherches et travaux touchant à l'aromathérapie, la phytothérapie, les thérapeutiques biologiques, naturelles et physiques ou s'y rattachant directement ou indirectement et la diffusion par tous les moyens de ces études, recherches et travaux.» Sociétaire de la Société des Gens de Lettres de France.

Plan de l'ouvrage

1. Les mots en italique attirent l'attention sur les indications paraissant les plus importantes.

Préface
à la 9ᵉ édition

Le bienveillant accueil que les médecins et le public ont réservé à cet ouvrage depuis sa parution en 1964 est dû à différents facteurs :

— D'abord aux innombrables commentaires favorables parus à son sujet tant dans les revues scientifiques, françaises ou étrangères que dans la grande presse sous la signature de confrères éminents ou d'écrivains renommés. Que ces amis soient assurés de ma reconnaissance.

— Ensuite, à toutes les émissions radio-télévisées où j'ai été convié depuis plus de dix ans, notamment en France, en Suisse, en Belgique, au Canada, aux États-Unis... Plus de cinq cents à ce jour. Que mes interviewers croient à mon entière gratitude.

— Enfin aux soins particuliers dont, aux Éditions Maloine, l'ont constamment entouré MM. Philippart que je tiens, une fois de plus, à remercier vivement.

La « source venant d'en bas », le vrai succès de ce travail doit être aussi, incontestablement, mis à l'actif de l'opinion, qui, depuis longtemps déjà, de plus en plus déçue sinon meurtrie par les thérapeutiques à « coups de matraque », revient — jour après jour et à vitesse accélérée — aux médications à la fois efficaces et dépourvues de toxicité : à ces modes de traitement qui ont aussi, en leur faveur, une expérience de plusieurs siècles, sinon de millénaires.

Au pays de Descartes (qui fut instruit au Collège de La Flèche*), il paraît aberrant de compter toujours plus de malades qui ingurgitent tant de poisons sous le simple prétexte que «ça doit être bon puisque c'est cher et que ça vient de sortir !»...

Les malades graves sont heureusement minorité. Pour eux peut se justifier l'emploi de produits agressifs et dangereux. Le tout est de savoir, en engageant sa responsabilité, peser «le pour et le contre», quitte à risquer des effets secondaires plus ou moins douloureux pour empêcher de mourir.

Mais pour les autres, les patraques habituels, les chroniques (même quand ils n'ont pas encore deux ans), ceux qui, n'ayant jamais rien de grave, ne sont jamais en forme, la Nature reste encore, et sans doute pour longtemps, le plus perfectionné de tous les grands laboratoires du Monde.

Affirmer que l'Aromathérapie et la Phytothérapie guérissent à tous les coups *l'ensemble des syndromes qui s'abattent journellement sur notre humanité, serait sans doute présomptueux. Aussi me suis-je toujours gardé de le prétendre.*

Mais que l'usage bien compris et patient de ces traitements améliore — *peu ou prou certes selon les cas mais* toujours — *la presque totalité de nos misères, il ne saurait depuis longtemps être question d'en douter.*

Capables de résultats qu'aucune thérapeutique moderne ne saurait obtenir, l'Aromathérapie et la Phytothérapie le sont, et beaucoup plus souvent que d'aucuns oseraient l'imaginer.

L'exemple des cystites *est significatif. Combien de malades, que des mois ou des années de traitements par les antibiotiques n'ont pu guérir, l'ont été par les essences aromatiques, le magnésium,*

---

* L'actuel Prytanée militaire où j'ai, de mon côté, fait une partie de mes études.

une réforme de leur alimentation, le réensemen-
cement ou la reconstitution de leur flore intestinale
normale.

En France seulement, où les drogues chimiques
sont encore beaucoup trop utilisées, où l'alimentation est comme partout trafiquée, on compte plus de
1 000 000 de cas de cystites par an.

Quant à la grippe qui, chaque année, coûte des
millions d'heures de travail et, au budget, des
sommes considérables, la chose est entendue : pas
d'antibiotiques — sauf, à la rigueur, en cas d'infection grave surajoutée — pour la simple raison que
les antibiotiques n'ont aucune action sur le virus
grippal. C'est désormais officiel et, depuis plus de
dix ans, toutes les publications qu'il m'a été donné
de lire précisent le vrai traitement : repos au lit, diète
hydrique, grogs. Dans les pages qui vont suivre, on
lira que cette attitude est, depuis des années, connue
des médecins familiarisés avec les thérapeutiques
d'origine naturelle.

Ainsi, peu à peu, revient-on à des normes trop
longtemps méconnues.

Mais c'est surtout en tant que thérapeutique de
fond journalière, en fréquente association avec
d'autres moyens — naturels de préférence mais à
l'occasion, « la main forcée », avec les produits
chimiques — que les essences aromatiques (et les
plantes d'une manière générale) s'imposent, une fois
de plus, actuellement après quelques oublis.

Dans une politique préventive de santé bien
comprise, il ne faut pas désespérer de voir de plus
en plus de nos « élus » s'intéresser à ce problème
bien supérieur à beaucoup d'autres. Lorsque de
telles préoccupations seront au goût du jour,
l'aromathérapie reprendra, pour le grand bien de
tous et celui des finances, la place qui lui a été pour
un temps retirée partiellement par le mirage de la
chimie.

Bien que les additifs nocifs autorisés dans l'alimentation et la culture soient moindres, dit-on, que dans certains pays étrangers, ils n'en existent pas moins en France*.

Sur 1 100 échantillons de légumes et de fruits livrés à la consommation en 1970, 700 contenaient des pesticides aux yeux de la Société des pharmaciens de Montpellier.

Utilisé journellement ou occasionnellement, indispensable à la vie, le végétal est roi. Encore faut-il qu'il reste pur. Tout le monde sait que ce n'est pas souvent le cas depuis longtemps.

Mais peu à peu les coutumes changent et de nombreux agriculteurs reviennent à des modes de cultures plus normales. J'en ai même rencontré au Canada, pays que les trusts américains inondent de produits chimiques mais où, semble-t-il, une partie de l'opinion commence à s'émouvoir.

Les problèmes relatifs à la pollution, externe certes, mais interne encore plus par l'alimentation frelatée et l'excès de drogues chimiques, sont de plus en plus dénoncés de toutes parts, par tous les spécialistes, les Services des Fraudes et nombre de journalistes.

C'est un progrès que nous enregistrons avec plaisir.

Ceci dit, et dans un tout autre ordre d'idées, depuis la première édition de cet ouvrage, j'ai reçu et continue de recevoir un courrier considérable de médecins, de pharmaciens, de kinésithérapeutes, de biologistes... et aussi de lecteurs de toutes conditions, et de tous les pays.

Les professionnels m'écrivent généralement pour me demander de préciser certains détails et aussi

---

* Pour ne pas alourdir ce travail, je ne donne pas ici les précisions connues en 1979. Elles ont fait l'objet de nombreuses publications. Il y a du mieux... il reste à faire.

pour regretter de ne pas trouver autant de formules magistrales qu'ils en désireraient. En fait, j'en ai réuni quelques-unes au chapitre VII (p. 390) à titre d'exemples. Mais comme il n'y a pas de maladies mais des malades, on pourrait multiplier les formules par dix ou cent, l'expérience m'ayant d'ailleurs enseigné qu'il convient de simplifier et non point d'augmenter le nombre des constituants d'une prescription.

La pratique aura raison de ce souci de la perfection qui fait le plus grand honneur aux praticiens désirant, de plus en plus, soigner leurs malades sur mesure et non point à travers de quelconques produits de synthèse conditionnés bons pour tout le monde.

Depuis ces dernières lignes — certaines datant de plusieurs années — un certain nombre de médecins ou d'autres auteurs ont bousculé les normes habituelles. Ainsi du Dr Pradal, ainsi de plusieurs autres dont les ouvrages ont fait passer quelques frissons, quelquefois suscité des procès, pour le grand bien de ceux — professionnels ou usagers — persuadés, preuves à l'appui, qu'on peut souvent guérir sans risquer l'accident.

De l'autre côté de la barrière, les grands trusts chimiques. Ne croyons pas que — leur juste et fugitive émotion passée — ils se soient retrouvés décontenancés. Personne d'ailleurs ne le leur a demandé. Ils ont choisi une ligne, doivent entretenir leurs employés. Ils font leur travail, qui est de vendre, comme celui de l'écrivain est de remplir des pages.

A la nuance près qu'en vertu de leur extraordinaire puissance publicitaire, ils sont les seuls à pouvoir encombrer le cerveau des indécis pour leur faire croire que les poisons modernes nous sont indispensables.

L'intoxication cérébrale est un fait bien connu des chimistes. Que l'on mette telle substance dans les stocks de farine et les consommateurs deviendront doux comme des agneaux, ou féroces selon le choix[1]. On peut tout faire avec les molécules nouvelles sauf, pour beaucoup trop d'entre elles, laisser l'homme dans l'équilibre de la Nature.

Pour en revenir aux médications comportant des extraits végétaux, je pensais depuis longtemps publier un nouveau livre — demandé de toutes parts – donnant les références utiles. Je n'aurai plus à le faire car il existe depuis 1976. Il se nomme : « Les Plantes dans la thérapeutique moderne », *signé de Mme L. Bézanger-Beauquesne, Professeur de Matière médicale à la Faculté de Pharmacie de Lille, de Madeleine Pinkas et Monique Torck, respectivement Professeur à la Faculté et Pharmacien des Hôpitaux. C'est Maloine qui a édité ce livre dont l'intérêt n'échappera pas.*

Dans cet ouvrage — en principe destiné aux pharmaciens mais que de nombreux lecteurs se sont déjà procuré — des renseignements sur la formule des plantes (non sur leurs propriétés ni sur l'aspect thérapeutique, ce n'est pas l'objectif) et aussi et surtout la liste de tous les médicaments contenant des plantes, vendus en pharmacie, remboursés Sécurité sociale ou non.

Ce travail a ainsi le mérite de rappeler que les médicaments végétaux sont toujours présents et en bonne place dans la pharmacopée occidentale pour

---

1. Dans le compte rendu de l'Institut National des Sciences et des Arts (Imprimerie Nationale, an VI) «contenant l'apperçu (sic) du progrès des sciences, et l'analyse des travaux des diverses classes de l'Institut pendant la seconde année de son établissement », j'ai relevé le titre suivant : «De l'influence du régime diététique d'une nation sur son état politique », par le citoyen Toulongeon. En l'absence de tout résumé, il pourrait être intéressant de retrouver le texte intégral à la Bibliothèque nationale.

une proportion d'environ 50 à 60%. Il évitera aussi les tâtonnements des prescripteurs désireux de soigner par les plantes et convaincra les usagers qu'ils ne sont pas retardataires.

Dr J. VALNET
1979.

Préface
à la 10ᵉ édition
vingt ans après

Vingt ans déjà depuis la première parution de cet ouvrage que je destinais surtout aux malades déçus ou délabrés par une chimiothérapie intempestive autant que délirante. Aux bien-portants aussi qui, de leur côté, avaient le droit de savoir qu'il n'est pas qu'une seule façon de soigner ou de prévenir, à base d'antibiotiques, de cortisone et de tranquillisants, de chirurgie et de rayons.

Tout travail procédant de recherches et d'actions antérieures, ce n'est cependant pas la première fois que, s'écartant d'un psittacisme confortable comme des sentiers battus, un auteur entendait s'attacher à la réhabilitation des plantes médicinales.

En 1897 déjà, le professeur Pouchet s'était inlassablement consacré à cette tâche, comme depuis lors le docteur Henri Leclerc, le professeur René Paris, François Decaux et Joseph Brel parmi les plus marquants. L'aromathérapie, de son côté, connut son grand ténor en la personne d'un chimiste de poids : R.-M. Gattefossé, à qui nous devons ce néologisme passé depuis dans le langage courant. Mais «cent fois sur le métier...», et tout le temps nécessaire à travers une suite plus ou moins longue d'individus est généralement indispensable pour qu'une idée «*nouvelle*» — *dont l'origine se situe le plus souvent au niveau de très anciennes* — *soit adoptée.*

Il n'y a pas encore dix ans, très rares étaient en France les médecins faisant appel, et très épisodiquement, aux ressources de la phytothérapie et de l'aromathérapie. De nos jours les écoles, de valeur au demeurant très inégale, se multiplient et les postulants foisonnent. Il semble néanmoins nécessaire qu'à l'instar de l'homéopathie et de l'acupuncture, l'enseignement de la phytothérapie trouve rapidement sa place dans le cadre des facultés, hors des chapelles et des coups bas sordides qui n'ont déjà que trop nui à la sérénité de cette discipline.

Comme les précédentes, cette nouvelle édition comporte un certain nombre d'ajouts et de remaniements en cours de texte tandis que le chapitre des Annexes s'est vu notablement augmenté.

Dr J. VALNET
1984.

1

Avant-propos

Les médecins pourraient tirer des odeurs plus d'usages qu'ils ne font.

(Montaigne).

Oubliées pendant de nombreuses années, les essences aromatiques sont, pour de nombreux chercheurs et une grande partie de l'opinion, redevenues des vedettes en matière thérapeutique. En face des accidents connus, de plus en plus fréquents, provoqués par nombre de médications chimiques de synthèse agressives, de nombreux malades ne veulent plus être traités que par les seules thérapeutiques naturelles au premier rang desquelles il est juste de placer les plantes et les essences.

Qu'on veuille bien réfléchir sur les diverses destinées des nombreux médicaments élaborés par les humains et proposés à leurs semblables depuis que le monde existe. On en revient toujours, si on ne l'a jamais négligée, à la médecine des simples, «si chère à nos aïeux, débarrassée, à la lumière des méthodes actuelles, de ses obscurités et de ses légendes » comme l'écrivait H. Leclerc.

On y revient d'ailleurs d'autant plus fréquemment que l'affection est plus grave et «répond» moins aux diverses thérapeutiques modernes essayées tour à tour. Il semble qu'on aurait mieux fait de ne point perdre un si long temps et, pour nombre d'affections, de commencer par là.

Cet ouvrage, sous certains de ses aspects, constituera un des maillons qui relient l'expérience des anciens aux connaissances modernes. Les découvertes récentes, comme celles qui ont permis de discerner l'existence d'hormones et de principes antibiotiques dans nombre de végétaux et d'essences nous prouvent, jour après jour, qu'il convient d'être très réservé lorsqu'il s'agit d'émettre un avis péremptoire sur le mode d'action de ces médications.

Ainsi comprenons-nous, à la faveur des travaux modernes, une explication simple et logique de l'action sur le physique et le psychisme des essences aromatiques par leurs diverses correspondances hormonales. De nombreuses expérimentations nous permettent, maintenant, d'expliquer certains traitements anciens qui, jusqu'ici, faisaient parfois sourire. Telle l'action des sachets d'ail ou d'autres végétaux que nos aïeux suspendaient au cou des enfants vermineux ou utilisaient dans les épidémies. Nous verrons comment il est possible d'expliquer, dans les accès goutteux, certaines douleurs, l'impossibilité d'uriner... l'action curative des divers cataplasmes employés autrefois avec comme seuls constituants des plantes bouillies et écrasées.

De même, dans un autre domaine, des malades nous ont assuré avoir senti, sous les mains de magnétiseurs, les cailloux de leur vésicule se désagréger et leurs troubles disparaître. Qui n'a pas écouté de telles affirmations et ne s'en est très loyalement gaussé? Or «des expériences ont eu lieu dans une clinique chirurgicale de Budapest, afin d'analyser les calculs biliaires à l'aide d'ultrasons. Déjà, des calculs biliaires, extraits chirurgicalement, ont été soumis aux ultrasons dans un milieu artificiel correspondant à celui de la vésicule. Parmi les calculs — qui se divisent en trois catégories — ceux de la première catégorie, qui est la plus répandue (cholestérol - pigment - calcaire), ont été *réduits en en poussière après 2 à 5 expositions* aux ultrasons ; ceux des deux autres catégories se sont effrités ». (Presse Médicale - 1962.)

Depuis, d'autres travaux ont vu le jour, y compris un appareil allemand fabriqué par Dornier (coût : 1,3 milliard de centimes) dont le seul en exercice se trouve à Münich et permet de traiter trois ou quatre patients par jour. Malgré le coût de l'intervention : 15 000 F, la liste d'attente est de quinze mois.

Cet appareil permet de pulvériser les calculs calciques des voies excrétrices du *rein* par des ondes de choc. L'indication actuelle se résume toutefois aux calculs uniques du bassinet. Or, comme le précise A. Jardim (*Le généraliste* du 13.09.83), ces calculs sont les plus simples à enlever chirurgicalement. Mais le malade a le droit d'avoir sa préférence.

On se gardera cependant d'oublier que, de son côté, la phyto-aromathérapie a déjà permis, et non exceptionnellement, l'élimination de calculs vésiculaires ou rénaux. J'ai pu faire état de résultats heureux obtenus par la décoction d'aubier de tilleul sauvage du Roussillon. Mon dernier exemple, datant de quelques semaines, concernait une récidive de lithiase rénale chez un patient opéré sept ans plus tôt.

« C'est icy un livre de bonne foy, lecteur », écrirai-je après Montaigne. En 1957, alors que j'étais Médecin-commandant au Ministère des Armées, l'épouse d'un colonel, traitée vainement pendant des mois par divers dermatologues pour un eczéma rebelle des avant-bras, vint un matin me procurer une certaine émotion. Elle rentrait d'un village béarnais et venait me montrer ses avant-bras, nets de toute lésion, recouverts d'une peau saine.

Avant toute question de ma part, cette femme tenait à m'expliquer :

« Docteur, je sais que vous ne riez jamais des traitements plus ou moins baroques que l'on se trouve amené à essayer... Vous vous rappelez mon eczéma ?... Regardez maintenant. »

Je ne vis rien qu'une peau très blanche, d'une carnation aimable. J'avais encore, dans le souvenir, des lésions rebutantes et rougeâtres parsemées de croûtelles safran.

« Voilà comment ça s'est passé : excusez-moi, je vous ai fait une infidélité... Il y a déjà bien longtemps qu'on m'avait signalé, dans un petit village très éloigné d'ici, un vieux bonhomme qui guérissait les eczémas. Je suis allée le voir. Ne souriez pas : il m'a portée sur son dos, m'a fait faire ainsi le tour de son jardin et m'a ramenée chez lui. »

J'étais un peu surpris mais j'acquiesçais, obligatoirement.

« —Voilà madame, c'est tout, m'a dit cet homme, « demain ou après-demain tout sera terminé...» C'était il y a trois jours, je viens, dès ce matin, vous présenter mes bras. »

Que vouliez-vous que je dise ?

Il s'agit là, d'une parenthèse que je referme aussitôt. Le but de ce travail n'est pas, en effet, de tenter l'explication de semblables phénomènes qui totalement nous échappent et qui — sans doute — seront encore longtemps hors de portée du praticien tout comme l'art d'un Gad, d'un Gus, ou d'un Pouzet. Tout comme le magnétisme d'un Clemenceau ou d'un Napoléon ne saurait être à la portée de tous les hommes.

Mais l'usage des plantes et des essences peut permettre, à qui sait bien l'entendre, des «miracles» en tous points comparables dans de nombreux domaines. Les Égyptiens antiques savaient déjà anesthésier par des macérations vineuses de plantes...

Dans de nombreux ouvrages, le Pr Léon Binet, ancien Doyen de la Faculté de Médecine de Paris, est très souvent revenu sur les extraordinaires propriétés, dans les végétaux, «des substances qui guérissent».

Les noms des chercheurs les plus éminents, médecins, biologistes, pharmaciens, se sont de tout temps inscrits à l'origine de quantités de travaux concernant les plantes et les huiles essentielles.

Il ne saurait être question de les citer tous, même en se limitant aux Français. Nous en rencontrerons beaucoup d'autres en cours de route mais Chamberland, Cadéac et Meunier, Courmont, Morel, Rochaix et Bay, Cazin, L. Binet, Balansard, Caujolle, Chabrol, Dorvault sont des noms que l'on retrouve constamment lorsqu'on se livre à une étude poussée des végétaux et de leurs constituants. Également ceux de Goris, Duquesnois, Perrot, Meurisse, Lemaire, Lian, Lœper, H. Leclerc, Fournier, R.-M. Gattefossé, F. Decaux, R. Paris[1], Quevauvillers, Guyon, Carraz, Valette, R. Moreau et combien d'autres qui ont contribué aux connaissances actuelles dans ce domaine.

De nombreux chercheurs, Universitaires pour beaucoup, poursuivent l'étude des plantes et publient leurs travaux. Parmi eux, J. Barbaud, Mme Bézanger-Beauquesne, Mme Debelmas, P. Delaveau, B. Drevon, R.-B. Henry, A. Foucaud, J. Kerharo, J.-M. Pelt, M. Jolivet, A. de Sambucy, H. Pourrat, J. Pellecuer, M. Jacob, le Pharmacien-Général J. Navroy...

Les noms de Gatti et Cajola, Carosi, Remigio Banal, Novi et Paolo Rovesti... pour l'Italie, celui

---

(1) Le Pr René Paris, dont on ne peut pas ne pas parler quand on écrit sur les plantes, titulaire de la chaire de *Matière médicale* à la Faculté de Pharmacie de Paris. C'est à lui que nous devons le plus grand *Musée Mondial* de plantes médicinales que viennent consulter par centaines les médecins et pharmaciens français et étrangers, en plus des étudiants (4, av. de l'Observatoire - 75005 Paris).

de Kobert, Bruning et Arno Muller pour l'Allemagne ; pour l'Amérique et l'Angleterre, ceux de Martindale, Miller, Read, Rideal, Tanner et Willey... jalonnent les multiples ouvrages et communications ayant trait à l'étude des essences végétales.

A Toulouse, le Pr Caujolle a présidé, il y a de nombreuses années, maints jurys de thèses consacrées à l'étude des essences végétales, celles de Mme Porcher-Pimpart, de R. Cazal, de A. Azaloux, de Cathala. A Rennes, le Pr Grégoire a patronné celle qu'a soutenue Sarbach sur l'action antiseptique et bactéricide de 54 huiles essentielles. A Montpellier, une véritable école néo-hippocratique avec, à sa tête, les Prs Guerrier, Pages, etc., a été créée et a communiqué les résultats de ses études.

A Dakar, J. Kerharo, Pr de Pharmacognosie, poursuit depuis longtemps ses patientes recherches. Après de nombreuses communications et «*l'Aromathérapie et la Gemmothérapie dans la Pharmacopée sénégalaise traditionnelle*», paru dans le journal d'Agriculture tropicale et de Botanique appliquée en 1971, il a avec J.-G. Adam, publié en 1974 un monument intitulé : « *La Pharmacopée sénégalaise traditionnelle* » (Vigot, édit.).

A son exemple, de nombreux chercheurs africains se sont formés, au Sénégal bien sûr, mais aussi en Côte d'Ivoire, dans bien d'autres pays dont le Gabon avec Jean-Noël Gassita, Directeur de l'Institut de Pharmacopée et de Médecine Traditionnelles à Libreville.

Il en est de même pour Madagascar, la Chine, l'Amérique latine,... comme de tous les pays où la phytothérapie reste le mode de traitement le plus usité.

L'école lyonnaise, de son côté, héritière des traditions de R.-M. Gattefossé, à qui nous devons le terme d'*Aromathérapie*, continue les travaux de ce précurseur.

À l'étranger, nous l'avons vu, le même mouvement se manifeste.

Tout d'abord, l'école italienne avec les Prs Rovesti de Milan, Cerevoli de Padoue, Benedicenti, etc.

En Suisse, où grâce aux extraordinaires catalyseurs que sont certains écrivains et journalistes, les méthodes naturelles de traitement sont reprises en considération à une vitesse inusitée. Je citerai Marie-Claude Leburgue, Vera Florence (de la Radio-Télévision Suisse Romande), Gabriel Monachon, Michel H. Krebs, Gil Stauffer...

Il est cependant nécessaire de préciser que, dans ce pays — le plus important producteur mondial de drogues de synthèse — ce sont avant tout les usagers qui se sont passionnés pour la phyto-aromathérapie. Avant tout, mais non exclusivement, car les droguistes-herboristes helvètes eurent tôt fait de comprendre le profit que pourraient leur apporter mes conférences et mes nombreuses interventions à la Radio-Télévision Suisse Romande. L'appât du gain de la plupart eut néanmoins le mérite d'être utile à de plus en plus de malades déçus par la chimiothérapie.

En ce qui concerne les médecins suisses, mis à part les homéopathes qui utilisent parfois la phyto-aromathérapie à notre manière, il m'est encore impossible de pouvoir diriger les patients vers un phyto-aromathérapeute confirmé. Cette défaillance fit et fait encore les beaux jours de certains de mes anciens élèves enchantés d'une telle manne.

Quant aux pharmaciens, inféodés pour un grand nombre aux grands Trusts chimiques, on pourra lire au chapitre «Annexes» les attaques dont, en 1976, je fus l'objet de la part du pharmacien responsable de la rédaction du «Journal Suisse de Pharmacie»,

et la réponse que je crus devoir lui consacrer
(«*Attaques sauvages*»).

En Belgique, le mouvement semble beaucoup plus
lent. Ce ne sera pas la faute de Marc Danval,
de Georges Wielemans, de Janine Modave, de
J. Kother, de J.-L. Lechat, de M. Grodent, de
Ch. Van Hoof, d'A. Antoine, de Ph. Genaert,
de N.P. Ketelbuters, de F. Wangermée... tous
journalistes avertis, certains occupant de hautes
fonctions à l'O.R.T.B. et qui n'ont pas craint
d'aborder le problème.

Plusieurs années furent néanmoins nécessaires
pour que, sur mes conseils réitérés, la «Société
Belge de Phytothérapie et d'Aromathérapie» voie
enfin le jour. Souhaitons-lui bonne chance.

En U.R.S.S., comme dans tous les pays de l'Est,
la médecine par les plantes a de tout temps
provoqué de nombreux travaux et les chercheurs
ne craignent pas de publier encore à propos du
chou ou de l'oignon.

Aux États-Unis, la question suscite de nombreuses missions et provoque des études. Mais l'un
des responsables de l'O.M.S. m'a dit un jour à
Genève que les plantes récoltées restaient trop
souvent stockées sur les quais, soumises aux intem-
péries, et fatalement dans ces cas parvenaient
pourries, totalement inutilisables. En revanche, la
phytothérapie bénéficie d'un enseignement dans
diverses Facultés américaines.

Bref, on assiste, dans le monde entier, à l'éclosion
d'un néo-hippocratisme c'est-à-dire, comme le disait
le Pr Savy, à une «collaboration avec la nature»
pour l'œuvre de guérison et — sans méconnaître les
acquisitions physico-chimiques profitables des laboratoires — à l'utilisation des armes que nous offre
la Nature, employées cette fois non plus d'une façon
empirique mais plus rationnellement, sur des bases
scientifiques.

Aussi, tout au long de ce travail donnerai-je les explications, rendues possibles par les travaux actuels, de nombreux traitements ancestraux négligés ou déniés malgré les résultats qu'ils ont de tout temps permis d'obtenir.

«Nier parce qu'on n'explique pas, rien n'est moins scientifique.» Malgré cette vérité, beaucoup de savants, moins savants ou profanes se sont longtemps amusés de résultats indéniables, pour la seule raison que nous n'étions pas encore en mesure de leur trouver une explication. «Dans une période de découvertes scientifiques aussi prodigieusement féconde que la nôtre, écrivait L. Binet, il est souvent difficile de se garder d'un orgueil excessif et de se souvenir, avec Pascal, que «la suite des hommes, «pendant des siècles, peut être considérée comme «un même homme qui subsiste toujours et apprend «continuellement.» Mais lorsqu'on veut sourire, disait Henri Leclerc, «faisons-le discrètement en «pensant à l'impression que produira sur nos «arrière-petits-enfants le langage médical dont nous «sommes si fiers».

Cette phrase m'a d'ailleurs fait éliminer, dans ce travail, la grande majorité des termes médicaux hermétiques. J'ai généralement remplacé «leucorrhées» par «pertes blanches», terme connu de tout le monde en remplacement actuel des anciennes «fleurs blanches». J'ai remplacé «neurotoxique» par «toxique pour le système nerveux». Ayant dû, toutefois, utiliser quelques termes scientifiques, j'ai dressé à la fin de cet ouvrage un dictionnaire restreint.

Car ce livre a été certes écrit pour mes confrères mais aussi et *surtout* pour le public.

La source en effet vient d'en bas, même en matière thérapeutique. L'opinion du malade influe souvent sur le mode de traitement qu'il désire voir lui être administré. «Le peuple est le premier à tout

savoir, bien qu'on ne lui raconte rien » écrit Mike
Waltari dans « Sinouhé l'Égyptien ».

La *médecine préventive* habituelle qui consiste à
droguer et à piquer les bien-portants avec des
produits *dont on ne sait le devenir* est une aberra-
tion. Seule est efficace la transformation du terrain
avec des moyens non toxiques.

Parmi ces moyens ont été, sont et resteront à la
toute première place, les plantes et les essences
aromatiques.

Si un peu partout, on revient vers les méthodes de
traitements naturels, c'est encore loin d'être le cas
général. Lors d'un récent séjour au Canada, j'ai pu
entendre un médecin conseiller à une mère : « Si vos
enfants s'enrhument, donnez-leur tout de suite ces
comprimés d'antibiotiques. » Et le praticien sortit
de sa sacoche une boîte sans étiquette !...

★

Les essences, obtenues le plus souvent par distillation des plantes, sont généralement prescrites sous
forme de gouttes, de perles ou de capsules pour la
majeure partie des végétaux envisagés dans cette
étude. Aussi pourra-t-il paraître curieux que j'aie
consacré une étude à l'ail, à l'oignon, à la camomille
que les médecins ne prescrivent pour ainsi dire
jamais. C'est parce que ces végétaux et condiments
agissent, eux aussi partiellement grâce à leurs
essences aromatiques.

On se traite très souvent d'une manière favorable
par l'utilisation journalière dans la cuisine de l'ail,
du clou de girofle, de la sauge, du romarin, du thym,
de la sarriette et de beaucoup d'autres plantes ou
condiments.

C'est la raison pour laquelle j'ai consacré dans le
chapitre particulier relatif à l'étude des essences,
une large place aux autres modes d'utilisation des

végétaux dont ces huiles essentielles sont issues. Outre les infusions, les décoctions et les poudres, les fumigations, les liniments et les bains agissent grâce à leurs teneurs en huiles volatiles.

A titre d'information, j'ai cru devoir mentionner les formules de quelques essences *artificielles* utilisées dans l'alimentation.

Pour être aussi complet que possible, il me faut préciser que ce travail ne saurait prétendre remplacer l'art difficile d'un thérapeute. «Tout est poison, rien n'est poison» déclarait Paracelse et seule en réalité la dose compte.

Car les essences naturelles, utilisées inconsidérément, sont également *susceptibles d'être toxiques.* Les ouvriers chargés de manipuler et d'empaqueter les gousses de vanille sont sujets à des accidents groupés sous le nom de «vanilline», consistant en maux de tête intenses, en troubles gastro-intestinaux, en chute des sourcils, totale mais transitoire.

Quant au safran, absorbé à doses exagérées, il peut entraîner une excitabilité cérébrale susceptible d'engendrer des convulsions, le délire et la mort.

L'essence de marjolaine, antispasmodique, peut, à hautes doses, devenir stupéfiante (Cadéac et Meunier).

De leur côté, les essences de sauge, de romarin, d'hysope peuvent devenir, même à faibles doses, épileptisantes dans certaines conditions et pour des sujets fragilisés.

Dans le même ordre d'idées, je ne saurais passer sous silence le fait curieux suivant. En juillet 1959, à l'occasion de la grande fête annuelle du Prytanée Militaire de la Flèche, une femme vint me trouver pour me montrer l'urticaire géante dont elle venait d'être l'objet quelques instants plus tôt au niveau de ses avant-bras. Il me fut impossible de deviner l'origine de cette allergie. Ni l'alimentation, ni le rouge à lèvres, ni le vernis à ongles, ni le parfum, ni... rien ne pouvait me mettre sur la voie.

Le même phénomène se reproduisit chez cette personne quelques années plus tard. L'incident me fit réfléchir.

Renseignements pris, il s'agissait d'une sensibilisation particulière aux tilleuls en fleur. Trois fois en onze années, cette femme s'était attardée sous un tilleul.

Ceci dit, malgré les rares inconvénients possibles de l'utilisation des plantes et des essences, «médecins et chimistes seront surpris de la multitude des corps odorants utilisables en médecine, écrivait R.-M. Gattefossé, et de la grande variété de leurs fonctions chimiques. En dehors des propriétés antiseptiques et microbiennes largement utilisées à l'heure actuelle, les huiles essentielles possèdent des propriétés antitoxiques, antivirus, une action énergétique puissante, un pouvoir cicatrisant incontesté. L'avenir leur réserve un rôle plus important encore».

Ainsi parlait déjà Montaigne lorsqu'il disait que «les médecins pourraient tirer des odeurs plus d'usage qu'ils ne font, car j'ai souvent aperçu qu'elles me changent et agissent en mes esprits suivant ce qu'elles sont».

Montaigne, évidemment, ignorait certains travaux modernes qui expliquent, par la découverte dans les essences de principes hormonaux ou d'autre nature, leur action sur le physique et le mental. Les méthodes analytiques actuelles lui ont donné raison.

Il est devenu banal de rappeler que le savoir, à défaut de Science, de nos prédécesseurs continue d'étonner l'observateur impartial. Comment pouvaient-ils prescrire avec tant de certitude et d'efficacité, alors qu'ils ignoraient la composition de ce qu'ils donnaient ? L'expérience pourrait évidemment suffire en guise d'explication : quand un enfant tombe et se cogne la tête, on souffle à l'endroit du choc car on sait que la pratique est calmante.

Mais peut-être aussi les Anciens en savaient-ils plus que nous l'imaginons. Et leurs connaissances ont pu se perdre, être brûlées par exemple à la faveur des guerres.

Par ailleurs la machine, les analyses subtiles, les chiffres ni les diagrammes ne peuvent, curieusement, remplacer toujours l'homme dans nombre de faits journaliers. Ainsi la chromatographie, méthode utilisée pour distinguer les différents constituants d'un liquide, mieux connaître sa composition et détecter les falsifications... Les appareils actuels sont très délicats, précis autant que faire se peut et devenus indispensables dans les Laboratoires de recherches, comme aux services des Fraudes (qui, paraît-il, n'en ont que deux à leur disposition pour toute la France quand des laboratoires privés en ont parfois plusieurs!).

Eh bien, lorsqu'il s'agit d'analyser une essence aromatique proposée à la consommation (et, bien entendu, généralement étiquetée d'autorité «pure et naturelle» par le commerçant alors qu'elle est souvent frelatée), on utilise la méthode chromatographique pour examiner la succession des pics obtenus sur une feuille qui se déroule. Il suffit alors, penserez-vous, de comparer la «courbe» avec l'image type donnée par l'essence véritablement pure et naturelle de référence.

Mais allez donc un jour dans un de ces laboratoires de contrôle et vous verrez qu'à côté de la machine qui devrait être infaillible, il y a toujours un «nez» c'est-à-dire un homme ou une femme hautement spécialisés qui, à l'occasion d'un tracé particulier, respirent aussitôt la vapeur qui se dégage. Et c'est «le nez» qui dit : «la machine a raison», ou bien corrige et précise les renseignements donnés.

Il en est de même de toutes les machines destinées à remplacer l'homme, qui arrivent même à se dépanner lorsqu'elles font une erreur. Mais quand elles ne peuvent plus se dépanner et revenir au juste fonctionnement, alors on appelle un technicien.

Le technicien, c'est l'être humain qui va réfléchir tous azimuts, ce que la machine ne saurait faire, comparer, rétablir. En somme, un gage d'espoir pour le cerveau animal fabriqué selon les lois anciennes.

Ceci dit, j'ai sous les yeux un fragment de livre datant de la fin du siècle dernier. Édité par un pharmacien-fabricant de produits reconstituants, calmants, circulatoires... de nombreux médicaments couvrant la pathologie, l'ouvrage était surtout destiné à prôner les propres productions de l'auteur à l'exclusion de tous les autres. Quant à l'impartialité et à l'esprit scientifique, mieux vaudra les chercher dans d'autres écrits.

Incontestablement, ce pharmacien-commerçant s'était voué aux minéraux, à la poudre d'os et aux bromures, excellentes thérapeutiques par ailleurs. Mais n'ayant sans doute pas eu le temps d'étudier le reste, il le rejetait catégoriquement.

Ainsi mettait-il en garde ses lecteurs contre les dangers de l'angélique, de la badiane et du basilic, de la cannelle et des câpres, du cassis, du céleri, du cerfeuil, du chou, de la ciboule et des citrons, du cresson, du cumin, des échalotes, de l'estragon, du fenouil, du gingembre, du laurier-sauce, des mûres, de l'oignon, du navet, du panais, du persil, du thym, des tomates,... j'arrête ici la liste qui couvrirait des pages.

Les raisons ? les essences aromatiques contenues dans ces plantes, légumes et fruits.

Pour ce pseudo-savant mais rusé mercanti, tous les végétaux contenant des essences étaient toxiques. Il mériterait bien une médaille à titre posthume, sous l'égide de la chimie de synthèse dont incontestablement il avait si bénévolement préparé le terrain.

Tout au long de son cours, *ce travail n'a pour seuls objectifs qu'être utile et rester dans le domaine scientifique*. Il se défend, en particulier, de la moindre intention polémique.

Il ne vise, par ailleurs, en aucune façon à réaliser une réclame pour telle ou telle fabrication. Si j'ai parfois cité quelques produits spécialisés, c'est dans le seul but de rendre service, lors de ses premiers pas, au lecteur que la pratique de l'aromathérapie aura séduit.

2

Essences et plantes étudiées

Nom français : correspondance en botanique
Nom botanique : correspondance en français

Essences et plantes étudiées

C signifie : inscrite au Codex Français = Éditions 1949 ou 1965.

AIL, bulbe : C 1949
ANIS VERT, fruit : C 1965
BASILIC, sommités
 fleuries : C 1949
BERGAMOTIER, essence :
 C 1965
BORNEOL
CAJEPUT
CAMOMILLE ROMAINE
CAMOMILLE ALLEMANDE
CANNELLE DE CEYLAN,
 essence : C 1965
CARVI
CHENOPODE, essence :
 C 1965

CITRON, essence : C 1965
CORIANDRE, fruit : C 1965
CYPRÈS
ESTRAGON
EUCALYPTUS, essence :
 C 1965
FENOUIL, fruits : C 1965
GENÉVRIER, cône charnu :
 C 1949
GÉRANIUM
GINGEMBRE, rhizome :
 C 1949
GIROFLE, essence : C 1965
HYSOPE, feuille et sommi-
 tés fleuries : C 1949

LAVANDE, essence :
  C 1965
MARJOLAINE
MELISSE, sommités
fleuries : C 1949
MENTHE POIVRÉE,
  essence : C 1965
NIAOULI, essence :
  C 1965
NOIX MUSCADE, grain :
  C 1965
OIGNON
ORANGER AMER, ou
  BIGARADIER
ORIGANS, sommités
  fleuries : C 1949
PIN SYLVESTRE,
  bourgeons : C 1949

ROMARIN, essence :
  C 1965
SANTAL, bois : C 1949
SANTOLINE
SARRIETTE, tige fleurie :
  C 1949
SASSAFRAS
SAUGE, feuilles : C 1949
TÉRÉBENTHINE, essence :
  C 1965
THUYA
THYM, essence : C 1965
VERVEINE ODORANTE,
  feuille
VERVEINE INDIENNE,
  suivie de :
GRAMINÉES ODORANTES,
CITRONNELLES,...
YLANG-YLANG

Nom français
et correspondance botanique

AIL	*Allium sativum*
ANIS VERT	*Pimpinella anisum*
BASILIC	*Ocymum basilicum*
BERGAMOTIER	*Citrus bergamia*
BORNÉOL ou CAMPHRE DE BORNÉO	*Extrait du Dryobalanops Camphora*
CAJEPUT	*Melaleuca leucadendron*
CAMOMILLE ROMAINE ou NOBLE	*Anthemis nobilis*
CAMOMILLE ALLEMANDE ou COMMUNE	*Matricaria chamomilla, ou Matricaria discoïdea*

CANNELLE DE CEYLAN .	*Cinnamomum zeylanicum*
CARVI	*Carum carvi*
CHÉNOPODE ANTHELMINTHIQUE ou ANSÉRINE VERMIFUGE	*Chenopodium Anthelminticum*
CITRONNIER	*Citrus limonum*
CORIANDRE	*Coriandrum sativum*
CYPRÈS	*Cupressus sempervirens*
ESTRAGON	*Artemisia dracunculus*
EUCALYPTUS	*Eucalyptus globulus*
FENOUIL	*Fœniculum vulgare (anethum fœniculum)*
GENÉVRIER	*Juniperus communis*
GÉRANIUM	*Pelargonium odorantissimum*
GINGEMBRE	*Zingiber officinale*
GIROFLE	*Eugenia caryophyllata*
HYSOPE	*Hysopus officinalis*
LAVANDE	*Lavandula officinalis*
MARJOLAINE	*Origanum majorana*
MELISSE	*Melissa officinalis*
MENTHE POIVRÉE	*Mentha piperata*
NIAOULI	*Melaleuca viridiflora*
NOIX MUSCADE	*Myristica fragans*
OIGNON	*Allium cepa*
ORANGER AMER ou BIGARADIER	*Citrus vulgaris*
ORIGANS	*Origanum vulgare Origanum floribundum Origanum glandulosum*
ORIGAN (FAUX)	*Origanum dictamnus*
ORIGAN D'ESPAGNE . . .	*Thymus capitatus*
PIN SYLVESTRE	*Pinus sylvestris*
ROMARIN	*Rosmarinus officinalis*
SANTAL	*Santalum album Santalum spicatum*

SANTOLINE .... *Santolina*
chamœcyparissus
SARRIETTE .... *Satureja montana*
SASSAFRAS .... *Sassafras officinale*
SAUGE .... *Salvia officinalis*
TÉRÉBENTHINE ....
THUYA .... *Thuya occidentalis*
THYM .... *Thymus vulgaris*
VERVEINE ODORANTE . *Lippia citriodora*
VERVEINE INDIENNE ... *Andropogron citratus,* ou
Cymbopogon citratus
YLANG-YLANG .... *Unona odorantissima*

Nom botanique
et correspondance en français

Allium cepa .... OIGNON
Allium sativum ..... AIL
Andropogron citratus VERVEINE INDIENNE
Anthemis nobilis ... CAMOMILLE ROMAINE
OU NOBLE
Artemisia dracunculus ESTRAGON
Carum carvi .... CARVI
Chenopodium
anthelminticum ... CHÉNOPODE
ANTHELMINTHIQUE
OU ANSÉRIDE VERMIFUGE

Cinnamomum
zeylanicum .... CANNELLE DE CEYLAN
Citrus bergamia .... BERGAMOTIER
Citrus limonum .... CITRONNIER
Citrus Vulgaris ..... ORANGER AMER
OU BIGARADIER

Coriandrum sativum CORIANDRE
Cupressus
sempervirens ..... CYPRÈS

Cymbopogon citratus	VERVEINE INDIENNE
Eucalyptus globulus .	EUCALYPTUS
Eugenia caryophyllata	GIROFLE
Fœniculum vulgare (anethum fœnicumum)	FENOUIL
Hysopus officinalis ..	HYSOPE
Juniperus communis	GENÉVRIER
Lavandula officinalis	LAVANDE
Lippia citriodora ...	VERVEINE ODORANTE
Matricaria chamomilla, ou Matricaria discoïdea	CAMOMILLE ALLEMANDE ou COMMUNE
Melaleuca leucadendron	CAJEPUT
Melaleuca viridiflora	NIAOULI
Melissa officinalis ...	MELISSE
Mentha piperata	MENTHE POIVRÉE
Myristica fragans ...	NOIX MUSCADE
Ocymum basilicum .	BASILIC
Origanum majorana .	MARJOLAINE
Origanum vulgare .. *Origanum floribundum Origanum glandulosum*	ORIGANS
Origanum dictamnus	FAUX ORIGAN
Pelargonium odorantissimum ..	GÉRANIUM
Pimpinella anisum ..	ANIS VERT
Pinus sylvestris	PIN SYLVESTRE
Rosmarinus officinalis	ROMARIN
Salvia officinalis	SAUGE
Santalum album, Santalum spicatum	SANTAL
Santolina chamœcyparissus .	SANTOLINE
Sassafras officinale ..	SASSAFRAS

Satureja montana ...	SARRIETTE
Thuya occidentalis ..	THUYA
Thymus capitatus ...	ORIGAN D'ESPAGNE
Thymus vulgaris	THYM
Unona	
odorantissima	YLANG-YLANG
Zingiber officinale ..	GINGEMBRE

3

Considérations générales
Cas cliniques, observations
Propriétés générales
des essences aromatiques

> *Pour atteindre à la vérité, il faut, une fois dans sa vie, se défaire de toutes les opinions que l'on a reçues, et reconstruire de nouveau et dès le fondement, les systèmes de ses connaissances.*
>
> *(Descartes).*

Un vieux domestique de culture, mort en 1940 mais dont le souvenir demeure dans mon pays d'Huanne et alentour en Franche-Comté, c'est Brenot qui, le premier, m'enseigna l'art de guérir.

J'avais 14 ans et nous étions en août, donc en vacances. Je parle évidemment pour les collégiens. Brenot venait de ramener son troupeau de la pâture située en Presnay, vers la route de Rougemont. Je l'attendais, comme d'habitude, pour l'« aider » à attacher les vaches à l'écurie. J'aimais faire ce travail. Aussi Brenot m'avait-il appris, seul moyen d'éviter les coups de cornes, à poser mon menton sur le cou de l'animal, derrière les oreilles, tandis que j'attrapais les chaînes.

Mon vieil ami commençait à un bout de l'étable, moi à l'autre. Nous avions chacun cinq vaches à attacher. Si je perdais du temps, il s'arrangeait pour en perdre également et ne jamais terminer avant moi.

Ce jour-là, contrairement à son habitude, il se mit à injurier Poumone, une génisse de 3 ans, la seconde à partir du fond, comme jamais encore je ne l'avais entendu.

Lorsque nous sortîmes quelques minutes plus tard, je compris les motifs de sa colère subite : sa joue droite présentait, presque en son centre, un large orifice, celui-là même que venait de lui infliger Poumone, d'un coup de corne, en détournant la tête. Brenot donnait bien des conseils, mais à l'usage d'autrui...

J'eus aussitôt l'idée d'aller chercher un quelconque flacon d'alcool ou de teinture d'iode.

«Laisse donc, me dit Brenot, demain il n'y paraîtra plus», et prenant un morceau de toile d'araignée, il l'appliqua directement sur sa blessure.

Le lendemain matin, Brenot avait remplacé son pansement singulier par une bouillie d'herbes ramassées le long du chemin qui descend vers la cure. Je crois me souvenir qu'il y entrait du plantain, peut-être aussi de la feuille de noyer.

Brenot avait certes péché par excès d'optimisme en prévoyant sa guérison dans les 24 heures. Mais une semaine plus tard, la plaie était cicatrisée. Comme chaque dimanche, le vieux domestique put se raser avant l'heure de la messe.

Ignorant de beaucoup de choses, un enfant n'a pas pour habitude de s'étonner de ce qui logiquement en vaudrait la peine. Mais j'avais tout de même entendu parler du fumier et du tétanos, de tous les microbes nocifs rencontrés dans la terre et sur les cornes des bestiaux. Les vertus cicatrisantes et antiseptiques de la toile d'araignée[1] et de certains végétaux n'avaient donc pas laissé de me surprendre.

J'ignorais, bien entendu, la nature des principes actifs des plantes. L'existence, dans la feuille de noyer, d'un principe antibiotique actif contre la maladie du charbon, m'était parfaitement étrangère. A Brenot également, mais il en connaissait les propriétés curatives et s'en contentait[2].

Depuis cette époque, j'ai été à même d'observer des centaines de résultats étonnants, spectaculaires. Tout au long de mon existence, je me suis réjoui, à la faveur des recherches sans nombre, grâce à la multitude des travaux et expérimentations modernes perçant toujours plus avant la composition et les secrets des plantes, de trouver une explication scientifique, ou tout au moins satisfaisante, aux résultats thérapeutiques enregistrés.

Ainsi a-t-on pu découvrir que l'ail contient deux principes antibiotiques puissants contre le staphylocoque et qu'un seul clou de girofle a des propriétés antiseptiques telles qu'il permet de conserver du bœuf bouilli pendant 24 heures.

L'usage des aromates phénoliques ou aldéhydiques[3] (girofle, thym, sarriette, cannelle...) est d'ailleurs connu empiriquement dans l'alimentation depuis toujours, surtout dans les pays tropicaux où les fermentations intestinales peuvent revêtir des formes graves.

On sait que l'essence de thym détruit le bacille du charbon, le bacille d'Eberth, agent de la typhoïde,

---

1. Environ 1980, des chercheurs mexicains ont découvert des principes antibiotiques dans les toiles d'araignée dont les autochtones se servent, entre autres choses, pour panser le cordon ombilical.

2. «En Europe seulement, on compte plus de 500 plantes qui sont utilisées, quelques-unes dans la thérapeutique officielle de beaucoup de nations, les autres, qui sont la majorité, ne jouissant que d'une réputation locale, et cela depuis des siècles, sinon des millénaires. » (Pr Perrot).

3. C'est-à-dire des aromates contenant surtout des phénols ou des aldéhydes, constituants antiseptiques.

le bacille de la morve, le staphylocoque, le bacille de Loffler (diphtérie), le méningocoque et le bacille de Koch responsable des lésions tuberculeuses, comme l'ont démontré — pour telles ou telles variétés — Chamberland en 1887, Cadéac et Meunier en 1889, les Professeurs Courmont, Morel et Rochaix un peu avant 1920. L'essence de thym a un pouvoir bactéricide supérieur à celui du phénol, longtemps considéré comme le type même de l'antiseptique.

Ici, une parenthèse. Lorsque j'écris «agent» de la typhoïde et, pour le bacille de Koch, «responsable» des lésions tuberculeuses, il convient de comprendre «rencontré» dans la typhoïde ou la tuberculose. Un microbe n'est pas toujours la cause d'une maladie mais généralement le simple témoin d'une déficience de l'organisme atteint : «*le microbe n'est rien, le terrain est tout*».

Parmi les médecins, les infirmiers, les infirmières qui donnent leurs soins à des tuberculeux ou à des poliomyélitiques, il ne se trouvera qu'une minorité pour contracter l'affection. Il semble logique d'admettre que les victimes ont en réalité pâti d'un fléchissement de leur état général, lequel a permis au bacille de Koch ou au virus de la poliomyélite de s'implanter et de proliférer sur leurs tissus. «*L'homme fait ses maladies par ses propres moyens physiologiques*», disait René Leriche.

Dans les maquis de la Résistance de 1942-1945, j'ai connu un Alsacien d'un état général médiocre, porteur de lésions pulmonaires tuberculeuses bilatérales. Son séjour forcé au grand air, dans les forêts, par tous les temps, l'a guéri sans aucun soin, de sa tuberculose. Nous lirons des exemples de tuberculoses choisis parmi les plus graves, guéris sans qu'intervienne la moindre thérapeutique chimique ou antibiotique moderne, simplement par l'usage des essences et des médications biologiques.

Les sanatoriums sont-ils élevés au centre d'une agglomération? Ne les voit-on pas s'ériger au milieu des sapins ou dans une campagne dont l'air est reconnu sain, grâce à un contexte végétal particulier?

«Il ne suffit pas, écrit Azaloux, qu'un microbe ait envahi l'organisme pour que l'infection se produise. Celle-ci exige certaines conditions favorisantes qui tiennent, soit à la virulence, soit à la qualité des microbes, soit à la porte d'entrée, soit enfin à la résistance plus ou moins grande du terrain, c'est-à-dire de l'organisme».

On accorde aujourd'hui une grande importance à la résistance de l'organisme, au terrain. L'infection, en effet, ne résulte pas seulement de la pénétration d'un microbe dans l'organisme, mais il faut aussi que ce germe trouve un terrain de culture favorable qui lui permette de vivre et de se multiplier. Il est certain que, sans cette résistance naturelle de l'organisme, l'espèce humaine aurait depuis longtemps disparu. Sans remonter trop loin dans l'histoire des épidémies, on sait que la grande peste du XIVe siècle, si effrayante qu'on l'appela la mort noire, enleva en peu d'années 80 millions d'hommes en Europe. L'humanité a triomphé de cette peste. On pouvait craindre que de telles hécatombes ne fussent le prélude de l'anéantissement de la race humaine, et pourtant pas une seule des populations ainsi décimées n'a disparu.

Nous verrons que les aromates, très fréquemment utilisés, c'est-à-dire leurs essences, y étaient pour quelque chose.

On a toujours connu les propriétés extraordinaires de l'oignon. Dioscoride, médecin grec du premier siècle de notre ère, Pline également, en vantaient les vertus diurétiques, toniques, anti-infectieuses. On n'en savait pas plus il il fallut des siècles pour apprendre que le suc de l'oignon se comportait vis-à-vis du staphylocoque et d'autres germes microbiens, comme un antibiotique, pour connaître certains de ses constituants dont le fer, le soufre, l'iode, la silice, les sels de potasse, les phosphates, les nitrates, analyses qui nous renseignent de façon plus précise sur ses modalités d'action.

Si on ne sait pas encore expliquer son activité dans les cas de congestion cérébrale ou sur les taches de rousseur (tout comme on ignore le mode d'action sur ces mêmes taches de rousseur de la rosée de mai), on sait maintenant pourquoi l'oignon efface comme d'un coup de gomme la douleur lancinante d'une piqûre de guêpe. On sait également, depuis les travaux de Collip en 1923 et ceux de Laurin en 1934, que c'est grâce à sa glucokinine que l'oignon s'avère si précieux dans le diabète. Les travaux de Hull Walton confirment par ailleurs les vertus aphrodisiaques de l'oignon, connues déjà depuis longtemps.

Lorsque les matrones donnaient, pour faciliter les accouchements, une infusion de verveine à toutes les femmes enceintes dont l'utérus se révélait sans force, elles ne savaient pas que Kotoku Kuwazima découvrirait dans ce végétal la verbérine, puissant activateur des contractions utérines.

La sauge (l'herbe sacrée des Latins) est utilisée depuis longtemps pour ses vertus multiples. On a toujours connu ses propriétés régulatrices et favorisantes des règles. Mais ce n'est que tout récemment que l'explication en fut donnée par la découverte d'une substance œstrogène (c'est-à-dire qui provoque le cycle chez la femme et la femelle des mammifères). L'extrait purifié de sauge, injecté à des souris, produit des effets comparables à ceux de la folliculine. Ces résultats ont été précisés par l'examen des frottis vaginaux.

On ne s'étonnera pas que R. Paris ait découvert dans le ginseng — racine employée en Extrême-Orient pour ses propriétés toniques et aphro-

disiaques — des substances analogues à la folliculine. Mais que dire de la réglisse, surtout connue
pour ses propriétés digestives et antiulcéreuses,
chez qui Costello et Lyun ont également démontré
la présence d'une substance œstrogène ?

Sous le titre « Hormones végétales », paru dans
« La Santé Publique » en 1961, Decaux attire
l'attention sur la nécessité de connaître l'existence
des hormones sexuelles dans certains végétaux.
Cette connaissance s'impose lorsqu'il s'agit de
remédier à certaines insuffisances hormonales par
des traitements ou des régimes à base de plantes.
Elle est également obligatoire si l'on veut éviter,
chez le malade, un excédent d'hormones préjudiciable à sa santé.

Decaux cite le lierre susceptible d'entraîner, chez
la rate castrée, les modifications relatives au cycle
menstruel (R. Paris et Quevauviller). Il convient de
remarquer que les anciens connaissaient et utilisaient les propriétés du lierre dans le traitement
de certains troubles des règles.

Les cônes de houblon contiennent également des
hormones œstrogènes que l'on retrouve en quantité
notable dans la bière. Faut-il, de cette constatation,
rapprocher le fait que les grands buveurs de bière
voient leurs tissus généralement infiltrés par la
graisse ?

Comme on le verra, de nombreux végétaux
contiennent des hormones et parmi eux, le cerfeuil,
le persil — depuis longtemps apprécié pour ses
propriétés emménagogues[1] —, le nénuphar que
Léon Binet qualifie de « destructeur des plaisirs
et poison de l'amour », le saule, la rose trémière,
la tulipe, etc.

Aussi a-t-on pu dire que l'essence est aux plantes ce
que sont les hormones pour les glandes endocrines.

---

1. Qui provoque ou régularise les règles.

On connaît, par ailleurs, l'existence de certains trèfles dont les substances œstrogènes provoquent chez les brebis des troubles de la reproduction.

Les propriétés cholagogues (qui facilitent l'évacuation de la bile) et cholérétiques (qui augmentent la sécrétion de la bile) du romarin sont utilisées depuis les temps les plus reculés et c'est Chabrol qui en confirma la réalité : chez l'animal, l'injection intraveineuse de l'infusion de romarin double le volume de la sécrétion biliaire.

Ainsi la phytothérapie et l'aromathérapie possèdent le rare privilège d'être à la fois les plus anciennes et les plus actuelles des thérapeutiques.

Si les médecins et l'opinion redécouvrent, depuis plusieurs années, la valeur de la thérapeutique par les plantes et les essences aromatiques, l'idée d'utiliser les vertus des végétaux pour maintenir ou recouvrer l'état de santé remonte à l'Antiquité. « Beaucoup de choses renaîtront, qui étaient depuis longtemps oubliées » disait déjà Horace.

Il n'est pas, en réalité, de médications aussi anciennes que la phyto et l'aromathérapie. Il n'en est pas aussi pour avoir donné autant de preuves de leur efficacité. Comme toutes choses, toutefois, elles ont connu, tout à tour, la faveur et l'oubli.

Nous sommes à l'ère des sulfamides, des antibiotiques, des hormones et produits synthétiques aux noms éblouissants s'étendant quelquefois sur des lignes. Aussi pourrait-il paraître étrange de venir proposer une méthode thérapeutique efficace, parfois spectaculaire, par la seule utilisation des plantes ou de leurs huiles essentielles.

Mais ce que nous venons d'entrevoir suffit déjà à nous convaincre de la légitimité, de la pérennité comme du renouveau des médications par les plantes et leurs essences.

Leur puissance est attestée par des exemples sans nombre.

Il y a plusieurs années, une femme se renversa par maladresse une casserole d'eau bouillante sur l'avant-bras et la main gauches. Une infirmière appliqua sur les lésions un mélange d'essences aromatiques, lequel, depuis longtemps déjà, constitue à mes yeux le traitement idéal des brûlures des premier et second degrés. Il s'agit d'un mélange comportant notamment les essences de lavande, de thym, de géranium, de romarin et de sauge. Quelques tours de bande furent placés en guise de simple protection*.

Le lendemain matin, la malade me téléphona pour me demander de la recevoir d'urgence. C'était pour me montrer les innombrables cloques dont ses jambes étaient couvertes. Dans son affolement légitime de la veille, elle n'avait pensé qu'à sa main gauche et à son avant-bras.

Quinze heures après la brûlure, du membre supérieur il n'était plus question : les téguments ne conservaient pas la moindre trace de leur profanation. Les jambes furent alors traitées avec une simplicité presque équivalente. Les phlyctènes furent percées et on appliqua, pendant une demi-heure, des compresses composées d'une dilution très étendue du même mélange d'essences aromatiques (une cuillerée à café pour un verre d'eau tiède).

Rentrée chez elle, la malade renouvela elle-même le traitement, deux fois par jour. Quatre jours plus tard, elle était complètement guérie, sans avoir, dès le début de son traitement, éprouvé la moindre gêne ni la moindre douleur.

Un confrère, qui n'a pas l'habitude d'y aller par quatre chemins quand il s'agit de se faire une opinion sur les propriétés curatives d'un produit,

---

* Tégarome (produit hygiène) — voir p. 442.

se brûla un jour volontairement deux doigts de la main gauche. Sur l'un, il appliqua immédiatement le complexe d'essences aromatiques tandis qu'il laissait l'autre doigt sans soins. Quelques minutes plus tard, le doigt traité était indolore et le lendemain matin, il ne portait plus aucune trace de brûlure. L'autre, très douloureux et couvert de phlyctènes, permettait à loisir d'observer et de sentir la différence... Estimant qu'il avait suffisamment œuvré pour la science, cet homme fit alors des compresses diluées de la même préparation sur le doigt 24 heures négligé : la brûlure fut guérie en quatre jours.

Est-ce parce qu'en chirurgie de guerre on a coutume d'étudier le traitement des gelures dans le même chapitre que celui des brûlés, voici une autre observation qui en dit long sur l'efficacité des plantes.

Un athlète profita de la rigueur de l'hiver 1963-1964 pour s'affubler d'engelures, douloureuses à ce point qu'il ne pouvait plus se chausser. C'était son lot de chaque année, comme pour un autre les angines à répétition, pour un troisième les sinusites ou la sciatique. Mais cette fois, les lésions avaient pris une fort mauvaise allure : les pieds étaient augmentés de volume et couverts d'une peau noire.

« Vous ne pourriez pas me débarrasser de ça ?... D'abord, ça n'a rien d'agréable et puis je ne peux tout de même pas aller visiter la clientèle avec ces grosses pantoufles. Voilà trois semaines que je ne suis pas sorti. »

Les thérapeutiques habituelles, appliquées les années précédentes, n'avaient, chez ce malade, rien résolu. Je lui conseillai le traitement suivant : décoction de céleri (tiges ou raves) à la dose de 250 g pour un litre d'eau. Faire bouillir 3/4 d'heure. Étendre pour obtenir une quantité de liquide suffisante pour un bain de pieds. Prendre un bain de dix minutes, aussi chaud que possible, trois fois par jour. Essuyer aussitôt et protéger de l'air.

Le lendemain matin — il n'avait alors pris qu'un bain — cet homme se trouvait débarrassé de ses engelures. Il pouvait à nouveau se chausser et repartait porter la bonne parole et ses conserves à ses clients.

La médecine populaire d'autrefois était dans le vrai. Comment aurait-on pu inventer ces caractéristiques de l'apium sativus (c'est le nom botanique du céleri) ? Son efficacité contre les engelures est-elle due à ses vitamines A, B. C, au sodium, au potassium, au phosphore, au calcium qu'il contient ? Doit-elle être rattachée à son essence ? J'avoue n'en rien savoir et les auteurs des siècles passés, à qui j'ai emprunté la recette, n'en savaient rien non plus. Mais ils savaient que « ça marchait », ce qui — en cas d'engelures — revêt, on en convient, une certaine importance.

D'une manière générale, qu'elles soient employées fraîches, en poudre, en infusion, en décoction, par voie interne ou externe (fumigations, liniments, bains, cataplasmes...), les plantes n'ont jamais trahi les espoirs nourris à leur endroit. A une seule condition toutefois, c'est qu'elles aient été récoltées au moment opportun, aux lieux prédestinés, c'est qu'elles aient été séchées, conservées avec art, pour que leur puissance demeure intacte. A une autre condition également, c'est qu'elles aient été utilisées à bon escient.

Depuis longtemps date la thérapeutique par les *essences* des plantes, appelées essences aromatiques, ou huiles essentielles, ou encore huiles volatiles ou essences végétales. Et si, en dépit de nombreux travaux scientifiques, on ne peut encore toujours conclure avec certitude sur le mode d'action de ces produits, leur intérêt thérapeutique n'en persiste pas moins.

Mais, à la différence de nombreux médicaments modernes, les plantes ou les essences, sauf pour de rares exceptions relatives à des erreurs ou des excès de posologie, ou bien encore à des sujets prédisposés, ne sauraient provoquer d'incidents, *a fortiori* le moindre accident grave, ce qui mérite qu'on s'y attache.

Tous les siècles ont connu leurs recettes de plantes. La Chaste Suzanne prenait des bains d'eau de fleur d'oranger. Les Égyptiens embaumaient leurs morts à l'aide de composés renfermant des résines et des essences. Les Grecs avaient adopté l'usage des parfums et s'en servaient dans l'art de guérir. Les Romains cultivaient les plantes aromatiques. Au Moyen Age, les femmes célèbres avaient leurs recettes personnelles...

De nos jours, des quantités de préparations pharmaceutiques utilisent les propriétés des plantes et des aromates. Tous les médecins, toutes les ménagères font comme M. Jourdain : ils pratiquent journellement, sans le savoir, la phyto et l'aromathérapie.

L'identité des essences

Ce sont des produits huileux volatils et odorants qu'on retire des végétaux, soit par *distillation* à la vapeur, soit par *expression*, soit par *incision* du végétal, ou bien parfois par *séparation* à l'aide de la chaleur, ou par *solvants*, soit encore par *enfleurage*[1].

Un certain nombre de ces huiles essentielles figurent dans les pharmacopées mondiales. En France, les éditions de 1949 ou 1965 — Codex

---

1. C'est-à-dire par absorption, par un produit gras, du parfum que l'on sépare ensuite grâce à des techniques très particulières.

Français[1] — en compte une quinzaine, mais les publications antérieures en comportaient beaucoup plus, 24 en 1937, 44 en 1837. Or, c'est elles qui étaient dans le vrai.

Certes, les exigences du Codex imposent un minimum d'analyses quant aux propriétés physiques (densité, solubilité dans les alcools à divers degrés et autres solvants, point d'ébullition, déviation polarimétrique, indice de réfraction, point de fusion, etc.) et aux propriétés chimiques (recherches et dosages d'un des composants ou d'un ensemble formant une fonction chimique — par exemple les phénols, les aldéhydes, les alcools, etc.). Pour ne pas alourdir ce travail, nous n'avons mentionné que quelques-unes seulement de ces précisions, bien inutiles généralement au praticien.

Car ce qui *importe* au médecin, et aux malades qu'il soigne, c'est de pouvoir être *certain* de la *qualité* naturelle des essences employées. Or les critères actuels du Codex sont ce qu'ils sont. Mais ils n'envisagent *absolument pas* cette condition : une essence trafiquée peut posséder les normes «Codex», alors qu'une essence naturelle, *authentiquement* naturelle, pourra ne pas les avoir. Un exemple parmi tant d'autres de la manière de concevoir les progrès à notre époque : les belles pommes, bien brillantes, bien calibrées, bien aspergées de pesticides sont seules dignes d'être placées dans les cageots. A côté, la petite reinette saine, même avec quelques points noirs, ne sera pas vendue à Rungis. Mangez la petite reinette tavelée, c'est elle qui vous est favorable.

«Des médecins, m'écrivait il y a quelques années un producteur d'essences aromatiques, préconisent à leurs malades l'utilisation d'huiles essentielles, des pharmaciens achètent et revendent ces huiles essen-

---

1. Recueil officiel des formules pharmaceutiques.

tielle. Ces spécialistes ont-ils eu la curiosité de connaître la pureté de ce qu'ils préconisent, de ce qu'ils revendent ? Rien n'est plus fréquemment «coupé» qu'une huile essentielle ; la meilleure preuve est en effet qu'on trouve de l'essence de thym à 40 F alors que l'essence de thym de bonne qualité vaut environ 150 F, de l'essence de clous de girofle à 90 F alors que la véritable essence vaut au moins 210 F, etc.

«Pourquoi ces spécialistes — médecins et pharmaciens — n'ont-ils pas la curiosité, le souci de savoir si ces essences achetées à bas prix ne contiennent pas des éléments nocifs ? Pourquoi n'exigent-ils pas l'approvisionnement d'essences de haute qualité, quel qu'en soit le prix ?

«On rétorquera peut-être que les essences utilisées couramment donnent de bons résultats et qu'il n'y a pas lieu de devenir «puristes» puisqu'il semble suffisant d'utiliser ces essences courantes pour obtenir les résultats recherchés... Mais est-on certain qu'une essence de très haute qualité ne donnerait pas un résultat encore meilleur ; est-on certain surtout que les éléments ajoutés dans le «coupage» de l'essence vendue ainsi meilleur marché (il s'agit bien souvent de produits de synthèse) ne sont pas nocifs sinon immédiatement, tout au moins à plus ou moins longue échéance ? A-t-on le droit de prendre le risque d'utiliser des essences «coupées» dont on ignore absolument la composition ?

«Les négociants en huiles essentielles ont été amenés, il y a déjà bien longtemps, sans qu'il y ait fraude, à ajouter des coupages aux essences pures provenant de la distillation car l'utilisateur parfumeur, cosméticien, savonnier, fabricant de produits d'entretien... recherche en général des produits peu coûteux, le résultat olfactif étant bien plus important que la pureté de l'essence. Mais quand il s'agit d'*aromathérapie* le problème doit être posé différemment et on se doit absolument d'exiger un produit de qualité.

« C'est bien beau, c'est admirable de vouloir « revenir à la nature » mais de quel genre de nature veut-on parler, de celle qui donne de « beaux » fruits sans saveur, de « belles » carottes bourrées de nitrate, du « beau » pain bien amidonné, de « belles » essences bon marché, ou bien d'une nature saine et honnête qui donne des fruits savoureux, même s'ils sont « piqués », du pain issu du blé de culture dite biologique, des essences ne sortant que de l'alambic ? »

J'avais, à l'époque, remercié et félicité cet aimable correspondant pour la justesse de ses propos, lui précisant que mes préoccupations étaient identiques. C'est la raison pour laquelle, parmi les objectifs de la *Société de recherches* que j'avais fondée en 1971, la qualité des essences vendues en pharmacie occupait une place prépondérante. Aussi avions-nous consacré à cette question un chapitre spécial dans nos statuts, nous réservant d'intervenir si la qualité des huiles essentielles délivrées à nos patients n'était pas conforme à nos exigences. Pour avoir négligé cette attitude d'élémentaire honnêteté, plusieurs pharmaciens se sont vu retirer les malades que nous avions cru pouvoir un temps leur adresser.

Les essences se distinguent des huiles grasses, qui sont fixes et tachent le papier d'une manière permanente, en ce sens qu'elles se volatilisent par la chaleur et que leur tache sur le papier est passagère.

Autrefois considérées comme des espèces définies, les essences livrent peu à peu leurs secrets depuis l'avènement de la chimie organique à la fin du XIXe siècle. Elles ne les ont toutefois pas encore révélés dans leur intégralité. Elles nous offrent, écrit le docteur Taylor, de l'Université d'Austin (Texas), plus de composés nouveaux que tous les chimistes du monde ne pourraient jamais en synthétiser pendant mille ans d'efforts. On sait maintenant toutefois que ce sont des mélanges de nombreux composants : terpènes, alcools, esters, aldéhydes, cétones, phénols...

Généralement incolores, il en est de colorées : en rougeâtre (essence de *cannelle*), en bleu (essence de *camomille*), en vert (essence d'*absinthe*).

Sans entrer dans des détails rébarbatifs, je me contenterai de donner quelques brèves indications.

Sous le rapport de leur composition élémentaire, on les a divisées en :

1. *Essences hydrocarburées*, c'est-à-dire riches en terpènes (essence de térébenthine, de citron...), ce sont les plus nombreuses.

2. *Essences oxygénées* (de rose, de menthe...), ce sont généralement toutes les essences solides.

3. *Essences sulfurées* (des crucifères, des liliacées).

Beaucoup d'essences sont un mélange de carbures et de substances oxygénées et on y retrouve la plupart des fonctions chimiques des matières organiques : des *carbures d'hydrogène* ou terpènes comme le thymène, des *alcools* comme le géraniol et le linalol, des *aldéhydes* comme l'essence d'amandes amères et le citral, des *esters* comme les acétates de bornyle et de linalyle, des *cétones* comme la carvone et la thuyone, des *phénols* comme l'eugénol, le thymol, le carvacrol...

Les essences sont solubles dans l'alcool, l'éther, les huiles fixes, insolubles dans l'eau à laquelle, toutefois, elles communiquent leur odeur.

Leur point d'ébullition varie de 160° à 240° et leur densité de 0,759 à 1,096.

Elles sont dextrogyres ou lévogyres[1], rarement inactives sur la lumière polarisée.

---

1. Dextrogyre : qui fait tourner à droite - Lévogyre : qui fait tourner à gauche (il s'agit de particularités utilisées pour la différenciation de divers corps).

Elles dissolvent les graisses, l'iode, le soufre, le phosphore. Elles réduisent certains sels.

Les essences aromatiques préexistent généralement dans les plantes. Toutefois, il en est qui ne naissent qu'en présence d'eau, par action réciproque de certains produits immédiats.

Ce sont des produits stimulants, employés à l'intérieur comme à l'extérieur quelquefois purs, généralement en dissolution dans l'alcool ou un solvant adapté. Ce sont aussi des parfums.

On les prépare, comme nous l'avons vu plus haut, de différentes manières. Parfois par *simple expression* du végétal (girofle...), parfois par *simple incision* du végétal (laurier de la Guyane, camphre liquide de Bornéo), parfois par *séparation* d'un autre produit, à l'aide de la chaleur (térébenthine).

Le plus souvent, les huiles essentielles sont en si petite quantité par rapport à la masse du végétal et elles adhèrent tellement aux plantes qui les contiennent, qu'il faut procéder à une distillation des plantes : la manière d'opérer la plus commune diffère peu de celles utilisées dans la préparation des eaux distillées. Mais la même eau doit être distillée sur de nouvelles quantités de substances, sans quoi on perdrait une quantité notable d'essences.

La plupart des huiles essentielles sont plus légères que l'eau. Il en est toutefois de plus lourdes (essences d'ail, d'amande amère, de cannelle...). Elles sont généralement fluides, mais il en est de solides.

Certaines essences dont la composition est bien définie — ou paraît l'être — sont reproduites synthétiquement. Il y a tout lieu de croire que les résultats obtenus par les essences synthétiques ne sauraient se comparer aux effets des huiles essentielles naturelles. L'expérience confirme ces données.

L'essence naturelle et *totale* se montre plus active que son constituant principal. Par ailleurs, les constituants moindres en pourcentage sont plus actifs que le constituant principal. On doit y voir un effet d'une synergie. Ainsi, dès 1904, Cuthbert Hall démontrait que les propriétés antiseptiques de l'essence d'eucalyptus étaient beaucoup plus puissantes que celles de son constituant principal, l'eucalyptol.

« Il ne suffit pas, écrivait M. Huerre en 1919, de juxtaposer les éléments chimiques principaux dont l'analyse nous décèle la présence dans un suc végétal pour obtenir un produit d'une activité thérapeutique comparable à celle du suc naturel. »

Voici une curieuse observation. Un malade, affecté d'une fistule anale, fut traité par des instillations d'essence de lavande *naturelle et pure*. La guérison s'amorçait lorsque le patient dut entreprendre un voyage. Ayant oublié chez lui son essence de lavande, il s'en procura chez un pharmacien. L'essence n'était, hélas ! ni naturelle, ni pure. Une seule instillation entraîna des désordres inflammatoires douloureux tels que l'intéressé ne put s'asseoir pendant plus de 15 jours.

Dans le même ordre d'idées, beaucoup de dermatoses et de troubles variés (nervosisme, vertiges...) proviennent de l'usage de certains parfums ou eaux de Cologne préparés à l'aide d'essences synthétiques employées en raison de leur bas prix. Ces essences sont souvent irritantes pour la peau. De nombreux malades, par ailleurs, doivent leurs troubles à l'utilisation d'eaux de Cologne de mauvaise qualité, dont les propriétés stupéfiantes, convulsivantes ou allergisantes sont connues.

La qualité des huiles essentielles dépend de nombreuses causes, parmi lesquelles le procédé d'obtention, l'état de maturation et de conservation de la substance, sa provenance. Il existe des « crus » d'essences : cannelle de Ceylan, verveine des Indes, thym de la Réunion...

Le rendement peut varier de 1 à 10. C'est dire que la qualité des huiles essentielles — comme en toutes choses — doit obligatoirement se payer.

A titre documentaire, voici, pour quelques essences aromatiques, les *quantités moyennes* fournies par 100 *kg de plantes* (Formulaire pharmaceutique — Vigot. édit. 1965) :

Absinthe (herbe)	300 à 400 g
Camomille romaine	0,700 à 1 kg
Eucalyptus (feuilles sèches)	3 kg
Genièvre (baies)	0,500 à 1,200 kg
Hysope (herbe)	400 g
Lavande	2,900 kg
Lavandin	2,500 à 3 kg
Persil (herbe)	300 g
Sauge (feuilles)	1,400 à 1,700 kg
Thym (feuilles et fleurs)	1 kg
Valériane (racine)	950 g
Ylang-ylang (fleurs)	1,600 à 2 kg

Les huiles essentielles sont souvent *falsifiées* par de l'alcool, des huiles fixes, des huiles essentielles de moindre valeur, certains esters de synthèse, voire du savon animal ou de la gélatine. Mais il existe de nombreux procédés permettant de le reconnaître.

Il convient enfin de mentionner que la *conservation* des essences exige des flacons bien bouchés, leur maintien à l'abri de l'air et de la lumière (verres colorés). Il importe, en effet, d'éviter leur oxydation, leur polymérisation, leur résinification que chacun a été à même d'observer lorsque ces précautions n'étaient pas respectées.

L'homme a généralement tendance à croire que ce qu'il observe n'appartient qu'à son époque. Or, la Chine, l'Inde, la Perse sont des pays où la distillation des plantes se pratiquait il y a des millénaires. Les Égyptiens la connurent, en instruisirent les Grecs qui, à leur tour, initièrent les Romains.

Les Égyptiens paraissent avoir su préparer une

essence de conifère 40 siècles avant notre ère :
du bois de cèdre était chauffé dans un vase d'argile
dont l'ouverture supportait sur une claie des fibres
de laine. On comprimait alors la laine pour libérer
l'essence dont elle était imprégnée.

Les Arabes découvrirent plus tard, au Moyen
Age, la distillation des plantes.

Vers le XIIIᵉ siècle, la pharmacie naissante favorisa
le développement de la distillation. C'est l'époque où
les « maîtres-gantiers » obtinrent l'autorisation de
déposer des parfums sur leurs gants et aussi de
vendre des huiles parfumées.

L'essence de romarin fut, à cette époque, une des
premières à être isolée.

Au XVIᵉ siècle, l'industrie produisait en Provence
les essences de lavande et d'aspic. Le commerce en
fut particulièrement florissant à Montpellier, à
Narbonne et à Grasse.

Selon Gildemeister, au XVᵉ siècle étaient connues
les essences aromatiques d'amandes amères, d'aspic,
de cannelle, de cèdre, d'encens, de genièvre, de
mastic, de rose, de sauge. Un siècle plus tard, près
de soixante essences supplémentaires avaient été
découvertes parmi lesquelles celles d'absinthe,
d'aloès, d'angélique, d'anis, de basilic, de bryone,
de camomille, de cardamone, de carvi, de céleri,
de citron, de coriandre, de cumin, de fenouil, de
gaïac, de galenga, de gingembre, de girofle, d'hysope,
de laurier, de lavande, de macis, de marjolaine,
de muscade, de mélisse, de menthe, de myrrhe,
d'orange, d'origan, de persil, de poivre, de rue,
de safran, de santal, de sarriette, de sassafras, de
serpolet, de tanaisie, de thym.

Au début du XVIIᵉ siècle, avec les essences
d'armoise, de bergamote, de buis, de cajeput, de
cerfeuil, de cyprès, de moutarde, de néroli, de
pin, de sabine, de thuya, de valériane et bien
d'autres encore, se trouvaient isolées la plupart des

essences utiles d'Europe comme du Proche-Orient.

Sous Louis XIV, il fut de bon ton de s'intéresser à des compositions d'essences portant son nom. On voit apparaître la poudre «à la Maréchale» de la Maréchale d'Aumont et quantité de parfums, crèmes, cosmétiques affublés du patronyme d'un de ces grands Messieurs ou d'une quelconque grande Dame. Mais la malpropreté régnante entraîna un abus de parfums tel que le Roi Soleil, à la fin de son règne, les interdit purement et simplement.

Dès le XVIIIe siècle, on commença à contrôler les falsifications des huiles essentielles. C'est à cette époque que Feminis créa «l'eau admirable» qui devint «l'eau de Cologne». Un de ses neveux, Farina, vint à Paris fonder une maison pour la vente de ce produit.

Le XIXe siècle vit apparaître les premières analyses. On sait, depuis 1818, que tous les hydrocarbures terpéniques présentent une proportion constante de cinq atomes de carbone pour huit d'hydrogène. En 1825, Boulet découvre la coumarine.

L'appellation de «terpènes» est due à Kékulé, en 1866, et l'année d'après on prépare, pour la première fois, l'aldéhyde benzoïque par un procédé chimique. En 1868, Perkin obtient la synthèse de la coumarine et en 1876, G. de Laire fonde à Paris, rue Saint-Charles, la première usine pour la préparation des parfums synthétiques.

En 1882, on établit la constitution de l'eugénol, élément fondamental de l'essence de girofle.

En 1887, apparaît le premier musc artificiel. On voit que nous n'en sommes plus aux premiers balbutiements du synthétique et de l'artificiel. Nous venons de faire nos débuts dans l'ère chimique et c'est précisément depuis cette époque que les humains des nations occidentales commencent à absorber dans leur alimentation des colorants chimiques, des produits conservateurs, précédant les antibiotiques et les hormones synthétiques, générateurs de toutes ces maladies redoutables appelées, à juste titre, «maladies de civilisation».

Parmi ces maladies figurent les affections cardio-vasculaires, les allergies et le cancer. Or, pour A. Tyler, Pr d'embryologie à l'Institut de technologie de Californie, le cancer ne serait qu'une forme d'allergie. Quoi qu'il en soit, ce n'est probablement pas dans la chimie que se trouve la guérison future du cancer, précisément souvent provoqué, semble-t-il, ou favorisé par de nombreux produits de synthèse.

Parmi les essences favorables, plusieurs se sont déjà acquis des lettres de noblesse, de même que le citral et le linalol, dont on étudia la constitution dès 1890, ainsi que d'autres alcools et aldéhydes acycliques importants tels que le citronnellal et le géraniol.

Ainsi, comme on a pu le constater, ce n'est pas de ces toutes dernières années que datent les premières analyses qui ont permis de sonder la constitution des plantes et des essences[1].

---

1. Signalons, dans un autre ordre d'idées, qu'en 1907 fut découvert l'hydroxycitronnellal dont l'importance est demeurée capitale en parfumerie.

A l'adresse de ceux que la question intéresse, voici, par ailleurs, les principaux produits odorants tirés des animaux :

a) L'ambre gris : c'est un calcul formé dans le tube digestif de certains cachalots adultes de grande taille. Son prix de revient, on le conçoit, est très élevé.

b) Le musc est produit par le chevrotin mâle porte-musc, des montagnes de l'Asie Centrale (il existe chez ces animaux, entre le nombril et les organes sexuels, une poche où se dépose la substance odorante).

c) La civette est fournie par un mammifère carnivore, la civette, que l'on trouve surtout en Abyssinie, en Guinée, au Sénégal.

d) Le castoreum, procuré par le castor du Canada ou de Sibérie, est la moins employée des substances animales.

La fumée dégagée par l'ambre chauffé, le musc ou le castoreum, serait un mode de prévention de la crise épileptique.

Pourquoi le renouveau?

Malgré ces recherches, qui eussent dû faire progresser la phyto et l'aromathérapie, une période d'oubli pesa sur ces méthodes que de nouvelles expérimentations et de nombreux travaux font actuellement, une fois de plus, ressortir de l'ombre.

Si les plantes ont, au cours des temps, connu des périodes plus ou moins longues d'oubli, c'est que d'abord, à tout instant de l'histoire, on crut souvent avoir trouvé la panacée devant quoi tout devait disparaître.

C'est aussi que, pour posséder leur pleine action, nous l'avons vu, les plantes doivent provenir de bons terroirs (il existe des «crus d'essences[1]»), avoir été récoltées en temps opportun, préparées et conservées avec art. Il n'en fut, et il n'en est malheureusement pas encore toujours ainsi. Dans ces cas, les échecs sont fréquents. Ils furent habituellement mis à tort au passif de la méthode et non du matériel détérioré.

Enfin — et c'est, dans son ensemble, tout à l'honneur de l'esprit scientifique — l'homme a toujours cherché à forger son opinion sur des chiffres, des résultats d'analyses objectifs. La base scientifique manqua longtemps pour expliquer l'action thérapeutique des plantes.

---

1. Les essences produites par les différentes espèces de thym — par exemple — marquent des différences très nettes dans leur composition chimique. Certaines sont des essences à thymol, d'autres à carvacrol, d'autres à citral (apparentées aux essences de verveine).

D'une façon générale, les caractéristiques physico-chimiques des huiles essentielles sont variables selon beaucoup de facteurs (lieu de provenance, climat et ses diverses modifications — périodes de grandes pluies ou de sécheresses prolongées — époque et moyen de récoltes, procédés d'extraction, etc.). Ceci explique la marge, souvent assez grande, laissée dans les constantes et pourcentages des composants, comme aussi les caractéristiques quelquefois anormales pour des essences pures.

Et si, depuis quelques années, la phyto et l'aroma-thérapie connaissent, chez les médecins et dans l'opinion, un regain de faveur, elles le doivent aux nombreux savants travaux publiés sur leur compte : études phytochimiques précises, chromatographies, spectrographies, examens radiologiques, tracés divers. Ainsi les chiffres viennent-ils confirmer chaque jour un peu plus le bien-fondé des notions traditionnelles découlant d'un simple empirisme.

Comment ne serions-nous pas saisis d'admiration et frappés d'humilité lorsque nous découvrons aujourd'hui — par des recherches et des expéri-mentations souvent complexes et délicates nécessi-tant parfois des appareillages d'une valeur technique indiscutable — combien nos Anciens avaient raison dans leurs multiples indications et le mode d'emploi des plantes et des essences ? Généralement, nous n'avons rien à ajouter à ce qu'ils nous ont transmis dans cet ordre d'idées. Nous nous bornons à confirmer, à reconnaître qu'ils avaient raison. Je parle, bien entendu, pour ceux qui veulent bien le reconnaître. « Dans mon canton, il y avait des savants, ils ne savaient lire que leur propre bréviaire » écrivait Goethe.

Dans le plus ancien ouvrage de médecine, paru 20 siècles avant Jésus-Christ, l'empereur Kiwang-Ti étudie déjà l'opium, la rhubarbe, le grenadier, en leur attribuant des indications que nous leur reconnaissons encore de nos jours.

Jour après jour, nous sommes obligés de penser que l'antique connaissance des simples cache beau-coup de choses encore insoupçonnées. Ainsi l'exem-ple du Tussilage ou Pas d'âne, dont les cendres contiennent 28,23 % de potassium, 2,36 % de sodium, 21 % de calcium, 8,86 % de magnésium, 1 % de fer, 4,44 % de phosphore, 26,17 % de soufre, 7,82 % d'acide silicique. Sa composition nous fait comprendre qu'il compte parmi les plus anciens et les meilleurs remèdes pectoraux.

Et peu à peu on découvre que le chèvrefeuille renferme une substance antibiotique contre le coli-bacille et le staphylocoque. Cette précision rendra cette plante encore plus sympathique à certains esprits, faux Saint Thomas, qui, ne sachant obser-ver, ne savent que nier tout en bloc.

Quant aux racines d'hortensia, elles contiennent un produit antipaludéen qui serait supérieur à la quinine. Cette constatation est à rapprocher de l'affirmation qui veut que le remède se trouve à côté du mal.

Le myosotis a eu le mérite d'attirer l'attention de Léon Binet qui, entre autres constituants, a chez lui déterminé une forte proportion de potassium (42 à 57 g par kg). Aussi l'ancien Doyen de la Faculté de Médecine de Paris le préconise-t-il dans les asthénies, l'hypotension, la constipation et les séquelles de paralysies.

Il est prévisible qu'un jour viendra où, de plus en plus, sera reconnue la pleine valeur des théra-peutiques naturelles. Les générations futures seront sans doute stupéfiées de certaines théories et ensei-gnements médicaux en honneur aujourd'hui, comme nous nous étonnons du traitement de la gale en usage au XVIIIe siècle, avec sa saignée et ses pur-gations destinées à aider la sortie des mauvaises humeurs qui «cherchent à se faire jour à travers la peau».

Inimaginables pouvoirs

Par leur richesse en terpènes et en phénols, ainsi qu'en alcools et en aldéhydes, les essences naturelles ont, depuis la découverte de leurs constituants, toujours été considérées comme devant obligatoirement être douées de **propriétés antiseptiques**. En fait, leur action bactéricide est établie depuis des millénaires.

Il existe une relation entre le pouvoir bactéricide des essences aromatiques et leur fonction chimique : par ordre d'activité décroissante on trouve les phénols, les aldéhydes, les alcools, les éthers puis les acides. Pour les terpènes, les avis divergent encore actuellement. Ces constituants ont généralement un pouvoir antiseptique supérieur à celui du phénol synthétique pris longtemps comme témoin. L'école lyonnaise montra, par exemple, que la concentration minima nécessaire à une infertilisation complète[1] du bacille de Koch était, pour les corps suivants : Eugénol 0,05 pour mille, Thymol 0,1 pour mille, Gaïacol 0,8 pour mille, Phénol 0,8 pour mille.

La nature *chimique* des essences étant très *variable*, alors que leur pouvoir antiseptique est *général*, on pense que cette *propriété commune* aux essences *doit être attribuée* à des *propriétés physiques communes* : pour certains auteurs, l'action désinfectante des essences serait proportionnelle à l'abaissement de la tension superficielle[2]. Pour d'autres, il s'agirait d'une solubilité spéciale sur la couche limitante des cellules vivantes.

Le *pouvoir antiseptique* a été déterminé en présence de vapeurs d'essences, et au contact direct des huiles essentielles.

Les premières recherches sur le pouvoir antiseptique des huiles essentielles datent de Chamberland — en 1887 — sur la bactéridie charbonneuse.

---

1. Action qui entrave le développement des cultures microbiennes.
2. Force apparaissant dans les couches superficielles des liquides qui, du fait d'un arrangement particulier de leurs molécules, acquièrent des propriétés analogues à celles d'une membrane élastique.

L'auteur signalait l'activité de l'origan, de la cannelle de Chine, de la cannelle de Ceylan, de l'angélique, du géranium d'Algérie.

L'activité *antigénétique*[1] des essences à *l'état de vapeurs* s'exerce selon l'ordre décroissant suivant : citron, thym, orange, bergamote, genièvre, girofle, citronnelle, lavande, niaouli (goménol), menthe, romarin, santal, eucalyptus, badiane. *Cet ordre correspond* presque exactement à la teneur des essences étudiées *en terpènes*. Cette activité antigénétique des vapeurs se fait surtout sentir vis-à-vis du méningocoque, du staphylocoque et du bacille typhique. Le bacille diphtérique est beaucoup plus résistant et les spores de la bactéridie charbonneuse ne sont pas touchées.

Par *contact direct*, l'ordre décroissant d'activité antigénétique est légèrement différent du précédent : thym, citron, genièvre, menthe, niaouli, orange, citronnelle, girofle, lavande, romarin, bergamote, eucalyptus, santal, anis, badiane.

Les recherches de Cavel sur des cultures microbiennes ensemencées par une eau d'égouts ont révélé les propriétés infertilisantes de nombreuses essences à des dilutions importantes. Par ordre d'activité décroissante, pour mille parties de cultures microbiennes, se sont montrées efficaces : les essences de thym dans une proportion de 0,7 d'origan à 1 pour mille, de verveine à 1,6, de rose à 1,6, de cannelle de Chine à 1,7, de girofle à 2 pour mille, d'eucalyptus à 2,25, de menthe et de géranium à 2,5, de reine des prés à 3,3, d'aspic à 3,5, d'anis et de moutarde à 4,2, de bouleau à 4,8.

Ce tableau a, on en conviendra volontiers, déjà de quoi surprendre.

---

1. Qui s'oppose au développement des germes microbiens et les tue.

Les résultats de Cavel ont été relatés. Le tableau ci-dessous indique la dose minimale en centimètres cubes de diverses essences qui infertilise 1 000 cm³ de bouillon de viande ensemencés avec de l'eau d'une fosse septique :

Dénomination des essences	Doses infertilisantes pour 1 000 cm³
Thym	0,7
Origan	1,0
Portugal	1,2
Verveine	1,6
Cannelle de Chine	1,7
Rose	1,8
Girofle	2,0
Eucalyptus	2,25
Menthe	2,5
Géranium rosat de France ..	2,5
Reine des prés	3,3
Aspic	3,5
Badiane	3,7
Iris	3,8
Cannelle ordinaire	4,0
Serpolet	4,0
Anis	4,2
Moutarde	4,2
Romarin	4,3
Cumin	4,5
Néroli	4,75
Bouleau	4,8
Lavande	5,0
Mélisse	5,2
Ylang-ylang	5,6
Genièvre (baies)	6,0
Fenouil doux	6,4
Ail	6,5
Citron	7,0
Cajeput	7,2

Sassafras	7,5
Héliotrope	8,0
Térébenthine	8,6
Persil	8,8
Violette	9,0

A titre de comparaison, la quantité infertilisante de phénol déterminée dans les mêmes conditions a été de 5,6 pour 1 000.

En *solution alcoolique* très diluée (2 à 7 pour mille), les essences et plus particulièrement celles de palmarosa, de cannelle et de girofle, ont été trouvées actives vis-à-vis de cultures homogènes de bacilles tuberculeux (Courmont, Morel et Rochaix, Morel et Bay).

Parmi les essences les plus employées pour leurs propriétés antiseptiques, il faut noter l'eucalyptus, la girofle, le niaouli, le thym, l'ail, le santal, le citron, la cannelle, la lavande, la menthe...

L'*essence d'ail* est utilisée à titre *préventif* au cours des *épidémies* grippales et comme modificateur des sécrétions bronchiques.

L'*essence d'eucalyptus* est parfois remplacée par son principal constituant, l'*eucalyptol*. Cette substance est employée sous forme de solution huileuse (5 à 10 g %) en applications nasales et même en injections intramusculaires. A l'intérieur, en capsules dosées à 0,20 g. Or, certains travaux ont accordé un rôle prédominant aux carbures terpéniques que l'eucalyptus contient, l'eucalyptol étant pour eux un corps sans activité apparente (Cuthbert Hall, 1904).

L'*essence de girofle* tue le bacille tuberculeux à la dose de 1/6 000. Elle est utilisée en chirurgie dentaire comme désinfectant et cautérisant. Mais elle est, dans ce domaine, de plus en plus remplacée par son principal constituant l'*eugénol*. La puissance antiseptique de l'essence de girofle est telle que son émulsion à 1 % est 3 à 4 fois plus active que le phénol.

L'*essence de niaouli* (goménol) est utilisée en solution huileuse de 5 à 10 %, pour les pansements des plaies, les brûlures ou les ulcères. On utilise aussi l'eau goménolée à 2 pour mille[1], préparée par agitation. A l'intérieur, on l'utilise en capsules sous forme d'huile goménolée à 50 % (1 g par jour). Le goménol a, de tout temps, été utilisé en Nouvelle-Calédonie : les indigènes mangent les feuilles, font des infusions, emploient l'essence pour la désinfection de l'eau.

L'*essence de santal* est un spécifique de la désinfection des voies urinaires. On l'utilise généralement en capsules à 0,25 g.

D'autres essences sont de puissants désinfectants urinaires : genévrier, lavande, térébenthine...

L'*essence de thym* est un excellent antiseptique, sans doute notamment grâce au thymol qu'elle contient. De nombreux travaux ont traité du pouvoir bactéricide de l'essence peroxydée (c'est-à-dire oxydée au plus haut degré) à 1,5 %. La solution aqueuse à 5 % tue le bacille typhique (fièvre typhoïde) et le bacille de Shiga (agent de la dysenterie épidémique) en 2 minutes. Elle tue le colibacille en 2 à 8 minutes, le streptocoque et le bacille diphtérique en 4 minutes, le staphylocoque en 4 à 8 minutes, le bacille de Koch (tuberculose) en 30 à 60 minutes. L'essence de thym peroxydée à 0,10 %, en solution savonneuse diluée, détruit la flore microbienne de la bouche en 3 minutes.

Pour ce qui est des *essences de citron*, de *cannelle*, de *menthe*, de *lavande*... leurs propriétés antiseptiques sont décrites dans l'étude particulière qui leur est réservée.

---

1. La solution à 2 pour mille (soit 2 g d'essence pour un litre d'eau) semble, pour de nombreuses essences, l'état de grande division favorable.

Mentionnons dès maintenant que l'*essence de cannelle* tue le bacille typhique à la dilution de 1 pour 300.

Le *coriandre*, associé au poivre et au sel, est utilisé dans les pays tropicaux pour recouvrir les viandes que l'on veut conserver.

L'*essence de camomille allemande* doit à l'un de ses constituants : l'azulène, des propriétés bactériostatiques insoupçonnées. L'azulène est efficace à la concentration de 1 pour 2 000 contre le staphylocoque doré, le streptocoque hémolytique (agent de la scarlatine et du rhumatisme articulaire aigu), le proteus vulgaris. Des plaies infectées ont été guéries par une concentration de 1 pour 85 000 à 1 pour 170 000.

Quant à l'*essence de citron*, ses propriétés antiseptiques et bactéricides sont incomparables. Les travaux de Morel et Rochaix ont montré que les *vapeurs* d'essence de citron neutralisent le méningocoque en 15 minutes, le bacille typhique en moins d'une heure, le pneumocoque en 1 à 3 heures, le staphylocoque doré en 2 heures, le streptocoque hémolytique en 3 à 12 heures. L'*essence* neutralise le bacille typhique et le staphylocoque en 5 minutes, le bacille diphtérique en 20 minutes. Quelques gouttes de citron dans les huîtres les débarrassent en 15 minutes de 92 % de leurs microbes (Ch. Richet).

Le Pr Griffon, Directeur du Laboratoire de Toxicologie de la Préfecture de police, membre de l'Académie de pharmacie et du Conseil supérieur d'hygiène, étudia l'activité antiseptique d'un mélange d'essences aromatiques[1] pour la *purification bacté-*

---

1. Ce mélange comporte les essences de pin, de thym, de menthe, de lavande, de romarin, de girofle et de cannelle.

Le problème avait été déjà étudié par Raymond Sarbach dans son remarquable ouvrage : «Contribution à l'étude de la désinfection chimique des atmosphères» (Impr. Lescuyer - Lyon - 1962).

riologique de l'air. Son compte rendu, daté du 7 janvier 1963, spécifie que les recherches ont été effectuées avec la collaboration du Service vétérinaire sanitaire de Paris et de la Seine.

Le mélange d'essences fut dispersé sous forme de brouillard à l'aide d'un appareil aérosoliseur. Le Pr Griffon étudia la vitalité des germes microbiens existant en suspension dans l'air avant et après l'action d'un brouillard du mélange utilisé, les germes étant reçus, en se déposant spontanément sur des boîtes de Pétri[1] ouvertes.

Les résultats peuvent être ainsi résumés :

A 15 cm du sol (lieu où la pullulation microbienne est des plus importantes, beaucoup plus qu'à 60 cm, 1 m et plus), les boîtes de Pétri, ouvertes depuis 24 heures dans une pièce non encore traitée par pulvérisation, montrèrent : 210 colonies de flore microbienne totale, dont 12 de moisissures et 8 de staphylocoque. Déjà, en 15 minutes, les boîtes ne comportaient plus que 62 colonies totales dont 8 de moisissures et 6 de staphylocoque.

Or si l'on traite la pièce par une pulvérisation d'essences aromatiques, les boîtes ouvertes 15 minutes après la nébulisation ne montrent plus que 14 colonies de flore microbienne totale, dont 4 de moisissures et 0 de staphylocoque. Trente minutes plus tard, les chiffres sont respectivement de 4-0 et 0.

En somme, en *1/2 heure*, les *essences aromatiques* ont *détruit* dans l'air ambiant *toutes* les moisissures et *tous* les staphylocoques et n'ont laissé que 4 colonies microbiennes sur 210 au début.

Le Pr Griffon conclut que «*la dispersion dans l'atmosphère du liquide étudié* réalise une désin-

---

1. Les boîtes de Pétri sont formées de 2 disques de verre, creux, pouvant s'emboîter l'un sur l'autre, comme une boîte ronde et son couvercle. Dans le disque inférieur formant la boîte proprement dite, on coule un bouillon de culture destiné à étudier les colonies microbiennes qui s'y développent.

fection très nette de l'air se traduisant par une *diminution considérable ou totale des germes* microbiens préexistants ».

En 1960 déjà, le docteur Bidault avait reconnu le *rôle thérapeutique essentiel* qu'il assignait à cette préparation *dans la prévention des maladies contagieuses de l'enfance* (coqueluche, coryza épidémique, grippe), et des maladies aiguës ou chroniques des voies respiratoires de l'adulte (grippe, tuberculose, pneumonie). Il confirmait les expériences sur l'action germicide des essences aromatiques sur les bacilles de Bordet-Gengou (coqueluche), Pfeiffer (grippe) et Koch (tuberculose).

Ses observations cliniques faisaient la preuve que la désinfection de l'air ambiant, où vit le malade, a une action thérapeutique préventive.

Ces indications ne peuvent laisser indifférent. Car si on compte 5 germes microbiens au mètre cube dans la forêt de Fontainebleau, il y en a 20 000 dans un appartement parisien, **neuf millions** au Salon de l'Auto, à peu près autant dans les grands magasins. Une table de travail porte **cinq millions** de microbes au mètre carré, une moquette **neuf millions**.

Dans un grand hôpital, on compte une proportion ahurissante de germes par mètre cube et on a pu dire que le milieu hospitalier était, de loin, le plus infecté de tous. Il y a de nombreuses années, un médecin mit de cet air dans un flacon contenant quelques gouttes d'essences : 40 % des microbes étaient détruits en 20 minutes, 80 % en une heure, 100 % en 9 heures. La pratique de la nébulisation fine (aérosols) des huiles essentielles devrait donc être générale dans les chambres de malades, les salles d'opération des hôpitaux et des cliniques. Mais l'excipient des aérosols pouvant parfois déclencher les réactions allergiques, il est encore préférable de laisser les essences se dégager d'elles-mêmes. Depuis près de 20 ans, j'utilise les propriétés d'une petite lampe chauffante surmontée d'une coupelle dans laquelle sont journellement versées quelques gouttes d'essences de thym, de lavande, d'aiguilles de pin, d'eucalyptus. (**Od'aroma**, produit d'hygiène). Mais cet appareil n'est plus commercialisé depuis une douzaine d'années. Il est avantageusement remplacé par le *Diffuseur d'aromes* « Marion » qui projette la solution d'essences en très fine nébulisation (Marion C.P. - 175-177, rue Lecourbe - 75015 Paris).

L'étonnant pouvoir antiseptique des essences est donc un fait bien établi. Aussi ne sera-t-on pas étonné d'apprendre qu'il s'est avéré *impossible d'augmenter le pouvoir antiseptique* des dentifrices aux essences, par addition des bactéricides les plus réputés. Rien n'a pu égaler l'efficacité des mélanges à base d'anis, de girofle, de camomille, de menthe et d'autres huiles essentielles.

En face des produits chimiques dangereux, ou inactifs contre les germes microbiens, on comprend qu'on revienne aux essences.

Vis-à-vis du bacille de Koch, par exemple, les Prs Courmont, Morel et Rochaix ont démontré que la dose infertilisante active était de 0,1 pour mille pour le thymol (constituant principal de l'essence de thym), de 0,05 pour mille pour l'eugénol (constituant principal de l'essence de girofle) et de 0,4 pour mille pour l'essence de menthe. Cette activité est plus grande que celle du phénol ou du gaïacol, efficaces à la dose de 0,8 pour mille.

A titre indicatif, les essences de citron, lavande, aspic, hysope sont efficaces à 0,2 pour mille, les essences de marjolaine, orange, niaouli à 0,4 pour mille, toutes également supérieures au phénol et au gaïacol.

L'essence de thym a un pouvoir antiseptique et antiparasitaire très nettement supérieur à l'eau oxygénée, au permanganate de potasse, au gaïacol...

Que la puissance antiseptique des essences aromatiques soit généralement *égale ou supérieure* à celle de la plupart des produits de synthèse, on en trouve une preuve supplémentaire dans un travail du Pr Sauvat de l'École nationale vétérinaire de Toulouse, en 1951. «L'activité bactéricide du sel d'ammonium quaternaire, écrit cet auteur, est augmentée de façon très appréciable par son association avec le terpinéol».

De même l'*essence de niaouli purifiée* (goménol) *augmente* «in vitro» (c'est-à-dire en laboratoire) l'*activité antibiotique de la streptomycine et surtout de la pénicilline* (Quevauviller et Parousse-Perrin : Revue de Pathologie comparée, 1958).

Mignon rapporte les résultats obtenus à l'aide de dérivés de la térébenthine utilisés simultanément avec les antibiotiques. *L'action des antibiotiques* «in vitro» et «in vivo» (sur la souris) *est considérablement augmentée par leur solution dans les dérivés oxygénés de la térébenthine.*

Certaines essences ont donc un pouvoir exaltant sur les antibiotiques. En revanche, l'emploi des antibiotiques sous la forme de pommades est limité par l'action inactivante de certaines huiles essentielles (aldéhydes, cétones, certains alcools).

A la suite d'une communication de Ch. Mayer, parue dans la Revue belge de la tuberculose en 1938, sur un essai de prémunition des cobayes contre la tuberculose par l'emploi d'émulsions bacillaires traitées au moyen de solutions d'huiles essentielles, de Potter — de l'Institut d'Hygiène et de Bactériologie de l'Université de Gand — a étudié[1] l'action bactéricide de solutions vis-à-vis de cultures de germes non sporulés[2] (de staphylocoque doré, de

1. Fr. de Potter : Sur l'action bactéricide de solutions aqueuses d'huiles essentielles (C.R. Soc. Biologie, 1939).
2. La «spore» est le nom donné aux corpuscules reproducteurs de certains végétaux, les cryptogames (champignons, fougères...) et des microbes. Les spores opposent une très grande résistance aux agressions extérieures.

bacille typhique, de colibacille et de bacille fœcalis alcaligène), également vis-à-vis d'une culture de germes sporulés, en l'occurrence le bacille subtilis. Il utilisa une solution à 5 pour mille de géraniol, de bornéol et de cyprès.

L'action bactéricide de la solution aqueuse s'est montrée nulle, malgré un contact de 2 jours, sur la culture de germes sporulés.

En revanche, à 37° les émulsions de staphylocoque sont stérilisées en 1 à 2 heures. A la température du laboratoire, la stérilisation est obtenue en 4 à 5 heures. Les cultures des bacilles typhique, coli et fœcalis sont stérilisées, à 37°, en 20-30 minutes, à la température du laboratoire en 30-60 minutes.

La solution aqueuse d'huiles essentielles conserve ses propriétés bactéricides après chauffage à 105° pendant 20 minutes.

L'injection sous-cutanée de 1 à 2 cc chez l'homme, le lapin et le cobaye ne détermine aucune réaction locale ou douloureuse et l'injection intraveineuse de 10 cc est parfaitement supportée par l'homme et le lapin.

La valeur désinfectante de la solution aqueuse s'est avérée supérieure à celle du phénol.

Quelques mois plus tard, le même auteur publia une étude sur l'immunisation antistaphylococcique, chez l'homme et le cobaye, au moyen d'un vaccin préparé avec une solution aqueuse d'huiles essentielles. Il concluait que «l'emploi des solutions aqueuses d'huiles essentielles comme véhicule d'émulsion pour la préparation d'un vaccin antistaphylococcique se recommande par son pouvoir stérilisant rapide sans chauffage, son immunité absolue et son efficacité». Pour Fr. de Potter, la valeur pratique de ce mode de vaccination apparaissait comme devant être plus considérable que celle des vaccins préparés par d'autres procédés.

Dans le but d'améliorer le pouvoir antiseptique

des essences, on a tenté de les concentrer en certains produits supposés les plus actifs, notamment par la déterpénation et la peroxydation.

La *déterpénation* consiste à séparer les principes oxygénés des essences (phénols, alcools, cétones, aldéhydes, esters... lesquels apparemment sont dotés d'un pouvoir bactéricide supérieur) d'une part, de leurs hydrocarbures (terpènes, sesquiterpènes) d'autre part. L'extraction des hydrocarbures, qui s'effectue généralement par distillation fractionnée, est une opération toujours délicate.

La déterpénation conduit à des rendements très variables en fonction de la richesse, elle-même très variable, des différentes essences en carbures terpéniques. Pour prendre un exemple, l'essence de citron donne 5 kg d'essence déterpénée pour 100 kg d'essence au départ[1].

Des expérimentations ont démontré que la déterpénation aboutissait à une *exaltation du pouvoir antiseptique* de l'essence. Ces constatations nous apparaissent en contradiction avec ce que nous avons lu plus haut, à savoir que le pouvoir antigénétique de nombreuses essences, *à l'état de vapeur*, apparaissait fonction de leur richesse en terpènes[2].

Toutefois, au contraire des essences naturelles intégrales qui sont très peu solubles dans l'eau et peu solubles dans l'alcool, les essences déterpénées sont solubles dans l'alcool même à un titre abaissé (75°, parfois 70 ou 60). Elles ont, par ailleurs, cette

1. Ce qui explique la valeur marchande des essences déterpénées, toujours très supérieure à celle des essences naturelles correspondantes.
2. Ainsi, pour certains expérimentateurs, les essences doivent leur pouvoir bactéricide à leur richesse en terpènes. Pour d'autres, la déterpénation exalte le pouvoir antiseptique. Mais il convient de remarquer que certaines études font état des vapeurs d'essences, d'autres des essences mêmes. Certaines expérimentations ont trait à telles catégories de germes microbiens, d'autres à des catégories différentes. En attendant des recherches complémentaires, nous conserverons le plus souvent notre confiance aux essences *totales*.

propriété précieuse de dissoudre facilement les essences non déterpénées ou leurs divers composants. Ces particularités leur confèrent, on le conçoit, une place de choix dans de nombreuses préparations où interviennent des mélanges d'huiles essentielles ou de certains de leurs constituants.

La *peroxydation* consiste à oxyder (c'est-à-dire à oxygéner) les essences. Les dérivés terpéniques peuvent, en effet, fixer de l'oxygène qu'ils libèrent secondairement dans certaines conditions à l'état d'ozone. On pensait de la sorte augmenter le pouvoir bactéricide des essences. Or les résultats s'avèrent très inconstants. Des recherches nouvelles dans ce domaine se montrent nécessaires.

Les Anciens ignoraient la composition des essences, mais sans en comprendre le mécanisme, ils utilisaient quotidiennement leurs vertus antiseptiques, soit dans l'alimentation (ail, oignon...) soit sous forme de fumées dans la prévention des épidémies ou pour les endiguer. On se rappelle l'exemple de l'épidémie de peste d'Athènes combattue par Hippocrate par des fumigations aromatiques. Plus près de nous, au XIXe siècle, pendant les épidémies de choléra, les ouvriers parfumeurs ont toujours présenté une immunité presque absolue. On ne s'en est plus rappelé en 1970, au moment de la panique qui sévit en Occident à propos de quelques cas de choléra au Proche-Orient. Les croyances de notre époque obligèrent tous les individus en partance pour l'Afrique noire ou le Proche-Orient à se faire vacciner. Certains en furent tellement malades qu'ils renoncèrent à leur voyage. En revanche, tous les hommes d'affaires qui échappèrent à la vaccination revinrent, frais et dispos, de ces pays où on risquait de mourir. Ils s'étaient contenté d'emporter, sur mon conseil, des comprimés de charbon, du magnésium et des préparations aromatiques à usages interne et externe.

Et voici qu'une fois de plus, pour reprendre la phrase de Léon Binet, des travaux modernes viennent «confirmer le bien-fondé de notions traditionnelles découlant d'un simple empirisme». «Les fumées des plantes à essences, lit-on dans Q.S. 1958, ont des propriétés antiseptiques actives, inhibant le développement de certains staphylocoques et colibacilles. Dans l'ordre d'activité décroissante, il faut mentionner le thym, le romarin, l'eucalyptus, la menthe, l'oranger et ensuite le maïs, le peuplier, le pin, le chanvre indien, le tabac, la belladone, le datura, la jusquiame, le houblon et le pavot.»

Ainsi les propriétés antiseptiques des essences aromatiques sont-elles mises à profit quotidiennement par la ménagère qui sait utiliser l'ail, le thym, le citron, le clou de girofle et les autres aromates dans ses préparations culinaires[1].

Le médecin familiarisé avec les huiles essentielles saura combattre, par leur intervention, la généralité des infections, qu'elles soient pulmonaires, hépatiques, intestinales, urinaires, utérines, rhinopharyngées, cutanées (plaies infectées, dermatoses suppurantes...). La méthode entraîne une majorité de résultats satisfaisants si les essences prescrites

---

1. C'est à leurs essences que les *condiments aromatiques* doivent également leurs propriétés digestives ou carminatives... En font partie : la cannelle, le clou de girofle, l'anis, le cumin, le cerfeuil, le persil, la muscade, la vanille, l'estragon, le safran, le laurier-sauce, la sarriette, le romarin, le thym. Utilisés en quantités convenables, ils sont parfaitement tolérés par le tube digestif.

Outre ces condiments, on classe dans les condiments *alliacés* : l'ail, la ciboule, la ciboulette, l'échalote, la moutarde, le raifort. Ils sont parfois irritants pour les voies digestives.

Les condiments *poivrés*, enfin, comprennent notamment : le poivre, le gingembre, les piments. Le poivre, stimulant des glandes digestives, convient aux sujets dont les digestions sont difficiles. Ces condiments peuvent, toutefois, être irritants pour la muqueuse gastrique.

Selon une étude récente, poivre, moutarde et gingembre seraient susceptibles de provoquer de l'hypertension artérielle (F. Decaux).

le sont à bon escient et si — pour certaines affections chroniques de longue date — le traitement est poursuivi avec une suffisante persévérance.

Les entérites, les colites, les fermentations putrides sont neutralisées par la thérapeutique aromatique. Les bronchites chroniques, les tuberculoses pulmonaires relèvent de cette médication. La colibacillose et ses manifestations ne résistent pas aux huiles essentielles.

L'aromatogramme

Il s'agit d'un antibiogramme effectué avec des huiles essentielles.

Pour ceux qui l'ignorent, l'antibiogramme consiste à mettre en présence, au laboratoire, sur des milieux de culture choisis, les agents infectieux responsables et un certain nombre de substances (naturelles ou chimiques) afin d'apprécier le degré d'efficacité des différents produits sur les germes en cause.

L'étude de l'inhibition des germes par les essences aromatiques *in vitro* ne date, on l'a vu, pas d'hier et de nombreux auteurs tels les Prs Courmont, Morel, Rochaix, Perrot, Bay, Davaine, Sarbach et plus près de nous, J. Pellecuer à Montpellier — dont les travaux sur la sarriette en 1975 nous ont été très utiles — ont démontré combien les essences avaient d'action à des concentrations minimes.

Reprenant des travaux anciens, nous avons, avec le Dr M. Girault (Dijon) il y a une dizaine d'années, appliqué la méthode en pratique quotidienne. Nous lui avions d'abord donné le nom d'*antibio-aromatogramme*[1], réduit depuis à **aromatogramme.**

1. ... « Phytothérapie et aromathérapie. Leur place dans la pratique actuelle », in *Plantes médicinales et phytothérapie*, 1973, T. VII.
2e Congrès international de phytothérapie et d'aromathérapie (Monte-Carlo - 1977) organisé sous ma présidence.

La technique consiste à tester diverses essences aromatiques sur des germes isolés, par culture, d'un liquide ou d'une matière organique d'un malade. Pour ce faire, on coule dans une boîte de Pétri une gélose sur laquelle on dépose des disques imprégnés d'essences.

On repique alors le germe sur les milieux habituels. Au bout de 24 heures — temps nécessaire à la culture pour se développer et envahir la boîte de Pétri — on pourra observer et chiffrer les effets des essences exerçant une action inhibitrice vis-à-vis du germe étudié. La cotation se fait de 0 à 3 croix suivant le diamètre de la zone dans laquelle a joué cette inhibition. Et l'on exprime le résultat, comme pour un antibiogramme, suivant le degré de sensibilité du germe vis-à-vis de l'essence.

Pour que ce test soit valable, il fallait qu'il réponde aux deux principaux critères demandés à un examen de laboratoire : une grande fiabilité et une reproductibilité stricte.

Sa *fiabilité*, nous l'avons contrôlée en pratiquant simultanément sur le même germe des aromatogrammes multiples. Nous avons toujours retrouvé exactement les mêmes résultats.

Sa *reproductibilité* a été étudiée de la même manière en réensemençant le même germe à plusieurs jours d'intervalle : nous avons, là encore, retrouvé les mêmes résultats. Un autre facteur confirmant cette reproductibilité est la répétition d'aromatogrammes sur des germes isolés du même milieu organique d'un même malade après un traitement insuffisant pour aboutir à l'éradication du germe. Les modifications sont alors nulles ou partielles.

Pour parvenir à ce résultat, il a fallu prendre un certain nombre de précautions rendues obligatoires par deux grandes *qualités* des essences sur le plan thérapeutique, mais *défaut* sur le plan de la conservation : la *diffusibilité* et la *volatilité* des essences.

La volatilité posait un problème de conservation générale, à savoir maintenir les disques en ambiance saturée en essences et dans l'obscurité pour éviter une oxydation à la lumière.

Leur diffusibilité obligeait à réduire le nombre de disques par boîtes de Pétri afin d'éviter les interférences. La diminution de la concentration en essences de chaque disque et la limitation du nombre de disques par boîtes nous a permis des résultats satisfaisants.

Cette notion de réduction de la concentration aromatique des disques nous amène tout droit à celle de concentration minimale active sur les germes. Cette notion est très importante quand on connaît les dosages — très faibles — que nous utilisons en thérapeutique et, par conséquent, les concentrations au niveau tissulaire.

Les concentrations minimales utiles sont très faibles. Ainsi les Prs Courmont, Morel et Rochaix ont montré que vis-à-vis du bacille tuberculeux, si la dose infertilisante pour le phénol était de 8 pour 10 000, elle n'était que de 4/10 000 pour l'essence de menthe, 1/10 000 pour le thym, 0,5/10 000 pour le girofle ; et j'ai choisi le cas d'un bacille particulièrement résistant. Le Pr Pellecuer et coll. ont montré que la sarriette était active sur de nombreux germes à des doses de 2 à 8 fois plus faibles que le thym, de 2 à 20 fois moindres que les essences de lavande, d'aspic, de lavandin et de romarin.

Pourquoi avoir choisi, au départ, le terme d'antibio-aromatogramme ? Tout simplement parce qu'à côté de l'action antiseptique bien connue des essences, qui nous a servi de point de départ, il existe des principes contenus simultanément dans nombre de plantes, ayant une action *antibiotique* réelle au sens étymologique du terme puisqu'elles agissent au niveau des phénomènes de reproduction, bloquant certaines phases de la mitose.

Mais plus intéressant sans doute que ces principes antibiotiques est le dernier volet du mode d'action des essences : leurs effets antibiotiques par *modification du terrain*. C'est ce phénomène qui paraît de loin le plus important puisque, en modifiant les conditions écologiques qui ont permis le développement des germes et leur devenir pathogène, les essences s'opposent à leur survie en ne permettant pas la création de résistances ou d'adaptation à l'agent agresseur. Mieux encore, elles s'opposent au retour des germes, dans l'immédiat et à long terme.

Et c'est pourquoi, finalement, nous avons choisi le terme plus simple, plus général à la fois, d'aromatogramme, qui fut d'ailleurs rapidement adopté.

Cet examen permet parfois d'ajuster certains traitements anti-infectieux en fournissant un élément nosologique important relatif aux constantes du terrain sur lequel les microbes se sont développés. On a pu en effet constater que les germes florissant chez un diabétique seront plus particulièrement sensibles aux essences hypoglycémiantes. Quand il s'agit d'un arthritique ou d'un goutteux, ce sont les essences hypo-uricémiantes qui sont les plus actives.

Cette notion montre assez clairement l'intérêt que peut avoir l'aromatogramme dans la détection des états pathologiques *latents*.

A côté de ces *essences de terrain*, il existe des essences agissant préférentiellement sur les *fonctions* qui règlent notre état général et qui sont, bien souvent, les premières à souffrir du rythme de la vie moderne. Par exemple :

— Les surrénales sont stimulées par la sarriette.

— Le système nerveux central par la lavande, le thym, l'aspic.

— Les organes génitaux et la libido par la cannelle, le cajeput, le girofle.

— Les intestins, lieu de somatisation de nombreux troubles, par la cannelle, le girofle, le romarin.

Enfin, on peut les choisir suivant leurs modes d'*éliminations* préférentielles, telles les essences agissant au niveau pulmonaire : niaouli, eucalyptus, pin ; au niveau urinaire : genièvre, santal.

L'étude des aromatogrammes permet également de soulever un autre point important qui oppose directement les thérapeutiques naturelles aux antibiotiques classiques : à savoir le problème des *résistances*. On sait en effet combien est dramatique à l'heure actuelle, de par l'usage abusif des antibiotiques, le nombre croissant des résistances polymorphes des germes vis-à-vis de tous les antibiotiques, parfois même les plus récents. Or l'étude répétée des aromatogrammes au cours de l'évolution récidivante d'infections chroniques anciennes, et dont l'éradication n'a pu être obtenue dans des délais brefs, nous a permis de constater qu'il n'existait, en fait, que fort peu de résistance aux essences, et que le plus souvent, à peu de chose près, nous retrouvions les mêmes essences avec une activité peu modifiée.

Ceci peut s'expliquer très facilement par ce que nous avons dit précédemment, à savoir que les plantes agissent sur le terrain, que les essences déterminées par l'aromatogramme sont les plus actives sur la partie prédominante favorisant le développement des germes. La *Phyto-aromathérapie* agit sur ce terrain et nous y adjoignons si besoin des catalyseurs également actifs.

En cours d'évolution, certains éléments du terrain perturbé disparaissent sans que leur éradication soit cependant suffisante pour éliminer tous les germes. Il suffira alors de modifier le traitement et de l'adapter aux nouvelles conditions.

Aromatogrammes systématiques ?

Ces notions bien connues, la question se pose : en présence d'un état infectieux aigu ou chronique, doit-on demander systématiquement un aromatogramme ? Eh bien, je réponds *formellement non.* Dans la très grande majorité des cas — que j'ai depuis longtemps évaluée à 85-90 %, chiffres donnés à mes élèves et depuis repris à leur compte — même d'affections récidivantes traitées en vain par d'autres méthodes pendant 5-10 ou 20 ans (le cas des cystites et de beaucoup d'autres), si le médecin connaît bien la phyto-aromathérapie et s'il est bon clinicien, il saura prescrire un traitement adapté aux germes détectés, et au terrain de son malade, sans avoir besoin de ce nouvel examen complémentaire. Ainsi ai-je pratiqué pendant plus de vingt-cinq ans et je continue, sauf exceptions.

Avant que nous ayons pu mettre au point des aromatogrammes crédibles, je ne pouvais par conséquent pas m'en servir. Or, de l'analyse de centaines, si ce n'est de milliers d'observations, il ressort que l'absence d'aromatogramme n'a pas changé grand-chose dans le domaine des résultats. Sauf dans certains cas, en fait assez rares (5-10 %), où la complexité étonne le thérapeute, l'aromatogramme ne fait figure — sous le couvert d'approches scientifiques — que de parapluie supplémentaire destiné à pallier l'ignorance et le manque de sens clinique... quand il ne couvre pas certaines considérations moins avouables.

Ce n'est pas, comme d'autres l'ont dit avec raison, parce qu'un outil est inventé qu'il faut absolument s'en servir. C'est le problème des appareillages hospitaliers dont il convient d'amortir le prix de revient et on ne peut le faire, évidemment, qu'en prescrivant des examens démentiels pour des banalités. Bien entendu, c'est la Sécurité sociale qui rembourse (elle ne tient plus à le faire tellement), c'est-à-dire vous qui payez toujours plus d'impôts nouveaux.

En ce qui concerne l'aromatogramme, il n'est pas encore remboursé et il est cher : j'ai reçu suffisamment de courriers à ce propos pour en être persuadé. Raison supplémentaire qu'a le médecin de ne pas sacrifier à une technique sous couvert de haute science, pour le plus grand profit de certains laboratoires d'analyses au détriment de ses malades.

Car, comme il est prévisible, la phyto-aromathérapie étant devenue pour un certain nombre de praticiens la nouvelle vache à traire et à cadence accélérée, les abus de toutes sortes n'ont pas tardé à se faire jour. J'en ai donné de nombreux exemples il y a plusieurs années dans différents écrits : prescriptions de médicaments végétaux sous des formes dites «modernes» n'ajoutant rien sur le plan de l'efficacité mais multipliant le prix par 5 ou 10, débauche de produits se soldant par des factures exorbitantes... Ces pratiques font incontestablement de la phyto-aromathérapie *une médecine de riches*. Quant à la pléthore d'analyses inutiles, tout y passe avec la nouvelle mine que représente l'aromatogramme.

Dans le but apparent d'une meilleure défense des patients, et sans doute pour tenter de réduire cette gabegie, certaines instances se sont prononcées.

Voici la reproduction intégrale d'une communication parue dans le *Bulletin de l'Ordre des pharmaciens*, nᵒ 251 de janvier 1982.

Aromatogrammes

Lettre du Directeur général de la santé et des hôpitaux (Sous-direction de l'organisation des soins et des programmes médicaux) en date du 5 août

1981 (réf. DGSH/POSSB/2914-1652) et adressée au Président du Conseil central de la section G :

« Vous aviez appelé mon attention sur la méthodologie dénommée «aromatogramme» et plus particulièrement sur la circulaire diffusée auprès du corps médical du département du ...., par les laboratoires de .... et ...., à........., lui faisant connaître qu'ils mettaient en œuvre cette méthodologie.

« J'observe que dans sa note du 19 février 1980, jointe à votre correspondance, le docteur Autin, secrétaire général de l'Ordre national des médecins, décline la possibilité pour l'Ordre des médecins de porter un jugement sur la valeur scientifique de l'aromatogramme.

« J'ai saisi plusieurs personnalités scientifiques de la valeur qui pourrait être accordée, d'une part, à la pratique de l'aromatogramme et, d'autre part, aux modalités de la prescription médicale qui en découlent.

« Celles-ci m'ont fait connaître leurs conclusions, à savoir que du point de vue technique, la méthodologie de l'aromatogramme est très contestable puisque l'étalonnage, notamment, n'est pas scientifiquement établi.*

« En ce qui concerne les modalités de la prescription médicale, outre qu'il y a nécessairement entente entre le laboratoire, le médecin prescripteur et le pharmacien exécutant la prescription, dont je vous laisse le soin de tirer les conséquences sur le plan déontologique, l'affirmation d'une action thérapeutique générale des essences qui serait égale ou supérieure à celle des antibiotiques, n'est assortie d'aucune preuve scientifique sérieuse.*

« En conséquence, *il m'apparaît incontestable qu'un médecin utilisant une thérapeutique par les essences, révélée par l'aromatogramme comme* *devant avoir une action spécifique sur une maladie, et notamment une infection, engagerait très lourdement sa responsabilité dans la mesure où il n'aurait pas fait appel à des médicaments dont l'usage est bien connu et sans s'être assuré du sérieux de la méthode scientifique appropriée comme l'exige le code de déontologie médicale.**

«Pour ce qui est de l'exécution des aromatogrammes par le laboratoire de .... à ...., dirigé par M. ...., vous voudrez bien trouver ci-après, l'analyse qu'en fait le pharmacien inspecteur principal de la région d' ....

«L'enquête a, en effet, permis d'établir les faits suivants :

1. Le laboratoire de .... effectue des aromatogrammes à la demande de plusieurs médecins du département depuis janvier 1979. Selon M. ...., il y aurait actuellement dans le ...., au moins cinq laboratoires appliquant cette technique.

2. La société de phytothérapie et d'aromathérapie de l' .... a été créée fin 1979 par un groupe de personnes intéressées par l'aromathérapie, dont M. .... et le docteur ...., installé rue de .... à .... ; le siège de la .... a été fixé au domicile privé du docteur .... à ....

3. Se basant sur l'article L. 761-12 du Code de la santé publique, M. .... a pensé que la diffusion au corps médical d'une information à visée purement scientifique pouvait se faire sans problème particulier, en utilisant un papier à en-tête du laboratoire pour la page de garde. D'autre part, il a montré des photocopies de plusieurs articles à visée scientifique, diffusées par un autre laboratoire de .... sur papier à en-tête.

«Selon M. ...., il s'agit là d'une pratique assez courante dans le ....

«Telles sont les informations qui m'ont été apportées dans cette affaire.» Fin de citation.

Pour éviter toute confusion dans l'esprit du lecteur, qu'il soit professionnel de la médecine ou simple usager, il me paraît ici nécessaire de relever un certain nombre d'erreurs grossières signalées par les trois astérisques dont j'ai cru devoir assortir le texte original. Ils entendent attirer l'attention sur la totale méconnaissance des auteurs de la rédaction relativement aux réalités scientifiques actuelles de la phyto-aromathérapie, au mépris des travaux considérables effectués sur le problème, parfois depuis des siècles, par tous les laboratoires de recherches du monde, qu'ils soient de Facultés de pharmacie ou de laboratoires privés. Cette attitude bornée, bien dans la ligne des sectaires «omniscients», ne peut que nuire gravement à l'heureuse progression des véritables soins de santé.

Comme nul ne devrait s'autoriser à juger de ce qu'il ignore, je ne saurais trop conseiller à ces collègues de prendre le temps de s'informer avant de publier leurs désinformations. La lecture des innombrables communications scientifiques, l'étude des documents relatifs à la phyto-aromathérapie risquent évidemment de combler leurs loisirs pendant 5 à 20 ans. Ils en sauront déjà suffisamment pour rougir de l'insulte décochée à nos prédécesseurs et à tous les chercheurs actuels qui se consacrent à ces domaines. Dans le cours de cet ouvrage, plusieurs centaines de noms se trouvent cités. Il en eût fallu vingt fois plus.

Si, comme il est possible, les bévues auxquelles les rédacteurs du texte se sont laissés aller donnent une certaine image de l'enseignement de la thérapeutique en faculté, rien d'étonant à ce que, de toutes parts, soit demandée la réforme des études médicales pour qu'enfin cesse cette hécatombe d'allergiques et de chroniques fabriqués de toutes pièces parfois dès le berceau.

Une autre suggestion, s'il m'est permis de la

formuler, à l'adresse de ces collègues qui parlent sans savoir : s'adonner dès maintenant au trimestriel intitulé : «Plantes médicinales et phytothérapie» (rédacteur en chef : Pr Jolivet, Faculté de médecine et de pharmacie, 49000 Angers). Fondée il y a une quinzaine d'années par le Pr René Paris, ancien président de l'Académie nationale de pharmacie, cette parution est d'une très haute technicité avec ses protocoles de recherches et d'analyses, ses formules développées, ses tableaux récapitulatifs imposants. Sa lecture exige beaucoup de temps et d'attention, elle est rébarbative à qui pensait ne consulter qu'une insipide mayonnaise, à lire à la veillée dans les chaumières, comme il en existe tellement sous forme de magazines à la mode dirigés par d'ignorants mais très habiles opportunistes.

Ces critiques amicales simplement esquissées, qu'il me soit cependant permis de féliciter les auteurs du texte envisagé pour avoir attiré l'attention sur des pratiques répréhensibles, préjudiciables au renom de la profession médico-pharmaceutique et *surtout* à l'intérêt bien compris des malades. Car il est malheureusement exact, et les preuves ne manquent pas qui démontrent certains compérages assortis de curieuses formes de facturations ou d'autres procédés tout aussi regrettables. Il y a déjà longtemps que des malades, des confrères et des universitaires m'ont suggéré de me prononcer sur ces méthodes. Apparemment c'est fait.

Clinique et laboratoire

Nous avons lu, dans les pages qui précèdent, que selon les auteurs et les malades envisagés, les essences aromatiques pouvaient être classées différemment en ce qui concerne leurs pouvoirs anti-bactériens et les résultats obtenus.

Il est par ailleurs depuis longtemps connu que les recherches en laboratoire (indispensables pour une meilleure connaissance fondamentale) ne correspondent pas toujours à ce que le médecin observe dans l'exercice de son art. C'est parce qu'un malade n'est pas une éprouvette. Ainsi, aucune essence aromatique n'a prouvé, en laboratoire, une quelconque activité antivirale. Or, certaines essences neutralisent le virus de la grippe et guérissent rapidement les zonas.

Le médecin doit donc rester, avant tout, un clinicien et connaître le mieux possible l'action prouvée des plantes et essences appliquées aux patients.

Pour pouvoir exercer comme leur conscience l'exige, il faut toutefois que les médecins puissent découvrir l'oiseau rare qu'est devenu de nos jours le pharmacien amoureux de son métier, possédant les H.E. aussi pures que possible et acceptant de négliger quelque peu ses rayons parfumerie et de gadgets pour revenir à sa véritable tâche qui est de procurer à ses clients toutes les *préparations magistrales* prescrites par les médecins, ou même une banale boîte de tisane même si leur prix est ridicule.

La plupart des grandes villes, et même moins importantes, ont bien entendu un ou plusieurs pharmaciens de cette qualité. Mais il m'arrive toujours de recevoir des lettres de confrères qui, n'ayant pas encore réussi à trouver dans leur région un seul pharmacien qui ne soit pas un simple «commerçant-distributeur d'articles de luxe ou de produits chimiques à vente forcée», me demandent de leur en indiquer un de confiance. Il m'est, bien entendu, très facile de le faire car il y en a. Mais quelques dizaines alors qu'il existe environ 20 000 pharmacies dans l'hexagone !...

Le *mode d'administration* des essences peut être variable : par voie *interne*, seules ou associées, généralement sous forme de pilules ou en gouttes dans une solution alcoolique, par voie *externe*, notamment sous forme de fumigations, d'inhalations, de liniments, de pommades, de crèmes, de gels, de bains[1] généraux ou locaux.

Certains savons rendent émulsionnables les huiles essentielles. Ces préparations trouvent leur manifeste utilité dans le lavage et les irrigations des plaies, les pansements humides, dans le traitement des furoncles, abcès, lymphangites, dans celui des brûlures, des ulcères de jambes et des plaies gangréneuses ou cancéreuses. Ces émulsions seront également souvent utilisées avec profit sous forme d'injections vaginales dans de nombreux cas de métrites et de pertes blanches.

Certains constituants aromatiques, solubilisés dans l'eau grâce à un «mouillant» convenable, pourront être employés de la même manière.

---

1. Certaines méthodes scientifiques récentes (utilisant les isotopes radioactifs) ont permis de prouver l'absorption par la peau des principes minéraux et végétaux introduits dans des bains et retrouvés dans le sang. Cette découverte explique l'action des bains aromatiques, par exemple du thym ou d'aiguilles de pin, sur les poumons (antiseptique, fluidifiant des mucosités, facilitant l'expectoration). Ces bains agissent certes par inhalations des vapeurs, mais aussi par l'intermédiaire du sang, les essences suivant le chemin : peau-sang-poumons.

Les essences aromatiques sont parmi les produits les plus efficaces à utiliser dans les bains. De nombreuses études démontrent les transformations obtenues par cette méthode, tant sur le plan physique que psychique (action sur le système nerveux, le tube digestif, les voies urinaires, actions hormonales...).

Ces effets, dus à l'extraordinaire *diffusibilité* des essences nous permettent aujourd'hui de donner une explication logique à ces pratiques anciennes qui consistaient à attacher au cou des enfants porteurs de vers un petit sachet contenant quelques gousses d'ail. Cette méthode était également utilisée dans la prévention des maladies épidémiques.

Le suc d'oignon a des vertus diurétiques peu communes. Or, il était courant, autrefois, d'obtenir le rétablissement de la diurèse par des applications de cataplasmes d'oignons sur les reins et le bas-ventre.

Le pouvoir bactéricide et cicatrisant de ces émulsions s'est révélé très supérieur à celui de l'eau oxygénée, du formol, de la liqueur de Dakin si communément et presque exclusivement utilisée, encore de nos jours, dans le traitement des plaies suppurantes[1].

Le pouvoir antiseptique des essences est d'autant plus précieux qu'à l'agressivité vis-à-vis des germes microbiens s'assortit une parfaite *innocuité vis-à-vis des tissus*. L'un des reproches opposés à la plupart des antiseptiques chimiques est leur nocivité souvent égale pour les agents pathogènes comme pour les cellules de l'organisme. Dans sa thèse, Azaloux[2] rappelle, à juste titre, que «tout le problème est là : trouver un antiseptique qui détruise les microbes sans léser l'organisme qui les héberge accidentellement... C'est qu'en effet, les cellules vivantes des tissus interviennent, réagissant à la fois à l'action du microbe et à celle de l'antiseptique».

Il faut, en effet, se souvenir que les antiseptiques détruisent non seulement les micro-organismes, mais aussi les cellules dans lesquelles ceux-ci se trouvent, ou qui les environnent. Il en résulte qu'il serait insensé de vouloir tenter désinfecter l'organisme humain tout entier, car une substance qui circulerait dans le sang en quantité suffisante pour détruire à coup sûr toutes les bactéries, endommagerait gravement les cellules et interdirait, par là même, la vie. Tous les antiseptiques irritent plus ou moins les cellules et les tissus par suite de leur toxicité générale.

Azaloux rappelle que pendant la guerre 1914-

---

1. La méthode de Carrel, bien connue des chirurgiens de guerre, consiste à pratiquer des irrigations de plaies ou des cavités naturelles avec une solution de liquide de Dakin (sorte d'eau de Javel dont on a neutralisé les effets caustiques par du bicarbonate de soude).

2. (Toulouse, 1943).

1918, on s'aperçut que les irrigations antiseptiques étaient en fait inutiles sinon nocives.

«Delbet, Fiessinger, Policard, notamment, ont constaté sur des plaies pansées au Carrel, la persistance de microbes après le traitement. Les auteurs ont vu que des plaies qui n'avaient au début que de très rares microbes, en présentaient, au contraire, un assez grand nombre après 6, 3 ou 4 jours. Ils ont constaté, d'autre part, qu'après avoir séjourné 48 heures dans les plaies irriguées avec cette solution, le tissu éponge entourant les tubes de Carrel[1] est rempli de microbes et en contient même plus que la surface de la plaie.»

C'est la raison qui fit préconiser par Delbet, pour le pansement des plaies, une solution à base de chlorure de magnésium dont l'auteur publia dans de nombreux travaux les remarquables effets cicatrisants. C'est une des raisons qui me fait préférer également dans le traitement des plaies, des escarres et des brûlures, les préparations à base d'essences aromatiques.

On connaît la gravité de l'intoxication par résorption, au niveau des plaies et des brûlures, des produits de dégradation des tissus et des toxines microbiennes.

Il semble précisément qu'une des grandes supériorités des essences dans le traitement des plaies infectées et des brûlures réside dans le fait qu'elles donnent naissance à des dérivés qui se combinent chimiquement aux produits de dégradation des albumines tissulaires, aux divers déchets, pour donner naissance à des corps *atoxiques*. Ces produits seront alors éliminés de l'organisme.

L'odeur des huiles essentielles ne *couvre* pas les mauvaises odeurs des plaies infectées, gangréneuses ou cancéreuses. Elle les *supprime* par un mode

1. Lesquels servent à l'irrigation de la plaie en antiseptique.

d'action physico-chimique. Ainsi l'embaumement des corps par les résines et les essences *empêche* la putréfaction. Les Égyptiens le savaient et les charcutiers le savent toujours, qui utilisent largement les aromates pour éviter la putréfaction de leurs viandes. Je parle, bien entendu, des charcutiers conscients de leurs devoirs vis-à-vis de leurs clients. Or nous en connaissons dont les productions sont les plus sûrs garants de l'encombrement généralisé des cabinets médicaux.

A propos des Égyptiens de l'Antiquité, voici d'après Hérodote comment on *embaumait du temps des Pharaons* :

Il existait des embaumeurs accrédités. « Quand on leur apporte un corps, ils montrent aux porteurs des modèles de mort en bois, peints au naturel. » Le plus recherché représente Osiris. Il correspond au modèle le plus cher. Ils en présentent aussi de toutes classes jusqu'aux plus bas prix.

Hérodote parle ensuite de la technique utilisée : extraction de la cervelle par les narines, avec un fer recourbé, et destruction du reste par des drogues appropriées, introduites dans la tête. « Incision du flanc, avec une pierre d'Éthiopie tranchante : ils tirent, par cette ouverture, les intestins, les nettoient et les passent au vin de palmier. Ils les passent ensuite dans des aromates broyés. Ils remplissent le ventre de myrrhe pure, de cannelle et d'autres parfums, l'encens excepté. Puis ils recousent. » Ensuite, le corps est recouvert de natrum pendant 70 jours. Vient, après ce délai, le lavage du corps et son enveloppement dans des bandelettes enduites d'une colle « le comi ». Le corps est rendu à la famille dans un étui de bois de forme humaine et il est placé dans une salle, ad hoc, droit contre la muraille. C'est, selon Hérodote, la manière super d'embaumement des corps.

Pour les familles moins argentées, on injecte

dans le ventre du mort, sans le vider, de l'huile de cèdre. On le sale pendant 70 jours. On extrait l'huile et on rend le corps aux parents.

Les Égyptiens pensent, ajoute Hérodote, que des corps ainsi préparés se conserveront au-delà de la date fatidique de 3 000 ans, terme fixé pour qu'ils échappent à la métempsycose. Les corps des momies du Louvre et de Turin prouvent que le délai de conservation avait été bien calculé.

Indispensables aux vivants, les aromates poursuivent ainsi leur généreuse carrière même au-delà de la mort.

Il semble qu'il existe deux grands groupes de réactions biologiques :

Les processus de synthèse se traduisant par des formes généralement odorantes et les processus de dégradation se traduisant par des productions habituellement nauséabondes (dégradation de la viande, des œufs, aux odeurs repoussantes). Or, la maladie est une dégradation précédant la décomposition. Précisément, les essences aromatiques mettent entrave à la dégradation.

Les essences favorisent en outre puissamment la dissolution, la digestion, la neutralisation des germes microbiens.

Notion capitale : *le pouvoir antiseptique des essences ne s'estompe pas, ne s'amoindrit pas avec le temps.* Pour quelles raisons ? Il est difficile d'y répondre. Peut-être, simplement, parce que de tels produits naturels, outre qu'ils jugulent les phénomènes infectieux, ont comme propriété fondamentale de renforcer les défenses de l'organisme pour lui permettre de vaincre. Ce sont, en effet, de puissants *modificateurs de terrain.* Aussi, l'organisme ne saurait-il s'« habituer » à la thérapeutique aromatique, alors qu'il s'« habitue » à un hypnotique synthétique, comme il s'habitue — lui et les microbes — aux nombreux traitements par les

antibiotiques, ces armes admirables mais susceptibles d'être dangereuses qu'on a eu le tort de
galvauder.

A ce propos, Fari, dans « Médecine praticienne »,
s'est expliqué sur les *antibiotiques et l'accoutumance*, de plus en plus fréquente, aux germes.
Pour cet auteur, les antibiotiques ont cette propriété
de modifier la constitution chimique des germes.
Aussi les anticorps[1], produits par l'organisme pour
sa défense ne sont-ils, en réalité, que des moyens de
défense institués et efficaces contre un germe
modifié. Ce ne sont donc, en réalité, que de «faux
anticorps». Ils sont peut-être actifs contre un germe
devenu différent du microbe originel, mais certainement inactifs contre le germe sous sa forme
initiale. Ils sont, en définitive, impuissants contre
le germe infectieux véritable.

En démontrant que l'antibiotique est capable de
modifier la constitution des germes microbiens et
d'inciter l'organisme à fabriquer de faux anticorps
(actifs seulement contre le germe «défiguré» par
l'antibiotique), Fari nous permet d'expliquer des
faits de plus en plus connus qui, d'étonnants qu'ils
ont pu être, sont devenus banals et, par surcroît,
depuis longtemps fâcheux.

La guérison par les antibiotiques est, en effet,
incertaine. Elle est moins solide que la guérison
naturelle qui laisse le sujet armé contre une nouvelle
infection.

De nombreux auteurs se sont longuement interro-
gés sur la valeur relative de maintes médications
synthétiques, comparée à la constance et sou-

---

1. Anticorps : nom donné à certaines substances qui apparaissent
dans le sérum d'un animal ou de l'homme à la suite de l'injection
d'éléments étrangers (microbes, éléments divers). Certains anticorps
existent spontanément dans le sérum. Ce sont des agents de défense
de l'organisme. Leur rôle est notamment d'agglutiner, de dissoudre,
de neutraliser les microbes ou leurs toxines.

vent extraordinaire puissance des moyens naturels. Aucun d'eux ne saurait admettre la prescription de routine d'un quelconque sulfamide, d'un antibiotique quel qu'il soit ou d'une hormone de synthèse.

« Il faut toujours revenir à la nature pour s'assurer de la vérité » écrit Léon Binet. C'est le retour aux saintes habitudes des traitements naturels que l'auteur conseille ainsi : l'hygiène et l'exercice, une alimentation biologiquement saine, l'observance des rythmes quotidiens et saisonniers de la nature.

C'est aussi la connaissance des multiples propriétés des plantes et leur pratique que recommande Léon Binet. C'est que, soutenus par les recherches scientifiques actuelles, les traitements par les plantes et les essences aromatiques ne sont plus aujourd'hui une coquetterie de grande dame voulant jouer à la bergère.

On pourrait envisager, comme définition acceptable d'un traitement bienfaisant : « tout produit ou procédé non toxique, constant dans ses effets vis-à-vis des mêmes syndromes ». Ainsi, le sommeil naturel reste-t-il le véritable traitement d'un état de fatigue provoqué par la veille. L'hydrothérapie conserve, avec le temps, ses indications bien précises. La balnéothérapie également, qu'elle soit employée seule ou en association avec les plantes ou les essences aromatiques : les bains de bruyère, de lavande, de thym, de romarin, de tilleul ou d'algues gardent toujours les mêmes effets vis-à-vis des affections contre lesquelles on les prescrit depuis des siècles.

L'organisme ne saurait s'y « habituer » — au sens péjoratif du mot, c'est-à-dire : à la longue ne devant plus en bénéficier — pas plus qu'il ne s'« habitue » au pain au levain, à l'huile vierge d'olive ou de tournesol, aux légumes cultivés biologiquement, à l'air pur de la montagne ou à la propreté corporelle. Les résultats demeurent constants, ils ne s'amenuisent pas avec le temps.

En revanche, l'organisme s'«habitue» aux somnifères chimiques synthétiques. Il y a ce qu'on appelle accoutumance. Lorsqu'on a commencé par une dragée au repas du soir ou un suppositoire au coucher, on arrive souvent très vite à 4 ou 10 dragées, plus 2 ou 3 suppositoires, pour ne rencontrer pour autant le sommeil de la nuit. Alors on change de marque et, généralement la mode exige qu'on veuille porter son choix sur les produits tout nouvellement sortis. L'expérience recommence.

Un ancien armateur, fourbu de soucis familiaux et de problèmes financiers, s'intoxiqua de la sorte pendant plus de 30 ans. Las de ne pouvoir dormir malgré le super-soporifique dernièrement découvert, il prit au sérieux l'humble conseil d'une campagnarde. Et l'infusion d'un mélange de feuilles et de fleurs d'oranger lui rendit le sommeil en l'espace d'une semaine.

L'organisme accoutumé à réagir aux différentes agressions s'«habitue», en somme, à tout ce qui est frelaté, nocif, toxique. Il s'agit d'une sorte de mithridatisation[1]. Mais toute intoxication, même inapparente, entraîne toujours certains dégâts. Le moment de stupeur disparu, l'organisme encore capable de se rebeller, reprend donc, tôt ou tard le dessus pour ne plus se trouver sous l'influence du produit chimique. Lorsqu'il aura épuisé ses possibilités de défense, les accidents sérieux ne tarderont pas à survenir. «Trop de médicaments dangereux souvent inutilement prescrits. Le retour à la paix médicamenteuse totale est parfois nécessaire», écrit Marcel Perrault.

On s'habitue à tout, même à l'aspirine, sauf

---

1. Accoutumance à certaines substances toxiques, acquise par l'ingestion de doses progressivement croissantes du poison considéré.

lorsqu'elle provoque des hémorragies gastriques ou des troubles sanguins. L'accoutumance à l'aspirine est devenue telle qu'un auteur a pu décrire cette sorte de manie particulièrement nommée «aspirinite». Aux États-Unis, pour une population de 160 millions d'habitants, la consommation de l'aspirine atteint le chiffre de 42 millions de comprimés quotidiennement, c'est-à-dire une moyenne de 100 comprimés par an pour chaque adulte. Cet usage immodéré peut sans doute s'expliquer par la fréquence des migraines hépatiques, menstruelles ou de toute autre origine, également une prolifération de névralgies de toute nature, un mode de vie survolté et générateur d'angoisses et de troubes divers. Mais il est vraisemblable aussi que l'aspirine, dont l'efficacité se situait à l'origine à l'échelon du comprimé, demande maintenant, pour être active, à être ingurgitée à doses triples ou décuples, par demi-tube le plus souvent. Plusieurs de mes malades ont absorbé ainsi, en l'espace de 2 ans, entre 3 000 et 6 000 comprimés de diverse nature[1].

Devant ce vaste marché, les fabricants font assaut

1. Car, en France, nous ne sommes pas du tout en retard dans ce domaine. On y consomme journellement 400 tonnes de médicaments soit 3,600 kg par personne et par an, ou encore 4 milliards de comprimés d'aspirine annuellement.

Il est vrai que : «les médicaments français sont les moins chers du monde» disent les Américains. The Better Life, brochure pharmaceutique américaine, a établi une statistique d'achat par temps de travail.

Un même tranquillisant coûte (en anciens francs) :

— En France	400 F,	soit 1 h 57 de travail
— En Italie	800 F,	soit 4 h 46 de travail
— En Allemagne	950 F,	soit 3 h 18 de travail
— Au Japon	1 150 F,	soit 7 h 38 de travail
— Aux U.S.A.	2 500 F,	soit 2 h 18 de travail

(Renseignements datant de plusieurs années.)

Selon l'économiste anglais Cooper, les prix des médicaments français sont inférieurs à ceux de l'Allemagne, de l'Italie, de la Belgique et du Royaume-Uni. En 1975, sur la base 100 en Grande-Bretagne, les prix sont : Allemagne : 183 - Italie : 139 - Belgique : 122 - France : 84. (Janv. 1976.)

d'originalité. Ils proposent au choix du consommateur une variété de comprimés de formes diverses : carrée, en losange, et pour les enfants, des comprimés représentant des animaux.

Les antibiotiques sont aussi depuis longtemps générateurs d'accoutumance.

Les résultats pratiques des traitements par les antibiotiques ? En voici quelques-uns.

Pendant l'hiver 1944-1945, médecin d'une compagnie de Corps Franc, j'injectais — comme tous les médecins de guerre à l'époque — toutes les 3 heures, 25 000 unités de pénicilline à tous les blessés graves, avant leur évacuation. La méthode a permis des succès innombrables dans le traitement ultérieur des blessures. Plus d'un combattant doit un membre ou même son existence à la présence de ce précieux antibiotique.

En février 1945, affecté aux Services chirurgicaux de l'Hôpital d'Évacuation 412 installé à Besançon, je fus à même d'étudier les effets spectaculaires de la pénicilline dans le traitement des blessures de guerre, y compris les plus dangereuses.

Un soir, après la bataille de Colmar où nous avions reçu, en quelques heures, plus de 400 blessés, je dus me rendre à Strasbourg afin de rapporter le complément de pénicilline dont nous avions besoin. Le trajet Besançon-Strasbourg et retour représentait, de nuit en février 1945, une véritable expédition. Le verglas, les trous d'obus, les amortisseurs fatigués d'une jeep qui, normalement, eût bénéficié de la retraite, tout se trouvait réuni pour épuiser une solide attention et malmener gravement l'équilibre fragile d'une colonne vertébrale. Je voyageai toute la nuit et me présentai, vers 5 heures du matin, devant le dépôt de pénicilline de Strasbourg.

Quand le jour se leva, je pus charger 2 boîtes de 50 flacons contenant chacun 100 000 unités de pénicilline et regagnai l'Hôpital 412.

Avec 100 flacons de 100 000 unités de pénicilline, c'est-à-dire 10 millions d'unités de cet antibiotique, il y avait à l'époque de quoi sauver une soixantaine de jambes (100 000 à 200 000 unités étaient alors suffisantes) ou bien vingt « ventres » ou autant de « thorax ».

Ces chiffres font depuis longtemps figure d'anachronisme. Car, de nos jours, pour obtenir une dose thérapeutique utile, on injecte à un malade plusieurs millions d'unités quotidiennement pendant 3,20 jours et davantage. Et ce, pour un état fébrile mal étiqueté, une bronchite banale ou une simple rhinopharyngite que les essences d'eucalyptus, de cannelle, de girofle, d'aiguilles de pin, de térébenthine, de thym ou de niaouli eussent — à tout coup — fait disparaître en 24 ou 48 heures, pour les récalcitrants en moins de 8 jours.

Quant aux blessés ou opérés, le geste presque habituel de routine consiste à leur administrer systématiquement plusieurs millions d'unités de pénicilline quotidiennement, en association, le plus souvent, avec la streptomycine, la terramycine, ou tous autres antibiotiques tenant aux convictions du chirurgien. « La pénicilline peut être injectée sans inconvénients durant des semaines ou des mois, aux doses massives de 80 à 100 millions d'unités par jour », écrit G. Bickel. Mais un chirurgien américain a demandé que soient bannies ces pratiques illogiques et néfastes[1].

Les sulfamides — qui ont précédé les antibiotiques — en qui on avait cru trouver en leur temps la panacée attendue depuis des siècles, ont subi très exactement le même sort.

Un seul exemple. En 1941-1942, alors externe du

---

1. Meyers (de Chicago) a constaté que l'infection post-opératoire est survenue chez 1,3 % de ses opérés non traités et chez 4 % de ceux qui avaient subi le traitement de routine antibiotique.

Pr Maurice Favre, chef du service de dermato-vénérologie de l'Hôpital Grange Blanche à Lyon, j'avais eu l'occasion d'étudier les effets curatifs d'un nouveau sulfamide en comprimés contre la blennorragie. A cette époque, 2 comprimés de cette médication administrés toutes les 2 heures faisaient disparaître des sécrétions urétrales, le gonocoque en 14 à 16 heures. Il suffisait au maximum de 16 comprimés à 0,50 g pour blanchir une chaude-pisse. Les résultats, bien entendu, étaient toujours confirmés par les examens microscopiques. Cette découverte avait, du même coup, débarrassé de leur gloire la phalange des vantards qui se gaussaient de leurs « maladies de femmes » attrapées en séries.

Mais les nouvelles ont tôt fait d'être prostituées. Confiante dans les extraordinaires propriétés de ce nouveau produit, toute une population spécialisée absorba quotidiennement 2 ou 3 comprimés dans l'espoir d'être immunisée contre le microbe et d'attirer plus certainement la clientèle.

Ce fut le gonocoque qui fut immunisé. Les 14 ou 16 comprimés du départ se transformèrent très tôt en quarante, puis quatre-vingts pour, finalement, ne plus avoir qu'une efficacité douteuse.

On soupira lorsque avec l'apparition de la pénicilline on crut s'être sortis, une fois de plus, de ce mauvais passage et avoir enfin rayé, cette fois définitivement, les maladies vénériennes de nos préoccupations. Mais le pouvoir des antibiotiques vis-à-vis de ces affections s'est à son tour amenuisé. Leurs agents — l'habitude en est prise — se sont immunisés. Voilà pourquoi depuis quelques années, les maladies vénériennes — que pendant plus de vingt ans on croyait disparues — reparaissent dans les rangs des risques redoutés.

Comme pour beaucoup d'autres affections, la solution de ces maladies est susceptible de résider dans l'usage de certaines plantes et des essences.

Plusieurs en sont connues depuis de longues années. Ainsi, les perles d'essence de lavande déterpénée à 0,05-0,10 g ont une activité, sur la blennorragie, supérieure encore à celle des essences de santal, de cèdre ou de copahu (2 à 10 perles par jour).

L'essence de genévrier est également antiblennorragique ainsi que le rhizome de chiendent, les bourgeons de pin parasol, l'ail et d'autres.

Les plaies syphilitiques, les chancres relèvent de l'attouchement à l'essence déterpénée de lavande. La syphilis trouve, dans le sassafras, une excellente thérapeutique d'appoint.

Mais on eut le tort d'oublier ces médications et, à l'apparition des produits de synthèse, de les traiter par le mépris. Des études suffisantes doivent permettre, pour le traitement de la blennorragie et des diverses maladies vénériennes, de préciser la nature des essences les plus actives et leur posologie.

Comme chirurgien de l'antenne chirurgicale nº 1 au Tonkin de 1950 à 1952, et plus tard à l'Hôpital d'évacuation 415 à Saïgon, je pus faire, à loisir, de nombreuses observations intéressantes sur l'efficacité comparée des sulfamides et des antibiotiques en fonction de la nationalité des blessés. Ainsi ai-je pu constater que ces médications agissaient de façon beaucoup plus marquée chez les blessés vietnamiens ou africains que chez les européens. C'est que ces ressortissants n'avaient, dans leur grande généralité, jamais été traités par ces médications. On pouvait donc prévoir des différences notables dans les modalités d'action.

De très nombreux exemples, ayant trait aux affections les plus diverses, pourraient être rapportés sur l'impuissance actuelle de nombreuses médications de synthèse ou antibiotiques autrefois très actives.

Les sulfamides notamment, et les antibiotiques — force est de le reconnaître — hors les résultats spectaculaires qu'ils permirent d'obtenir au début de leur carrière, n'ont en définitive pas toujours mérité les espoirs qu'on avait mis en eux. Si quelque chose dans ce domaine ne demeurait pas encore quelque peu mystérieux, devrions-nous rencontrer toujours en plus grand nombre, eu égard à la puissance initiale de ces médications, des affections devenues rébarbatives à des traitements qui, autrefois, les guérissaient ?

Pour une grosse part, ce phénomène relève de l'emploi inconsidéré de ces médications, souvent utilisées à tout propos par les malades eux-mêmes, au mépris de toute opinion médicale avertie.

Mais il y a plus encore. Non seulement les antibiotiques ont vu leur activité s'amoindrir, mais de plus en plus leur emploi inconsidéré s'est avéré parfois dangereux.

Le fait même que, sur plusieurs centaines de substances bactéricides ou bactériostatiques isolées ou synthétisées en laboratoire, une vingtaine seulement soit utilisable en thérapeutique, montre clairement qu'elles sont, en général, loin d'être inoffensives. Même les antibiotiques consacrés par un large et constant usage ne sont pas dénués de toxicité. Si la pénicilline ne présente pas de toxicité propre, elle est cependant responsable du plus grand nombre de réactions allergiques.

Les antibiotiques peuvent provoquer des *accidents allergiques*. Ces accidents sont surtout fréquents dans les pays où les antibiotiques sont largement répandus. La grande diffusion de la pénicilline, son utilisation systématique et inconsidérée dans des affections anodines, l'abus de formes parapharmaceutiques comme les pâtes à mâcher, les dentifrices... expliquent le nombre sans cesse croissant d'individus sensibilisés à cet antibiotique dans les pays occidentaux.

Les antibiotiques peuvent également entraîner

des *accidents sanguins*, de l'anémie légère ou du simple fléchissement du nombre des globules blancs («de constatation banale»), à la disparition totale des globules blancs. C'est la streptomycine, pour G. Bickel, qui s'est révélée la plus agressive pour la formation des globules sanguins.

Les *accidents toxiques* sont à craindre eux aussi. Les atteintes du système nerveux, surtout en ce qui concerne l'audition et le sens de l'équilibre, représentent les accidents les plus regrettables de la streptomycine.

On peut voir survenir des cas de léthargie, de gêne respiratoire et, outre des troubles de l'audition et de l'équilibre, des cas de surdité totale, bilatérale et définitive. La même toxicité à l'endroit de l'oreille est également le fait d'autres antibiotiques.

Présenter les inconvénients de certaines médications dans des circonstances déterminées ne peut que servir leur intérêt bien compris et, en définitive, celui du malade que ces traitements pourront guérir sans qu'apparaissent des séquelles regrettables.

En matière thérapeutique il semble raisonnable de ne pas se précipiter aveuglément sur des thérapeutiques qui n'ont pas encore eu le temps de faire leurs preuves. La vérité semble bien résider dans une sage expectative. Comme l'écrivait le Pr Marcel Perrault : «être conservateur en thérapeutique est souvent une vertu».

Les antibiotiques sont également pourvus d'une réelle *toxicité rénale*. Certains peuvent, par ailleurs, provoquer des *accidents nerveux*, de véritables troubles psychiques, des accès impressionnants comparables aux crises d'épilepsie.

Des accidents de *surinfection*[1] peuvent se voir et l'auréomycine, ainsi que l'association pénicilline-

---

1. Infection nouvelle contractée par un sujet déjà infecté antérieurement et non encore guéri.

streptomycine sont souvent responsables de l'apparition d'entérocolites rebelles (de Vernejoul, Cook).
La destruction, par ces médications, de la flore
intestinale normale[1] et la prolifération consécutive
du staphylocoque peuvent entraîner la mort, laquelle
peut survenir dans des «formes véritablement fou-
droyantes». Ces complications sont particulièrement
fréquentes à l'occasion de l'administration d'antibiotiques avant ou après les interventions chirur-
gicales sur l'estomac ou l'intestin. De nombreux
chirurgiens s'élèvent, de plus en plus, contre les
injections systématiques d'antibiotiques à l'occasion
de ces sortes d'opérations.

En résumé, si la pénicilline est le plus souvent
responsable des accidents allergiques, le chloramphénicol de troubles sanguins, les tétracyclines d'entérocolites, etc. *tous les antibiotiques peuvent provoquer des accidents*. Ce sont des *risques que l'on
ne peut ignorer*. Une étude du Ministère de la Santé
des U.S.A., portant sur les années 1953 à 1957, a en
son temps confirmé ces données et depuis, en France
ou à l'étranger, des centaines de publications en
font autant, régulièrement, ... les auteurs enfoncent
même des portes ouvertes mais leurs mini-articles
peuvent leur servir un jour s'ils entendent être
jugés sur titres pour devenir bureaucrates.

Quant aux accidents liés à la *toxicité* : «on ne peut
plus parler de risque, mais d'une *quasi-certitude* puisqu'une dose suffisante provoquera toujours les
mêmes phénomènes». On pourrait alors penser
qu'il suffit de veiller à ne pas atteindre cette dose.
Mais il est prouvé actuellement — pour de nombreux médicaments ou produits chimiques abu-

---

1. La flore microbienne intestinale indispensable à la santé est
détruite par les antibiotiques au même titre que les germes de l'infection
qui a motivé leur utilisation. Beaucoup de troubles intestinaux actuels
peuvent être mis, par un processus analogue, sur le compte de
l'alimentation chimiquée.

sivement introduits dans l'alimentation — que si de petites doses paraissent ne pas entraîner d'inconvénients, leur accumulation dans l'organisme, par des administrations renouvelées, peut à la longue donner naissance à des affections dégénératives, le cancer tout particulièrement (Prs Redding, Truhaut,...).

Ces problèmes aux conséquences tragiques font partie des préoccupations de nombreux médecins du monde entier.

« *Les antibiotiques ne devraient être utilisés qu'en cas d'absolue nécessité* ». Telles sont les conclusions du Congrès international de chimiothérapie, qui s'est tenu à Naples en 1961. Divers auteurs ont, en effet, déclaré que les antibiotiques *n'apportaient pas une solution idéale* au problème qui consisterait à renforcer *les défenses naturelles de l'organisme*. Les effets *gravement toxiques* que peuvent produire ces médicaments ont été une fois de plus soulignés, ainsi que les dangers que présente l'accoutumance de l'organisme.

« *Il n'est pas question*, toutefois, *d'ignorer* les brillantes possibilités des antibiotiques vis-à-vis de certaines affections gravissimes (la méningite tuberculeuse, par exemple, dont le traitement a été révolutionné par ces médicaments). Mais *s'il est logique* et impératif *de prendre les risques* inhérents à l'usage des antibiotiques *quand la gravité de l'affection le justifie*, les inconvénients de ces médications interdisent de les employer à la légère, de façon systématique, pour les maladies justiciables de traitements moins dangereux. Une affection grave autorise certes à utiliser les antibiotiques et même à fortes doses, mais il faut savoir «qu'on risque de gagner la guérison au prix d'une infirmité peut-être définitive. »

Les sulfamides, bien entendu, ne sont pas exempts d'inconvénients et non des moindres. Les succès spectaculaires de ces produits en généralisent, dès leur découverte, très rapidement l'usage. Il n'est pas surprenant qu'on ait pu très tôt observer de nombreux accidents. C'est une des raisons d'ailleurs pour lesquelles ces médications furent si facilement éclipsées par la pénicilline que l'on croyait — à son tour — alors dépourvue d'effets nocifs.

Les accidents rénaux des sulfamides sont parmi les plus souvent rencontrés, avec les réactions de sensibilisation : fièvre du 9e jour et éruptions cutanées diverses, généralement non inquiétantes mais pouvant parfois représenter les signes avant-coureurs de réactions plus graves (néphrites, troubles sanguins, hépatites...).

Les troubles sanguins sont ou bénins et fugaces ou, comme pour les antibiotiques, susceptibles d'entraîner la mort.

Tous ces accidents majeurs demeurent le risque éventuel de tout traitement sulfamidé. On les retrouve avec les sulfamides les plus récents qui s'administrent pourtant à des doses quatre à seize fois inférieures. Ils ont été spécialement étudiés par Salvaggio et Gonzalès, Tisdale, Holsinger et Welch.

Les sulfamides et les antibiotiques ne sont pas les seuls médicaments susceptibles de provoquer des phénomènes d'accoutumance ou d'entraîner des désordres organiques. La statistique du Registrar General pour l'Angleterre et le Pays de Galles a montré pendant les années 1957-1958, 265 morts dus à des réactions thérapeutiques comprenant 39 morts après irradiation, 20 morts après transfusion sanguine, 11 morts après traitement anti-convulsivant. Parmi les médicaments, 13 morts par emploi de chloramphénicol, 11 morts après emploi de la chlorpromazine, 9 morts par traitement anti-coagulant, 5 par phénylbutazone, 4 par l'or, 16 par l'insuline — dont 14 par coma hypoglycémique —, 10 cas par suite d'emploi de sulfamides et 8 par emploi de pénicilline. Les autres cas se répartissaient entre l'usage de corticostéroïdes, drogues anti-thyroïdiennes, préparation à base de fer, aspirine, diurétiques mercuriels ou drogues cytotoxiques (X... Brit. Med. Journ. 1960).

Les accidents thérapeutiques sont, on le constate, à l'ordre du jour. Des publications, de plus en plus nombreuses, prouvent qu'en définitive toutes les thérapeutiques chimiques et synthétiques comportent une part de risque, le médicament le plus anodin comme le plus héroïque, le plus banal comme le dernier en date.

Dans sa leçon inaugurale de 1961, le Pr Conte déclarait : «Dans la liste des «fléaux sociaux», après l'athérome, le cancer, les accidents d'automobiles, figureront un jour les *maladies thérapeutiques*, avant la tuberculose et la syphilis terreurs légitimes de nos parents». C'est confirmé.

L'*ignorance des dangers* a certainement aidé l'audace des premiers expérimentateurs. Il reste, certes, encore des domaines où cette audace est nécessaire et où, pour sauver un malade condamné à coup sûr, la médecine se doit de prendre des risques inconnus. Mais en pratique quotidienne, le praticien et encore plus les trop nombreux malades qui pensent pouvoir se soigner seuls, doivent connaître parfaitement le *risque thérapeutique*.

La phénylbutazone et ses dérivés peuvent provoquer des réactions allergiques, cutanées et des agranulocytoses[1]. Des cas mortels ont été publiés (Gesell, von Rechenberg). On peut également rencontrer des hémorragies gastro-intestinales. La gastrite hémorragique *avec ulcération éventuelle peut en effet être provoquée par la phénylbutazone*, même administrée sous forme d'injections. C'est la raison pour laquelle on interdit ce médicament à tous les

---

1. Disparition des globules blancs.

ulcéreux gastriques et même à tous les malades ayant présenté dans leur passé des troubles digestifs.

Les sels d'or sont responsables de nombreuses lésions de la peau et des muqueuses. Des troubles sanguins ont été signalés, dont certains très graves. Également des atteintes rénales sévères et des poly-névrites.

Les médicaments synthétiques destinés à prévenir ou à guérir le paludisme sont tous plus ou moins nocifs pour l'homme. Troubles cutanés, anémie, troubles visuels, troubles psychiques (excitation, hallucination, délire...) peuvent en être les consé-quences.

La *cortisone* et ses nombreux dérivés peuvent également provoquer des incidents regrettables. Chez les malades atteints de recto-colites, ces pro-duits de synthèse entraînent souvent des altérations profondes de la paroi intestinale. Divers auteurs ont rapporté la gravité que peuvent revêtir certaines affections virales chez des sujets soumis aux corti-costéroïdes au long cours.

Dans « Vaccins et Sérums[1] » le Pr Pierre Chassagne a souligné trois points.

« Le premier est que *les dérivés cortisoniques diminuent certainement la résistance de l'organisme aux agents infectieux, ceci est prouvé expérimen-talement et cliniquement*. Un exemple expérimental est celui de la sensibilisation des animaux de laboratoire au virus de la poliomyélite, grâce à un traitement cortisonique préalable. D'autre part, en clinique, tout le monde connaît l'aggravation de certaines maladies virales, comme la varicelle, par des traitements cortisoniques prolongés antérieurs à l'infection.

« Le deuxième point est l'influence qu'exerce le dérivé cortisonique sur les processus immunitaires,

1. Doin, édit., 1961.

surtout les processus immunitaires acquis, au cours de l'évolution d'une maladie, ou après l'injection d'un vaccin. Un traitement cortisonique prolongé gêne l'installation de l'immunité; s'il est court, il retarde en tout cas son installation.

«Le troisième point, strictement pratique, est qu'il ne faut jamais dissocier le traitement cortisonique d'un traitement anti-infectieux actif. Et qui dit traitement anti-infectieux actif dit traitement dont on a vérifié l'activité, car *si on associe le traitement cortisonique et l'administration d'un antibiotique auquel le germe n'est pas sensible, on risque les pires catastrophes.* »

Les traitements par la cortisone ou médications analogues peuvent entraîner une perforation d'ulcère gastrique, donner une poussée de tuberculose méconnue, entraîner des troubles psychiques. En ce qui concerne les rhumatismes, cette thérapeutique n'a qu'un effet suspensif et masque les symptômes sans modifier l'évolution (9 améliorations sur 546 malades : Bauer et Ragan).

Il s'agit donc, là encore, d'une thérapeutique dont, pour la majorité des cas, il vaut mieux s'abstenir. De toute manière, on ne devrait plus rencontrer tous ces malades qui, d'eux-mêmes, jonglent dangereusement avec de tels produits et les avalent comme s'il s'agissait de simples boules de gomme. Les modalités délicates de prescription de ces traitements relèvent du seul médecin, unique juge et seul à pouvoir prendre, en toute connaissance de cause, ses responsabilités.

En ce qui concerne les vaccinations, ce n'est pas le but de cet ouvrage de réveiller une polémique déjà ancienne et qui a toutes les chances de durer encore longtemps. Les vaccinations systématiques ne sont pas toujours anodines. Mais le médecin sait et doit relever les contre-indications. En 1957, les Prs Delore et Charpy ont signalé plusieurs accidents graves de réactivation tuberculeuse à la suite de la revaccination antivariolique[1]. Cette revaccination peut d'ailleurs déterminer, chez les sujets âgés, un infarctus neuf jours approximativement après les scarifications. Mathieu — dans les «Archives des maladies du cœur» — recommandait déjà en 1955 de ne pas vacciner les vieillards coronariens.

En 1959, le Dr Delagrande, interne des Hôpitaux de Paris, donnait, dans les «Cahiers Laennec», son opinion sur certaines incidences de la vaccination. «Une maladie viscérale préexistante peut se trouver aggravée par une vaccination... Il existe bien entendu quelques cas (rares d'ailleurs) de néphropathie [2] vaccinale chez des sujets sains, mais il ne faut pas oublier que de telles néphrites peuvent toujours être dues au réveil d'une néphropathie ancienne ou guérie. Il est également difficile de juger des cas de réveil d'une tuberculose ancienne ou stabilisée.

«On pourrait, toutefois, dans ces cas litigieux, se demander si la vaccination peut déterminer des «infections de sortie», c'est-à-dire des infections dues au réveil causé par le choc du vaccin sur un germe latent déterminant une maladie à cette occasion... Certaines observations n'interdisent pas de penser que le vaccin modifie le virus et lui permet de provoquer une maladie réelle; ou, qu'en modifiant le terrain, il sensibilise le sujet et le rend moins résistant au virus»...

En 1963, dans une discussion sur le *mécanisme de l'immunité anti-infectieuse*, le Dr Jonas Salk a émis l'idée que *la vaccination de la totalité d'une population n'est pas nécessaire pour obtenir l'extinc-*

---

1. A noter qu'en Angleterre, aux États-Unis et au Canada, la vaccination antivariolique n'est plus obligatoire depuis plusieurs années. Elle ne l'est plus en France, «pays de la pondération» pour les uns, «de la pusillanimité» pour les autres, depuis 1979.

2. Affection des reins.

tion d'une maladie virale. La disparition de la variole de certains groupes de la population mondiale est la preuve manifeste de l'efficacité d'une immunisation subtotale. Cette disparition peut difficilement être mise en doute quand on conçoit la longue période durant laquelle aucun cas n'a été signalé. *L'absence de variole dans de tels pays n'est pas nécessairement due à la persévérance des agents vaccinateurs.* La vaccination n'est d'ailleurs plus systématiquement pratiquée dans quelques-uns de ces pays. *Cette extinction n'est pas due non plus à l'immunité individuelle solide des populations non encore vaccinées.* Démontré par l'existence de cas importés. Ainsi apparaît la possibilité pratique d'obtenir l'extinction mondiale de la variole. Ceci est possible par un plan correctement établi d'immunisation où *n'apparaissent pas nécessaires, ni la vaccination de tous les individus, ni la continuation éternelle de la vaccination.* Le même « mécanisme immunologique » qui a éliminé partiellement la variole peut aussi éliminer la poliomyélite et les autres maladies virales (VIIe Congrès international de Microbiologie - Pittsburg, U.S.A.).

On peut être d'accord sur le principe de ce « mécanisme immunologique » invoqué par le Dr Salk. Il y a longtemps que nous le supposons contenu dans les facteurs cosmiques joints à toutes les modifications inhérentes à la « civilisation ». Les vaccinations n'ont, sans doute pas toujours, dans ces conjonctures, le rôle indispensable qu'on veut bien encore leur accorder de nos jours.

Au lecteur, professionnel ou usager, plus particulièrement intéressé par le problème des vaccinations, la lecture des ouvrages de Fernand Delarue s'impose. Président de la Ligue pour la liberté des vaccinations, F. Delarue a fait paraître la 10e édition de son livre : « *Les vaccinations n'ont pas fait régresser les épidémies* » (chez l'auteur,

4, rue Saulnier, 75009 Paris). Il est l'auteur d'autres ouvrages très structurés.

Pour ce qui est des «tranquillisants» ou des médicaments «antidépressifs», ou encore des nombreuses pilules «contre la faim», le public n'a eu que trop d'occasions d'en lire les résultats atroces, eu égard aux naissances de bébés monstrueux. «Les cas de malformations congénitales ont augmenté avec l'usage des «tranquillisants», déclarait le Pr Giroud devant l'Académie de Médecine en 1962. Nous-mêmes, ajoutait-il, avons démontré expérimentalement le rôle de la thalidomide[1] dans ces malformations. Mais est-ce la seule substance en cause?»

Car la fréquence des malformations congénitales aurait augmenté ces dernières années, même en France où la thalidomide n'a pas été commercialisée, à la suite de l'usage d'autres «tranquillisants». Aussi le Pr Giroud conseillait-il de limiter au maximum toute thérapeutique à l'égard des femmes enceintes, surtout pendant le premier mois de la gestation, «en utilisant, de préférence, les *médicaments anciens* qui ont déjà fait la preuve de leur innocuité».

Force est d'admettre que c'est parmi les plantes et les essences aromatiques naturelles, utilisées depuis des siècles tant comme sédatifs que comme toniques, aussi en tant que régulateurs de l'appétit que l'on trouvera le plus aisément ces médicaments anciens favorables.

1. Le Dr Torsten Hafstrœm, médecin-chef de «l'Hôpital du Sud» à Stockholm, estime que la thalidomide pourrait provoquer des troubles chez les adultes, en particulier des troubles de la circulation et des névroses.

De toutes manières, avons-nous pu lire dans la Presse de 1978-1979, les familles des victimes ont été finalement indemnisées. J'ai, comme tout le monde, dans mes archives, le prix pour deux bras en moins à la naissance...

A côté de cette chose effroyable que représente la venue d'un nouveau-né infirme, certaines médications de synthèse se rendent souvent coupables de nombreux incidents. Elles sont d'autant plus fréquemment mises en cause qu'elles «répondent à un besoin singulier de notre époque et qu'un nombre considérable de ces substances a été introduit en thérapeutique». Elles sont dangereuses pour le poublic qui a tendance à les absorber sans discernement comme la panacée qui résoudra tous ses problèmes. De plus, leur classification est malaisée et les termes de tranquillisants, neuroleptiques, neuroplégiques, psychotoniques, ataractiques... sont souvent employés dans la pire confusion.

Tous les médecins sont à même d'observer les inconvénients et les accidents dus à ces produits particuliers : agitation ou au contraire obnubilation, tremblements rappelant la maladie de Parkinson, troubles divers de la série «neuro-végétative» avec palpitations, vertiges, spasmes divers... réactions «paradoxales» avec une excitation semblable au délirium consécutif à l'administration de sédatifs et augmentation de la dépression par l'usage des «toniques». Il n'est pas rare, non plus, d'assister à des réactions qui dépassent largement le but désiré et risquent de transformer un état maniaque en anxiété, ou un état dépressif en excitation. Enfin, il ne faut pas méconnaître que toutes ces drogues renforcent considérablement les méfaits de l'alcool et que cette propriété, trop souvent méconnue, peut être à l'origine de graves accidents de la route ou du travail.

A part ces inconvénients, on note également la fréquence des manifestations allergiques de la peau, lesquelles peuvent se produire également chez le personnel soignant, sous forme d'eczéma de contact. Aussi les cas de jaunisse pouvant aboutir à la dégénérescence graisseuse. Ces accidents, avec quelques cas mortels, conséquence d'un usage immodéré des antidépressifs, ont été la cause d'une véritable panique en Amérique (S.A. Sandler). J'en ai apprécié les échos lors d'un voyage en 1970.

Doivent encore être notés les accidents mortels non toujours expliqués, les douleurs musculaires et articulaires, les réactions sanguines diverses, parfois inquiétantes, etc.

Par ailleurs le Dr John Michaels s'insurge contre l'emploi prolongé abusif des anticoagulants dans l'infarctus du myocarde. *L'étude de 5 000 cas traités de façon prophylactique et prolongée par les anticoagulants n'a pas montré une survie supérieure à celle observée chez les patients ne recevant pas de médication anticoagulante**.

Le taux de mortalité calculé sur 446 patients porteurs d'infarctus du myocarde récent et traités par les anticoagulants est de 34 %. Il est comparable à celui des séries de sujets non traités.

Ce bénéfice problématique que confère la thérapeutique anticoagulante doit être comparé aux risques hémorragiques. Ceux-ci sont graves et le Dr Michael parle de 3 à 4 % de décès de cette étiologie. D'autre part, les anticoagulants n'ont aucune action sur la diminution du calibre de la lumière artérielle ; mais l'interruption du traitement, quand il a été commencé, prédispose aux thromboses et même à l'occlusion artérielle. D'autres incidents graves doivent être cités, occlusion intestinale, hémoptysies, hémorragie cérébrale, nécrose cutanée hémorragique, épanchements sanguins péricardiques et génitaux. *Une telle utilisation de routine des anticoagulants doit cesser quand bien même l'expérimentation continuerait. L'auteur*

---

* Confirmé par des travaux ultérieurs chaque fois qu'un auteur a bien voulu se pencher sur la question (derniers parus dans les revues médicales en novembre 1979).

demande que les malades soient délivrés d'un traite-
ment inefficace et dangereux; que des efforts
nouveaux et originaux soient tentés pour comprendre le mécanisme de l'athérosclérose, la raison de
la fréquence de certaines de ses localisations. Pour
lui, le risque d'une hémorragie au niveau d'une
plaque d'athérome ne peut être contrebalancé par
les effets douteux d'une réduction de la coagulabi-
lité (Congrès annuel de la British Medical Association - Londres).

Les plantes et les essences aromatiques, l'alimentation naturelle ont toujours fait et feront toujours
mieux que les anticoagulants habituellement
prescrits.

Au hasard des publications, on apprend que l'instillation nasale de certains produits vaso-constric-
teurs (c'est-à-dire qui ont la propriété de resserrer
le calibre des vaisseaux sanguins ou des capillaires)
est contre-indiquée chez le nourrisson. On a pu
relater des cas de prostration, de pâleur, de refroidissement et d'obstruction nasale par infiltration
secondaire à l'action primitive du médicament.

Un shampooing au sélénium, prescrit généralement contre la chute des cheveux, a entraîné,
dans plusieurs cas, une calvitie plus ou moins
complète.

« Les chimistes, écrivait le Pr Delbet[1] dont l'habi-
leté prodigieuse et éclairée jongle avec les atomes,
les radicaux et les molécules, ont préparé des corps
nouveaux de plus en plus actifs... Tous ces corps ont
une *toxicité* pour l'organisme ».

Pour en terminer avec cette liste, j'examinerai
succinctement à la lumière d'un récent travail,
quelques considérations relatives à l'aspirine. Cette
relation apparaît propre à convaincre de la nécessité
d'une grande prudence dans le maniement des

1. « Politique préventive du cancer » (Denoël, édit., 1944).

médicaments chimiques, même apparemment les plus débonnaires.

« L'aspirine est le médicament de diffusion et de popularité universelle. Sa remarquable efficacité contre les douleurs de toute nature en a fait un produit d'usage courant, en dehors de toute prescription et de toute surveillance médicale : son innocuité semblait bien établie et empiriquement démontrée. Cependant, dès 1938, cette drogue familière voyait son innocence mise en cause dans le pays même qui en avait fait une espèce de symbole de la santé domestique : en Angleterre, on observait des hémorragies sévères à la suite d'absorption d'aspirine aux doses usuelles et on constatait que, chez les sujets atteints d'ulcères gastriques, elle jouait un rôle important dans l'exacerbation des symptômes et était au moins la cause favorisante d'hémorragie gastrique dans un cas sur huit. Par la recherche systématique du sang dans les selles des rhumatisants hospitalisés, sans passé gastrique et traités par l'aspirine à des doses quotidiennes de 0,75 à 3 grammes, Stubbé décelait des *hémorragies méconnues dans la proportion de 70 %*.

« La toxicité de l'aspirine peut aussi se manifester sur le foie et le système nerveux, surtout chez l'enfant. Un surdosage accidentel ou intentionnel (cette manière de suicide semble propre aux pays anglo-saxons) peut provoquer des crises convulsives et entraîner la mort. »

Les réactions allergiques ne sont pas une rareté : urticaire, œdème de Quincke (infiltration du visage et du larynx), coryza spasmodique, asthme bronchique. Blamoutier a publié une série de onze observations chez des sujets asthmatiques, avec deux cas de mort rapide après une dose unique, très faible d'aspirine. « Le praticien doit donc être extrêmement prudent avec des malades présentant cette sensibilisation, vérifier que les spécialités qu'il prescrit ne renferment pas d'aspirine et attirer leur attention sur le danger que comportent pour eux ces sortes de médicaments. »

M. M... dut être hospitalisé d'urgence, pour la deuxième fois en quinze ans, après l'ingestion d'un *seul* comprimé d'aspirine, pour œdème de la glotte. La mort fut évitée de justesse.

Dans «La semaine des Hôpitaux » de juin 1973, on revient sur cette question : «l'aspirine est l'ennemi de l'estomac». Sur 20 % d'hémorragies digestives, on en a retenu 51 % à cause de l'aspirine (Pr Kiepping), taux considérable comparé à celui obtenu par les autres produits anti-inflammatoires (phénylbutazone, cortisone et dérivés, etc.) qui, par ailleurs, ne sont pas exempts d'accidents, parfois graves.

On comprend qu'au cours de la Journée d'Étude consacrée à «la vie et aux destins de l'homme de notre civilisation », qui s'est tenue à Paris en 1962, Jean Rostand se soit élevé contre le triple danger de la radioactivité, des rayons X et des *médicaments* employés de façon abusive.

On comprend que Cuénot — se cantonnant à un aspect limité du problème — ait pu déclarer en 1960 que «l'afflux des médicaments nouveaux et efficaces en tuberculose ne doit pas faire oublier l'ancienne créosote de hêtre. Ils doivent même contribuer à sa réhabilitation ». La créosote de hêtre, non plus que les autres médications végétales, ne risque pas — comme il arriva au «MER 29», médicament longtemps vanté contre le cholestérol — d'être retiré de la vente aux États-Unis d'abord, puis dans d'autres pays, en raison d'accidents divers survenus à la suite de son emploi (calvitie, chute des poils, cataracte, troubles cutanés).

On comprend d'autant mieux les nombreux cris d'alarme lancés de toute part qu'il nous arrive de lire encore certaines publications pour le moins

ahurissantes. Ainsi une substance d'origine américaine (le WIN 18446), essayée d'abord dans le traitement de la dysenterie amibienne, s'est révélée
capable de provoquer un arrêt temporaire de la
production des spermatozoïdes. L'administration
d'un gramme par jour supprime la production du
sperme pendant la durée de prise du médicament.
Cent jours après l'arrêt de la médication, la fertilité
serait complètement récupérée. J. Mc Leod, de
l'Université de Cornell, n'a pas hésité à considérer
ce médicament digne d'entrer dans le cadre de
la lutte contre la natalité. Il ajoute que le procédé
est de bas prix de revient et dépourvu de danger
(Drugs et Cosm. Ind. mai 1961). Le lecteur saura
tirer la conclusion qui s'impose car le «dépourvu de
danger» paraît, pour le moins, prématuré.

Aussi des enquêtes se sont-elles ouvertes dans
plusieurs pays sur l'influence de divers médicaments.

Dans différents pays, notamment en Belgique, en
Suède, au Danemark, en Finlande, en Grande-
Bretagne, en Irlande, au Canada, en Allemagne,
en Italie, en Hollande et aux États-Unis, un certain
nombre de mesures ont été adoptées concernant la
délivrance de plusieurs médicaments : il s'agit en
particulier de neuroleptiques (ou sédatifs), de produits utilisés pour lutter contre le mal de mer, de
médicaments destinés à combattre l'obésité, et même
de spécialités contenant des sels de bismuth et de
la quinine. Quelques-uns de ces produits ont été
provisoirement retirés du marché pharmaceutique
et d'autres, qui se trouvaient en vente libre, ne
peuvent plus être obtenus que sur prescription
médicale.

En 1962, un vœu a été déposé au ministère de la
Santé publique pour la création d'un «comité
national chargé de la coordination des recherches
sur les effets tératogènes (c'est-à-dire qui provoquent des monstres) des médicaments».

Plus qu'une critique de l'emploi abusif de certains médicaments modernes, ce chapitre a surtout voulu trouver sa raison d'être dans l'exposé de certains motifs qui m'incitèrent à reprendre, voilà de nombreuses années, l'étude des thérapeutiques naturelles, sous l'angle des connaissances scientifiques actuelles.

« Trop de médicaments dangereux souvent inutilement prescrits. Le retour à la paix médicamenteuse totale est parfois nécessaire » écrit Marcel Perrault.

Déjà en 1960, dans la « Presse Médicale », Brun, Kalb et Pozzetto avaient attiré l'attention sur « la paix médicamenteuse totale et ses indications actuelles ».

« Depuis une quinzaine d'années, écrivaient-ils, les médicaments se sont multipliés à une cadence déconcertante et il peut être difficile de voir clair et juste en la pharmacopée moderne. Accablés par une puissante et nécessaire publicité qui, à une pensée médicative substitue volontiers un automatisme irréfléchi, les médecins, eux, risquent de satisfaire une réelle fringale thérapeutique. A celle-ci, il est vrai, les patients ne sont pas étrangers. En effet, aujourd'hui il faut aller vite, il faut agir « énergiquement ». Si les résultats se font attendre, on change de médications plusieurs fois par semaine, pour empêcher les malades de changer de médecin, on en ajoute à celles déjà prescrites, en sorte que, finalement, gouttes, comprimés, suppositoires, piqûres s'accumulent et se mêlent en une trépidante sarabande, risquant d'aggraver la situation et de discréditer les diagnostics.

« Faire trop ou ne pas faire assez est un dilemme fréquent, surtout quand on ne sait pas exactement ce qui doit être fait.

« D'un autre côté, les malades aussi ont changé. On l'oublie peut-être trop volontiers.

«Tout d'abord, certains ont acquis des hyper-sensibilités et des réactions de défense explosives, bien plus terribles parfois que l'agression initiale elle-même. Malheur à celui qui, sur de tels terrains, va se risquer à faire surgir certaines médications de jadis, qui guérissaient tout en meurtrissant quelque peu ! Le temps de l'eau-de-vie allemande et du sirop de nerprun est souvent dépassé !

«De plus, et ce deuxième fait est essentiel, l'abondance et la répétition des médicaments administrés, et tout particulièrement l'antibiothérapie, l'abus des stimulants font que, de plus en plus souvent, les patients se présentent au médecin avec un terrain de sensibilisation éminemment complexe, qui modifie étrangement les réactions individuelles vis-à-vis de thérapeutiques parfois d'apparence anodine.

Nous risquons d'arriver à un dangereux tournant. Les bénéfices considérables qu'a apportés la découverte de nouvelles médications, ayant permis de rayer nombre de processus amoindris par des réflexes conditionnés de défense contre des thérapeutiques que l'organisme va prendre l'habitude de considérer comme des agresseurs.

«Nous ne voulons pas parler ici d'accidents relevant d'associations funestes ou de surdosages accidentels, faciles à déceler ou à corriger. Ce qui nous préoccupe, ce sont ces manifestations trompeuses, traduisant le plus souvent des phénomènes de sensibilisation ou de saturation de l'organisme, au cours d'affections aiguës ou chroniques, et à l'égard de médications maniées à doses valables et normales. Leur disparition est conditionnée par la paix thérapeutique, c'est-à-dire par la suppression totale, pour un certain temps, de toute agression médicamenteuse, quelle qu'elle soit.

«Et c'est bien aussi ce qui, le plus souvent, nous paraît expliquer le succès constant de certaines pharmacopées, distribuées à doses infinitésimales, qui donnent la paix du corps en même temps que celle de l'esprit, car rien n'est alors meilleur que de paraître donner en ne donnant rien. »

En fait, comme Chassagne et Georges-Fanet le soulignent par ailleurs[1], il y a souvent grand danger à prescrire, chez les enfants, des traitements hormonaux « presque toujours inutiles de surcroît ». On connaît bien les effets virilisants de ces médications chez les filles, mais beaucoup moins ces hormones dont « l'usage a comporté tant de désastres : ovaires tumoraux ou éclatés ».

« Naturellement, ces hormones ont, chez la femme adulte, aussi peu d'indications certaines et autant d'inconvénients que chez les enfants. En outre, lorsqu'il s'agit d'une femme enceinte, ces hormones sont capables, comme chez l'animal en expérience, de déterminer des états intersexuels de l'enfant en virilisant un fœtus originellement féminin.

« Le médecin, en tant que clinicien, doit se méfier de tout automatisme et penser à l'individu qu'il soigne actuellement, individu qui peut être hypersensible, fatigué, saturé par une succession ou une accumulation de drogues, dont l'agressivité toxique risque d'être pire que la maladie.

« Dans de nombreux cas, il faut revenir à la modestie des vieux praticiens qui savaient que chaque organisme réagit et guérit à sa façon et à son heure et que, pourvu que la confiance du patient soit suscitée et soutenue, cette heure de la guérison viendra. »

Ces paroles de M. Perrault nous rappellent cette phrase ancienne selon laquelle « mieux vaut faire soigner sa santé que sa maladie ». C'est très probablement ce que Celse, il y a des siècles, désirait exprimer en écrivant que « la meilleure médecine

---

1. Chassagne P. et Georges-Fanet L. : « Quelques thérapeutiques dangereuses chez l'enfant ».

est de ne pas avoir besoin de médicaments».

Ontre leurs propriétés antiseptiques et bactéricides, de nombreuses essences sont pourvues de propriétés **antivirales**. Nous ignorons si des études systématiques ont été poursuivies pour déterminer cette action au sujet de telles ou telles huiles essentielles. Mais un mélange d'essences permet d'obtenir des succès remarquables dans de nombreux cas de *zona*. On sait que cette affection, due à un virus filtrant[1], est caractérisée par une éruption de vésicules rappelant celles de l'herpès. Elles sont disposées par groupes sur le trajet des nerfs de la sensibilité, et toujours d'un seul côté du corps. Accompagnées de douleurs généralement très vives, elles évoluent parfois vers l'ulcération. La localisation élective du zona sur le système nerveux l'a fait parfois dénommer «poliomyélite postérieure».

Cette affection habituellement très douloureuse — appelée autrefois pour cette raison «feu sacré» ou «feu de Saint Antoine» — débute par des crises névralgiques violentes localisées le plus souvent à la partie droite ou gauche du thorax. On en voit également au niveau de l'hémiface droite ou gauche (zona «ophtalmique» qui peut aboutir à la perte d'un œil). On peut le voir s'étendre au niveau d'un bras. Jusqu'à présent, nous n'avions aucun traitement spécifique à lui opposer et souvent, on le traite encore par des pommades calmantes et, sans trop savoir pourquoi, par l'ingestion de vitamines et les rayons X.

Le zona peut avoir une évolution très grave, aboutir à des ulcérations puis à des plaies étendues,

---

1. Le terme de virus *filtrant* — ou d'ultra-virus — est le nom donné à de nombreux germes spécifiques de certaines maladies (poliomyélite, fièvre aphteuse, variole, grippe...), représentés par des particules de si faibles dimensions qu'elles traversent les *filtres* usuels utilisés pour retenir les microbes. Les virus filtrants sont invisibles au microscope ordinaire. Leur image a pu être obtenue grâce au microscope électronique.

très douloureuses et tenaces. L'épouse d'un médecin conserva des plaies thoraciques pendant plusieurs mois et son existence, pendant cette période, fut un calvaire.

Les douleurs peuvent persister des mois ou des années après la fin apparente de la maladie. Certains sujets ont souffert entre 3 et 14 ans après la disparition des vésicules.

Or un mélange d'huiles essentielles peut supprimer un zona en une semaine *au maximum* si l'affection est traitée dans les premiers jours de son apparition. Un peu plus de temps est nécessaire si l'affection est prise plus tardivement.

Un malade vint me trouver un jour, désespéré d'avoir à annuler un voyage d'affaires à l'étranger, en raison d'un zona survenu trois jours auparavant. Il devait partir huit jours plus tard. Je l'engageai à ne rien changer à ses projets. Des applications biquotidiennes du produit, du magnésium (lui aussi antiviral) par la bouche effacèrent l'affection en trois jours.

J'ai publié de nombreuses observations à ce sujet depuis 1957, date de ma première guérison d'un zona par ce procédé simple... à condition d'être connu. Je n'avais pas voulu donner le nom du produit, qui porte le mien, pour deux raisons majeures : un médecin en exercice ne peut voir figurer son nom sur un produit quel qu'il soit, et surtout — à mes yeux — il m'eût été infiniment désagréable d'être assimilé à un auteur dont les écrits peuvent déguiser une publicité à des fins personnelles mercantiles. Ces arguments sont tombés à ce jour. Le produit s'appelle *Tégarome* (produit d'hygiène) : voir p. 442.

La *grippe* est due également à un virus filtrant qui détermine, seul, un coryza bénin, mais dont l'association avec divers microbes peut entraîner des accidents broncho-pulmonaires de gravité variable, selon les sujets et les épidémies. On sait que, chaque année, la «grippe» est responsable en France de plusieurs milliers de décès.

De nombreuses essences (cannelle, aiguilles de pin, thym, citron...) ont des effets marqués sur cette affection et les malades traités par les essences, pour des maladies très diverses, traversent en général l'hiver sans encombre*.

Tant sur les brûlures que sur le zona, les propriétés antiseptiques des essences sont complétées par un pouvoir *cicatrisant* marqué. Cette propriété, surtout rencontrée chez les labiées (lavande, sauge, romarin, thym...) sera utilisée pour guérir les écorchures, les plaies banales ou infectées, les plaies atones, les ulcères de jambe, les fistules.

Un jeune homme présentait depuis de nombreuses années une fistule de la région sacro-coccygienne. Il put en tarir l'écoulement en quelques jours par un mélange d'essences de lavande, de thym et d'aiguilles de pin.

Chez une malade grave présentant, depuis plusieurs mois au flanc gauche, un anus artificiel créé spontanément sur un cancer du gros intestin, la plaie était devenue bourgeonnante, tuméfiée, très inflammatoire et douloureuse.

Avec un mélange d'huiles essentielles utilisé en compresses diluées, 2 fois par jour, les phénomènes inflammatoires furent jugulés en une semaine. La plaie recouvra un aspect de bon aloi.

Les *plaies cancéreuses* sont donc justiciables d'un traitement par les essences aromatiques.

L'action cicatrisante des essences s'explique par l'appel sanguin qu'elles provoquent au niveau des tissus, lequel favorise à la fois l'action détergente des leucocytes et la régénération cellulaire. Les vins

* En 1972, plusieurs communications scientifiques ont précisé que les antibiotiques étaient inefficaces contre la grippe.

aromatiques de la Renaissance étaient, à ce point de vue, d'une grande renommée et de nombreux travaux ont insisté sur l'intérêt de leur emploi dans les plaies atones, les escarres et les brûlures.

Cancers : nouvelles recherches

Lors de notre 2e Congrès, à Monte-Carlo en 1977, le Pr A. Foucaud traita des plantes antimitotiques*. Il rappela que de nombreux végétaux sont utilisés depuis des siècles dans la lutte anticancer, et que cette médecine empirique populaire n'avait fort heureusement pas été méprisée par tous les scientifiques ou ceux qui se prétendent tels. De nombreuses expérimentations prouvèrent d'ailleurs la réalité des effets antitumoraux de l'ail, de la sanguinaire, du concombre, de la coloquinte, de la chélidoine, du gui, de l'aristoloche, etc. employés pour certains depuis l'Antiquité.

Dioscoride recommandait déjà le colchique contre le cancer. Mais il fallut attendre 1934 pour que fussent prouvées les propriétés mitoclasiques* de la colchicine, un de ses constituants.

On connaît la récente carrière de la pervenche tropicale *(Catharantus roseus)* et, bien avant, celle du podophylle d'Amérique utilisé, paraît-il, par certains Indiens contre le cancer : au siècle dernier, on traitait les papillomes cutanés à la résine de podophylle. Mais c'est seulement en 1947 que fut reconnu à la podophyllotoxine un mécanisme mitoclasique analogue à celui de la colchicine.

On a trouvé depuis un alcaloïde anticancer dans l'*Ochrosia borbonica*, appelé ainsi parce qu'il est originaire de la Réunion.

Depuis, d'innombrables recherches ont permis de

* Qui s'opposent à la prolifération cellulaire.

sélectionner des quantités de plantes possédant, peu ou prou, des propriétés antitumorales. Parmi elles : les genres *Boletus, Collybia, Thuya, Juniperus, Ranunculus, Douce amer*, les genres : *Arctium, Gnaphalium, Calendula*, etc., etc., limitons-nous ici bien que le problème soit évidemment d'importance. Si, dans certains cas, nous savons ou croyons savoir que tel végétal agit par l'un ou l'autre de ses constituants (les alcaloïdes par exemple), généralement on ne connaît pas le mode d'action véritable des plantes ou des essences aromatiques dans leur lutte contre les divers aspects de la cancérose dont la genèse est encore loin d'être évidente dans le plus grand nombre de ses aspects.

Peut-être, compte tenu des résultats enregistrés depuis bien longtemps, faut-il, dans de nombreux cas tout au moins, évoquer une fois de plus les effets de la plante ou de l'essence **totale**, effets se portant au niveau d'une modification véritable du **terrain**, en somme rééquilibration d'un terrain bousculé par l'anarchie.

Ceci exposé, en août 1976, le Médecin-Chef du Groupe de Biochimie et de Biologie médicale d'un important Centre de Recherches international me signalait l'une des activités de son établissement : l'évaluation carcinogène* et la prévention du cancer.

« La lecture de vos ouvrages, m'écrivait-il, nous a permis d'entrevoir des méthodes pour tester expérimentalement certaines des substances végétales auxquelles vous vous reportez. A cet effet, nous avons développé des méthodes types, *in vivo* et *in vitro*, pour évaluer une substance présentant une activité anticarcinogénique. Nous nous intéressons tout spécialement aux souches de souris sélectionnées présentant une grande susceptibilité à certaines

---

* Carcinogène, ou cancérigène : qui peut provoquer le développement d'un cancer.

substances pouvant développer des tumeurs ou des leucémies très rapidement. Nous croyons qu'avec une telle méthode, il serait facilement possible de tester l'effet d'une variété de substances végétales sur la prévention et la régression de tumeurs. Je vous serais reconnaissant de bien vouloir me faire part de vos commentaires sur cette idée et de toute référence s'y rapportant. J'aimerais également recevoir vos suggestions quant au choix des composés à tester »...

Je suggérai à ce confrère d'étudier l'action des huiles essentielles de thuya, de sauge, de cyprès, d'estragon, de cerfeuil, de persil, aussi de la ciguë, lui signalant en outre l'intérêt que pourraient avoir de nouvelles expérimentations avec le colchique, en extrait total cette fois et non par son alcaloïde isolé, la colchicine.

Mon choix se trouvait dicté par des considérations relativement simples :

— d'abord l'impression que ces substances avaient effectivement des effets favorables dans certains cas de cancérose si j'en jugeais par les résultats que j'avais cru pouvoir observer dans ma pratique depuis 1958*. Je n'avais rien inventé, m'étant contenté de me rappeler autant que faire se peut ce que j'avais retenu des très nombreux documents, souvent anciens, dont je m'étais imposé la lecture depuis de nombreuses années ;

— ensuite, certaines recherches analytiques modernes semblaient devoir confirmer ce choix. Ainsi, le thuya est depuis longtemps connu pour ses propriétés antitumorales cutanées : j'ai pu en observer divers cas. Plusieurs auteurs l'ont également préconisé dans les états cancéreux généraux. Entre autres choses, le thuya contient une cétone *(la Thuyone)*. Or, la sauge *(Salvia officinalis)* en

---

* Voir au chapitre XIII «observations de malades».

contient également jusqu'à 50 %. Le cyprès comporte aussi une cétone.

Je me garderai bien sûr de tirer quelque conclusion de ces rapprochements mais il convient d'y penser.

Par ailleurs, j'ai pu constater l'effet cicatrisant (non toujours spectaculaire bien entendu) des emplâtres de carotte ou de persil sur certaines plaies cancéreuses. Également des emplâtres de cerfeuil, dont ils atténuent la douleur et la fétidité. Or le cerfeuil contient une essence rappelant l'estragon et son *Estragol*, l'estragon lui-même étant considéré par divers auteurs anciens comme doué de vertus antidégénératives.

Localement, la ciguë *(Conium maculatum)* apaise les douleurs des cancers externes.

Un an et demi après notre premier et unique échange de courrier, c'était en fin 1977, sans nouvelles des expérimentations en cours, je rendis visite au Directeur du Centre de Recherches en question à Genève et pus constater un certain nombre de résultats dignes d'intérêt.

Les expérimentateurs avaient d'ailleurs étendu la gamme des substances végétales testées. Outre celles que je leur avais indiquées, ils avaient ajouté *Pinus silvestris, Matricaria, Eugenia caryophylatta, Equisetum arvense, Daucus carotta*, etc., et curieusement, je n'ai jamais pu savoir ce dont il s'agissait, un mélange de 46 substances... sans doute une fantaisie d'expérimentateur singulier en dehors de la question.

Les tumeurs étudiées sur les souris avaient été provoquées par l'application sur la peau d'extrait de tabac concentré, d'huile de croton et de divers autres.

Lors du *4ᵉ Congrès international de Phytothérapie et d'Aromathérapie* (Lyon 1979) sous ma présidence et celle des Prs B. Drevon, J. Kerharo et du Dr Yves-J. Charles, j'ai pu présenter un certain nombre de diapositives éloquentes. Je n'en citerai ici que trois séries :

Planche I : 4 diapositives.

Il s'agit de tumeurs dues à des badigeons d'extrait de tabac dans l'acétone. Les lésions ont été traitées, par voie intrapéritonéale, par un mélange d'*allium cepa* (oignon), de *daucus carota* (carotte) et de *brassica oleracea* (chou). Ce choix, quelque peu étonnant, est dû, une fois de plus, à l'humeur de l'expérimentateur mais la recherche peut permettre avec profit de sortir des sentiers battus. En fait, nous constatons une étonnante guérison en un mois.

Planche II : 6 diapos.

L'origine de la tumeur est la même que pour le cas précédent et le traitement est identique. Nous constatons une amélioration notable en moins de 2 mois.

Planche III : 4 diapos.

La tumeur est due au tabac et c'est un extrait de *viola odorata* (violette odorante) qui fut utilisé.

Nous constatons ici une évolution assez curieuse : 5 injections intrapéritonéales par semaine furent faites du 12 avril 1977 au 17 octobre 1977. Apparemment, le résultat n'est pas convaincant et l'auteur s'interroge, nous aussi.

Interruption des injections du 17 octobre au 31 octobre, date à laquelle les injections sont reprises. On constate alors des résultats étonnamment rapides confirmés le 10 novembre 1977, c'est-à-dire 5 jours plus tard.

Pour tenter d'éclaircir le problème doit-on penser :

— que *viola odorata* aurait dû être donné à des doses moindres au début ?

— a-t-il fallu un temps de repos, que d'ailleurs on ne peut jamais prévoir ?

— le dosage de *viola odorata* a-t-il été plus faible par la suite, les doses importantes n'ayant jamais été pour moi synonymes de meilleure efficacité.

Pour avoir une idée aussi complète de la question en l'état actuel de nos connaissances, j'ai bien entendu demandé au Centre de Recherches dont il est question de bien vouloir m'adresser les *coupes* anatomo-pathologiques, la *nature* des lésions et les posologies *précises*, toutes choses qui ne m'avaient jamais été communiquées.

Il ne fut jamais répondu à plusieurs de mes courriers hormis celui de février 1979, où le responsable du Service me dit textuellement : «Il s'agit d'études préliminaires qui n'ont pas été menées d'une manière quantitative... Il n'est pas possible d'examiner ceci d'une façon quantitative sans support financier... Si vous pensez que notre recherche est intéressante, nous vous saurions gré de bien vouloir attirer l'attention des membres de votre Société d'études sur notre recherche. »

On ne peut évidemment reprocher à un Centre de Recherches de travailler pour son profit mais ici, apparemment, il y a comme un défaut assez difficilement qualifiable pour qui entend rester courtois. C'est le : «donne-moi d'abord tes bonnes idées, puis tu me donneras ton fric sans quoi va te rhabiller».

Ce qu'il faut néanmoins tirer de ces expériences qui sont une approche supplémentaire dans le grave et nébuleux problème de la cancérose, c'est que des lésions *externes* ont pu être traitées efficacement par un traitement exclusivement *général* (injections intrapéritonéales).

Il faut aussi savoir que, dans un certain nombre de cas, les animaux en expérience moururent alors qu'ils étaient proches de la guérison. Dans certains cas, c'est le thuya qui semble avoir été le responsable et, sachant que la cétone qu'il contient est d'une excessive brutalité, on peut penser à un empoisonnement par doses excessives. Mais dans d'autres cas où les substances expérimentées n'ont pas cette toxicité, on peut imaginer que les doses injectées ont été tout simplement trop brutales et provoqué de ce fait une résorption trop rapide de la tumeur c'est-à-dire une inondation toxinique de l'organisme.

Il s'agit — opinion toute personnelle — d'un phénomène comparable à ce qu'on a pu observer dans les cas de cancers graves de la mamelle chez la chienne en 1931-1934 (à l'École vétérinaire de Maisons-Alfort), par la *négativation électrique* donnée à des rythmes trop rapprochés. C'est la raison pour laquelle les expérimentateurs avaient pu écrire à l'époque que les animaux — dont la tumeur s'était complètement résorbée — *étaient morts guéris*.

Peut-être convient-il de retenir une fois de plus cette notion capitale que les traitements brutaux ne sont pas à la mesure de la subtilité de la physiologie.

Ces travaux n'auront toutefois pas été inutiles, il s'agit maintenant de les compléter. Et pour qu'on ne nous oppose pas des problèmes financiers à chaque fois que nous voulons faire une recherche fonda-mentale, sans doute certains Laboratoires de Recherches des Facultés devraient-ils se pencher sur la question et prendre le relais. Je n'ignore pas, bien sûr, les difficultés parmi lesquelles eux-mêmes se débattent constamment.

Ceci dit, en attendant que soient précisés le ou les principes actifs antitumoraux de nombreuses substances végétales, retenons leurs possibilités pour en faire un éventuel bon usage, contentons-nous d'en connaître les résultats acquis pour essayer d'en obtenir à notre tour. Il me revient ici cette parole d'Henri Poincaré : «Nier parce qu'on n'explique pas, rien n'est moins scientifique.» Continuons à imiter Dioscoride qui, dans les tumeurs, employait le colchique, estimant que «les choses en médecine ne se mesurent et considèrent que par leurs sens et effets» (l'une des paroles d'Ambroise Paré) sans avoir eu le temps d'attendre la découverte de son alcaloïde, *la colchicine*, dix-neuf siècles plus tard, en 1934.

Les *plaies gangréneuses* seront, elles aussi, traitées efficacement par les huiles essentielles. Il s'ensuit une désinfection très énergique, un véritable embaumement et la cicatrisation s'amorce.

R. M. Gattefossé publia son cas personnel où, à la suite d'une explosion de laboratoire, il fut grièvement brûlé aux mains. Les plaies prirent très vite un aspect de gangrène. Il se guérit parfaitement à l'aide d'une solution d'essence de lavande.

En *chirurgie de guerre*, j'ai utilisé les propriétés cicatrisantes des essences sur certains de mes blessés au Tonkin. Je ne disposais que d'une quantité limitée d'essences aromatiques personnelles, et je n'ai pu malheureusement traiter de cette manière autant de sujets que j'aurais désiré. Les résultats ont été constants.

Pendant la guerre 1914-1918, de nombreuses applications d'essences aromatiques furent pratiquées dans divers hôpitaux militaires et civils. Mencière, en 1915, utilisa diverses compositions d'huiles essentielles, à doses déterminées, pour leurs actions bactéricide et cicatrisante. Il employait une émulsion dans l'eau pour les pansements humides, des solutions éthérées à 10 g pour mille pour les plaies larges accompagnées de grande perte de substance, également des pansements gras.

Duchesne, en 1917, mit au point une formule à base de vaseline et d'éther où se trouvaient incorporés du camphre, du goménol et du baume du Pérou.

Phénomène appréciable, la cicatrisation par les essences se produit *rapidement, sans accidents toxiques et sans formation de cicatrice*[1].

---

1. Certaines huiles essentielles ont même des possibilités étonnantes sur les vieilles cicatrices, vicieuses ou inesthétiques. Une malade, jeune

Il est regrettable que ces pratiques n'aient pas été plus généralisées. Le retour à ces méthodes serait du plus haut intérêt, tant pour le malade que pour la collectivité.

Les *maladies de la peau* sont parfois justiciables d'un traitement par les huiles essentielles. Ces lésions indiquent une composition anormale des téguments et la présence d'un facteur de désintégration. Les essences provoqueront, outre l'arrêt de la désintégration, une synthèse des tissus qui aboutira à leur reconstruction. Une odeur agréable est contemporaine et facteur de santé comme de beauté. En cas de maladies, des essences sélectionnées doivent permettre d'obtenir la guérison, car, modifiant l'odeur, elles doivent normalement modifier la forme. La pratique confirme ces données.

Pour plus de précisions, voici l'exemple des phénols et des alcools.

Les phénols ont la propriété de se fixer sur les dérivés aminés responsables de l'action néfaste de nombreux germes microbiens ou de leurs sécrétions, ainsi que des déchets tissulaires dans les plaies, les brûlures et les affections de la peau. Les produits obtenus (amino-phénols) sont bien connus pour leur action antiseptique. C'est, en définitive, une des explications du pouvoir bactéricide des phénols.

Les alcools se fixent de la même façon sur les dérivés aminés et donnent des amino-alcools. L'amino-menthol et d'autres ont été rapprochés de certains produits actifs sur le bacille de la lèpre, parent du bacille de la tuberculose. Cette notion explique l'action du menthol chez les bronchiteux.

---

et élégante, avait été brûlée dans son enfance par un cataplasme trop chaud appliqué sur le cou et la partie supérieure de la poitrine. Il en était résulté une cicatrisation inesthétique. Des applications biquotidiennes de compresses d'essences diluées obtinrent en trois mois une importante rétrocession de ces séquelles.

De même pour les aldéhydes (le citral en particulier).

L'importante activité des essences aromatiques vis-à-vis des constituants des tissus explique leur pouvoir antiseptique et «embaumant», en somme leur pouvoir de reconstitution tissulaire, c'est-à-dire leur pouvoir cicatrisant envisagé plus haut à propos des brûlures et des plaies.

Les dermatoses diverses, les eczémas secs ou suintants, l'acné, les rougeurs trouvent leur solution dans le traitement aromatique local et *général* (car une lésion cutanée est toujours l'indice d'un mauvais état organique). Or, l'application locale des essences agit également sur les organes sous-jacents (foie, intestin, système circulatoire...) dont la déficience a entraîné la manifestation cutanée.

Outre le citral, employé en pommade ou sous forme injectable, outre certaines pâtes neutres ou acides, on peut également utiliser dans le traitement de l'eczéma certains complexes particuliers d'essences de fleurs (tant françaises qu'exotiques). Ces produits agissent également sur nombre d'affections cutanées les plus diverses, notamment l'acné, les plaies atones, certains psoriasis, la gale du ciment, le masque de grossesse...

Mis à part quelques essences fortement rubéfiantes comme la moutarde, la cannelle, le girofle, la térébenthine, le pin, le cyprès,... la grande majorité n'a qu'une action irritante réduite sur les téguments. Les essences déterpénées sont sans action irritante sur les divers tissus.

Les propriétés *antiparasitaires* des essences sont également connues depuis les temps les plus reculés. Les essences de lavande, de géranium, d'origan,... éloignent les insectes, les mites, les moustiques, et leur application fait merveille dans le traitement des piqûres d'insectes, guêpes, moustiques, araignées...

La pédiculose, la gale[1] relèvent de médications à base d'huiles essentielles et on en trouvera diverses formules au cours de cet ouvrage.

La plupart des essences sont également douées de propriétés *antitoxiques* et *antivenimeuses*. On en a vu les effets sur les piqûres de moustiques, de guêpes, d'araignées. A défaut d'essences en flacon, un excellent traitement de ces piqûres est de les frotter avec des fleurs de lavande, de romarin, avec des feuilles de sauge, avec un poireau coupé en deux, un morceau d'oignon ou d'ail. Rapidement, la douleur disparaît et l'inflammation s'estompe en quelques minutes. Il ne faut pas, bien entendu, négliger d'extraire le dard éventuellement retenu sous la peau.

Toutes ces essences neutralisent le venin des insectes.

De tout temps, dans les Alpes, les chasseurs de chamois ont utilisé les propriétés antivenimeuses de l'essence de lavande pour leurs chiens piqués par les vipères. Ils n'utilisent pas le sérum antivenimeux, mais ils cueillent de la lavande, la froissent et en frottent les animaux mordus. La piqûre devient, dès lors, inoffensive. Il s'agit d'un phénomène hautement significatif de la neutralisation des venins grâce au pouvoir de diffusion important des essences[2]. L. Binet rappelle que le genêt neutralise également les venins : les moutons ayant absorbé du genêt

---

1. Une goutte des huiles essentielles de lavande, citron, romarin, fleur d'oranger, girofle, cannelle, moutarde, thym, tue le sarcopte de la gale en quelques minutes (constatations au microscope par Delafond et Bourguignon - 1862). Voir formulaire à piqûres d'insectes.

2. Elles ont une *diffusibilité étonnante*. On a pu relater, dans des publications antérieures, qu'il suffisait de raser une petite surface de la tête d'un cobaye et de la frotter avec un peu d'essence de lavande pour qu'une demi-heure plus tard, à l'autopsie de l'animal, les reins sentent la lavande. Il en est de même, que la voie d'introduction des essences soit «per os», intramusculaire ou intraveineuse, rectale, vaginale, percutanée ou par inhalations. *(Suite de la note p. 136.)*

résistent aux morsures de vipères, et G. Billard a montré que, lorsqu'on mélange une solution de sulfate de spartéine (principe du genêt) à du venin de vipère, on rend ce dernier inoffensif.

La peau qui pompe

De nombreuses huiles essentielles sont pourvues de propriétés *antinévralgiques* et *antirhumatismales* par applications locales sous forme d'émulsions, d'onguents, de liniments, ou de compresses. Les Anciens ne l'ignoraient pas, qui utilisaient les applications de plantes chauffées au four ou les cataplasmes d'ail, d'oignon, de thym, de sauge... dans les affections douloureuses rhumatismales et goutteuses.

Ces propriétés antirhumatismales s'utilisent donc en usage externe et agissent *localement*. Mais la grande diffusion des essences à travers la peau permet de penser que, par cette voie, le traitement agit également de *manière générale*. J'ai évoqué plus haut — à la faveur des bains aromatiques — certaines recherches récentes qui ont prouvé que les essences traversaient les téguments et arrivaient très rapidement dans la circulation sanguine pour être éliminées notamment par les poumons et les reins, faisant ainsi bénéficier ces organes de leurs propriétés désinfectantes, antispasmodiques ou stimulantes.

Les bains de genièvre sont recommandés aux rhumatisants et aux arthritiques. Les bains de marjolaine, de thym, de romarin, de sauge sont fortifiants. Les bains de lavande sont calmants, de même que

---

(Suite de la note de la p. 135.)
Un *nouveau-né* dont l'haleine sentait fortement l'ail a vu le jour dans un hôpital londonien... La mère était une pakistanaise, grande utilisatrice d'ail dans sa cuisine (Moniteur des Pharmacies, 31-8-74).

le tilleul. On trouvera, à l'étude particulière des essences, les diverses indications des bains généraux et locaux.

Les propriétés d'absorption de la peau ont, de tout temps, été utilisées dans le traitement d'affections générales (badigeons de teinture d'iode, frictions avec des liniments à base d'ail, d'huile d'olive, de camphre...). La pharmacopée moderne présente diverses pommades contenant un principe actif (anticoagulant, hormonal...) destiné, par des applications cutanées, à entraîner un retentissement sur l'organisme entier.

Le Pr Valette[1] a étudié, il y a plusieurs années, le pouvoir de pénétration des essences à travers le revêtement cutané. Solubles dans les graisses de la peau, elles en traversent très rapidement les couches externes et passent très rapidement dans le sang.

Des huiles essentielles, appliquées à fortes doses sur la peau de souris ou de rats, entraînent immédiatement la mort de ces animaux. A doses plus faibles, elles provoquent des phénomènes de dépression ou d'excitation.

C. Valette étudia la vitesse de pénétration des essences sur le lapin. On épile la peau de l'abdomen de l'animal et on applique 1/100 de centimètre cube de l'essence étudiée sur un cercle de 3 cm de diamètre qu'on recouvre d'un verre de montre fixé à la peau par de la colle. Il suffit alors de noter le moment où toute trace de liquide aura disparu.

L'expérimentateur obtint les chiffres suivants : l'essence de térébenthine est absorbée en 20 minutes, les essences de thym et d'eucalyptus en 20 à 40 minutes, celles de bergamote, de citron, anis en 40 à 60 minutes, les essences de citronnelle, pin, lavande, cannelle, géranium en 60 à 70 minutes,

---

1. C. Valette : « Pénétration transcutanée des essences ». (C.R. Soc. Biologique, 1945.)

les essences de menthe, de coriandre, de rue en 100 minutes environ.

Par conséquent, outre leur activité propre, les essences peuvent servir de support, de véhicule à divers autres médicaments destinés à être appliqués localement dans le but d'en obtenir des effets généraux (alcaloïdes, glucosides divers...).

C'est ainsi qu'appliquée sur la peau de l'abdomen du lapin, la solution de morphine à un centigramme dans l'eucalyptol provoque, en 3 minutes, le ralentissement des mouvements respiratoires qui deviennent irréguliers. La solution de 4 mg, 5 de sulfate de strychnine utilisée de la même manière entraîne, en 25 minutes, des convulsions aboutissant à la mort 2 heures plus tard. Le mélange obtenu avec 2 centigrammes seulement de chlorhydrate de pilocarpine entraîne, au bout de 20 minutes, une abondante défécation.

L'application des essences aromatiques sur la peau agit donc sur les organes profonds. Leur usage immodéré est susceptible de provoquer des troubles. C'est ce qui arrive aux kinésithérapeutes utilisant à longueur de journée des liniments ou des onguents aromatiques pour traiter leurs patients. En fin de journée, ils sont ou survoltés ou abrutis, vertiges et maux de tête en prime le plus souvent.

Un digest

Si les essences ont cette action sur l'organisme entier lorsqu'on les applique localement sur la peau, on se doute déjà de la puissance de leur activité lorsqu'elles sont utilisées par *voie interne*.

Leurs propriétés, à cet égard, sont innombrables et variables selon les espèces. Toutes bénéficient de plusieurs indications, ce qui en empêche toute classification selon leurs propriétés thérapeutiques.

Elles sont antiseptiques (pulmonaires, intestinales, urinaires...), antifermentaires, détoxicantes, reminéralisantes, stimulantes et antispasmodiques (ce qui n'est pas incompatible car les essences sont généralement rééquilibrantes), diurétiques, antirhumatismales, apéritives, digestives, carminatives, fébrifuges, cholagogues, vermifuges. La plupart ont des propriétés hormonales, agissant sur les cortico-surrénales, les ovaires, la thyroïde... Certaines sont aphrodisiaques, aptes, selon Roques, à «réhabiliter les organes usés par l'âge ou flétris par la débauche », d'autres s'avèrent antidiabétiques, vaso-dilatatrices ou vaso-constrictives.

De nombreux travaux ont déjà permis d'expliquer l'action des essences sur la motricité intestinale, leur combinaison dans l'organisme, leurs relations avec les diverses glandes endocrines, leur processus d'élimination, leurs propriétés vasculaires, analgésiques, protectrices des cellules.

Parmi les essences *antiseptiques* (pulmonaires, intestinales, urinaires...) figurent le citron, le thym, la lavande, le niaouli, la térébenthine, le pin, l'eucalyptus, le girofle, etc., *il faudrait les citer presque toutes.*

En tuberculose particulièrement, la thérapeutique par les huiles essentielles entraîne une chute de la température, la diminution de la toux, la reprise de l'appétit, du poids et des forces, le retour à la normale des analyses sanguines (vitesse de sédimentation notamment), la disparition du bacille de Koch, la cicatrisation des cavernes.

Le romarin favorise la production *biliaire* et son évacuation. Sont également cholérétiques les essences de lavande, de menthe, de sauge et de thym (R. Cazal)[1].

---

1. R. Cazal : Contribution à l'étude de l'activité pharmacodynamique de quelques essences de labiées (Thèse - Toulouse, 1944).

L'ail, le citron, le genévrier, l'hysope, la noix de muscade, l'oignon s'opposent à la formation de *calculs*, biliaires ou urinaires.

La lavande, la marjolaine, la verveine, le cyprès, l'anis... ont des propriétés *antispasmodiques*. Quelques gouttes d'essence d'estragon déposées sur la langue suppriment instantanément le hoquet. Quelques gouttes d'essence de cyprès sur l'oreiller stoppent rapidement une toux spasmodique. La lavande calme l'excitabilité du système nerveux.

La plupart des essences sont *stimulantes*. Les essences de pin (aiguilles), de bornéol, de géranium, de basilic, de sauge, de sarriette, de romarin dynamisent les cortico-surrénales. L'hysope a une action plus particulière sur le bulbe. L'anis excite l'hypophyse antérieure, la menthe également. L'oignon, l'ail, le citron sont tonifiants. L'oignon, la cannelle, le bornéol, la sarriette et l'ylang-ylang rendront service à ceux dont les possibilités sexuelles sont défaillantes. En revanche, le camphre a des propriétés anaphrodisiaques.

La camomille, l'ail, l'oignon, la cannelle sont *apéritifs*.

Le pouvoir *cicatrisant* de la lavande, de la sauge, du romarin, du thym... a déjà été envisagé à propos de leurs applications externes. Il sera largement utilisé dans les colites si nombreuses de nos jours.

De même pour leur pouvoir *détoxicant* qui sera mis à profit quotidiennement pour lutter contre la multitude des intoxications (alimentaires et médicamenteuses) qui assaillent en permanence le genre humain.

Nous avons vu, à propos des brûlures et des plaies infectées ou gangréneuses, que les essences aromatiques aboutissaient à la neutralisation locale des toxines microbiennes et des déchets tissulaires, empêchant ainsi l'absorption, par l'organisme, de produits dangereux. Administrées par voie interne, les essences possèdent ce même pouvoir antitoxique.

L'ail, l'oignon, l'anis, le citron, le genévrier, le thym, sont *antifermentaires*. On se gardera d'oublier la participation majeure des infections intestinales dans l'éclosion de la plupart des maladies, la cancérose comprise. L'ingestion journalière d'aromates est un garant du bon équilibre et du bon fonctionnement de l'intestin. Les malades qui se soignent par les plantes et les essences aromatiques, ceux qui utilisent couramment les aromates dans leur alimentation reconnaissent tous que leurs selles sont désodorisées. La putréfaction, si dangereuse au long cours, leur est inconnue. Un jour de jeûne et l'ingestion, pendant 24 ou 48 heures, d'huiles essentielles entraînent une telle désinfection organique et intestinale que les selles prennent une odeur aromatique.

De nombreuses essences sont *vermifuges*. Sans les citer toutes, il faut mentionner l'ail, la camomille, le citron, le thym, l'oignon, le chenopode, le bergamotier, le carvi, la cannelle, le géraniol.

La sauge, le cyprès, la verveine ont des propriétés *hormonales*. L'essence de cyprès est un homologue de l'hormone ovarienne. Les essences ont une action régulatrice des glandes endocrines. Elles agissent, non pas en se substituant aux glandes déficientes, mais en les dynamisant, en les «relançant». Il s'agit donc d'une thérapeutique d'excitation physiologique ce qui donne aux essences aromatiques, dans ce domaine, un intérêt primordial. Les propriétés de l'oignon dans les équilibres glandulaires et l'obésité sont bien connues.

Parmi les essences régularisant et favorisant les *règles*, il faut noter la rue, la valériane, l'armoise, le basilic, la cannelle, le cumin, la lavande, la mélisse, la menthe, la sabine, la sclarée, le thym, etc.

Abaissent la tension artérielle l'essence de lavande, l'essence d'aspic (par action périphérique, en abaissant la tension superficielle du sang), l'essence de marjolaine, par un mécanisme central. Les vertus hypotensives de l'ail sont connues.

A l'inverse, *élèvent la tension artérielle*, les essences d'hysope, de romarin, de sauge et de thym, par libération d'adrénaline consécutive à une action directe à l'endroit des surrénales[1].

Augmentent le *volume des seins* et favorisent la *lactation* l'anis, le carvi, le fenouil, la verveine... Sont, à l'inverse, antilaiteux, le persil, la menthe, la sauge.

L'eucalyptus, l'oignon, le géranium ont des vertus *antidiabétiques* qui auront l'occasion d'être souvent mises à profit. Le nombre des diabétiques ne cesse d'augmenter et des travaux américains[2] se sont penchés sur ce phénomène. L'emploi de ces essences dans le diabète doit devenir un réflexe, ainsi que l'utilisation de nombreux autres végétaux : feuilles de noyer, de myrtille, de mûrier noir, d'olivier, l'aigremoine, la bardane, la renouée des oiseaux, le galega, la scrofulaire, etc.

Pour clore cette énumération qui n'aurait en réalité pas lieu d'en finir, signalons les propriétés *diurétiques* puissantes de la racine de fenouil que Dioscoride préconisait à «ceux qui ne peuvent pisser que goutte à goutte » et de certaines essences, parmi lesquelles celles de genévrier et d'oignon.

---

1. Les hypertendus n'utiliseront donc ces plantes qu'avec mesure, mais ils peuvent le faire quand ces plantes sont par ailleurs douées de propriétés utiles. L'expérience a prouvé qu'il n'y avait aucun inconvénient. Une seule explication : la preuve que la plante entière a des propriétés équilibrantes, une notion souvent répétée dans ce livre !

2. *États-Unis - Fréquence du diabète.* Des médecins américains ont mené durant 12 ans une enquête sur le diabète parmi la population d'une petite ville des États-Unis, Oxford (Massachusetts). Les résultats de ce long travail, qui rejoignent ceux des praticiens britanniques, indiquent que le diabète est plus fréquent et plus dangereux qu'on le croyait jusqu'à présent. Les Américains ont relevé un taux de fréquence de 1,7 %, alors que le pourcentage généralement admis variait entre 0,1 et 0,4 %.

Un ministre voulut un jour s'assurer que ce que l'on racontait sur les vertus diurétiques de l'oignon n'était pas empreint d'exagération. Il fit une macération alcoolique de suc d'oignon et l'absorba. C'était une époque importante pour les travaux parlementaires. Il dut interrompre plusieurs fois sa séance de travail pour répondre aux sollicitations impérieuses de sa vessie.

Des propriétés diurétiques de certaines essences, il est possible de rapprocher leurs vertus *antirhumatismales* également rencontrées chez nombre d'autres végétaux. Leur pouvoir éliminateur de l'acide urique sera utilement mis à profit par de très nombreux malades.

Mode d'action

En face de telles propriétés, de nombreux auteurs ont, depuis longtemps, cherché à découvrir *le mode d'action* des essences aromatiques.

De nombreuses théories avancées pour expliquer l'action des plantes et de leurs essences, je retiendrai un certain nombre.

D'abord, la *théorie de Filatov* des «stimulations biogènes», laquelle repose sur la notion fondamentale suivante : un tissu vivant (humain, animal ou végétal) séparé de son organisme et conservé dans des conditions de *souffrance* (froid, dessiccation, *distillation*...) produit — dans le cadre de sa lutte pour la vie — des substances de résistance : les bio ou phytostimulines. Ces stimulines, introduites dans un organisme déficient, activeront les processus vitaux défaillants, renforceront le métabolisme[1]

---

1. Ensemble des transformations chimiques et biologiques qui s'accomplissent dans l'organisme et qui constituent l'acte de la nutrition.

cellulaire, améliorant ainsi les diverses fonctions physiologiques.

Ces stimulines, tout à la fois, luttent contre l'infection et renforcent les propriétés de régénération tissulaire.

Selon une optique différente, les essences aromatiques ont été comparées à des *hormones* végétales. Nous avons vu que l'essence de cyprès semble être l'homologue de l'hormone ovarienne, que l'essence d'aiguilles de pin et d'autres sont des stimulants de la cortico-surrénale...

Dans une étude poussée, Perner et Zenife (1959) ont montré l'action sur le cycle féminin d'un certain nombre de végétaux[1].

Différents travaux donnent, par ailleurs, tout lieu de penser que les essences seraient susceptibles d'agir en modifiant le *champ électromagnétique* des sujets.

Pour d'autres auteurs, les extraits de plantes agiraient par l'effet de *vibrations sur le système vago-sympathique*. Cette théorie se trouve, d'ailleurs, de plus en plus invoquée dans les phénomènes relatifs à la biologie, au maintien ou au rétablissement de la santé et les travaux de Ch. Laville, de Lakhowsky éclairent cette conception d'un jour particulier (voir au chap. *Annexes : La Négativation électrique*).

De son côté, la méthode « bioélectronique » de L.-Cl. Vincent vise à une approche particulière pour une meilleure connaissance du milieu biologique. Ainsi doit-elle permettre une meilleure utilisation des médicaments en fonction de leur pH, de leur rH_2 et de leur résistivité par rapport aux valeurs de ces trois composantes chez les individus. Bénéficiant d'un « bioélectronimètre » de Vincent dans mon

1. Perner-Zenife : Les phyto-hormones et l'activité œstrogène de certains végétaux. (Revue pharmaceutique tchécoslovaque, 1959).

service du ministère des Armées en 1954 et suivantes, je pus me livrer à un certain nombre d'expérimentations relatives aux huiles essentielles et à diverses solutions végétales. Ces études, poursuivies avec Claude Reddet, ancien interne des Hôpitaux de Paris (pharmacie) nous conduisirent à publier nos constatations d'alors[1].

Il n'est pas question de développer ici des notions physico-chimiques complexes. Voici quelques indications élémentaires.

Le *pH* représente, par un chiffre, l'*acidité* ou l'*alcalinité* d'une solution. Il varie de 0 à 14,14. Plus le pH est faible, plus la solution étudiée est acide. L'eau pure est à 7,07. Les vitamines ont une réaction acide inférieure à 6 ou à 5. Les fruits, les jus de fruits à pH bas sont des sources de vitamines et des milieux stériles. La fermentation du vin s'effectue en milieu acide. De même celle du lait transformé en yaourt, puissant désinfectant intestinal. A l'inverse, l'œuf pourri, la viande putréfiée accusent une réaction alcaline.

Voilà pourquoi on conserve les cornichons dans le vinaigre, acide, et non dans l'eau de Vichy, alcaline.

Le *facteur rH₂* définit la charge en électrons d'un pH donné. Pour un même pH, il y a une infinité de valeurs rH₂. Il définit le *pouvoir d'oxydo-réduction*, c'est-à-dire un équilibre entre les phénomènes d'oxydation et de réduction, variable selon les circonstances. L'échelle rH₂ varie de 0 à 42. Les valeurs rH₂ sont extrêmement faibles. Un rh₂ de 28 (équilibre entre les pressions d'oxygène ou d'hydrogène) repré-

---

1. Dr Jean Valnet et Claude Reddet : «Contribution à l'application pratique d'une nouvelle conception du terrain biologique» (A.M.I.F., avril-mai 1961).

Voir aussi les nombreux travaux de L. Claude Vincent, promoteur de la bioélectronique (voir à Annexes : Bioélectronique et aromathérapie).

sente théoriquement une pression d'oxygène ou d'hydrogène de un dix milliardième de milliardième de milliardième d'atmosphère.

Quant à la *résistivité*, c'est la propriété d'une solution à s'opposer à la transmission de la chaleur ou de l'électricité. Plus une solution est pure, plus elle s'oppose à la transmission électrique. La valeur de la résistivité sanguine est en moyenne de 190 ohms/cm/cm^2 pour l'homme, 220-230 pour la femme.

D'une manière générale, les *essences naturelles ont un pH acide* et surtout une *résistivité très importante*. La résistivité de l'essence de girofle est de 4 000 (20 fois celle du sang humain), celle du thym de 3 300, celle de l'essence de lavande de 2 800, celle de l'essence de menthe 3 000. Un mélange d'essences dont nous avons vu plus haut les propriétés bactéricides marquées par nébulisation dans l'atmosphère, a une résistivité de 17 000 (la résistivité du mélange est ainsi beaucoup plus forte que celle de chacune des essences le composant). Son pH est très acide, à 4,6.

Or, l'alcalinité favorise la *pullulation microbienne* et l'*acidité* s'y oppose. On comprend dès lors les propriétés bactéricides des essences naturelles.

La haute résistivité des essences *s'oppose également à la diffusion de l'infection et des toxines*.

Le rH$_2$, potentiel d'oxydo-réduction, a des chiffres variables selon les essences, qui activent les oxydations ou les réduisent selon les cas.

Selon L.-Cl. Vincent, la cancérose s'accompagne d'un pH *alcalin*, d'un rH$_2$ *élevé* (au-dessus de 25-26) et d'une résistivité *abaissée* (en dessous de 170, jusqu'à 110-100, phase d'irréversibilité). Or, l'essence de girofle qui a un pH *acide* (6,7), un rH$_2$ *bas* (16,5) la rendant *réductrice*, et une résistivité très élevée (4 000), se trouve avoir des composants électroniques *opposés au cancer* et aux maladies à virus.

Les affections microbiennes correspondent, en gros, à un état *alcalin*, avec rH_2 *assez faible* et une résistivité également *faible*. La menthe, puissant *oxydant*, voit ainsi ses propriétés antimicrobiennes expliquées.

Mais comme souvent, la pratique n'apparaît pas toujours aussi simple que la théorie. «On ne doit enfermer, disait Charles Nicolle, aucune méthode biologique dans une formule. Tôt ou tard, les faits la brisent.» Mais la bioélectronique répond à d'importantes réalités et la poursuite de son étude est certainement parmi les objectifs majeurs. Outre les innombrables travaux de Louis-Claude Vincent, le lecteur pourra consulter avec profit l'excellent ouvrage de Pierre Bressy : «*La bioélectronique et les mystères de la vie*» (Le Courrier du Livre).

Dans «Biodynamique et radiations» (ouvrage depuis longtemps épuisé), le Pr Jules Regnault a rappelé les travaux de Charles Henry à la Sorbonne (Labor. de physiologie des sensations). Ch. Henry écrivait que l'on «peut calculer la saveur et l'odeur d'un corps dont on connaît le spectre d'absorption infrarouge».

Pour Ramsay, la qualité des odeurs s'expliquerait par les harmoniques vibratoires accompagnant les vibrations fondamentales du corps odorant.

C'est très vraisemblable : qui n'est pas attiré par telle ou telle senteur alors qu'il souffre de certains parfums, même parmi les plus chers du marché, lui coûtant encore plus cher en nausées, maux de tête, crises hépatiques, réactions cutanées, œdème de Quincke...

Pour s'attirer la sympathie de certaines personnes, des hommes ou des femmes versent quelques gouttes d'essence de Verveine des Indes dans leur paume avant de serrer les mains. Je n'ai pas encore essayé et je m'en repens.

Le Dr Heynix a calculé les longueurs d'onde de

certains parfums, poursuit J. Regnault. Il en est résulté diverses classifications. Les odeurs qui, même naturelles, peuvent entraîner des réactions curieuses par le fait d'idio-syncrasies (susceptibilités physiologiques particulières) ou de réflexes conditionnels.

On sait que le datura, la rose, la tubéreuse, la violette,... peuvent casser la voix. Ces végétaux sont redoutés dans les conservatoires.

Le chèvrefeuille, la belle de nuit peuvent provoquer des troubles nerveux ou respiratoires.

Il y a quelques années, le Pr Guillot est revenu sur ces notions depuis longtemps connues. Il concluait que «la thérapeutique peut tirer le plus grand bénéfice des parfums». Ainsi rejoignait-il Montaigne, mais il convient de rappeler une fois de plus que le *naturel* est loin d'être toujours anodin.

Pour conclure, les essences s'utilisent par voie externe ou interne.

Par *voie externe*, on les emploie diluées, soit en émulsion savonneuse ou aqueuse, soit en solution alcoolique, soit sous forme de pommades, de crèmes, de gels, de liniments ou encore en *bains* (généraux ou locaux). On utilise aussi fréquemment leurs possibilités sous forme de lavements à conserver, en injections vaginales, en inhalations ou aérosols, enfin sous forme de piqûres.

Depuis plus de vingt ans, cherchant sans cesse à mettre au point les formules me paraissant les meilleures, je me suis livré à une large expérimentation de certains complexes d'essences aromatiques naturelles et totales émulsionnées, utilisées dans des bains généraux ou en ablutions.

Le mélange destiné aux adultes contenait notamment les essences de cyprès, lavande, romarin, sauge et thym. Le mélange pour enfants : les essences de lavande, origan, romarin, sarriette et thym. Pour les personnes âgées : les essences de genièvre, géranium, lavande, serpolet et thym.

Leurs effets tonifiants ou calmants, décongestifs et rééquilibrants sont accusés par les utilisateurs, parfois en quelques bains ou en quelques ablutions. La connaissance des constituants des essences fait comprendre que de nombreux cas d'obésité, de cellulite et d'arthroses, de troubles circulatoires, de faiblesse musculaire, d'insomnies et de nervosité relèvent, dans le cadre d'un traitement général, de bains aromatiques.

La *haute diffusibilité* des essences aromatiques en fait — comme on l'a vu plus haut — des vecteurs, c'est-à-dire des agents de pénétration. A ce titre, elles sont incorporées depuis longtemps dans des crèmes, baumes et lotions, pour permettre la diffusion, à travers l'organisme, des principes actifs de ces produits. L'action des *bains d'algues* ne pouvait donc, à son tour, qu'être renforcée et complétée par l'adjonction de certaines essences, par ailleurs *complémentaires* en tant qu'hormones végétales. La pratique a effectivement confirmé ce point de vue, et divers complexes aromatiques sont désormais utilisés, en association avec les algues marines, pour «dynamiser» les effets depuis longtemps connus des bains d'algues. Leurs résultats ne se sont pas démentis depuis plus de vingt ans, exactement depuis 1964, date de la mise au point de mes premiers travaux en la matière et la création, dès cette époque, des bains «*Alg-Essences*» (voir au chapitre *Annexes : Les Bains aromatiques,* p. 469, et *Les Bains d'algues*, p. 476).

Par *voie interne*, on prescrit les huiles essentielles sous formes de perles ou en gouttes, le plus souvent en solutions alcooliques. On les utilise soit d'une seule espèce, soit associées à d'autres essences. Selon les cas, on administre 5 à 10 gouttes par jour de l'essence diluée dans du miel, avant ou au milieu des repas, ou 20 à 30 gouttes, 3 ou 4 fois par jour, d'une solution alcoolique diluée dans un demi-verre d'eau tiède (cf. chap. VII).

La mode aidant, certains jeunes médecins, qui furent de près ou de loin pour la plupart de mes élèves, ont cru bon de prescrire les essences en gélules. On pouvait y voir une plus grande facilité d'emploi... au demeurant très chère pour le contribuable. Malheureusement, ces gélules provoquent très souvent des aigreurs d'estomac et, de ce fait, doivent être déconseillées.

Les mêmes, et ceux qui les singent, ont cru aussi faire preuve d'originalité comme d'un esprit hautement scientifique en remplaçant l'excipient alcoolique par l'élixir de papaïne ou une huile de pépins de raisin par exemple ! On voudra bien m'expliquer l'avantage, sur la santé, de 30 gouttes de ces produits 3 fois par jour. Ils ont d'ailleurs encore d'autant moins d'effets que, devant leur aspect écœurant, les patients préfèrent les jeter à la poubelle.

Leurs propriétés étant très *puissantes*, il est nécessaire d'utiliser les essences en solutions *très diluées*. La charge polarimétrique d'une solution d'huiles essentielles est inversement proportionnelle à sa teneur en essence, c'est-à-dire que l'on obtient, dans certains cas, des résultats d'autant plus probants que le produit est plus dilué sans qu'on puisse parler ici d'homéopathie.

Certaines essences doivent être utilisées avec précaution. Ce sont les essences qui contiennent des cétones, car elles peuvent être *épileptisantes* à certaines doses et pour les sujets *prédisposés*. Les essences de romarin[1], fenouil, hysope, absinthe, sauge présentent cet inconvénient. Celles d'anis, de bardane, de mélisse, de menthe, d'origan sont,

---

1. Expérimentalement, les essences de fenouil et de romarin rendent les animaux craintifs, alors que les essences d'absinthe, hysope et sauge les rendent agressifs.

pour Cadéac et Meunier, susceptibles d'être stupéfiantes dans certaines conditions tenant surtout à
leur emploi exagéré.

Ceci dit, les «scientistes» à outrance, niant les
faits qui passaient et passent touours devant leurs
yeux — ce contre quoi de nombreux savants se sont
de tout temps insurgés car l'attitude est à l'opposé
de l'esprit scientifique — ont dénié à l'aromathérapie
le droit d'être une science *précise*. Prototype du
procès d'intention quand les idées divergent sur la
quantité de vitamine D_2 à donner aux nourrissons
dans la prévention du rachitisme : pour certains
auteurs 400 unités internationales par jour, pour
d'autres 1 000 à 1 500. En ce qui concerne les
comprimés chimiothérapiques de synthèse, il est
constant de lire : de 2 à 6 (ou 8) comprimés par jour
«selon prescription médicale», formule logique et
de couverture. En aromathérapie, les écarts ne
pourraient sans dommages s'accorder semblables
fantaisies.

Enfin, il me faut insister une fois de plus — car
la question m'a été et m'est toujours souvent
posée — sur la fréquence des *falsifications* des
essences naturelles. Ce n'est pas d'aujourd'hui que
la méthode existe car, bien sûr, le profit a toujours
été l'un des mobiles principaux des activités
humaines. Mais de nos jours où le fric seul semble
compter, les falsifications sont devenues monnaie
courante.

Qui ne s'étonnerait de voir proposer sous le même
label d'essence «*naturelle*» une essence de thym à
170 F le kilo alors qu'on peut en trouver à 15 ou 20 ?
Ainsi, deux explications possibles : ou bien le
premier commerçant est un escroc, ou bien il ne
s'agit pas de la même qualité. En réalité, il existe
aujourd'hui comme dans le passé des détaillants de
peu de foi. Mais le plus souvent, les marges béné-
ficiaires étant à peu près les mêmes pour tous les

grossistes, l'essence de thym à 170 F pourra être naturelle alors que l'autre sera fatalement falsifiée à 90 %. (Les chiffres donnés datent d'une dizaine d'années. Ils ont considérablement augmenté depuis, ce qui ne change rien au niveau du raisonnement.)

L'essentiel est par conséquent, avant tout, de connaître *l'origine* des essences vendues en *gros*.

En thérapeutique, le médecin ne peut se payer le luxe de prescrire des essences falsifiées : il pourrait en résulter de plus ou moins grands dommages pour ses patients. L'usager qui se procurera de lui-même les essences de son choix fera bien de s'assurer de la qualité donc de l'origine. Combien de malades (ou de ceux qui entendent se soigner à bon droit préventivement) me signalent leurs nausées, leurs aigreurs d'estomac à la suite de l'ingestion d'essences aromatiques achetées en magasins de régime ou même en pharmacie sous n'importe quelle marque, même s'il s'agit d'un établissement honorablement connu par ailleurs pour certaines de ses productions diététiques !...

Lors d'une de mes récentes enquêtes, j'ai appris que certains laboratoires pharmaceutiques utilisant des essences depuis de nombreuses années se souciaient peu de la qualité, exigeaient toujours dans leur commande «les plus bas prix». Dernièrement, le directeur commercial d'un de ces laboratoires employant des quantités considérables d'essence de thym, précisément, depuis de longues années et la payant de tout temps aux prix minimes, a eu la naïveté de demander au fournisseur que pour ce prix, on veuille bien lui certifier qu'il s'agissait d'une essence pure et naturelle. Naïveté, roublardise, défaut de conscience, opportunisme ? De quoi, de toute manière, rester rêveur[1].

---

1. «Tous les patrons de laboratoires sont obligés d'être malhonnêtes» a dit au *Monde* (16.4.75) un fabricant de médicaments. Merci pour les malades.

Dans « *Plantes Médicinales et Phytothérapie* » (Publication réservée aux professionnels : Président Pr R. Paris), une étude a paru en avril 1973 sur les falsifications de la sarriette des jardins *(Satureia hortensis L.)*. Sur dix lots prélevés dans le commerce, *deux seulement* étaient composés de la plante à peu près pure. Les substitutions ou falsifications les plus fréquentes étaient d'autres variétés de sarriette ou le thym du Maroc.

Avant de revendre les essences étrangères reçues directement, certains grands établissements les vérifient selon les normes analytiques les plus modernes. *Très peu d'essences sont pures et naturelles.* Lorsque la falsification est «acceptable», ces produits sont retenus. En cas d'exagération, ils sont retournés à l'envoyeur.

C'est la raison pour laquelle, à la demande de nombreux revendeurs et utilisateurs, j'ai accepté de sélectionner les essences dont je pouvais être certain de la qualité (en l'état actuel du marché) et d'en autoriser la mention sur les flacons.

Ces huiles essentielles proviennent de distillateurs présentant toutes garanties, ou de grandes firmes connues pour leur sérieux. Chaque lot est livré assorti des fiches techniques complètes indispensables, ce qui ne dispense évidemment pas le laboratoire à qui j'ai confié la diffusion de ces essences d'effectuer lui-même ses propres contrôles.

Par ailleurs, irrités par un certain nombre de critiques peu amènes — dont beaucoup ne sont pas sans fondement — les pharmaciens ne clament-ils pas qu'ils ne sont pas «des commerçants comme les autres» et qu'ils se refusent à être assimilés à de simples épiciers? Il est de fait que leur position est tout autre que celle des marchands de primeurs car le client, dans ce dernier cas, peut choisir sa boutique alors qu'il est obligé de passer par le potard. Cet insigne avantage impose des devoirs aux pharmaciens : si l'épicier n'est pas tenu d'apporter la preuve que ses nouilles sont bien aux œufs frais (qui ont six mois lorsque les paquets ont été oubliés dans une remise), le pharmacien *doit*, sous peine de faillir à sa mission, contrôler lui-même à son tour la qualité des produits végétaux qu'il reçoit en vrac en vue de leur vente au détail ou aux fins de prescriptions magistrales (les formules «sur mesure» confectionnées en officine selon l'ordonnance du médecin).

Dans un récent communiqué paru dans «*Le Pharmacien*» (juillet 1983), l'Ordre des pharmaciens a rappelé tout d'abord qu'il est «souhaitable que le pharmacien d'officine puisse disposer, par un canal garantissant la qualité pharmaceutique de la matière première, des produits qu'il est appelé à mettre en œuvre pour effectuer une prescription magistrale»...

«Lorsque l'emploi du produit comporte des particularités, poursuit le communiqué, celui qui le délivre au détail aux pharmaciens devra préciser les conditions de conservation et d'emploi, les incompatibilités majeures, ainsi que les contre-indications principales»...

Et si «*la responsabilité d'emploi est partagée entre le prescripteur et le pharmacien*, qui exécute la prescription, sauf en ce qui concerne la conformité de la matière aux normes, *il appartient au pharmacien d'officine de vérifier* que les matières premières dont il envisage l'utilisation dans les préparations magistrales répondent bien aux exigences de la Pharmacopée ou à des normes précises de contrôle et d'utilisation thérapeutiques, quelles que soient leur origine et la nature de l'établissement fournisseur.

«*En cas d'accident provoqué par l'utilisation des produits dont le contrôle n'aurait pas été de façon suffisamment stricte, la responsabilité pénale et disciplinaire du pharmacien reste pleine et entière.*»

Le propos est net, précis et sans ambiguïté, les passages soulignés l'ont été par mes soins.

4

A. - Les essences classées par propriétés principales

AMAIGRISSANTS — citron - oignon.

ANTALGIQUES — ail - camomille - genévrier - géranium - girofle - lavande - marjolaine - menthe - niaouli - noix de muscade - oignon - origans - romarin - sassafras - sauge - térébenthine.

ANTIANÉMIQUES — ail - camomille - citron - thym.

ANTIARTHRITIQUES — ail - citron.

ANTICANCERS — ail - cyprès - estragon - géranium - girofle - hysope - oignon - sauge - thuya.

ANTIDIABÉTIQUES — eucalyptus - genévrier - géranium - oignon.

ANTIDIARRHÉIQUES — ail - camomille - cannelle - citron - genévrier - géranium - gingembre - girofle - lavande - menthe - noix de muscade - oignon - oranger amer - romarin - santal - sarriette - sauge - thymol.

ANTIDYSENTÉRIQUES — ail - cajeput - citron - niaouli - thym.

ANTIÉPIDÉMIQUES — (voir anti-infectieux).

ANTIGOUTTEUX — ail - basilic - cajeput - camomille - citron - fenouil - genévrier - pin - romarin

- sassafras - essence de térébenthine - thym.

ANTIGRIPPE — ail - bornéol - camomille - cannelle - citron - cyprès - eucalyptus - hysope - lavande - menthe - niaouli - oignon - pin - romarin - sauge - thym.

ANTI-INFECTIEUX — toutes à des degrés divers.

ANTILAITEUX — menthe - sauge.

ANTILITHIASIQUES BILIAIRES — citron - macias - noix de muscade - oignon - pin - romarin - essence de térébenthine.

ANTILITHIASIQUES URINAIRES — ail - citron - fenouil - genévrier - géranium - hysope - essence de térébenthine.

ANTIMIGRAINEUX — citron - lavande - mélisse.

ANTINÉVRALGIQUES — (voir antalgiques).

ANTIOPHTALMIQUES — camomille.

ANTIPARASITAIRES — (voir parasiticides).

ANTIPRURIGINEUX — camomille - citron - menthe - thym.

ANTIRACHITIQUES — oignon - pin - sauge.

ANTIRHUMATISMAUX — ail - cajeput - camomille - citron - cyprès - estragon - eucalyptus - genévrier - hysope - lavande - niaouli - oignon - origans - pin - romarin - sassafras - sauge - térébenthine - thym.

ANTISCLÉREUX — ail - citron - oignon.

ANTISCORBUTIQUES — citron - gingembre - oignon.

ANTISEPTIQUES GÉNÉRAUX — ail - basilic - bergamotier - bornéol - cajeput - camomille - cannelle - citron - estragon - eucalyptus - genévrier - géranium - gingembre - girofle - lavande - menthe - niaouli - oignon - pin - romarin - sarriette - sauge - térébenthine - thym - verveine des Indes - ylang-ylang.

ANTISEPTIQUES HÉPATIQUES — pin.

ANTISEPTIQUES INTESTINAUX — ail - basilic - bergamotier - cajeput - cannelle - citron - estragon -

genévrier - géranium - gingembre - girofle - lavande - menthe - niaouli - oignon - sarriette - thym.

ANTISEPTIQUES PULMONAIRES — ail - cajeput - citron - eucalyptus - genévrier - lavande - niaouli - oignon - origan - pin - romarin - santal - térébenthine - thym.

ANTISEPTIQUES URINAIRES — cajeput - citron - eucalyptus - genévrier - lavande - niaouli - oignon - pin - santal - sauge - térébenthine - thym.

ANTISPASMODIQUES — ail - anis vert - basilic - bergamotier - cajeput - camomille - cannelle - carvi - citron - cyprès - estragon - fenouil - girofle - hysope - lavande - marjolaine - menthe - mélisse - noix de muscade - oignon - origans - sarriette - romarin - sauge - térébenthine - thym - verveine odorante.

ANTISUDORAL — sauge.

ANTITOXIQUE — citron.

ANTIVÉNÉNEUX — citron - lavande - sauge.

APÉRITIFS — ail - camomille - carvi - estragon - fenouil - gingembre - origan - sauge - thym.

APHRODISIAQUES — anis vert - cannelle - genévrier - gingembre - girofle - menthe - oignon - pin - romarin - santal - sarriette - thym - verveine des Indes - ylang-ylang.

ASTRINGENTS — cyprès - géranium - sauge.

BACTÉRICIDES — ail - camomille - citron - lavande.

BACTÉRIOSTATIQUES — ail - camomille.

BALSAMIQUES — niaouli - pin - térébenthine - thym.

BÉCHIQUES — hysope - romarin.

CALMANTS — ail - anis - basilic - bergamotier - cajeput - camomille - lavande - marjolaine - mélisse - sauge - verveine odorante.

CARMINATIFS — ail - anis vert - carvi - citron - coriandre - estragon - fenouil - gingembre - girofle - marjolaine - menthe - muscade - origans - romarin - sarriette - sassafras - thym.

CHOLAGOGUES — camomille - lavande - romarin.

CICATRISANTS — ail - cajeput - camomille - eucalyptus - genévrier - géranium - girofle - hysope - lavande - lavandin - niaouli - oignon - romarin - sauge - sarriette - essence de térébenthine - thym.

CORICIDE — ail.

DÉPURATIFS — citron - genévrier - sauge.

DIURÉTIQUES — ail - anis vert - carvi - citron - cyprès - fenouil - genévrier - lavande - oignon - romarin - sassafras - sauge - térébenthine - thym.

EMMÉNAGOGUES — basilic - camomille - cannelle - carvi - estragon - genévrier - hysope - lavande - menthe - origans - romarin - sauge - thym.

EXPECTORANTS — fenouil - marjolaine - oignon - origan - sarriette - thym.

FÉBRIFUGES — ail - camomille - citron - eucalyptus - gingembre.

FLUIDIFIANT SANGUIN — citron.

GALACTOGOGUES — anis vert - carvi - fenouil - verveine indienne.

HÉMOSTATIQUES — cannelle - citron - cyprès - genévrier - géranium - térébenthine - terpine.

HYPERTENSEURS — hysope - romarin - sauge - thym.

HYPNOTIQUES — basilic - camomille - lavande - marjolaine - oranger amer.

HYPOTENSEURS — ail - citron - lavande - marjolaine - ylang-ylang.

PARASITICIDES — ail - cannelle - carvi - citron - eucalyptus - genévrier - géranium - girofle - lavande - menthe - origans - romarin - térébenthine - thym - verveine indienne.

RAFRAICHISSANT — citron.

RÉÉQUILIBRANTS GÉNÉRAUX ET NERVEUX — basilic - cyprès - lavande - marjolaine - romarin.

RÉÉQUILIBRANTS GLANDULAIRES — ail - oignon.

REMINÉRALISANT — citron.

RÉSOLUTIFS — ail - hysope - oignon - romarin - sarriette.

RÉVULSIF — térébenthine.

SÉDATIFS — camomille - citron - lavande - marjolaine - mélisse - thym - verveine odorante.

STIMULANTS (favorisant la leucocytose) — camomille - citron - thym.

STIMULANT BULBAIRE — hysope.

STIMULANTS CARDIAQUES — ail - anis vert - bornéol -
cannelle - carvi - citron - lavande - romarin.

STIMULANTS CÉRÉBRAUX (stimulants intellectuels et
de la mémoire) — basilic - girofle - noix de
muscade - oignon - romarin - sarriette - thym.

STIMULANTS CIRCULATOIRES — ail - cannelle - carvi -
noix de muscade - thym.

STIMULANTS DES CORTICO-SURRÉNALES — basilic -
bornéol - géranium - pin - romarin - sarriette - sauge.

STIMULANTS DIGESTIFS — ail - anis vert - camomille -
carvi - estragon - fenouil - genévrier - verveine
indienne.

STIMULANT GASTRIQUE — bergamotier - faux origan.

STIMULANTS GÉNÉRAUX — ail - anis vert - camomille
citron - coriandre - estragon - eucalyptus - fenouil
- genévrier - géranium - girofle - lavande - menthe
- noix de muscade - oignon - romarin - sassafras -
sauge - thym.

STIMULANTS HÉPATIQUES — citron - oignon.

STIMULANT PANCRÉATIQUE — citron.

STIMULANT RÉNAL — oignon.

STIMULANTS RESPIRATOIRES — ail - anis vert -
cannelle.

STIMULANTS DU SYSTÈME NERVEUX — basilic - citron -
fenouil - genévrier - menthe - oignon - romarin -
sauge - thym.

STOMACHIQUES — ail - anis vert - basilic - cannelle -
carvi - coriandre - estragon - genévrier - gingembre - girofle - hysope - marjolaine - menthe -
mélisse - muscade - oignon - origans - romarin -
sarriette - sauge - thym - verveine odorante.

SUDORIFIQUES — camomille - cyprès - genévrier -
lavande - romarin - sassafras - thym.

TONIQUES — (voir stimulants).

TONIQUE DU SYMPATHIQUE — citron.

TONIQUE UTÉRIN — girofle.

TONIQUES VEINEUX — citron - cyprès.

VASOCONSTRICTEUR — cyprès.

VASODILATATEURS — ail - marjolaine.

VERMIFUGES — ail - bergamotier - cajeput - camomille - cannelle - carvi - chénopode anthelminthique - citron - estragon - eucalyptus - fenouil - girofle - hysope - lavande - menthe - niaouli - oignon - santoline - sarriette - térébenthine - thym.

VULNÉRAIRES — ail - camomille - marjolaine.

B. - Principales indications

(Les mots en italique attirent l'attention sur les indications paraissant les plus importantes.)

Ail :

prophylaxie et traitement des *maladies infectieuses (épidémies grippales, typhoïde, diphtérie...).*

asthme et *emphysème* (modificateur des sécrétions bronchiques).

affections pulmonaires : bronchites, *tuberculose,* gangrène pulmonaire, *coqueluche,* rhumes, grippe.

hypertension artérielle.

artériosclérose, sénescence.

rhumatisme, arthritisme, goutte.

lithiase urinaire.

blennorragie.

infections intestinales, diarrhées, dysenteries.

parasites intestinaux (ascaris, oxyures, tænia).

prévention du cancer (par son action antiputride intestinale ?).

en usage externe : tumeurs froides, plaies, ulcères, cors, verrues, piqûres d'insectes, gale, teigne, surdité, douleurs de l'oreille.

Anis vert :

aérophagie, ballonnements, dyspepsies nerveuses, vomissements nerveux.

migraines digestives, vertiges et éblouissements digestifs.
colique des enfants.
fausse angine de poitrine, *palpitations.*
asthme, spasmes bronchiques, toux.
règles douloureuses.
insuffisance lactée.

Basilic :

fatigue nerveuse (surmenage intellectuel).
insomnie nerveuse.
spasmes gastriques et intestinaux, digestions difficiles.
coqueluche, certains vertiges.
migraines.
goutte.
règles insuffisantes.
paralysie, épilepsie (?).
en usage externe : perte de l'odorat du coryza chronique.

Bergamotier :

antiseptique général et antispasmodique.
inappétence.
coliques intestinales.
parasites intestinaux.

Bornéol :

états de dépression et de fatigue (stimulant des cortico-surrénales).
maladies infectieuses, infections diverses.

Cajeput :

entérites, dysenteries.
cystites, urétrites.
affections chroniques respiratoires (bronchites, tuberculose).

laryngites, pharyngites.
spasmes gastriques.
asthme.
vomissements nerveux.
règles douloureuses.
rhumatismes, goutte.
hystérie, épilepsie (?).
parasites intestinaux.
en usage externe : laryngite chronique, névralgies
rhumatismales, plaies, dermatoses (psoriasis,
acné), névralgies dentaires et de l'oreille.

Camomille :

inappétence.
migraines.
névralgies surtout *faciales.*
dentition douloureuse des enfants.
troubles du retour d'âge, vertiges.
insomnies.
digestions difficiles, troubles digestifs des enfants,
entérites.
ulcères d'estomac et intestinaux.
anémie.
dépressions nerveuses, convulsions.
règles douloureuses ou insuffisantes liées à des
troubles nerveux.
douleurs lombaires et maux de tête de la *grippe.*
parasites intestinaux (ascaris, oxyures).
fièvres intermittentes, surtout des sujets nerveux.
en usage externe : conjonctivites, inflammations des
paupières, maladies inflammatoires de la peau,
eczémas, dartres, furoncles, douleurs rhumatismales et goutteuses, plaies diverses.

Cannelle de Ceylan :

asthénies (grippale...).
syncopes.

atonie gastrique, douleurs gastriques, flatulences.
spasmes digestifs, colites spasmodiques.
parasites intestinaux, diarrhées, putréfactions intestinales.
métrorragies (hémorragies utérines survenant en
dehors des règles), règles insuffisantes, pertes
blanches.
crachements de sang.
impuissance, frigidité.
en usage externe : gale, pédiculose.

Carvi :

inappétence.
dyspepsies nerveuses, spasmes gastriques, indigestions.
météorisme (fermentations), *aérophagie.*
éréthisme cardio-vasculaire.
parasites intestinaux.
règles difficiles.
insuffisance lactée.
en usage externe : gale du chien (usage vétérinaire).

Chenopode anthelminthique
ou Ansérine vermifuge :

parasites intestinaux : ankylostomes, ascaris, également oxyures et anguillules - très discrètement,
tænia.
(contre-indiqué en cas de tuberculose, affections
cardiaques et rénales, arthritisme, grossesse).

Chenopode blanc :

rafraîchissant.
sédatif.
antihémorroïdal.

Chenopode ambroisie :

tonique.

stomachique.
affections nerveuses.

Citron :

infections diverses, maladies infectieuses, épidémies
(préventif et curatif).
asthénie, inappétence.
rhumatismes, arthritisme, goutte.
hyperacidité gastrique, ulcères d'estomac.
artériosclérose, hypertension.
varices, phlébites, fragilité capillaire.
pléthore, hyperviscosité sanguine.
ascites.
lithiases urinaire et biliaire.
déminéralisation, croissance, convalescence, tuberculose pulmonaire et osseuse (mal de Pott).
anémie.
scorbut.
ictère, *congestion et insuffisance hépatique.*
digestions pénibles, vomissements.
hémorragies (saignements de nez, hémorragies
gastriques, intestinales, rénales).
diarrhées.
paludisme, états fiévreux.
parasites intestinaux.
également : asthme, bronchite, grippe, hémophilie,
blennorragie, syphilis, sénescence, céphalées.
en usage externe : stomatites, glossites, aphtes.
syphilides buccales.
plaies infectées, putrides.
verrues.
herpès.
teigne, gale.
éruptions diverses, furoncles, dartres.

Coriandre :

aérophagie, flatulences, digestions pénibles.

inappétence.
spasmes intestinaux.

Cyprès :

hémorroïdes, varices.
troubles ovariens (règles douloureuses, métrorragies).
troubles de la ménopause.
coqueluche, toux spasmodiques.
spasmes.
grippe.
énurésie.
rhumatismes.
irritabilité (rééquilibrant général, surtout du système
nerveux).
cancérose (?).

Estragon :

dérèglements neuro-végétatifs (aérophagie, *hoquet).*
digestions lentes, douleurs gastriques.
inappétence.
flatulences, fermentations putrides.
règles difficiles et douloureuses.
parasites intestinaux.
cancérose (?).

Eucalyptus :

affections des *voies respiratoires : bronchites* aiguës
et chroniques, *grippe, tuberculose* pulmonaire,
gangrène pulmonaire, asthme.
affections des voies urinaires; infections diverses,
colibacillose.
diabète.
certaines affections et maladies fébriles : malaria,
typhus, scarlatine (prophylaxie de la scarlatine),
choléra.
rhumatismes, névralgies.

parasites intestinaux : ascaris, oxyures.
migraines.
fatigue générale.
en usage externe : plaies, brûlures (favorise la formation des bourgeons charnus réparateurs).
pédiculose, éloignement des moustiques.

Fenouil :

météorisme.
inappétence.
digestions lentes.
aérophagie.
oligurie, lithiases urinaires, goutte.
règles insuffisantes.
affections pulmonaires.
douleurs gastriques, vomissements nerveux.
insuffisance lactée.
parasites intestinaux.
en usage externe : engorgement des seins, surdité.

Genévrier :

lassitude générale ou organique (digestions lentes).
prophylaxie des maladies contagieuses.
affections des *voies urinaires* (reins, vessie) : blennorragie, cystite.
albuminurie, diminution de la quantité des urines.
goutte.
rhumatisme, arthritisme.
lithiase urinaire.
artériosclérose.
diabète.
hydropisie, cirrhose.
pertes blanches, menstruations difficiles et douloureuses.
fermentations intestinales.
en usage externe : séquelles de *paralysies.*
plaies, ulcères, eczéma suintant, acné.

gale du chien (usage vétérinaire).
désinfection des habitations.

Géranium :

asthénies diverses (déficit des cortico-surrénales).
gastro-entérites, diarrhées.
hémorragies utérines, pulmonaires (décoction de
   feuilles).
stérilité.
jaunisse.
diabète (décoction de feuilles).
lithiase urinaire.
ulcère gastrique.
cancérose (cancer utérin ?).
en usage externe : plaies, brûlures.
engorgement des seins.
angines, inflammations de la bouche et de la langue.
impuissance (?).
ophtalmies.
névralgies faciales.
douleurs gastriques et lombaires.
dartres, eczémas secs.
pédiculose.

Gingembre :

inappétence.
digestions pénibles.
flatulences.
diarrhées.
en usage externe : douleurs rhumatismales.

Girofle :

fatigue générale, baisse de la mémoire.
impuissance (?).
digestions difficiles, fermentations gastriques,
   diarrhées.
affections pulmonaires (tuberculose).

prévention des maladies infectieuses.
parasites intestinaux.
préparation de l'accouchement.
cancérose (?).
en usage externe : névralgies dentaires.
plaies, ulcères.
gale.

Hysope :

asthme, rhume des foins, emphysème.
bronchites chroniques, toux, grippe.
inappétence.
rhumatismes.
douleurs gastriques, coliques.
digestions difficiles.
règles insuffisantes.
leucorrhées.
lithiase urinaire.
parasites intestinaux.
cancérose (?).
en usage externe : dermatose.
plaies, ecchymoses.

Lavande :

irritabilité, spasmes.
*affections des voies respiratoires : asthme, toux
quinteuses* (coqueluche), grippe, bronchite.
fièvres éruptives, maladies infectieuses.
diminution de la quantité des urines.
mélancolie, neurasthénie.
scrofulose (ganglions).
migraines, vertiges, hystérie, épilepsie, *séquelles de
paralysie.*
entérite (diarrhées), indigestions, digestions lentes.
cystites, blennorragie.
règles insuffisantes.
pertes blanches.

parasites intestinaux.
en usage externe : plaies, brûlures.
acné, couperose.
pédiculose, gale.
piqûres d'insectes.
désinfection des habitations et salles publiques.

Marjolaine :

(propriétés comparables à celles de la menthe et
du thym).
fatigue générale.
spasmes digestifs (aérophagie) et respiratoires.
anxiété.
insomnies.
migraines.
tics.
fatigue nerveuse, instabilité psychique.

Mélisse :

migraines (dues à mauvaises digestions).
indigestions.
émotivité.
insomnies d'origine nerveuse.
crises nerveuses.
syncopes, vertiges, bourdonnements d'oreilles.
spasmes (asthme, digestif, cardiaque*).*
vomissements de la grossesse.
troubles de la *mémoire,* mélancolie, règles douloureuses.

Menthe poivrée :

fatigue générale.
atonie digestive, *indigestions,* aérophagie.
douleurs gastriques.
ballonnements, diarrhées, choléra, intoxications
d'origine gastro-intestinale.
spasmes gastriques et coliques.

affections hépatiques.
vomissements nerveux.
palpitations et vertiges.
migraines, tremblements, paralysies.
règles douloureuses et difficiles.
asthme, bronchite chronique.
impuissance (action légère).
parasites intestinaux.
en usage externe : migraine, névralgies dentaires.
gale, éloignement des moustiques.

Niaouli :

bronchites chroniques et fétides, *tuberculose* pulmonaire.
coqueluche.
rhinites, sinusites, otites.
tuberculose osseuse.
infections intestinales (entérites, dysenteries).
infections *urinaires* (cystites).
infections puerpérales (des accouchées).
en usage externe : plaies atones, brûlures, fistules.
affections pulmonaires, laryngites, coqueluche, coryza.

Noix muscade :

diarrhées chroniques.
digestions difficiles.
flatulences.
asthénies.
lithiase biliaire.
en usage externe : douleurs rhumatismales.

Oignon :

fatigue générale, surmenage physique et intellectuel.
croissance.
diminution de la quantité des urines.
rétention de liquide dans l'organisme (œdèmes,

pleurésies, ascites, hydropisie, péricardites).
excès d'urée sanguine.
fermentations intestinales, diarrhées.
infections génito-urinaires.
rhumatismes, arthritisme.
lithiase biliaire.
affections respiratoires (rhumes, bronchites,
asthme).
digestions difficiles.
déséquilibres glandulaires.
obésité.
artériosclérose.
prévention de la sénescence.
prostatisme.
impuissance.
diabète.
lymphatisme, rachitisme.
en usage externe : abcès, furoncles.
piqûres de guêpes et d'insectes.
verrues.
surdité.

Oranger amer ou Bigaradier :

spasmes cardiaques, palpitations.
diarrhées chroniques.
insomnies.

Origan :

inappétence.
digestions lentes.
aérophagie, ballonnements.
bronchites chroniques, toux d'irritation (coqueluche).
tuberculose pulmonaire.
asthme.
rhumatismes aigus ou chroniques, rhumatismes
musculaires.

absence de règles.
en usage externe : douleurs rhumatismales.
pédiculose.

Pin :

toutes les affections des *voies respiratoires* (bronchites, trachéites, asthme, tuberculose...).
affections *urinaires* (pyélites, cystites, prostatites).
infections en général.
lithiase biliaire.
impuissance.
rachitisme.
douleurs gastriques et intestinales.
en usage externe : affections pulmonaires.
bains généraux (rhumatismes, goutte).

Romarin :

asthénies (faiblesse générale).
surmenage physique et intellectuel *(perte de mémoire).*
chlorose, lymphatisme.
asthme, bronchites chroniques, coqueluche.
infections intestinales, colites, diarrhées.
ballonnements.
rhumatismes, goutte.
hépatisme, jaunisse, lithiase biliaire, cirrhoses.
augmentation du cholestérol sanguin.
digestions difficiles, douleurs gastriques.
dysménorrhées (règles douloureuses) et pertes blanches.
migraines.
affections du système nerveux : *apilepsie, séquelles de paralysies,* faiblesse des membres.
troubles cardiaques nerveux.
vertiges, syncopes.
en usage externe : plaies, brûlures.
pédiculose, gale.

bains fortifiants.
rhumatismes.

Santal :

spécifique des infections des voies urinaires : blen-
norragies, cystite, colibacillose.
bronchites chroniques.
diarrhées rebelles.
impuissance (?).

Santoline :

ascaris, oxyures (analogue à la tanaisie et au
semen-contra).
spasmes.
règles insuffisantes.

Sarriette :

digestions pénibles.
fatigue intellectuelle.
impuissance.
douleurs gastriques nerveuses.
fermentations intestinales, ballonnements.
spasmes intestinaux.
diarrhées de toute nature.
parasites intestinaux.
asthme, bronchites.
fatigue oculaire.
en usage externe : plaies, surdité.
(l'une des essences pourvues des plus actives propriétés antibactériennes et antifongiques (champignons). Voir au chapitre qui lui est consacré).

Sassafras :

affections de la peau.
rhumatismes.
syphilis.

troubles de la menstruation.
affections génito-urinaires (chaude-pisse chronique).

Sauge :

(relève les forces de l'organisme tout entier).
asthénies (convalescences...), *neurasthénie.*
dyspepsies, digestions lentes, inappétence.
affections nerveuses : tremblements, vertiges, para-
    lysies.
bronchites chroniques, asthme.
sueurs nocturnes *des tuberculeux* et des conva-
    lescents.
sueurs profuses des mains et des aisselles.
insuffisance de la quantité des urines.
lymphatisme.
hypotension.
règles insuffisantes ou douloureuses, *ménopause.*
stérilité.
fièvres intermittentes.
diarrhées.
pour faire tarir la lactation.
en usage externe : pertes blanches.
aphtes, stomatites, angines, névralgies dentaires.
plaies atones.
piqûres d'insectes (guêpes...).
bains fortifiants.
désinfection des habitations.

Térébenthine :

bronchites chroniques et fétides, *tuberculose pul-
    monaire.*
infections urinaires, cystites, urétrites.
pertes blanches.
hémorragies (intestinales, pulmonaires, utérines,
    épistaxis).
lithiase biliaire.
spasmes (colites, coqueluche).

rhumatismes, goutte, névralgies, sciatique.
migraine.
parasites intestinaux (surtout le tænia).
constipation opiniâtre.
épilepsie.
antidote du phosphore.
en usage externe : affections pulmonaires.
névralgies rhumatismales, de la goutte, sciatique.
gale, pédiculose.

Thuya :

cystites (hypertrophie prostatique, congestions pel-
    viennes).
rhumatismes.
en usage externe : verrues, papillomes, condylomes.
en gargarismes contre les végétations.

Thym :

asthénie physique et psychique, neurasthénie, ané-
    mie (enfants).
chlorose.
asthme.
toux convulsives (coqueluche...).
affections pulmonaires (modificateur des sécrétions,
    antiseptique et antispasmodique).
digestions lentes.
infections intestinales (fermentations) et *urinaires.*
affections dues au refroidissement (*grippe,* rhume
    de cerveau, courbatures, frissons, angines...) :
    l'un des meilleurs remèdes.
maladies infectieuses.
parasites intestinaux (ascaris, oxyures, ankylos-
    tomes, tænia).
favorise, en outre, la circulation et est indiqué
    dans la *suppression* accidentelle des règles.
pertes blanches.
favorise également le *sommeil.*

en usage externe : dermatoses, furoncles, plaies.
irrigations vaginales, aérosols (en association généralement avec d'autres essences).
soins dentaires et buccaux.
rhumatismes.
pédiculose, gale.

Verveine odorante :

troubles de la digestion.
spasmes (digestifs et d'autre nature).
(comparable à la mélisse).

Verveine indienne :

digestions difficiles.
entérite, *colite*.
dérèglement du système sympathique et ses nombreuses conséquences (palpitations, spasmes, vertiges...).
insuffisance lactée.
en usage externe : pédiculose.

Ylang-ylang :

hypertension.
tachycardie (accélération du rythme cardiaque).
infections intestinales.
sécrétions purulentes.
impuissance, frigidité.

5

Étude particulière des essences

Une mise au point

Dans les éditions antérieures de cet ouvrage, j'avais conservé entre autres la pratique ancienne de quelques gouttes d'une essence absorbée sur un morceau de sucre. L'excès de sucre étant préjudiciable, j'ai remplacé ici cet usage par la dilution de l'essence dans une demi ou une cuillerée à café de miel, à faire dissoudre dans un demi-verre d'eau chaude. Méthode de beaucoup préférable pour un emploi habituel, mis à part les formules magistrales que les médecins prescrivent à des fins thérapeutiques à la suite de leurs examen et diagnostic.

Abréviations utilisées dans les pages qui vont suivre :

— H.E. = huile essentielle (synonyme d'essence aromatique).
— T.M. = teinture mère (voir définition : teinture, au chap. XI).
— aa = même quantité de chaque — signification équivalente à :
— P.E. = à parties égales.
— q.s.p. = quantité suffisante pour (un flacon de x millilitres).
— ml = millilitre (la millième partie du litre) remplace : centimètre cube.

— g = gramme.
— gtte = goutte.

Enfin, pour simplifier les calculs, on retiendra que les essences aromatiques font environ 50 gouttes au gramme.

Ail

Allium sativum.

Liliacée

Plante condimentaire connue depuis la plus haute Antiquité. C'était «la thériaque des paysans» de Galien. Les Égyptiens l'élevèrent au rang de divinité. Les ouvriers qui édifièrent les Pyramides recevaient chaque jour une gousse d'ail pour ses vertus tonifiantes et antiseptiques. L'ail fut considéré comme une panacée chez les Hébreux, les Grecs et les Romains.

Croît spontanément en Espagne, Sicile, Égypte, Algérie... Cultivé en France.

Parties utilisées : bulbe en cuisine et dans diverses préparations médicinales, ainsi que son *essence* (peu usitée sous cette forme).

● Principaux constituants connus : glucoside sulfuré, huile *volatile* mélange de sulfure et d'oxyde d'allyle à peu près purs (Wertheim), soufre, iode, silice, fécule... deux principes antibiotiques (allicine et garlicine, L. Binet), allistatines I et II d'action puissante sur le staphylocoque...

● Propriétés :

Usage interne :

— *antiseptique intestinal et pulmonaire* (l'essence s'élimine partiellement par le poumon).
— bactériostatique et bactéricide (usage interne et externe : Torotsev et Filatova).
— *tonique* (comparé au quinquina).
— *stimulant* général *(cardiotonique)* et des organes *digestifs.*
— stimulant circulatoire.

— *hypotenseur* (vaso-dilatateur des artérioles et capillaires d'après Loeper) dans les cas d'hypertension.
— ralentisseur du pouls.
— antispasmodique.
— rééquilibrant glandulaire.
— *antiscléreux* (dissolvant de l'acide urique, fluidifiant sanguin).
— *diurétique*.
— antigoutteux, antiarthritique.
— apéritif.
— *stomachique* (active la digestion des aliments mucilagineux et visqueux).
— carminatif.
— *vermifuge*.
— fébrifuge.
— préventif du cancer (A. Lorand).

Usage externe :

— coricide.
— vulnéraire.
— antiparasitaire.
— antalgique.
— résolutif.
— tonique général.

● INDICATIONS :

Usage interne :

— prophylaxie et traitement des *maladies infectieuses* (épidémies grippales, typhoïde, diphtérie).
— diarrhées, *dysenteries* (Marcovici).
— *affections pulmonaires :* bronchites chroniques, tuberculose, gangrène (Lœper et Lemierre), grippe, rhumes...
— *asthme et emphysème* (modificateur des sécrétions bronchiques).
— coqueluche (H. Leclerc).

— asthénie, faiblesse générale.
— spasmes intestinaux.
— atonie digestive.
— *hypertension artérielle* (Pouillard).
— fatigue cardiaque.
— certaines tachycardies.
— spasmes vasculaires, troubles circulatoires.
— varices, hémorroïdes.
— déséquilibres glandulaires.
— *artériosclérose, sénescence.*
— pléthore, hypercoagulabilité sanguine.
— *rhumatismes, goutte,* arthritisme.
— oligurie.
— œdème des jambes.
— hydropisie.
— *lithiase urinaire.*
— blennorragie.
— manque d'appétit.
— digestions pénibles.
— flatulences.
— *parasites intestinaux (ascaris, oxyures, tœnia).*
— prévention du cancer (par son action antiputride intestinale).

Usage externe :

— cors et verrues, durillons.
— plaies, plaies infectées, ulcères.
— gale, teigne.
— otalgies, névralgies rhumatismales.
— surdité rhumatismale.
— piqûres de guêpe, d'insectes.
— abcès froids, tumeurs blanches, kystes.
— faiblesse générale.

● MODE D'EMPLOI :

Usage interne :

— ail dans la salade et l'alimentation d'une

manière habituelle (de préférence *cru*).

— une ou deux gousses d'ail chaque matin (goutte, santé générale) et d'une manière habituelle, chaque jour aux repas.

— système recommandable : le soir, hacher 2 gousses avec quelques branches de persil et ajouter quelques gouttes d'huile d'olive. Le lendemain matin, en faire une tartine pour le petit déjeuner.

— *teinture* d'ail au 1/50 : X à XV gouttes, 2 fois par jour (XXX gouttes maximum par jour), par cures discontinues de quelques jours.

— *alcoolature de bulbe frais :* XX à XXX gouttes, 2 fois par jour (bronchite chronique, emphysème, coqueluche, hypertension).

— *contre les parasites intestinaux :* 3 à 4 *gousses* râpées dans une tasse d'eau bouillante ou du lait. Laisser macérer toute la nuit. Boire le lendemain matin à jeun, pendant 3 semaines.

— ou encore : 25 g en décoction pendant 20 minutes dans un verre d'eau ou de lait. Deux verres par jour pendant 3-4 jours, à la lune descendante. Renouveler chaque mois.

— *contre le tœnia :* râper les gousses d'une grosse tête d'ail. Faire bouillir 20 minutes dans du lait. Boire chaque matin à jeun jusqu'à expulsion du ver (ne rien manger avant midi).

— suc d'ail : 20 g dans 200 g de lait tiède, à jeun *(vermifuge)*.

— *sirop vermifuge :*

| gousses d'ail écrasées .... | } | 500 g |
| eau bouillante .... | } | 1 litre |

Laisser infuser une heure et passer. Ajouter 1 kg de sucre. 30 à 60 g le matin à jeun (2 à 3 cuillerées à soupe).

● Pour neutraliser l'odeur de l'ail, mâcher 2 ou 3 grains de café, quelques grains d'anis ou de cumin, du cardamome (H. Leclerc), également une pomme ou une branche de persil.

Usage externe :

— l'ail, pilé avec de la graisse et de l'huile, donne un onguent appelé *moutarde du diable,* résolutif des *tumeurs blanches.*

— désinfection des plaies, ulcères : solution de suc d'ail à 10 % avec 1 à 2 % d'alcool ou compresses de vinaigre d'ail : 30 g d'ail râpé macérés 10 jours dans 1/2 litre de vinaigre.

— gale, *teigne :* frictions avec le mélange : une partie d'ail et deux d'huile camphrée. Ou lavages avec une décoction d'ail (6 gousses pour un litre d'eau).

— mélange avec 2 parties d'huile camphrée et une d'ail, en frictions (rhumatismes), et le long de la colonne vertébrale contre la *faiblesse générale, l'asthénie.*

— contre la *surdité* d'origine rhumatismale, introduire un tampon de coton imbibé de suc d'ail dans l'oreille, chaque soir.

— contre les *otalgies :* introduire dans l'oreille une gaze (assez longue pour pouvoir être retirée) contenant une gousse d'ail râpée.

— *coricide* (cors, verrues, durillons) : piler une gousse d'ail, appliquer le soir en cataplasme frais, en protégeant, par un sparadrap, la peau saine. Résultats en moins de 15 jours.
ou bien : appliquer une gousse d'ail chaude cuite au four. Renouveler plusieurs fois par jour.
ou encore : couper une rondelle d'ail, appliquer sur le cor et maintenir. Renouveler matin et soir.

— contre les *verrues,* les petits *kystes :* frotter avec un fragment d'ail, plusieurs fois par jour. Faire suivre, à la fin du traitement, par de petits emplâtres d'argile.

— *piqûres de guêpes,* insectes : extraire le dard et frotter avec un morceau d'ail.

N.B.

1. L'ail ne convient pas aux sujets atteints de dermatoses, dartres, d'irritation de l'estomac et des intestins, ni aux nourrices (altère le lait et donne des coliques aux nourrissons). Il est contre-indiqué dans les symptômes congestifs pulmonaires : toux sanguinolentes, toux sèches et fortes, fièvres (H. Leclerc).

2. Selon une coutume ancienne, des gousses d'ail placées dans un sachet fixé au cou du patient, ou appliquées et maintenues sur le nombril, sont vermifuges et préventives des maladies infectieuses.

3. Quelques bulbes d'ail, pilés en *cataplasme,* peuvent remplacer la farine de moutarde. Le procédé est également utilisé, dans certains *rhumatismes,* pour obtenir une phlyctène.

4. Dans la fièvre typhoïde, on a conseillé le traitement suivant : entourer les pieds du malade à l'aide d'un cataplasme d'ails râpés auxquels on ajoutera des oignons et orties pilés. Envelopper d'une couverture chaude. Renouveler toutes les heures.

5. En 1914, des essais furent entrepris au Metropolitan Hospital de New York sur plus de mille cas de tuberculose. Des 56 genres de traitements appliqués, les résultats obtenus par l'ail furent les meilleurs en tant que thérapeutique végétale.

6. *Teinture d'ail* (préparation) :

tubercules bulbeux d'ail	50 g
alcool à 60°	250 g

débarrasser les bulbes des écailles foliacées qui les entourent, couper en morceaux et faire macérer 10 jours dans l'alcool en agitant fréquemment. Exprimer. Filtrer.

Emploi : à l'intérieur comme *antiseptique, vasodilatateur* et *hypotenseur,* antiscléreux, antirhumatismal, antiasthmatique (dans ce dernier cas, quelques gouttes sur un morceau de sucre au moment de la crise).

7. Les recherches modernes confirment généralement le bien-fondé des méthodes empiriques ayant fait leurs preuves. En voici un nouvel et récent exemple : dans l'ail, comme dans l'oignon, on vient de découvrir des substances qui inhibent la synthèse de la thromboxane A2, puissant agent agrégant au niveau des plaquettes sanguines (A.N. Makheja, Univ. G. Washington - U.S.A.).

Ainsi se trouve confirmée l'utilité de l'ail et de l'oignon dans l'athérosclérose envisagée sous son angle global.

● QUELQUES RECETTES UTILES :

1. *Recette culinaire : la soupe à l'ail*

Prendre une gousse d'ail par personne et mettre dans une casserole avec un peu d'eau, de sel et de poivre. Faire bouillir à feu doux. Lorsque les gousses sont bien cuites, les écraser complètement. Prendre alors un œuf pour deux convives, les casser et les battre avec un peu d'eau. Incorporer peu à peu une partie de la purée d'ail et verser le tout dans la casserole, sur le reste, en remuant. Ajouter la quantité d'eau tiède suffisante. Couvrir et chauffer à feu doux. Mettre dans la soupière des croûtons frits au beurre blond et verser le liquide en le passant.

Cette soupe s'avère un tonique vasculaire et du système nerveux. Elle est indiquée en hiver, contre les affections respiratoires (asthme, bronchites, rhumes...).

2. *La soupe aïgo-bouido :*

«Aliment composé de bouillon et de tranches de pain» (c'est la définition même du Larousse), le nom de *soupe* évoque souvent de nos jours un langage périmé, un mot de bas étage et qui, pour presque toutes les femmes horrifiées par leur ligne,

porte l'étrange responsabilité de kilos superflus...
dont les pâtisseries et le chocolat, l'alcool et la char-
cuterie comme l'habituel manque d'exercice sont, en
réalité, les sûrs garants. La meilleure preuve ? C'est
que les femmes (ou les hommes) qui veulent maigrir
s'abstiennent de soupe. Moyennant quoi, en
l'absence de toute autre attitude, elles (ou ils) n'ont
jamais pu perdre un seul gramme.

On est déjà beaucoup plus dans le vent lorsqu'on
parle de *potage*, qui n'est jamais d'ailleurs (le même
Larousse dixit) qu'un « bouillon dans lequel on a
mis du pain, ou toute autre substance alimentaire ».

Mais quand on est un vrai moderne, on ne parle
plus que de *consommés* (comme les menus très
distingués), qu'ils soient au porto ou aux tomates,
quand il s'agit seulement — selon le Larousse encore
que j'ai décidément fait travailler beaucoup ces
temps derniers — d'un « bouillon riche en sucs
de viande ».

Contrairement à certaines idées fausses fort
soigneusement entretenues, aucune « soupe » de
légumes n'a jamais fait grossir. Raisonnons quelques secondes : étant donné que le persil et le
cerfeuil, l'ail et l'oignon (cf. les pages qui leur sont
consacrées), le thym, le romarin, la sauge, comme
la carotte, le navet, le céleri et le poireau sont
de puissants diurétiques, comment une décoction
de ces végétaux portant le nom de « soupe » pourrait
bien faire grossir quand la même décoction étiquetée
« tisane » a le pouvoir de drainer les déchets et l'eau
retenue dans les tissus ?

Ceci rappelé, voici l'aïgo-bouido :

Dans 2 litres d'eau, faire infuser une dizaine de
feuilles de sauge écrasées. Y ajouter sel, poivre,
quelques gousses d'ail (selon les goûts) et un verre
d'huile d'olive. Faire bouillir 10 minutes et verser
sur des tranches fines de pain de campagne (genre
pain Poilane, ce pain au levain s'avérant — bien

entendu — meilleur lorsqu'on le prend rassis).

On pourra lire au chapitre de la sauge, pourquoi l'aïgo-bouido gagne toujours plus d'adeptes.

3. *Quelques «trucs» à connaître :*

a) pour protéger les fruits de la putréfaction : disposer, dans le fruitier, des bocaux ouverts contenant des gousses d'ail coupées en deux (on peut également utiliser l'oignon).

b) pour remplacer la colle, frotter, avec une gousse d'ail, les parties à recoller. Ajuster et maintenir.

c) pour percer le verre : diluer 50 g d'acide oxalique dans 25 g d'essence de térébenthine. Ajouter 3 gousses d'ail râpées et laisser macérer 8 jours. Conserver dans un flacon bouché et agiter de temps en temps. A l'endroit désiré, on dépose une goutte et on opère avec un foret sans presser exagérément. Verser une goutte de temps à autre.

Anis vert

Pimpinella anisum.

Ombellifère

- PARTIES UTILISÉES : semences, essence.

- PRINCIPAUX CONSTITUANTS CONNUS : une essence (anéthol, méthyl chavicol, terpènes...), amidon, sucre, choline, acide malique, résines...

- PROPRIÉTÉS :

Usage interne :
— *antispasmodique.*
— *stomachique.*
— *carminatif.*
— *stimulant général* (cardiaque, respiratoire, digestif) et sédatif à la fois de ces organes.
— galactogogue.
— aphrodisiaque (?).
— diurétique.
— *à doses fortes et prolongées,* est un stupéfiant, ralentit la circulation, entraîne une parésie musculaire, une congestion cérébrale et des troubles *d'absinthisme chronique* (Cadéac et Meunier).

- INDICATIONS :

Usage interne :
— *dyspepsies nerveuses, météorisme, aérophagie,* vomissements nerveux.
— migraines digestives, vertiges et éblouissements digestifs.
— règles douloureuses.
— colique des enfants.
— éréthisme cardio-vasculaire *(fausse angine de poitrine,* palpitations).

— *asthme,* spasmes bronchiques, toux.
— insuffisance lactée.
— impuissance, frigidité (?).
— oliguries.

Usage externe :

— utilisé dans les dentifrices.

● Mode d'emploi :

— infusion : 1 cuillerée à café pour 1 tasse d'eau bouillante, une tasse après chaque repas.
— poudre : 0,20 à 2 g par jour, en cachets.
— teinture : 1 à 3 g par jour (1 g = 50 gouttes) : 10 à 20 gouttes pour les enfants.
— alcoolat : 5 à 15 g (renferme 2 g d'essence pour 98 g d'alcool à 90°).
— sirop d'anis : 30 à 60 g (enfants) : 1 cuillerée à café à la fois.
— *baume de soufre anisé* (affections bronchiques) :

soufre	1 g
essence d'anis vert	4 g

6 à 8 gouttes dans une potion.

— *potion antispasmodique :*

essence d'anis vert	X gouttes
éther sulfurique	XX gouttes
laudanum de Sydenham	XII gouttes
sirop diacode	50 g
infusé de badiane (anis étoilé)	150 g

— *liqueur d'anis :*

semences d'anis concassées	40 g
cannelle	1 g
sucre	500 g
eau-de-vie	1 litre

laisser macérer 6 semaines. Filtrer. Un verre

à liqueur après les repas (digestif, carminatif).

N.B.

Les semences d'anis font partie, avec celles de carvi, coriandre et fenouil, des *quatre semences chaudes* (carminatives), utilisées à parties égales dans le mélange.

Basilic (commun)

Ocymum basilicum.

Labiée

Il existe environ 150 variétés de basilic (anisé, à feuilles de laitue, à feuilles d'ortie...). Se rencontre dans les deux hémisphères. Originaire d'Asie.

Synonymes : oranger des savetiers, herbe royale, basilic romain, pistou (Provence).

- PARTIES UTILISÉES : sommités fleuries et l'essence obtenue par distillation des feuilles à la vapeur.

- PRINCIPAUX CONSTITUANTS CONNUS : huile essentielle : ocimène, linalol, estragol...

- PROPRIÉTÉS :

— *tonique* (surtout nerveux : Bodart) et des cortico-surrénales.
— *antispasmodique* (diminue l'activité cérébro-spinale après l'avoir stimulée : Cadéac et Meunier).
— stomachique.
— antiseptique intestinal.
— emménagogue.

- INDICATIONS :

Usage interne :

— *asthénie nerveuse* (surmenage intellectuel).
— angoisses.
— *insomnie nerveuse.*
— *spasmes gastriques,* digestions difficiles.
— infections intestinales.
— coqueluche.
— vertiges.

— *migraines.*
— *épilepsie* (Pline).
— *paralysie.*
— *goutte.*
— règles insuffisantes.

Usage externe :

— perte de l'odorat.

● MODE D'EMPLOI :

Usage interne :

— infusion : une cuillerée à dessert par tasse d'eau bouillante, une tasse après chaque repas (digestif).
— *essence :* 2 à 5 gouttes, 3 fois par jour en solution alcoolique ou dans du miel (voir début du chapitre V).
— *saccharolé antispasmodique :*

essence de basilic	}	aa 1 g
essence de marjolaine		
sucre pulvérisé		50 g

1/2 à 1 cuillerée à café dans une tasse de tilleul ou de verveine, après les repas.

Usage externe :

— feuilles sèches pulvérisées : sternutatoire contre la *perte de l'odorat* du coryza chronique.
— essence ou feuilles froissées sur piqûres de guêpes, morsures de serpents (traitement d'appoint.

N.B.

Le basilic peut remplacer le thym comme condiment. On l'ajoutera avec profit aux potages, salades, crudités, qu'il aseptise. On connaît, par ailleurs, le «canard au basilic» et la «soupe au pistou», l'une des plus renommées de la Provence.

Soupe au pistou :

Ingrédients pour 4 personnes : 250 g de tomates, 6 carottes, 2 ou 3 pommes de terre, du céleri, 100 g de haricots blancs, 100 g de haricots verts, 1 gros oignon, 2 gousses d'ail, 1 poignée de basilic, 150 g de fromage râpé, 1 tasse d'huile.

Chauffez 2 cuillerées à soupe d'huile dans une casserole. Faites rissoler votre oignon. Ajoutez les quartiers de tomates, couvrir et laissez cuire quelques minutes. Arrosez avec 1 litre et demi d'eau et faites bouillir le tout. Ajoutez les haricots blancs puis, 30 minutes plus tard, les autres légumes coupés en petits dés. Salez, poivrez et laissez cuire pendant 15 minutes encore. Pendant ce temps, préparez une pâte composée de basilic et d'ail écrasés dans un mortier et adoucie par le restant de l'huile. Déposez cette pâte au fond de la soupière. Versez la soupe et saupoudrez le tout de fromage râpé.

Bergamotier

Citrus bergamia.

Rutacée

Variété de citronnier.

- Parties utilisées : essence obtenue par expression de la partie externe du péricarpe du fruit frais du bergamotier. Cent kilos de fruits donnent environ 500 g d'essence. La pulpe sert à la fabrication de l'acide citrique.

- Principaux constituants connus : essence = acétate de linalyle (35 à 45 %), limonène dextrogyre, linalol...

- Propriétés :

— *antiseptique.*
— *antispasmodique.*
— stimulant gastrique.
— *vermifuge.*

- Indications :

— inappétence.
— *coliques et infections intestinales.*
— digestions difficiles.
— *parasites intestinaux.*

- Mode d'emploi :

— *essence :* 0,05 à 0,30 g par jour (1 g = 50 gouttes).

N.B.

Outre son utilisation en pharmacie, l'essence de bergamote est surtout employée en parfumerie et confiserie.

Certaines eaux de Cologne à bon marché, ou

plus chères, contiennent de la bergamote (synthétique ou naturelle, allez savoir !). Appliquées sur la peau soumise aux bains de soleil, elles peuvent entraîner des marques durant des mois ou des années.

Bornéol (droit) ou Camphre de Bornéo

Produit fourni par un arbre poussant spontanément à Bornéo et Sumatra : le *dryobalanops camphora*. C'est le Capour barros des Malais.

Seul, l'arbre vieux donne le bornéol qui exsude naturellement sous l'écorce, où on l'y découvre en masses cristallisées plus ou moins grosses. L'arbre jeune ne donne qu'un liquide jaune clair : le «camphre liquide».

● Principaux constituants connus : c'est un alcool. Il se différencie, par conséquent, du camphre du Japon (le camphre habituellement utilisé), lequel est une cétone et — comme toutes les cétones — présente une certaine toxicité (la toxicité bien connue des essences d'absinthe, de rue, de sabine est due à leurs cétones).

Le bornéol, connu bien avant le camphre, a de tout temps, été considéré comme une panacée. Pendant de nombreux siècles, le bornéol fut considéré comme un puissant antipesteux et sa réputation thérapeutique était telle que Chrosroes II, roi de Perse, en conservait précieusement dans son palais de Babylone.

Divers auteurs, au cours des siècles passés, vantèrent depuis les vertus du bornéol. En Italie, une découverte archéologique relativement récente permit l'identification de matières organiques parfaitement conservées depuis plus de 2 000 ans dans un vase contenant du bornéol. Le camphre de Bornéol jouit d'ailleurs toujours en Inde et en Chine d'une estime toute particulière.

Seule, l'analogie d'aspect et d'odeur entraîna une confusion favorable au camphre japonais, beaucoup moins cher que le bornéol.

Or, la toxicité du camphre japonais est indéniable.

Le bornéol n'en a aucune. De plus, le bornéol est beaucoup plus antiseptique que le camphre du Japon et, contrairement à ce dernier, c'est un indéniable tonique.

● PROPRIÉTÉS :

Usages interne et externe :

— *antiseptique* puissant.
— *tonique* général et cardiaque.
— stimulant de la *cortico-surrénale.*
— désensibilisant.

● INDICATIONS :

— *états de dépression.*
— *maladies infectieuses.*

● MODE D'EMPLOI :

— en association avec d'autres essences (0,25-0,50 %) en ingestion et, en dilutions, par voie intramusculaire.
— également sous forme de divers éthers comme l'isovalérianate de bornyle *(bornyval)* en perles de 0,25 ctg, 3 à 5 par jour, comme *sédatif* dont l'action est semblable à celle de la valériane.

N.B.

De nombreuses essences tirées des plantes de notre pays contiennent également du bornéol (romarin, hysope...).

Cajeput

Melaleuca leucadendron.

Myrtacée

Arbre abondant aux Philippines, Malaisie, Moluques, îles Célèbes...

- PARTIES UTILISÉES : essence obtenue par distillation à la vapeur des feuilles et bourgeons de cajeput.

- PRINCIPAUX CONSTITUANTS CONNUS : cinéol (60 à 75 %), pinène gauche (le niaouli, autre Melaleuca, contient du pinène droit), terpinéol, aldéhydes...

- PROPRIÉTÉS :

— *antiseptique général* (pulmonaire, intestinal, urinaire).
— antispasmodique, antinévralgique.
— vermifuge.

- INDICATIONS :

Usage interne :

— entérites, dysenteries.
— cystites, urétrites.
— affections chroniques de l'appareil pulmonaire (bronchites, tuberculose).
— laryngites et pharyngites chroniques.
— spasmes gastriques.
— asthme.
— vomissements nerveux.
— règles douloureuses.
— rhumatismes, goutte.
— hystérie, épilepsie.
— parasites intestinaux.

Usage externe :

— névralgies dentaires et de l'oreille.
— laryngite chronique.
— névralgies rhumatismales.
— plaies.
— dermatoses (psoriasis, acné...).

● MODE D'EMPLOI :

Usage interne :

— *essence :* 2 à 5 gouttes, 3 ou 4 fois par jour en solution alcoolique ou dans du miel (voir début chapitre V).

Usage externe :

— essence en inhalations (laryngite).
— pommades au 1/5 ou au 1/10, ou solution alcoolique, en frictions contre névralgies rhumatismales, frictions abdominales comme vermifuge, applications sur dermatoses et plaies.
— contre les névralgies dentaires : 1 goutte d'essence dans la dent cariée.
— contre les douleurs de l'oreille : un petit morceau de coton imbibé d'essence introduit dans l'oreille.

Camomille romaine ou noble

Anthemis nobilis

Composée

- P\ARTIES UTILISÉES : fleurs, plante, essence.

- P\RINCIPAUX CONSTITUANTS CONNUS : une essence obtenue par distillation à la vapeur des fleurs (éthers angélique et isobutyrique, un principe amer, un camphre spécial l'anthémène, des sesqui-terpènes : azulène... artemol), résine, gomme, phytostérol, calcium, soufre...

- P\ROPRIÉTÉS (utilisées depuis l'Antiquité) :

Usage interne :

— tonique.
— *antispasmodique.*
— antalgique.
— sédatif nervin doux (enfants).
— apéritif.
— stimulant (augmentation du nombre des leu-cocytes).
— *stimulant gastrique,* digestif.
— *antianémique.*
— *vermifuge.*
— *emménagogue.*
— vulnéraire (ulcérations ou irritations intestinales).
— bactéricide (bactériostatique).
— fébrifuge.
— sudorifique.
— cholagogue.

Usage externe :

— antinévralgique (rhumatismes, goutte).
— *antiophtalmique.*
— *antiphlogistique* et cicatrisant (Eichholz).

● INDICATIONS :

Usage interne :

— *migraines.*
— névralgies (surtout névralgies *faciales*) (Lecointe, H. Leclerc).
— dentition douloureuse des enfants.
— vertiges.
— troubles de la ménopause.
— insomnies.
— *inappétences.*
— *digestions difficiles,* flatulences.
— ulcères d'estomac et intestinaux.
— troubles digestifs des enfants (diarrhée, crampes gastriques et intestinales).
— maladies infantiles.
— entérite.
— *anémie.*
— engorgement du foie et de la rate.
— *dépression* nerveuse et crises nerveuses.
— irritabilité.
— convulsions.
— *dysménorrhées, aménorrhées* liées à des troubles nerveux.
— douleurs lombaires et céphalées de la *grippe* (H. Leclerc).
— parasites intestinaux (ascaris, oxyures).
— *fièvres* intermittentes et des gens nerveux.

Usage externe :

— *conjonctivites.*
— dermatoses inflammatoires.
— brûlures, furonculose, dartres, eczéma.
— plaies banales et infectées.
— prurit vulvaire, urticaire.
— douleurs rhumatismales et goutteuses.

● MODE D'EMPLOI :

Usage interne :
— infusion : 5 à 10 *têtes* par tasse. Une tasse *avant* les repas (Alimat) : *inappétence.*
— poudre : dans du miel, 2 à 10 g par jour.
— essence : 2 à 4 gouttes, 2 ou 3 fois par jour, en solution alcoolique ou dans du miel (voir début du chapitre V).
— comme *vermifuge :* une cuillerée à soupe de plante coupée par tasse. Bouillir et infuser 10 minutes. Une tasse le matin à jeûn et 1/2 heure avant les repas.

Usage externe :
— contre *conjonctivite, inflammation des paupières :* une cuillerée à soupe de fleurs par tasse. Bouillir et infuser 10 minutes. Et lavages ou bains d'yeux.
— contre les *douleurs rhumatismales et goutteuses : huile de camomille :*

fleurs sèches	20 g
huile d'olives	100 g

chauffer au bain-marie 2 heures. Passer avec forte expression et filtrer à travers un linge fin. Ajouter 10 g de camphre (en frictions).
— décoction dans un *bain* ou en *compresses* ou lavages, dans dermatoses, brûlures, furoncles, dartres, eczémas (propriétés *antiphlogistiques,* décontractantes, désodorisantes).

N.B.
1. Voir à romarin, formule de bain aphrodisiaque.
2. L'infusion de camomille était jadis utilisée, après shampooing, comme eau de rinçage pour éviter la chute des cheveux. De nos jours, on ne l'emploie plus guère que pour blondir. On n'a donc retenu que cette action secondaire. Mais, dans ce cas, la mode a du bon car elle s'accorde avec l'esthétique et l'hygiène, comme avec la thérapeutique.

Camomille allemande ou commune

Matricaria chamomilla ou matricaria discoïdea.

Composée

Elle fournit l'huile de camomille utilisée par voie externe.

- Parties utilisées : fleurs, semences.

- Principaux constituants connus : essence (éthers des acides caprylique et monylique, un hydrocarbure, l'*azulène* (1 %)...).

- Propriétés :

— *antispasmodique.*
— *antalgique.*
— *stimulant.*
— sudorifique.
— fébrifuge.
— cholagogue.
— bactéricide.
— *vermifuge* (vers ronds : ascaris, oxyures).
— *emménagogue* (Gibbs et Brow).
— sédatif nervin doux (enfants).
— son ingestion triplerait le nombre des leuco-cytes (Dady).
— antiphlogistique et cicatrisant (Eichholz).

- Indications :

— mêmes indications que la camomille romaine.

- Mode d'emploi :

Usage interne :

— infusion : une cuillerée à soupe par tasse d'eau bouillante.

Infuser 10 minutes (une heure pour Leclerc). Passer avec expression. Une tasse loin des repas (très amer).
— poudre : 2 à 5 g par jour, en cachets.
« poudre récente de fleurs d'Anthemis nobilis ou de Matricaria chamomilla » triturées avec q.s. de sucre : 4 g. Pour 6 cachets à prendre dans les 24 heures (H. Leclerc), loin des repas.
— teinture mère : adultes : 10 gouttes sur un morceau de sucre après les repas ; enfants : 2 à 3 gouttes dans un peu d'eau ou de lait, 2 fois par jour.
— suppositoires et lavements : 0,75 g à 1 g de poudre (non irritants).

Usage externe : (voir camomille romaine).

N.B.

L'azulène, corps gras découvert dans l'essence de la matricaire (camazulène) jouit de propriétés cicatrisantes et antiphlogistiques étudiées surtout par les Allemands, et en France, par Caujolle. De nombreuses expérimentations ont prouvé sa remarquable efficacité dans les inflammations diverses de la peau, les eczémas, les ulcères de jambe, le prurit vulvaire, l'urticaire, également contre les gastrites chroniques, les colites, les cystites, certains asthmes.

L'activité bactériostatique de l'azulène est efficace à la concentration de 1 pour 2 000 contre le staphylocoque doré, le streptocoque hémolytique, le proteus vulgaris notamment.

Des plaies infectées ont été guéries par des concentrations de 1/85 000 à 1/170 000.

L'azulène se trouve également dans d'autres essences : l'essence d'absinthe (3 %), de patchouli (6 %)...

De plus en plus, certains fabricants ajoutent de l'azulène à leurs savons, crèmes diverses, lotions...

Cannelle de Ceylan

Cinnamomum zeylanicum.

Lauracée

La cannelle de Ceylan, variété la plus réputée, provient du cannelier de Ceylan (Cinnamomum zeylanicum), arbre toujours vert, croissant à Ceylan, en Inde orientale, aux Antilles, à Java, Madagascar... C'est l'écorce intérieure des nouvelles pousses que l'on exploite tous les deux ans. Les fragments d'écorce, séchés, sont emboîtés pour constituer les petits cylindres vendus dans le commerce.

La cannelle de Chine, moins estimée, est tirée du Cinnamomum Cassia, arbre originaire d'Annam et de Chine méridionale. Sa poudre est plus rouge que celle de la variété précédente.

- PARTIES UTILISÉES : l'écorce et l'essence obtenue par distillation à la vapeur d'eau de l'écorce et des feuilles.

- PRINCIPAUX CONSTITUANTS CONNUS : huile essentielle de l'écorce contenant 65-75 % d'aldéhyde cinnamique, 4 à 10 % d'eugénol, carbures, alcools terpéniques. I-pinène, cinéol, phellandrène, furfurol, cymène, linalol, sucre, mucilage, tanin, amidon, mannite...
  L'essence tirée des feuilles contient 70 à 75 % d'eugénol, 3 % seulement d'aldéhyde cinnamique, du benzoate de benzyle, linalol, safrol...

- PROPRIÉTÉS :

Usage interne :

— *stimulant* des fonctions circulatoire, cardiaque et respiratoire.

— eupeptique (facilitant la digestion), stomachique.
— *antiseptique,* antiputride (la cannelle de Ceylan tue le bacille d'Eberth — typhoïde — à la dose de 1/300).
— carminatif.
— *vermifuge.*
— *antispasmodique.*
— légèrement astringent.
— hémostatique.
— faiblement aphrodisiaque.
— emménagogue (on l'a parfois accusée d'être abortive).
— provoque une légère élévation de la température, une sécrétion salivaire, lacrymale et nasale.

Usage externe :

— parasiticide.

● INDICATIONS :

Usage interne :

— asthénie.
— courbatures fébriles, grippe, affections dues au refroidissement.
— *asthénie grippale.*
— syncopes.
— infections intestinales (choléra).
— atonie gastrique, digestions lentes.
— parasites intestinaux.
— *spasmes* digestifs, colites spasmodiques.
— diarrhées.
— métrorragies, pertes blanches.
— hémoptysies.
— impuissance.
— règles insuffisantes.
— autrefois, très recommandée en saisons froides aux mélancoliques, aux insuffisants digestifs, aux vieillards.

Usage externe :

— pédiculose, gale.
— piqûres de guêpe, morsures de serpent.

● MODE D'EMPLOI :

Usage interne :

— infusion d'écorce : 8 à 15 g par litre d'eau.
— *poudre :* 0,50 à 2 g par jour, en cachets.
— *eau distillée de cannelle :* 10 à 50 g en sirops, potions.
— *teinture au 1/5 :* 1,50 à 10 g en sirops, potions.
— vin chaud sucré + cannelle, dans les refroidissements, courbatures fébriles, états grippaux.
— *essence :* 2 ou 3 gouttes, 2 fois par jour, dans du miel (voir début du chapitre V) (dose moyenne : 0,05 à 0,30 g).
   contre la *grippe :* 0,5 cc toutes les 2 heures.
   contre le *choléra :* 5 à 10 gouttes toutes les 1/2 heures.
— mélange contre les *dyspepsies :*

cassis (feuilles)	10 g
cannelle de Ceylan	
clou de girofle .... } aa	1 g

en infusion pour un litre d'eau. Une tasse après les repas.

— *potion contre les métrorragies :*

teinture de cannelle	25 g
hydrolat de cannelle	150 g
éther acétique	5 g
sirop d'écorce d'orange amère	30 g

à prendre dans les 24 heures.

Usage externe :

— peut s'utiliser, associée à d'autres essences, dans les mélanges pour inhalations (affections des voies respiratoires).

— contre la *pédiculose*, la *gale* :

essence de cannelle ....⎫
essence de thym ....⎬ aa 2,50 g
essence de romarin ....⎬
essence de pin ....⎭
solution de sulforicinate de soude à 30 % .   90 g

— *contre la gale :* voir à lavande : pommade d'Helmerich.

— essence sur les piqûres de guêpe, morsures de serpent (traitement d'appoint).

N.B.

I. — La cannelle entre dans la composition de l'acoolat de mélisse composé, l'élixir de Garus, la potion de Todd, etc., la préparation de pastilles pectorales, de dentifrices....

1 - *Potion cordiale du Codex :*

teinture de cannelle ....   10 g
Banyuls ....   150 g
sirop ....   40 g

2 - *Vin de cannelle composé* (Hôpitaux de Paris) : *cordial*

vin rouge ....   100 g
teinture de cannelle ....   8 g
alcoolat de mélisse ....   6 g
sorop simple ....   30 g
(formule analogue à celle du Formulaire des Hôpitaux Militaires de 1821).

3 - *La teinture d'arnica aromatique* se compose de :

fleurs d'arnica ....   50 g
girofle ....   10 g
cannelle ....   10 g
gingembre ....   10 g
anis ....   100 g
alcool ....   1 litre

faire macérer 8 jours. Passer.
Une cuillerée dans 1/2 verre d'eau sucrée, réitérée 2 ou 3 fois par jour, dans le cas de *chute* et de *contusions;* bon *odontalgique.*

4 - *L'élixir antiseptique de Chaussier* a pour formule :

quinquina	64 g
cascarille	16 g
safran	2 g
vin d'Espagne	500 g
cannelle	12 g
eau-de-vie	500 g

faire digérer plusieurs jours, passer et ajouter :

sucre	150 g
éther sulfurique	6 g

contre le typhus (préparation utilisée en 1814-1815).

5 - *Essence d'Italie* :

cannelle	90 g
cardamome grand	60 g
galanga	60 g
girofle	15 g
poivre long	12 g
muscade	8 g
ambre gris	0.2 g
musc	0.2 g
alcool à 90°	1 litre

faire digérer. Filtrer.
Aphrodisiaque : 20 à 30 gouttes sur du sucre.

6 - *Vin aphrodisiaque* :

gousses de vanille	30 g
cannelle	30 g
ginseng	30 g
rhubarbe	30 g
vin de Malaga	1 litre
ou vin vieux de Chablis	

faire macérer pendant 15 jours les substances dans le vin, en agitant chaque jour. Filtrer et ajouter 15 gouttes de teinture d'ambre.

7 - *Liqueur « Parfait amour »* :

zeste de citron	40 g
thym	30 g

cannelle	15 g
vanille	10 g
coriandre	10 g
macis	10 g
eau-de-vie	2 litres

laisser macérer 15 jours et ajouter un sirop de sucre fait de 2 kg de sucre pour 1 litre d'eau. Mélanger et filtrer.

II. — Voir à girofle les formules d'élixir dentifrice et de vinaigre aromatique anglais.

Voir à hysope la formule de l'élixir végétal de la Grande Chartreuse.

III. — La cannelle était, aux siècles passés, une denrée rare et précieuse entre toutes. Ceux qui en possédaient l'utilisaient dans l'hypocras[1], les pâtisseries, les entremets. De nombreuses préparations pharmaceutiques en contenaient. Elle était également employée comme encens et comme parfum.

IV. — Recette pour gourmands transmise par H. Leclerc : des tranches de pain de mie grillées, beurrées et saupoudrées de cannelle lorsqu'elles sont encore chaudes.

V. — Jadis on portait sur soi des petites boîtes remplies d'aromates — dont la cannelle — pour se préserver des maladies contagieuses. Or, pour Chamberland, en 1887, trois essences auront «à la fois le plus grand pouvoir antiseptique, soit qu'elles agissent par leurs vapeurs, soit qu'elles agissent en solution, ce sont celles de cannelle de Ceylan, de cannelle de Chine, d'origan».

VI. — Voici une formule pratiquement infaillible.

---

1. L'hypocras est une boisson tonique faite de vin sucré dans lequel on a fait infuser de la cannelle, du gingembre et des clous de girofle.

Contre les *états grippaux* et les premières attaques du froid, on sera bien inspiré d'utiliser — et le plus tôt, ici comme ailleurs, sera toujours le mieux — une vieille «médecine» à la portée de tous, pour l'ensemble acceptée sans déplaisir : des grogs avec un demi-citron pressé, une cuillerée à soupe de miel et un grand verre d'eau chaude dans laquelle on aura fait bouillir 2 ou 3 minutes un fragment de cannelle et un clou de girofle (laisser infuser 20 minutes).

Carvi

Carum carvi.

Ombellifère

Synonymes : cumin des prés, anis des Vosges.
Aire de production : Allemagne, Pays-bas, Scandinavie, régions sibériennes.

- PARTIES UTILISÉES : semences, essence.

- PRINCIPAUX CONSTITUANTS CONNUS : essence obtenue par distillation à la vapeur des fruits pulvérisés : carvone (45-60 %), qui est une *cétone,* un carbure : le carvène (30 %), un alcool...
  (La première essence déterpénée introduite dans le commerce fut l'essence de carvi, 1876).

- PROPRIÉTÉS (analogues à celles de l'anis) :

Usage interne :

— *stimulant.*
— stomachique.
— apéritif.
— *antispasmodique.*
— *carminatif.*
— diurétique.
— *vermifuge.*
— facilite les règles.
— galactogogue.

Usage externe :

— parasiticide.

- INDICATIONS :

Usage interne :

— inappétence.

— indigestions.
— *dyspepsies nerveuses.*
— *spasmes gastriques.*
— vertiges.
— *aérophagie.*
— météorisme (fermentations).
— éréthisme cardio-vasculaire (palpitations).
— parasites intestinaux.
— règles difficiles.
— insuffisance lactée (?).

Usage externe :

— utilisé dans les dentifrices.
— gale canine.

● MODE D'EMPLOI :

— infusion de semences (une cuillerée à café pour une tasse d'eau bouillante). Infuser 10 minutes. Une tasse après chaque repas. H. Leclerc faisait ajouter à la tasse une cuillerée à café de l'oléo-saccharure de carvi au vingtième.
— essence : 1 à 3 gouttes 2 ou 3 fois par jour, en solution alcoolique ou dans du miel (voir début du chapitre V).
— *eau-de-vie de carvi :*

alcool	1 litre
semences de carvi	40 g
sucre	200 g

faire macérer 8 à 10 jours, puis tirer au clair. Un petit verre à liqueur après le repas.

N.B.

1. Le carvi est un condiment culinaire habituel des Allemands, Anglais, Arabes (pâtisseries, sauces, saucissons, choucroute, pain...).

Il sert à la préparation de certaines liqueurs (Kummel).

Ses semences font partie, avec celles d'anis, de

coriandre et de fenouil, des *quatre semences chaudes* (Carminatives) utilisées à parties égales dans le mélange.

2. Contre la gale démodécique du chien, Gminer a proposé en 1907 la formule :

essence de carvi	10 g
alcool	10 g
huile de ricin	150 g

en badigeonnages.

Chénopode anthelminthique
ou Ansérine vermifuge

Chenopodium ambrosioïdes, var. anthelminticum
Chénopodiacée

Toxique.

Croît dans nos jardins.
Variété de chenopode ambroisie (voir plus loin).
Synonyme : graine aux vers.

- PARTIES UTILISÉES : feuilles, semences, et surtout :
  huile essentielle de chœnopodium obtenue par
  distillation à la vapeur d'eau des sommités fleuries
  et des graines.

- PRINCIPAUX CONSTITUANTS CONNUS : ascariol (40 à
  80 %), chénopodine, cymène, sylvestrène, safrol,
  cinéol, carvone, camphre droit, acides gras
  volatils (butyrique...).

- PROPRIÉTÉS :

— *vermifuge.*

- INDICATIONS :

— *parasites intestinaux : ascaris, ankylostomes*
  (également oxyures et anguillules ; très discrètement : tænia).

- CONTRE-INDICATIONS :

— affections cardio-rénales, tuberculose, arthritisme, grossesse.

- MODE D'EMPLOI :

Usage interne :

1 - *essence (œtheroleum chenopodi anthelmentici) :*

en capsules gélatineuses dosées à 15 gouttes d'essence.

adultes : 3 capsules le matin à jeun (à prendre espacées d'heure en heure).

10-15 ans : 2 capsules.

6-10 ans : 1 capsule.

donner, une heure plus tard, une purge de sulfate de magnésium et rester à la diète jusqu'à effet complet de la purgation.

renouveler le traitement 15-20 jours plus tard. L'essence de chénopode ne doit pas être donnée avant l'âge de 4 ans.

2 - *semences :* une cuillerée à café, ou feuilles : une cuillerée à soupe, par tasse d'eau bouillante. Infuser 10 minutes.

Une tasse le matin à jeun, 3 jours de suite.

Usage externe : 3 poignées de feuilles pour un litre d'eau.

Bouillir 10 minutes. En *compresses humides* chaudes sur l'abdomen.

N.B.

L'essence de chénopodium est *toxique,* surtout chez les personnes *à jeun.* Aussi recommande-t-on un régime riche en glucides et pauvre en matières grasses pendant quelques jours avant le traitement. L'organisme devient ainsi plus résistant à la toxicité.

● TOXICITÉ :

— *hypotenseur.*
— *dépresseur* cardiaque et de la respiration.
— atteinte du système nerveux.
— atteinte de l'ouïe (surdité parfois définitive).

Signes d'intoxication : vertiges, accidents nerveux, troubles de l'ouïe, et de la vue.

(Traitement : lavage d'estomac immédiat.)

Doses maxima : 25 gouttes ou 0,50 g en une fois
50 gouttes ou 1 g par jour.

● SPÉCIALITÉS : Oxyfuge Castel, Vermirène.

Autres variétés de chénopodes ou ansérines

CHÉNOPODE BLANC *(chenopodium album)*
ou Ansérine sauvage, abondant en France.
Rafraîchissant, sédatif, antihémorroïdal.
Pour certains auteurs, localement, empêcherait
la chute des cheveux due à la séborrhée.

CHÉNOPODE AMBROISIE *(chenopodium ambrosioïdes)*
ou Thé du Mexique, d'Espagne, thé des Jésuites.
Tonique, stomachique. Indiqué dans les affections nerveuses.
Se prend en infusions.

CHÉNOPODE DE BON-HENRI
commun en France, où on le mange parfois à la
manière des épinards, d'où son nom : épinard
sauvage.
Rafraîchissant et laxatif.

CHÉNOPODE DES JARDINS
cultivé dans les jardins, est mangé sous le nom
d'épinard rouge.

CHÉNOPODE A GRAPPE, CHÉNOPODE FÉTIDE...

LES SALICORNES (corail de mer)
salicornia fruticosa.
Chénopodiacées employées comme condiment
confit au vinaigre.

LA POIRÉE OU BETTE
est une chénopodiacée. Feuilles et côtes fournissent un excellent aliment rafraîchissant. Les
feuilles crues peuvent être ajoutées aux salades.

Les côtes peuvent être servies de différentes manières. Il y a quelques années, elles valurent un premier prix de l'Académie Rabelais lors d'un concours où les concurrents avaient cependant rivalisé de goût et d'originalité.

Citronnier

Citrus limonum.

Rutacée

Synonyme : limonier.

Serait originaire de l'Inde. Croît dans le Midi de l'Europe, surtout en Espagne et au Portugal.

On utilise le fruit sous diverses formes de préparation, ou l'essence obtenue par expression de la partie externe du péricarpe frais du citron (le citron renferme de nombreuses et grosses poches à essence dans le parenchyme sous-épidermique). Les fruits verts fournissent plus d'essence que les citrons mûrs. Il faut environ 3 000 citrons pour obtenir 1 kg d'essence. La pulpe du fruit sert à préparer l'acide citrique.

● PRINCIPAUX CONSTITUANTS CONNUS :

— 30 % de suc contenant lui-même 6 à 8 % d'acide citrique, de l'acide malique, des citrates de chaux, de potasse...

— glucides : glucose, fructose directement assimilables, saccharose.

— sels minéraux et oligo-éléments : calcium, fer, silice, phosphore, manganèse, cuivre.

— gommes - mucilage - albumines.

— vitamines, surtout B (B_1, B_2, B_3) également vitamines A, C, PP.
les vitamines B_1, B_2, B_3 ont un rôle important dans la nutrition, l'équilibre nerveux.
le carotène (provitamine A) est surtout dans la peau, la vitamine A dans la pulpe fraîche et le jus. Ils ont une grande importance dans les phénomènes de croissance, le maintien de la jeunesse tissulaire.
la vitamine C (40 à 50 mg par 100 g de fruit) a

un rôle primordial dans les phénomènes d'oxydo-réduction. Elle influe sur les glandes endocrines.
la vitamine PP est un facteur de protection vasculaire.
— *l'essence* contient environ 95 % de terpènes (pinène, limonène, phellandrène, camphène, des sesquiterpènes), du linalol, les acétates de lina-lyle et de géranyle, citral et citronnellal (6 à 8 %), des aldéhydes, un camphre de citron...

● PROPRIÉTÉS :

très nombreuses. En Espagne et dans certains pays, le citron est utilisé — systématiquement et avec de réels succès — dans une infinité d'affections.

Usage interne :
— *bactéricide* (voir *N.B.*), *antiseptique.*
— activateur des globules blancs dans la défense organique.
— rafraîchissant.
— fébrifuge.
— tonique du système nerveux et du sympathique.
— tonicardiaque.
— alcalinisant (Rancoule - voir *N.B.*).
— diurétique.
— *antirhumatismal, antigoutteux* (Labbé), anti-arthritique.
— calmant, antiacide gastrique (voir *N.B.*).
— *antiscléreux* (prévention de la sénescence).
— *antiscorbutique.*
— *tonique veineux.*
— abaisse l'hyperviscosité sanguine (fluidifiant sanguin).
— hypotenseur par retour de l'équilibre biologique.
— dépuratif.
— reminéralisant.

— antianémique (hématopoïétique).
— favorise les *sécrétions gastro-hépatiques* et pancréatiques.
— hémostatique.
— carminatif.
— vermifuge.
— *antivénéneux.*
— antiprurigineux.
— *l'écorce* est tonique, carminative.
— les semences sont antihelminthiques, fébrifuges.

Usage externe :

— *antiseptique,* antitoxique.
— cicatrisant.
— antiprurigineux.
— antivénéneux (piqûres d'insectes).
— cytophylactique (entretien de la peau).
— éloigne les mites et les fourmis.

● INDICATIONS :

Usage interne :

— *infections* diverses (pulmonaires, intestinales...).
— maladies infectieuses (stimule la « leucocytose curative »).
— paludisme, états fiévreux (Cazin).
— prévention des épidémies.
— asthénie, inappétence.
— ascites (L. Binet et Tanret).
— *rhumatismes,* arthritisme, goutte.
— lithiase urinaire et biliaire.
— hyperacidité gastrique, ulcères d'estomac.
— dyspepsies (digestions pénibles), aérophagie.
— *scorbut.*
— *artériosclérose.*
— *varices,* phlébites, fragilité capillaire.
— *pléthore, hyperviscosité sanguine* (une cure de citron « remplace la saignée »).

— obésité.
— hypertension.
— tuberculose pulmonaire et osseuse (mal de Pott).
— déminéralisation, croissance, convalescence.
— anémie.
— *ictère, vomissements* (Avicenne).
— insuffisances hépatique et pancréatique.
— congestion hépatique.
— hémophilie.
— hémorragies (épistaxis, gastrorragies, entéror-
  ragies, hématuries).
— météorisme.
— dysenterie, diarrhées, typhoïde.
— parasites intestinaux (oxyures).
— également : asthme, bronchite, grippe, blennorragie, syphilis, sénescence, céphalées.

Usage externe :

— rhumes de cerveau, sinusites, angines, otites.
— hémorragies nasales.
— stomatites, glossites, aphtes (Leven).
— syphilides buccales (Caussade et Goubeau).
— blépharites.
— éruptions, furoncles, dartres.
— migraines.
— verrues.
— herpès (Berlureaux).
— engelures.
— plaies infectées, putrides.
— piqûres d'insectes.
— teigne, gale.
— entretien de la peau et soins de beauté.
— séborrhée du visage, taches de rousseur.
— prévention des rides, soins des mains.
— ongles cassants.
— pieds sensibles.
— pour éloigner les mites et les fourmis.

● MODE D'EMPLOI :

Usage interne :
— citronnade (citron frais en tranches dans de l'eau
— ou le jus d'un citron dans 1/2 verre d'eau
sucrée) : la citronnade est la boisson de choix
des fiévreux, des vomisseurs, hémorragiques.
— jus de citron : faire des cures en montant progressivement de 1/2 à 10, 12 citrons par jour —
descendre progressivement — étaler sur 4 à
5 semaines, et poursuivre à 1, 2 citrons par jour
(utiliser des fruits très mûrs).
— *vermifuge :* écraser l'écorce, la pulpe et les
pépins d'un citron. Faire macérer pendant
2 heures dans de l'eau additionnée de miel.
Passer avec expression. Boire au coucher.
— décoction de tout le fruit est également indiquée
contre les *vers intestinaux.*
— contre les *oxyures :* pépins broyés avec du miel,
chaque matin, à jeun.
— contre l'*engorgement hépatique :* verser, le soir,
de l'eau bouillante sur 3 citrons coupés, et boire
le lendemain, à jeun.
— contre l'*embonpoint :* verser, le soir, une tasse
d'eau bouillante sur 2 têtes de camomille et un
citron coupé en rondelles. Laisser macérer la
nuit. Passer le matin et boire à jeun.
— infusion indiquée également contre l'*aérophagie.*
— *l'essence :* 5 à 10 gouttes dans du miel ou en
potion.

Usage externe :
— contre les *rhumes de cerveau, sinusites :* quelques
gouttes de *suc* dans les narines plusieurs fois
par jour.
— contre les *hémorragies nasales :* tampon de
coton imbibé de jus de citron.
— contre les *aphtes, stomatites :* citron + miel
+ bains de bouche prolongés.

— contre les *angines :* gargarismes avec un jus de citron dans un verre d'eau tiède.

— dans les *yeux des nouveau-nés* et contre les *blépharites :* une ou deux gouttes de jus de citron.

— sur le front des *migraineux :* compresses de jus de citron ou tranches de citron sur les tempes.

— sur les *blessures,* les *plaies infectées* (antiseptique, hémostatique) : jus de citron pur ou dilué.

— contre les *engelures :* frictions au jus de citron (également préventif).

— contre les *otites :* jus de citron dans les oreilles.

— contre les *verrues :* badigeons 2 fois par jour avec un vinaigre fort dans lequel on a fait macérer pendant 8 jours l'écorce de 2 citrons.

— contre les *ongles cassants :* matin et soir, pendant une semaine, applications de jus de citron.

— sur les peaux grasses : lotion du visage matin et soir, avec un coton imbibé de jus de citron (laisser sécher 20 minutes avant crème ou poudrage).

— contre les *taches de rousseur :* jus de citron légèrement salé en lotions du visage.

— pour *éviter les rides :* lotions du visage, 2 fois par semaine avec du jus de citron (éclaircit également le teint).

— pour entretenir la *douceur des mains :* les enduire d'un mélange :

jus de citron   ⎫
glycérine   ⎬ parties égales
eau de Cologne   ⎭

— pour *conserver les dents blanches :* brossage hebdomadaire avec du jus de citron.

— *pieds sensibles :* bains de tilleul suivis de frictions au jus de citron.

— sur les *piqûres d'insectes :* frotter avec une

tranche de citron. Contre morsures de serpents : traitement d'appoint.

— *l'envers de la peau :* frottée sur les gencives, les tonifie ; sur le visage, les mains : constitue un traitement d'entretien des téguments.

N.B.

1 - Les travaux de Morel et Rochaix, sur l'*action bactéricide de l'essence de citron,* ont démontré que :

a) les vapeurs d'essence de citron neutralisent le méningocoque en 15 minutes, le bacille d'Eberth (typhoïde) en moins d'une heure, le pneumo-coque en 1 à 3 heures, le staphylocoque doré en 2 heures, le streptocoque hémolytique en 3 à 12 heures.

b) l'essence neutralise le bacille d'Eberth en 5 minutes, le staphylocoque en 5 minutes, le bacille de Lœffler (diphtérie) en 20 minutes. Elle est infertilisante pour le bacille de la tuber-culose à la dose de 0,2 %.

Charles Richet : quelques gouttes de citron dans les huîtres les débarrassent, en 15 minutes, de 92 % de leurs bactéries.

2 - Le jus de citron sera utilisé largement pour la désinfection d'une eau de table suspecte (le jus d'un citron pour un litre) et des viandes et poissons de fraîcheur douteuse.

3 - Pour préparer le *lait caillé* avec le jus de citron, on procèdera de la manière suivante : verser un citron, goutte à goutte, sur 1/2 litre de lait en tournant avec une cuillère. Le résultat est obtenu lorsque l'aspect devient granuleux. Le produit obtenu est très riche en vitamines.

4 - Fabrication de la limonade : dans un tonnelet contenant 5 litres d'eau, mettre un citron coupé en rondelles avec son écorce. Remuer 2 fois par jour. Passer 8 jours plus tard et mettre en bouteilles. Boucher, ficeler et coucher les bouteilles.

5 - L'infusion avec la peau de 2 à 3 citrons pour un litre d'eau forme une excellente *boisson courante*. Y ajouter quelques gouttes de suc frais.

6 - *Limonade purgative :*

carbonate de magnésie	11 g
acide citrique	18 g
eau	300 g

aromatiser avec teinture de citron.

7 - Le citron entre dans la composition de l'alcoolat de mélisse composé.

8 - *Sur l'acidité du citron :* il paraît étonnant de lire que le citron est un alcalinisant et un anti-acide gastrique. Les travaux de Rancoule, Labbé... en ont traité. La saveur acide n'implique pas, en effet, que le citron soit acide pour l'organisme, car le goût est dû à des acides organiques qui ne restent pas à l'état d'acides dans les cellules. Des expériences ont prouvé que l'usage prolongé du citron entraîne, dans l'organisme, la production de carbonate de potasse permettant de neutraliser l'excès d'acidité du milieu humoral. On neutralise également l'hyperacidité gastrique par du jus de citron étendu d'eau (le citron est d'ailleurs classé parmi les aliments basiques).

L'acide citrique naturel est oxydé pendant la digestion. Les sels restants donnent des carbonates et bicarbonates de calcium, potassium... lesquels maintiennent l'alcalinité du sang.

Ainsi une substance peut-elle donner à l'extérieur une réaction acide et, dans l'organisme, être génératrice d'alcalinité.

9 - Les citrons rendent beaucoup plus de jus si on les fait auparavant tremper pendant 5 minutes dans de l'eau chaude.

● Quelques recettes utiles :
— Pour nettoyer les cuivres noircis, les frotter avec 1/2 citron dont on a recouvert la section avec du gros sel.

— Pour nettoyer les bijoux d'argent, les frotter avec une tranche de citron, rincer à l'eau chaude et sécher à la peau de chamois.

— Pour nettoyer une cheminée de marbre blanc : la frotter avec 1/2 citron en insistant sur les taches. Passer ensuite un linge fin légèrement huilé.

Pour enlever la rouille sur un linge blanc : placer une rondelle de citron entre 2 couches de tissus. Poser sur la tache et appuyer un fer à repasser très chaud. Recommencer si besoin.

— Pour nettoyer un lavabo taché : frotter avec le mélange 1/2 tasse de jus de citron + une grosse pincée de sel.

— Les taches de légumes de fruits ou d'encre sur les doigts s'enlèvent avec du jus de citron.

— Pour éloigner les *mites,* pendre dans les placards des sachets contenant des écorces de citron séchées.

— Pour éloigner les fourmis, déposer un citron moisi.

Coriandre

Coriandrum sativum.

Ombellifère

Aire de production : Europe Centrale, U.R.S.S., Mogador...

Cette épice se distingue par son aptitude à l'acclimatation dans les pays tempérés : les Égyptiens l'introduisirent sur notre continent et, au XVIIIe siècle, on la cultivait notamment dans la région parisienne.

- PARTIES UTILISÉES : fruit, improprement appelé semence, *essence* obtenue par distillation à la vapeur des semences pulvérisées (rendement : 1 %).

- PRINCIPAUX CONSTITUANTS CONNUS : essence = 90 % de coriandrol (isomère du bornéol), géraniol, pinène, cinéol, terpinène, etc.

- PROPRIÉTÉS (analogues à celles du carvi et de l'anis) :

Usage interne :

— *carminatif.*
— *stomachique.*
— excitant.
— passait autrefois pour être aphrodisiaque et faciliter la mémoire.

Usage externe :

— antalgique.

- INDICATIONS (analogues à celles du carvi et de l'anis) :

Usage interne :

— *aérophagie.*
— *digestions pénibles.*
— *flatulences.*
— *spasmes.*
— anorexie nerveuse, fatigue nerveuse.

Usage externe :

— douleurs rhumatismales.

● MODE D'EMPLOI :

Usage interne :

— *infusion :* une cuillerée à café de semences par tasse d'eau. Bouillir et infuser 10 minutes. Une tasse après chaque repas.
— *teinture :* 10 à 20 gouttes après les repas.
— *essence :* 1 à 3 gouttes, 2 ou 3 fois par jour, après les repas, dans un peu de miel (voir début du chapitre V).

Usage externe :

— en lotions, pommades contre les douleurs rhumatismales.

N.B.
Frais, le fruit, gros comme un grain de poivre, a une odeur de punaise. Il devient agréable et aromatique par la dessiccation.

A faibles doses, et seulement par ingestion du suc de la plante *fraîche,* l'essence de coriandre a des propriétés comparables à celles de l'alcool : elle excite puis déprime. Des quantités plus importantes entraînent une ivresse folle suivie de prostration (Cadéac et Meunier).

Le coriandre est employé comme condiment et, dans les brasseries, pour parfumer la bière. En Algérie, on s'en sert, mélangé au poivre et au sel, pour recouvrir les viandes que l'on veut conserver.

De nombreux apéritifs et liqueurs en contiennent : l'izzara basque, l'ambroisie, le ratafia des «quatre graines» (avec angélique, céleri et fenouil), etc. Les plats «à la Grecque» ne peuvent s'en dispenser (champignons, artichauts...).

Il fait partie de l'eau-de-vie allemande, du sirop de Séné, de l'eau de mélisse... et, avec les semences d'anis, de carvi et de fenouil, des *quatre semences chaudes* (carminatives).

Enfin, l'eau de toilette des Carmes (réalisée par les Carmélites de Paris au xviie siècle) lui doit partiellement sa renommée.

Cyprès

Cupressus sempervirens.

Conifère

C'est l'arbre des cimetières. Mais il a beaucoup d'autres qualités...

- PARTIES UTILISÉES : cônes, feuilles, jeunes rameaux, huile essentielle obtenue par distillation des fruits (noix de cyprès). Plante utilisée depuis la plus haute Antiquité (Assyriens, Hippocrate).
  Synergie : hamamélis, hydrastis, marron d'Inde, cotonnier, viburnum.

- PRINCIPAUX CONSTITUANTS CONNUS : tanins analogues à ceux de l'écorce et des feuilles d'hamamélis, une *huile essentielle :* d-pinène, d-campène, d-sylvestrène, cymène, une cétone, sabinol, un alcool terpénique, acide valérianique, le camphre de cyprès...

- PROPRIÉTÉS :

Usage interne :

— astringent.
— *vaso-constricteur* et tonifiant des veines (pour L. Leclerc, supérieur à l'hamamélis).
— *antispasmodique.*
— antisudorifique.
— *antirhumatismal,* diurétique.
— *rééquilibrant* général (surtout du *système nerveux*).
— anticancer (?).

Usage externe :

— vaso-constricteur.
— désodorisant (pieds).

● INDICATIONS :

Usage interne :
— hémoptysie.
— *hémorroïdes, varices.*
— *troubles ovariens* (dysménorrhées, *métrorragies*).
— ménopause.
— *coqueluche,* toux spasmodique.
— *énurésie* (C. Barbin).
— *grippe.*
— aphonie.
— rhumatismes.
— *irritabilité,* spasmes.
— cancérose (?).

Usage externe :
— hémorroïdes.
— transpiration des pieds.

● MODE D'EMPLOI :

Usage interne :
— *extrait fluide* et teinture : 15 à 30 gouttes avant les 2 grands repas *(énurésie)* - 30 à 60 gouttes pour les autres indications.
la *teinture* de cyprès se donne, comme l'hamamélis, dans les hémorroïdes, les varices, les métrorragies, les troubles de la ménopause, l'hémoptysie (Dr H. Leclerc) : 30 à 60 gouttes avant les 2 grands repas.
— extrait mou : 0,15 à 0,20 g par jour, en pilules.
— le bois est utilisé surtout comme sudorifique et diurétique.
— *huile essentielle :* 2 à 4 gouttes, 2 ou 3 fois par jour, en solution alcoolique ou dans du miel (voir début du chapitre V).

Usage externe :
— solution aqueuse à 5 % de teinture ou d'extrait fluide en lavements.

— décoction à 20 ou 30 g par litre d'eau en bains de pieds contre les transpirations fétides.

— suppositoires à 0,15 ou 0,30 g d'extrait mou.

— *huile essentielle :* quelques gouttes sur l'oreiller, 4 à 5 fois par jour, dans la coqueluche et les toux spasmodiques.

— *suppositoires antihémorroïdaires :*

extrait mou de noix de cyprès	0,15 g
extrait mou d'opium .... }	aa deux
extrait mou de belladone .... }	centigrammes
beurre de cacao	5 g

pour un suppositoire : un à trois par jour (H. Leclerc).

— *pommade antihémorroïde :*

extrait mou de cyprès	1 g
onguent populeum	50 g

N.B.

L'infusion de la galbule (cône globuleux du cyprès) a des propriétés cicatrisantes dans le traitement des plaies.

● SPÉCIALITÉS :

— Bains «Alg-Essences» (voir p. 149).

Estragon

Artemisia dracunculus.

Synanthérée

Plante potagère, sorte d'armoise, excellent condiment qui peut, à la rigueur, remplacer le sel, le poivre et le vinaigre.

L'essence est obtenue par distillation de la plante.

● PRINCIPAUX CONSTITUANTS CONNUS : estragol (60-70 %), 15 à 20 % de terpènes : ocimène, phellandrène...

● PROPRIÉTÉS :

— *stimulant* général et *digestif.*
— apéritif.
— stomachique.
— *antispasmodique.*
— antiseptique interne.
— carminatif.
— emménagogue.
— vermifuge.
— anticancer (?).

● INDICATIONS :

— anorexie.
— *dyspepsies,* digestions lentes, gastralgies.
— *dystonies neuro-végétatives.*
— *hoquet,* aérophagie.
— flatulences, fermentations putrides.
— dysménorrhée.
— *parasites* intestinaux.
— algies rhumatismales.
— cancérose (?).

● Mode d'emploi :

— dans l'alimentation (salades, crudités, plats cuisinés).
— infusion : 25 à 30 g par litre d'eau. Infuser 10 minutes. Après les repas ou dans la journée.
— essence : 2 ou 3 gouttes en solution alcoolique, 3 à 4 fois par jour, ou dans du miel (voir début du chapitre V).

N. B.

1. Certains reconnaissent à l'estragon des vertus anticancer.

2. Les malades soumis au régime sans sel l'utiliseront avec avantage.

3. Contre le hoquet : mâcher une feuille d'estragon ou sucer un morceau de sucre sur lequel on aura déposé 3 ou 4 gouttes d'essence pure d'estragon. Ce peut donc être indiqué à la suite de banquets (succès de prestige assuré).

Mais la réalité des puissantes propriétés antispasmodiques de l'estragon, attestée par de nombreux auteurs, fut prouvée une fois de plus un jour lors d'une de mes consultations. Je soignais une enfant de trois ans sujette à des crises épileptiformes. Lorsqu'un hoquet se manifestait, la petite malade en était affectée pendant plusieurs heures et, pendant une journée, restait sans vie véritable. Le hasard voulut qu'elle débute une crise de hoquet devant moi : deux gouttes (pas plus car l'essence d'estragon est d'une rare puissance) sur un morceau de sucre et la crise fut stoppée en quelques secondes.

Eucalyptus

Eucalyptus globulus.

Myrtacée

Synonyme : arbre à la fièvre.

On en connaît plus de 300 espèces dont environ 50 sur le littoral méditerranéen.

Originaire de l'Australie, Tasmanie. Se rencontre dans toute l'Europe, l'Afrique méditerranéenne.

On l'utilise sous forme d'infusion (feuilles, boutons floraux), sous forme d'inhalations (feuilles, huile essentielle), également par la bouche sous forme d'huile essentielle, généralement associée à d'autres essences.

● PRINCIPAUX CONSTITUANTS CONNUS : tanins, essence composée d'eucalyptol (80 à 85 %), de phellandrène, d'aromadendrène, d'eudesmol et de pinène, de camphène, d'aldéhydes valérique, butyrique et caproïque, d'alcools éthylique et amylique...

L'essence est retirée des feuilles d'eucalyptus par distillation à la vapeur.

L'expérience a démontré, depuis longtemps, les effets de l'eucalyptol, excellent antiseptique pulmonaire dont l'élimination se fait partiellement par la muqueuse bronchique.

Or, l'activité des autres composants de l'essence d'eucalyptus est encore plus grande. Cette essence possède un pouvoir bactéricide bien supérieur à celui de l'eucalyptol pur, ainsi qu'en font foi les expériences de M. Cuthbert Hall sur diverses cultures microbiennes «On Eucaliptus oils especially in relation to theirs bactericid power» (Schimmel, Bulletin, octobre 1904).

Cette activité supérieure serait due à la présence d'une petite quantité d'ozone produite par l'oxydation des phellandrènes et aromadendrènes.

● PROPRIÉTÉS :

Usage interne :

— *antiseptique général,* notamment des *voies respiratoires* et des voies urinaires.
— *balsamique* (calmant de la toux, fluidifiant des expectorations).
— *hypoglycémiant* (Faulds, Trabut).
— antirhumatismal.
— fébrifuge.
— *vermifuge.*
— stimulant.

Usage externe :

— bactéricide (la nébulisation d'une émulsion à 2 % d'essence d'eucalyptus tue 70 % des staphylocoques ambiants).
— parasiticide.
— cicatrisant.
— préventif des affections contagieuses et pulmonaires.
— éloigne les moustiques.

● INDICATIONS :

Usage interne :

— affections des *voies respiratoires : bronchites* aiguës et chroniques, *grippe, tuberculose* pulmonaire, gangrène pulmonaire, asthme, toux.
— affections des voies urinaires : infections diverses, *colibacillose.*
— *diabète.*
— certaines affections et pyrexies : malaria, typhus, rougeole, scarlatine, choléra (prophylaxie de la scarlatine, rougeole, méthode de Milne).
— *rhumatismes,* névralgies.

— *parasites intestinaux* : ascaris, oxyures.
— *migraines.*
— *asthénie.*

Usage externe :

— plaies, brûlures : en pansements, favorise la formation des bourgeons charnus réparateurs.
— affections pulmonaires, grippe (méthode de Milne, voir *N.B.*).
— sinusites.
— pédiculose (Sergent et Holey).
— moustiques (pour les éloigner).

● MODE D'EMPLOI :

Usage interne :

— *infusion :* 3 à 4 feuilles (ou une cuillerée à soupe de feuilles coupées) par tasse. Faire bouillir une minute et infuser 10 minutes. Trois à cinq tasses par jour.
— poudre de feuilles : cachets de 0,50 g, 6 à 10 par jour.
— alcoolature : 2 à 4 g par jour en potion (pour les enfants, 5 gouttes par année d'âge et par jour).
— teinture au 1/5 : 1 à 10 g par jour, en potions.
— sirop (Codex) : 30 à 100 g par jour (20 g = 0,70 g de feuilles d'eucalyptus).
— *huile essentielle :* s'utilise, soit en gouttes (2 à 5 gouttes 2 ou 3 fois par jour en solution alcoolique ou dans du miel (voir début du chapitre V).
(52 gouttes au gramme — dose maxima par jour : 2 à 3 g).
soit sous forme de perles ou capsules de 0,10 à 0,20 g (0,20 à 2 g par jour).

Usage externe :

— infusion utilisée en fumigations dans les

chambres, en inhalations (10 g pour un litre).
— essence en inhalations (X à XV gouttes dans un bol d'eau bouillante).
— *formule pour inhalations* (grippe, sinusites, bronchites) :

huile essentielle de lavande	1 g
huile essentielle de pin (aiguilles)	2 g
huile essentielle de thym	2 g
huile essentielle d'eucalyptus	4 g
alcool à 90° .... q.s.p.	150 cc

une cuillerée à dessert à une cuillerée à soupe pour un bol d'eau bouillante. Pour 2 à 3 inhalations par jour, pendant 8 à 15 jours.

— *comprimés pour inhalations* :

menthol	0,001 g
essence d'eucalyptus	0,06 g
essence de thym	0,03 g
teinture de benjoin	0,03 g

pour un comprimé. Un à deux comprimés délayés dans un bol d'eau très chaude.
— plaies (infusion, essence diluée).

— *brûlures* :
mixture huileuse antiseptique (Hôpital Broussais) :

essence d'eucalyptus et thym	aa 2 g
essence de romarin de lavande	aa 3 g
menthol	0,50 g
salicylate de méthyle	1 g
baume Tranquille	100 g
huile d'œillette	1 000 g

pour pansements.

— *mélange désinfectant* :

essence d'eucalyptus .... }	
phénol .... }	aa 15 g
essence de térébenthine	100 g

laisser évaporer dans la chambre (sur des compresses, par exemple).

— lotion pour *éloigner les moustiques* :

essence d'eucalyptus	3,50 g
essence de géranium	2,50 g
essence de citronnelle	3,50 g
alcool à 90° .... q.s.p.	90 ml

en applications sur les parties découvertes ou mieux : «Stop-Insectes», de Phyto-Est (6, rue des Cigognes - 67000 Strasbourg - Tél. : (88) 32.12.84).

N.B.

1 - Méthode de Milne : méthode de traitement des fièvres éruptives, en particulier de la rougeole et de la scarlatine, permettant d'éviter la contagion sans pratiquer l'isolement du malade. Elle consiste en badigeonnages répétés des amygdales et du pharynx avec de l'huile phéniquée à 10 %, en onctions de la peau avec de l'essence d'eucalyptus pure et en protection de la tête du malade, pendant la période d'éternuement et de toux, par un grand cerceau recouvert d'un voile que l'on asperge périodiquement avec de l'essence d'eucalyptus.

2 - Une variété d'eucalyptus résiste à la gelée : *Euc. coccifera* (var. Favieri), et semble-t-il : E. gueii, var. montana.

● Spécialités : Bains «Alg-Essences» (voir page 149) et «Tégarome» (p. 442).

Fenouil
Fœniculum vulgare (anethum fœniculum)
Ombellifère

Synonymes : fenouil puant, queue de pourceau, *anis doux*.

Il en existe deux variétés : le fenouil doux et le fenouil sucré ou de Florence que l'on consommera avec avantage à la manière du céleri cuit.

Aire de production : bassin méditerranéen, Europe Centrale, Inde, Japon, Asie, Amérique.

- PARTIES UTILISÉES : racine, semences, feuilles, essence obtenue par distillation à la vapeur des graines pulvérisées.

- PRINCIPAUX CONSTITUANTS CONNUS : huile essentielle = 50 à 60 % d'anéhol, fénone, estragol, camphène, phellandrène...

- PROPRIÉTÉS (analogues à celles de l'anis, du carvi, du coriandre).

1 - *racine*
— *diurétique* déchlorurant et azoturique (H. Leclerc) pour « ceux qui ne peuvent pisser que goutte à goutte » (Dioscoride).
— apéritif.
— *carminatif.*
— *emménagogue.*

2 - *semences* et *essence*
— apéritif.
— digestif.
— diurétique déchlorurant et azoturique.
— tonique général.
— *emménagogue.*
— expectorant.

— antispasmodique.
— laxatif.
— *galactogogue.*
— vermifuge.

● INDICATIONS :

Usage interne :

1 - *racine*
— oliguries.
— *lithiases urinaires.*
— inflammations des voies urinaires (cystites).
— goutte.

2 - *semences* et *essence*
— *météorisme.*
— inappétence.
— *atonie des voies digestives,* digestions lentes.
— aérophagie.
— oliguries et lithiases urinaires, goutte.
— règles insuffisantes.
— affections pulmonaires.
— grippe (prophylaxie).
— douleurs gastriques, vomissements nerveux.
— insuffisance lactée des nourrices.
— parasites intestinaux.

Usage externe :

— engorgement des seins, ecchymoses, tumeurs
  (feuilles).
— surdité.
— soins des gencives.

● MODE D'EMPLOI :

1 - *racine*
— décoction : 25 g pour 1 litre d'eau. Bouillir
  2 minutes. Infuser 10 minutes. Trois tasses par
  jour (oliguries, goutte).

— *sirop* des 5 racines (racines de petit houx, ache, persil, fenouil, asperge) : 60 à 100 g par jour (diurétique).

2 - *semences*

— poudre de semences : 1 à 4 g par jour.
— infusion : 1 cuillerée à café par tasse. Infuser 10 minutes. Une tasse après chaque repas.
— prophylaxie de la grippe : mâcher des semences de fenouil.

3 - *essence*

— huile essentielle : 1 à 5 gouttes dans du miel, 2 à 3 fois par jour (voir début du chapitre V).
— *mixture carminative :*

teinture de fenouil	
teinture de carvi	aa 5 g
teinture d'angélique	
teinture de coriandre	

50 gouttes dans une cuillerée d'eau ou un peu de thé léger, après les repas.

— *boisson de régime dans la lithiase urinaire* : faire bouillir quelques secondes une poignée de barbe de maïs dans 1 litre d'eau. Laisser infuser en y ajoutant 2 cuillerées à café de graines de fenouil. Laisser refroidir et passer. À volonté.

— *dentifrice* (fortifiant des gencives) :

semences de fenouil pulvérisées	parties
charbon de peuplier	égales
quinquina gris	

4 - *feuilles*

— en infusion à 30 g par litre. Un verre après les repas (tonique nervin et digestif).
— feuilles fraîches : en cataplasmes résolutifs sur les tumeurs, ecchymoses, engorgements laiteux.

5 - *feuilles, racines, semences, essence* : diriger la vapeur de la décoction, avec un entonnoir, dans le conduit auditif contre la *surdité*.

N. B.

1 - A hautes doses, le fenouil est convulsivant (à l'inverse de l'anis vert). Son essence rend les animaux craintifs.

2 - La semence fait partie des « quatre semences chaudes » avec l'anis, le carvi, le coriandre.

3 - Le fenouil était autrefois considéré comme antivenimeux, contre les piqûres de serpents, de scorpions... (Chinois, Hindous), passait pour une excellente variété ophtalmique et utilisé comme facteur amaigrissant.

4 - L'essence de fenouil entre dans la composition de liqueurs : génépi, ratafia des quatre graines (avec angélique, céleri, coriandre), la poudre de réglisse composée du Codex, de dentifrices, de collutoires...

Genévrier*

Juniperus communis.

Conifère

Petit arbuste au bois dur se rencontrant dans le Centre et le Midi de l'Europe, en Suède, au Canada... Connu depuis l'Antiquité pour ses services antiseptiques et diurétiques (Caton l'Ancien).

On utilise les baies, le bois, les feuilles, et son essence, obtenue par distillation des baies à la vapeur (genièvre).

- PRINCIPAUX CONSTITUANTS CONNUS : junipérine et huile essentielle contenant bornéol et isobornéol, cadinène, pinène, camphène, terpinéol, alcool terpénique - camphre de genièvre, albumine, sucre (73 %).

- PROPRIÉTÉS :

Usage interne :

— *tonique* des fonctions viscérales, du *système nerveux,* des *voies digestives,* et *excitant général des sécrétions* (baies).
— *antiseptique* pulmonaire, digestif, urinaire et sanguin.
— *stomachique.*
— *dépuratif.*
— *diurétique* uricolytique - sudorifique (bois).
— antirhumatismal : favorise l'excrétion de *l'acide urique* et des toxines.
— *antidiabétique.*

---

* Parmi les genévriers, on distingue :
— un groupe à feuilles en alène et à rameaux disposés irrégulièrement dont font partie le G. *commun* et *l'oxycèdre* (voir plus loin).
— un groupe à feuilles collées aux rameaux, disposés suivant des plans verticaux. En font partie la Sabine, le Savinier et le Morven.

— emménagogue.
— soporifique.

Usage externe :

— parasiticide.
— dépuratif.
— antiseptique.
— cicatrisant.

● INDICATIONS :

Usage interne :

— *lassitude* générale ou organique (digestions lentes).
— prophylaxie des maladies contagieuses.
— affections des *voies urinaires* (reins, vessie) : *blennorragie,* cystite (s'en abstenir en cas d'inflammation aiguë des reins).
— albuminurie.
— oligurie.
— hydropisie, cirrhose.
— fermentations intestinales.
— *lithiase urinaire.*
— artériosclérose.
— *goutte.*
— *rhumatismes,* arthritisme.
— *diabète.*
— *menstruations douloureuses,* leucorrhées.

Usage externe :

— séquelles de *paralysies.*
— eczéma suintant, acné.
— plaies, plaies atones, ulcères.
— dermatoses, névralgies dentaires (huile de cade).
— gale du chien (usage vétérinaire).
— désinfection des habitations.

● Mode d'emploi :

Usage interne :

— *baies :*

1 - en infusion : 20 à 30 g par litre d'eau, ou une cuillerée à café par tasse. Infuser 10 minutes, 3 tasses par jour *(diurétique* et *stomachique).*
Entrent dans la composition des vins de Trousseau, de la Charité.

2 - Elles ont des propriétés *antidiabétiques* aux doses suivantes : en moudre chaque jour une dizaine et les absorber avec de l'eau pendant 15 jours, un mois. A renouveler.

— teinture-mère de baies : 15 gouttes dans une infusion, après les repas.

— *extrait aqueux :* 1 à 5 g par jour, en potion, pilules.

— *essence :* de 0,10 à 0,20 g par jour, en solution alcoolique ou dans du miel (voir début du chapitre V).

— *sirop antiarthritique :*

extrait mou de baies de genièvre	
extrait fluide de prêle .... } aa 10 g	
sirop des 5 racines .... q.s.p. 400 g	

2 à 5 cuillerées à soupe par jour.

— *vin de genièvre :*

baies concassées	30 g
rameaux coupés	15 g
vin blanc	1 litre

laisser macérer 4 jours. Passer et ajouter 30 g de sucre. De un verre à liqueur à un verre ordinaire par jour *(tonique,* apéritif, *diurétique, antilithiasique,* indiqué dans les *fièvres d'automne).* L'action tonique est renforcée si on ajoute une pincée de petite absinthe et 15 g de racine de raifort sauvage.

— autre formule de *vin de genièvre :*

baies concassées	} aa 7.5 g
graines de moutarde blanche	
vin blanc	2 litres

laisser macérer 5 jours. Filtrer. 1/2 verre 2 fois par jour (tonique, apéritif, stomachique).

— *vin diurétique de l'Hôtel-Dieu ou de Trousseau :*

digitale	5 g
scille	15 g
baies de genièvre	25 g
acétate de potasse	50 g
alcool	100 g
vin blanc	900 g
(20 g contiennent 0,10 g de digitale)	

Usage externe :

— bois de genièvre : 50 g par litre d'eau, en décoction. Pour lavages des *plaies torpides,* des *ulcères anciens,* dont elle favorise la cicatrisation.

— liniment excitant contre les *paralysies :*

essence de genièvre	2 g
menthol	1 g
essence de térébenthine	20 g
alcool à 90°	120 g

— bains de genièvre (rhumatismes, arthrite) : résultats parfois spectaculaires — ou en ablutions.

— voir à romarin : formule de bain aphrodisiaque.

— les *baies* grillées forment un excellent *désinfectant des habitations.*

N.B.

1 - L'essence de genièvre dissout facilement l'iode qui perd ses réactions habituelles (ne colore pas l'amidon en bleu, ne colore pas la peau en jaune). L'essence de genièvre iodée, absorbée, libère rapidement l'iode que l'on retrouve dans les urines, le mucus nasal (Heller). Ceci constitue une preuve supplémentaire du cheminement rapide des essences dans l'organisme.

2 - Il est évidemment recommandé de manger

les baies utilisées en cuisine (choucroute). Les snobs les rejettent au bord de l'assiette.

3 - La distillation donne l'alcool de genièvre.

4 - Les jeunes pousses, séchées sur une claie, coupées en petits morceaux et conservées dans une boîte fermée, constituent un excellent thé.

5 - L'*huile de cade* est extraite d'une autre espèce de Juniperus : J. oxycedrus. Elle est utilisée contre les dermatoses et les névralgies dentaires : un petit tampon d'ouate imbibé introduit dans l'orifice de la dent.

6 - C'est du genévrier que serait extraite l'huile de Haarlem, de composition restée secrète (avec addition de baies de laurier et de bois de pin ?). Pour l'écrivain Jean Vancuylenborg, d'origine hollandaise, ces renseignements sont erronés. La formule qu'il donne est :

huile de lin sulfurisé   1
ess. de térébenthine   2
(voir à térébenthine)

7 - L'essence de genièvre donne aux urines une odeur de violette.

● Spécialités : Bains « Alg-Essences » (voir page 149).

Oxycèdre

Juniperus Oxycedrus

Syn. : Genièvre oxycèdre, G. *cade,* petit cèdre.
Ses baies, rouges ou rouge-brun, sont deux fois plus grosses que celles de l'espèce précédente.

Son usage relève approximativement des mêmes indications mais, ne l'ayant pas contrôlé, je relève les propriétés diurétiques, stimulantes et vermifuges.

L'*huile de cade* est obtenue par distillation sèche et lente, à l'abri de l'air, surtout du bois des vieux arbres, des grosses branches et des racines. Le rendement peut atteindre 30 %.

Elle contient des ac. organiques, des phénols, des matières résineuses, des hydrocarbures... elle est souvent falsifiée.

Ses *indications vétérinaires* restent celles qui furent données en médecine humaine, dès 1846, par le Dr Serre :

— *dermatoses :* certains eczémas, psoriasis, prurigo, gale.

On l'emploie en pommade ou, contre la chute des cheveux, en shampooing (celui de J. Raillon - 9, rue Camille Pelletan - Marseille).

Géranium

Pelargonium odorantissimum.

Géraniacée

Provient d'Algérie, la Réunion, Madagascar, la Guinée.

Il en existe une vingtaine de genres et environ 700 espèces.

Le géranium fut introduit à la Réunion à la fin du XIXᵉ siècle sous la forme de *Pelargonium Capitatum* et, vers 1900, on introduisit le *Pelargonium Graveolens,* venant de Grasse.

Pour R. Michelon et R. Lavergne (Ile de la Réunion), le « géranium-pays » est certainement un hybride, ce qui lui donne probablement des finalités accrues.

On en cultive environ 50 000 pieds à l'hectare.

On utilise la plante entière en infusion, et l'huile essentielle[1] obtenue par distillation à la vapeur. Les Anciens le considéraient comme un vulnéraire exceptionnel capable de consolider les fractures et d'éliminer les cancers.

● PRINCIPAUX CONSTITUANTS CONNUS de l'huile essentielle : alcools terpéniques (citronnellol, géraniol, terpinéol, linalol, bornéol), terpènes (1-pinène, phellandrène), esters (acétiques, butyriques, valérianiques, formiques), cétones, un phénol : l'engénol.

L'essence de Bourbon contient 80-90 % de citronnellol et 10-20 % de géraniol.

● PROPRIÉTÉS :

Usage interne :

---

1. Pour obtenir l'essence de géranium, on utilise plusieurs espèces de Pélargonium : P. graveolens, P. capitatum, P. roseum, P. fragans.

— tonique.
— astringent.
— hémostatique.
— antiseptique.
— antidiabétique.
— vermifuge.
— anticancer (?).

Usage externe :

— cicatrisant.
— antiseptique.
— antalgique.
— parasiticide.
— *éloigne les moustiques.*

● INDICATIONS :

Usage interne :

— *asthénies* diverses (déficit des cortico-surrénales).
— diarrhées.
— *gastro-entérite.*
— *ulcère gastrique.*
— *hémorragies* utérines, hémoptysies (décoction de feuilles).
— *diabète.*
— *lithiase urinaire.*
— *stérilité (?).*
— *oxyurose, ascaridiose.*
— cancers (?).

Usage externe :

— engorgement des seins.
— plaies, brûlures, ulcérations.
— engelures.
— angines, stomatites, glossites, aphtes.
— ophtalmies.
— névralgies faciales et du zona.
— douleurs gastriques et lombaires.

— dermatoses (dartres, eczémas secs).
— pédiculose.
— cancérose, cancer utérin (?).
— moustiques (pour les éloigner).

● MODE D'EMPLOI :

Usage interne :

— *infusion :* une cuillerée à dessert par tasse d'eau
   bouillante.
— *huile essentielle :* 2 à 4 gouttes, 2 ou 3 fois par
   jour en solution alcoolique, ou dans du miel
   (voir début du chapitre V). Infuser 10 minutes.
   3 tasses par jour, entre les repas.

Usage externe :

— une poignée par litre d'eau. Bouillir 10 minutes.
   En *gargarismes* dans les angines, stomatites,
   glossites.
   ou gargarismes avec *Tégarome* (voir p. 442) :
   25 gouttes pour un verre d'eau tiède.
— les feuilles pilées, appliquées sur les coupures
   et plaies, en facilitent la cicatrisation.
— les feuilles éloignent les moustiques.
— crème ou cérat : contre les engelures.
— pommade, contre l'inflammation des seins.
— H.E. pure ou diluée : coupures, plaies, brûlures
   (voir *Tégarome*, p. 442).
— les fleurs fraîches écrasées — ou les feuilles —
   en applications contre les ophtalmies.
— décoction ou applications de la plante cuite
   contre : névralgies faciales, douleurs gastriques
   et lombaires, œdèmes des jambes, engorgement
   des seins, dartres, eczémas secs.
— voir à Origan, une formule de pommade contre
   la pédiculose.

N.B.

Italie - Découverte d'un principe anticoagulant dans les feuilles de plusieurs espèces de géraniums.

Le Dr Simone Vetrano, de l'Institut de Biologie maritime sicilien de Sciacca, a décelé la présence d'un principe anticoagulant dans les feuilles de plusieurs espèces du genre Pelargonium, en particulier dans celles de certains géraniums d'ornement. Cette substance exerce, in vitro, un effet anticoagulant persistant sur le sang humain. L'expérimentation animale n'a déterminé en aucun cas d'hémorragies, de signes de toxicité ou d'altérations parenchymateuses. (Presse Médicale, 1962.)

● SPÉCIALITÉS : Anthelox (Lab. Lesourd). Tégarome (produit d'hygiène), voir p. 442.

N.B.

Le *Géranium Robertianum* L., appelé Herbe de St-Robert, est un végétal différent mais de propriétés comparables à celles du *Pelargonium odorantissimum*. Parmi ses synonymes : Bec de grue (du grec *Geranos* = grue), bec de cigogne, pied de pigeon, patte d'alouette...

Il ne contient qu'une faible quantité d'essence, qui disparaît au séchage, d'une odeur fétide, donc ne ressemblant pas à l'H.E. de géranium.

Voici ce que dit du G.R., Roger Lavergne dans le *Journal de l'Isle de la Réunion* du 14.04.77 :

Ses divers noms populaires traduisent soit la forme de ses fruits « becs de grue », « becs de cigogne », « épingles de la Vierge », « aiguilles de Notre-Dame », « Fourchette du diable », « pied de pigeon », « pied de colombe », soit l'apparence de ses feuilles, « cerfeuil sauvage », « persil maringouins » (moustiques), soit leur attachement à Saint-Robert, « Géranium Robert », « Géraine robertin », « herbe de St-Robert ». Cette « herbe rouge » est plutôt rattachée à Saint-Rupert, 1er évêque de

Salzbourg (VIIIᵉ siècle) qui «aurait découvert ses propriétés hémostatiques». Cette «herba Ruperti» du Moyen-Age, très riche en tanin (35 %), possède en effet des propriétés antihémorragiques et astringentes utiles dans la dysenterie et diverses inflammations : oculaires, buccales, intestinales, rénales, cutanées.

Au XVIᵉ siècle, Matthiole en signalait déjà l'emploi contre «les érysipèles, les inflammations de la mamelle, les ulcères de la bouche et des organes sexuels».

Sa décoction est à utiliser en gargarisme dans les irritations de la bouche et de la gorge, en cas d'angines et d'inflammations des amygdales. La «géraniine» communique au breuvage son goût amer, lequel peut être adouci avec du miel. La même tisane refroidie pourra servir comme celle du géranium rosat à préparer un collyre.

Des feuilles fraîches lavées et écrasées ou le suc qu'on peut en extraire peuvent être appliqués sur les plaies et ulcérations cutanées.

Cazin «a signalé l'effet diurétique sans excitation de 50 à 100 g de suc dans du petit-lait dans le cas de néphrite chronique». Quant au Dr Leclerc, il lui a reconnu des propriétés voisines de l'insuline puisqu'elle diminue la quantité de sucre présente dans l'urine des diabétiques.

Gingembre
Zingiber officinale.

Zingibéracée

Originaire de l'Inde, de la Chine et de Java. Cultivé aux Philippines, à Tahiti.

Une des épices et drogues les plus estimées depuis l'Antiquité jusqu'au Moyen Age.

- PARTIES UTILISÉES : racine, essence obtenue des racines par entraînement à la vapeur.

- PRINCIPAUX CONSTITUANTS CONNUS : une oléorésine contenant le gingénol, composé de plusieurs phénols, gingérone, zingizérène...

- PROPRIÉTÉS :

Usage interne :

— apéritif.
— stomachique.
— carminatif.
— antiseptique.
— stimulant.
— tonique.
— antiscorbutique.
— fébrifuge.

Usage externe :

— antalgique.
— ophtalmique (?).

- INDICATIONS :

Usage interne :

— inappétence.
— digestions pénibles.

— flatulences.
— diarrhées.
— prévention des maladies contagieuses.
— impuissance.

Usage externe :

— douleurs rhumatismales.
— angines.
— cataracte (voir *N.B.*).

● MODE D'EMPLOI :

Usage interne :

— en condiments dans la cuisine et les pâtisseries (Allemagne, Angleterre, nombreux pays exotiques).
— essence : 1 à 3 gouttes plusieurs fois par jour dans du miel (voir début du chapitre V).
— teinture : 10 à 20 gouttes avant les repas, utilisées seules ou en association :

teinture de gingembre	10 g
teinture d'absinthe	5 g
	(H. Leclerc)

XX à XXX gouttes avant les repas.

Usage externe :

— *douleurs rhumatismales* : frictions avec le liniment :

teinture de gingembre	40 g
essence d'origan	2 g
alcoolat de romarin	60 g
	(H. Leclerc)

Formule personnelle :

teinture de gingembre		180 g
essence d'origan	}	aa 6 g
essence de genièvre		
essence de cyprès		3 g
essence de térébenthine		12 g
alcoolat de romarin .... q.s.p.		500 ml

frictions 2 ou 3 fois par jour, des endroits

douloureux, pendant 15 jours-3 semaines, même si les douleurs ont été effacées en deux ou trois jours.

— *angines* accompagnées d'œdème : gargarismes avec 1/2 à une cuillerée à café de teinture de gingembre pour un verre d'eau bouillie tiède.

N.B.

1 - Le gingembre entre dans la composition de nombreuses boissons (ginger-brandy, g. beer, jamaïca ginger...).

2 - L'eau distillée était autrefois considérée comme un des meilleurs remèdes ophtalmiques (cataracte).

3 - Au Sénégal et au Fouta-Djalon, les femmes utilisent le tubercule du gingembre pour s'en faire des ceintures dans le but de réveiller les sens endormis de leurs époux (G. Capus et D. Bois). A suivre.

4 - On utilise également le gingembre sous forme de poudre «comme topique rectal pour forcer les chevaux à relever la queue, signe de vigueur et de race toujours apprécié des fervents de l'hippisme» (Dr H. Leclerc).

Ginseng

Panax ginseng.

Araliacée

Il existe plusieurs variétés de ginseng : le *panax C.A. Meyer* (ginseng de Corée et de Mandchourie), le *panax quinquefolium* (Amérique) et le *panax repens* (Japon), en plus d'autres moins importantes. La première est considérée comme ayant la meilleure efficacité thérapeutique (la Corée et la Mandchourie sont les principaux pays producteurs).

On utilise la racine — qui se présente sous la forme de cuisses — une panacée pour les Extrême-Orientaux qui la considèrent surtout comme un tonique général et sexuel.

- PRINCIPAUX CONSTITUANTS CONNUS : magnésium, phosphore, calcium, potassium, silice, soufre, fer, cuivre... vitamines, surtout du groupe B, huiles volatiles, principes œstrogènes, saponines, glucosides, stérols, résine, amidon...

- PROPRIÉTÉS :

  — tonique (général, cérébral, cardiaque, sexuel).
  — régulateur des règles (contient des principes comparables aux hormones ovariennes).
  — serait tonicardiaque et régulateur des pulsations.
  — préventif des maladies infectieuses.
  — hypoglycémiant.

- INDICATIONS :

  — fatigue générale, intellectuelle, sexuelle.
  — épidémies.
  — diabète (Pr Hong Hak Kun).

● MODE D'EMPLOI :

— Préparations homéopathiques. Spécialités chinoises et de différents pays.

N.B.

Le ginseng est actuellement dans le vent. L'essentiel est de connaître la proportion du végétal contenu dans les diverses préparations proposées. Ce n'est pas toujours aisé et, fatalement, à côté des établissements sérieux se sont très vite glissés beaucoup de mercantis dont les panneaux mirobolants ont pompé le portefeuille d'innombrables gogos.

Contrairement à d'autres catégories professionnelles, les médecins ne se sont jamais polarisés sur cette «panacée», qui l'est surtout pour quantités de tiroirs-caisses. Leur prudence est louable car de nombreuses présentations de ginseng sont falsifiées par divers additifs, y compris synthétiques comme les corticostéroïdes. Quant au produit pur, bien emballées les racines se conservent trois semaines puis leurs qualités diminuent.

L'abus d'un ginseng actif peut provoquer des effets indésirables : turgescence douloureuse des seins, excitation du système nerveux central, hyper ou hypotension... et, pour des doses de l'ordre de 15 g en ingestion, parfois un syndrome confusionnel. Rien qui ait de quoi nous surprendre : «rien n'est poison, tout est poison, seule la dose compte», la dose bienfaisante étant de surcroît fonction de la physiologie de l'usager.

Une démonstration supplémentaire justifiant mon refus d'englober la phytothérapie dans le concert des «médecines douces».

Pour les médecins et pharmaciens qui voudraient en savoir plus : lire la très bonne mise au point de Ch. Vaille dans «Médecine et nutrition», n° 4, 1982, pp. 247-249 (La Simarre, édit., Z.I. n° 2, rue Joseph-Cugnot, 37300 Joué-les-Tours).

Girofle
Eugenia caryophyllata.
Myrtacée

Le giroflier est un arbre pouvant atteindre 15 à 20 m, à feuilles gris clair, à écorce lisse, des îles Moluques, La Réunion, Antilles, Madagascar.

- Parties utilisées : les boutons floraux («clous de girofle») et l'essence retirée, par distillation à la vapeur, des boutons séchés à l'air. On en extrait 16 à 20 % du poids des clous.
  Production : 10 000 tonnes de «clous» par an aux îles Zanzibar et de Pemba (les 7/8 de la production du monde), 1 000 tonnes à Madagascar... Un arbre donne, en moyenne, 7 à 10 kg de clous annuellement.

- Principaux constituants connus : gomme, tanin, caryophylène, huile essentielle : 70-85 % d'eugénol, acéteugénol, alc. méthylique, salicylate de méthyle, furfurol, pinène, vanilline, caryophyllène...

- Propriétés :

Usage interne :

— excitant.
— tonique utérin pendant l'accouchement.
— *antiseptique énergique* (voir *N.B.*) — une émulsion à 1 % de clous de girofle a un pouvoir antiseptique supérieur à celui du phénol (3 à 4 fois plus).
— stomachique et carminatif.
— antinévralgique et caustique.
— antispasmodique.
— aphrodisiaque (?).

— vermifuge.
— anticancer (?).

Usage externe :

— parasiticide.
— antiseptique.
— cicatrisant.
— antalgique.
— caustique.

● INDICATIONS :

Usage interne :

— asthénie physique et intellectuelle (déficience de la mémoire).
— préparation à l'accouchement.
— prévention des maladies infectieuses (autrefois de la peste...).
— dyspepsies, fermentations gastriques, diarrhées.
— flatulences.
— affections pulmonaires (tuberculose).
— névralgies dentaires.
— impuissance (?).
— parasites intestinaux.
— cancérose (?).
— était autrefois préconisé contre les céphalées, la surdité, l'hydropisie, la goutte.

Usage externe :

— gale.
— plaies, plaies infectées, ulcères de jambe.
— névralgies dentaires.
— taies de la cornée.
— lupus.
— pour éloigner les moustiques et les mites.

● MODE D'EMPLOI :

Usage interne :

— 2 à 4 gouttes *d'essence* 3 fois par jour, en solution alcoolique ou dans du miel (voir début du chapitre V).

— préparation à l'accouchement ; utiliser le clou de girofle dans les potages pendant les derniers mois de la grossesse. Avant l'accouchement, absorber une infusion de clous de girofle.

— *diablotins ou pastilles aphrodisiaques de Naples :*

sucre	500 parties
mastic	12 —
safran	8 —
musc	1 —
gingembre	2 —
girofle	2 —
ambre gris	4 —
infusé de marum	q.s.

faire des pastilles de 0,50 g à 1 g. En prendre 4 à 5 par jour.

— les clous de girofle dans la *cuisine* quotidienne (potages, ragoûts, marinades...).

Usage externe :

— en fumigations.

— en lotions, compresses, bains de bouche (solution d'essence ou infusion de clous).

— il y a une soixantaine d'années, W. A. Briggs utilisait les propriétés antiseptiques de l'essence de girofle pour la désinfection des mains des chirurgiens, des accoucheurs, des infirmières, également celle des champs opératoires. Il traitait, à l'aide de cette essence, les plaies simples ou contuses et infectées, les ulcères de jambe, tamponnait les cavités d'abcès avec une mèche de gaze humectée d'essence pure ou diluée. H. Leclerc rappelle que l'essence de girofle est un excellent pansement du cordon ombilical : elle n'est ni toxique, ni irritante, et douée d'un certain pouvoir analgésique.

Un médecin russe employait l'extrait aqueux

fluide de girofle dans le traitement des taies de la cornée, disparu le stade inflammatoire. Les instillations entraînaient l'éclaircissement des taches par résorption des infiltrats et amélioration de la nutrition du tissu cicatriciel de la cornée.

— en frictions contre le lupus, en dilution alcoolique (5 à 10 %).

— contre la gale : voir à lavande : pommade d'Helmerich.

— pour éloigner les moustiques et les mites : une orange piquée de clous de girofle.

N.B.

1 - Aux îles Moluques, les Hollandais ayant détruit, au xviie siècle, tous les girofliers de Ternate, le pays fut dévasté par plusieurs épidémies inconnues jusqu'alors. Contre la contagion, on utilisait fréquemment autrefois des oranges dans lesquelles on avait piqué des clous de girofle.

Il y a quelques années (janv. 1979), un écrivain hollandais a cru devoir préciser certaines notions inconnues de moi jusqu'alors. Il m'écrit : « l'une des plus grandes épidémies des îles Moluques, au xviie siècle, était les Hollandais eux-mêmes car ils ne détruisirent pas seulement les arbres de Ternate mais aussi toute la population d'autres îles de l'archipel, suspecte de négocier avec les « Portugais ». Il y a donc bien longtemps que les problèmes de santé sont liés à l'écologie, elle-même dépendante des conditions politico-économiques.

2 - L'*eugénol* remplace, de plus en plus, l'essence de girofle comme :

— antithermique.

— *antiseptique* (tuberculose pulmonaire : 0,80 ctg par jour, en capsules).

— en chirurgie dentaire (désinfectant et cautérisant).

3 - L'*essence* de girofle entre dans la composition du Koheul, pommade ophtalmique utilisée par les Arabes.

4 - L'*infusion de girofle* avec de l'acide borique et de la glycérine, donne une liqueur antiseptique (amykos) employée pour la conservation de la viande (un seul clou de girofle ajouté à du bœuf bouilli le conserve 24 heures).

5 - *Formules d'élixir dentifrice :*

a)
essence de cannelle de Ceylan	1 g
essence de badiane	2 g
essence de girofle	2 g
essence de menthe	8 g
teinture de benjoin	8 g
teinture de cochenille	20 g
teinture de gaïac	8 g
teinture de pyrèthre	8 g
alcool à 80°	1 litre

mêler. Filtrer après 24 heures. Une demi-cuillère à café dans un verre d'eau tiède.

b)
essence de cannelle	1 g
essence d'anis	2 g
essence de girofle	3 g
essence de menthe	8 g
teinture de benjoin	5 g
cochenille pulvérisée	5 g
alcool à 80°	1 litre

6 - *Vinaigre aromatique anglais* (sels pour respirer) :

acide acétique concret	635 g
camphre	60 g
huile essentielle de lavande	0,50 g
huile essentielle de girofle	2 g
huile essentielle de cannelle	1 g

7 - Voir à Cannelle, la composition de la teinture d'arnica aromatique, de l'essence d'Italie et d'un mélange contre la dyspepsie. Également, le grog «antigrippe».

Voir à Romarin, une formule de bain aphrodisiaque.

Voir «Vinaigre des quatre voleurs» au chapitre IX.

8 - Les Allemands de l'Ouest ont mis au point, en 1962 (cf. : «Aromathérapie» 1re éd. 1964 et suivantes), un anesthésique général à base de girofle. Ce narcotique supprime les injections médicamenteuses préliminaires habituelles obligatoires et permet à l'opéré de retrouver sa lucidité 15 à 20 minutes après l'anesthésie. (Pour Cadéac et Meunier, l'essence de girofle était douée de vertus narcotiques et le laudanum de Sydenham en contient comme adjuvant de l'opium). Mais je ne suis jamais parvenu à savoir si cet anesthésique avait été commercialisé.

9 - Le girofle, qui fut longtemps l'épice la plus coûteuse, fut considéré, pendant des siècles, comme une panacée. Son utilisation en médecine pourrait être beaucoup plus répandue qu'elle ne l'est de nos jours.

Elle entre, par contre, dans la composition de nombreuses boissons et liqueurs : raspail, cherry, ambroisie...

L'essence de girofle est également employée en parfumerie, dans la confection des encres d'imprimerie, de colles, de vernis.

10 - Comme la plupart des essences, l'essence de girofle n'est pas à manipuler inconsidérément. A 1 g par jour, elle peut entraîner des phénomènes toxiques et, au-delà, des troubles graves au niveau des centres nerveux supérieurs (Cadéac et Meunier).

Hysope

Hysopus officinalis.

Labiée

Plante indigène commune dans le Midi, cultivée dans les jardins comme aromate et plante médicinale. C'est l'Esobh ou *herbe sacrée des Hébreux.* Hippocrate l'utilisait dans la pleurésie, Dioscoride dans les dyspnées et l'asthme (vin d'hysope ou « cuit en eau » sous forme de décoction).

On l'emploie sous forme d'infusions (sommités fleuries et feuilles), ou d'huile essentielle obtenue par distillation de la plante.

- PRINCIPAUX CONSTITUANTS CONNUS : hysopine, saponine, choline (2 g %), silice, nitrate de potassium, tanin, *huile essentielle :* phellandrène, bornéol, pino-camphone, thuyone, limonène, géraniol...
  Contenant des cétones (pino-camphone et *thuyone,* parfois plus de 50 %), l'essence est toxique et *épileptisante* à hautes doses, chez les *prédisposés* (Cadéac et Meunier — Caujolle pour lequel elle serait la seule essence végétale capable de produire, chez l'homme, une véritable crise d'épilepsie). Sa toxicité est toutefois moindre que celle de l'absinthe.

- PROPRIÉTÉS :

Usage interne :

— *facilite et modifie l'expectoration.* S'oppose à la stase des sécrétions bronchiques (l'essence s'élimine par les poumons).
— antiseptique.
— *béchique,* émollient.
— stimulant : *excito-bulbaire* (Cadéac et Meunier).
— hypertenseur (Caujolle, Cazal).

— sudorifique, diurétique.
— digestif, stomachique.
— emménagogue.
— *vermifuge.*
— *anticancer* (?).

Usage externe :

— cicatrisant, résolutif.

● INDICATIONS :

Usage interne :

— *asthme,* rhume des foins, dyspnée.
— *bronchites chroniques,* toux, grippe.
— tuberculose (l'essence neutralise le Bacille de Koch à la dose de 0,2 pour mille).
— inappétence.
— dermatoses.
— rhumatismes.
— hypotension.
— *lithiase urinaire.*
— fièvres éruptives.
— dyspepsies, atonies digestives.
— gastralgies, coliques, ballonnements.
— leucorrhées.
— parasites intestinaux.
— états cancériniques (?).

Usage externe :

— plaies, ecchymoses.
— syphilides, végétations cancéreuses, eczémas.

● MODE D'EMPLOI :

Usage interne :

— *infusion :* 20 g pour un litre d'eau. Trois tasses par jour. On peut lui associer (bronchites) les fleurs de mauve, de guimauve, de bouillon blanc.

— *alcoolature :* 10 à 30 gouttes dans 1/2 verre d'eau.

— *tisane antiasthmatique :*

racine d'ache .... \	
— de bardane .... } aa 30 g	
— de chiendent .... /	
— d'aunée .... /	
feuilles de capillaire	30 g
marrube .... } aa 3 g	
hysope .... }	
fenouil (semences)	15 g

faire bouillir 3 minutes dans un litre d'eau. En boisson ordinaire.

— *huile essentielle :* 2 à 4 gouttes 3 fois par jour, en suspension alcoolique ou dans du miel (voir début du chapitre V).

Usage externe :

— infusion : 30 g par litre d'eau. En lavages, compresses (plaies). L'hysope entre dans la composition de :

Élixir végétal de la Grande-Chartreuse :

mélisse fraîche	640 g
hysope fraîche	640 g
angélique fraîche	320 g
cannelle	160 g
safran	40 g
macis	40 g

après 8 jours de macération dans 10 litres d'alcool, exprimer et distiller sur une certaine quantité de plantes fraîches : mélisse, hysope. Au bout de quelque temps, on ajoute 1 250 g de sucre, et on filtre.

Autre formule :

essence de mélisse citronnée	2 g
— d'hysope	2 g
— d'angélique	10 g
— de menthe anglaise	20 g
— de muscade	2 g
— de girofle	2 g
alcool à 80°	2 litres
sucre	q.s.

on colore en jaune avec quelques gouttes de teinture de safran, et en vert avec quelques gouttes d'indigo dissous, ou d'alcoolature de feuilles de sureau.

(Voir au chapitre Annexes : « Toxicité de certaines huiles essentielles »).

N.B.

Selon les auteurs, l'hysope comprend 4 ou 5 espèces, une sous-espèce, 3 races et 3 variétés.

Lavande
Lavandula officinalis.

Labiée

Plante *très précieuse,* commune dans le Midi de la France, en Italie, en Dalmatie... où elle croît de 700 à 1 400 mètres (la variété française — la plus anciennement connue — étant la plus appréciée), la lavande jouit de nombreuses propriétés heureuses.

- PARTIES UTILISÉES : fleurs et huile essentielle obtenue par distillation de la plante à la vapeur (production française d'essence de lavande : 75 à 150 000 kg par an).

- PRINCIPAUX CONSTITUANTS CONNUS : essence : éthers de linalyle et de géranyle (35 à 55 % d'acétate de linalyle), géraniol, linalol, cinéol, d-bornéol, limonène, l-pinène, caryophyllène, éthers butyrique et valérianique, coumarine...

- PROPRIÉTÉS :

Usage interne :

— *antispasmodique* (elle est excitante à doses toxiques).
— analgésique, *calmant de l'excitabilité cérébro-spinale* (par voie digestive et cutanée) : Cadéac et Meunier.
— antiseptique, *bactéricide,* interne et externe (J. Marchand, Forgues et P. Neurisse).
— *antiseptique* pulmonaire et modificateur des sécrétions bronchiques (béchique).
— cholagogue, cholérétique (E. Chabrol).
— *diurétique* et sudorifique.
— tonique, toni-cardiaque et calmant des nerfs du cœur.

— antirhumatismal.
— augmente la sécrétion gastrique et la motricité intestinale.
— *antimigraineux.*
— *vermifuge.*
— emménagogue.
— hypotenseur (Caujolle, Cazal).

Usage externe :

— cicatrisant.
— antiseptique.
— *parasiticide, insecticide.*
— antivenimeux.
— régulateur du système nerveux.

● INDICATIONS :

Usage interne :

— irritabilité, spasme, insomnies.
— fièvres éruptives, *maladies infectieuses.*
— mélancolie, neurasthénie.
— *affections des voies respiratoires : asthme, toux quinteuses* (coqueluche), grippe, bronchite, tuberculose.
— *oliguries.*
— rhumatismes.
— débilité infantile.
— atonie gastrique (digestions lentes) et intestinales (météorisme).
— *migraines, vertiges,* hystérie, *séquelles de paralysie.*
— *entérite* (diarrhées), typhoïde.
— cystites, *blennorragie.*
— scrofules, chlorose.
— parasites intestinaux.
— règles insuffisantes.
— *leucorrhées.*
— hypertension.

Usage externe :

— *plaies* de toutes natures : simples, atones (ulcères de jambe), infectées, gangréneuses, syphilitiques, chancres, fistules anales.
— eczéma chronique périnéal, péri-anal.
— leucorrhées.
— *brûlures.*
— affections pulmonaires.
— acné, couperose.
— *piqûres d'insectes,* morsures d'animaux et de vipères (traitement d'appoint).
— pédiculose, gale.
— pelade.

● MODE D'EMPLOI :

Usage interne :

— *infusion :* une cuillerée à dessert de fleurs par tasse d'eau bouillante. Infuser 10 minutes. 3 tasses par jour, entre les repas.
— *alcoolature :* 40 gouttes, 4 fois par jour, dans un peu d'eau (diurétique).
— *huile essentielle :* 2 à 5 gouttes dans du miel (voir début du chapitre V) ou en solution alcoolique, 2 à 3 fois par jour. En analgésie, 1 gramme à jeun inhibe la sensibilité en laissant l'intelligence intacte mais assoupie.
— *vénérologie :* perles d'essence de lavande déterpénée à 0,05-0,10 cg 2 à 10 jours, dans la *blennorragie* (antiseptique-analgésique, préférable aux essences de santal, cèdre ou copahu).
— *infusion des 5 fleurs : diurétique* dans les *maladies infectieuses,* fièvres éruptives (H. Leclerc) :

fleurs de lavande	10 g
fleurs de souci	5 g
fleurs de bourrache	5 g
fleurs de genêt	5 g
fleurs de pensée sauvage	5 g

une cuillerée à soupe par tasse d'eau bouillante. Infuser 10 minutes. 3 tasses par jour.

Usage externe :

— *décoction :* une poignée de fleurs pour un litre d'eau. Faire bouillir 10 minutes. Ajouter un litre d'eau (à utiliser en injections vaginales dans les *leucorrhées*).
— une poignée dans 1/2 litre d'huile d'olive. Placer au bain-marie pendant 2 heures. Laisser macérer une nuit. Passer à travers un linge et utiliser en onctions contre l'eczéma sec.
— *alcoolat :* en lotions et frictions (rhumatismes).
— essence : pour lavages, irrigations, pansements des *plaies* et *brûlures :*

essence de lavande déterpénée	100 g
sulforicinate de soude (33 %)	900 g

à utiliser à la dose de 2 à 4 % dans l'eau. Également pour vaporisation dans les *salles publiques* (solution à 2 %).
— associations bactéricides et cytophylactiques *(plaies atones).*

ou
- essence de thym
- essence de lavande
- essence de citron déterpénée
- carvacrol

— également contre plaies et brûlures : essence de lavande associée à d'autres essences dans le *« Tégarome »*, en applications simples ou en dilution dans l'eau.
— huile aromatique pour badigeonnage des *plaies atones :*

essence de lavande	10 g
huile d'olive	100 g

— *plaies syphilitiques, chancres, fistules anales, pelade :* attouchements à l'essence déterpénée.

— *leucorrhées, soins intimes :*

borax pulvérisé	100 g
essence de lavande déterpénée	5 g

à séparer en sachets de 10 g : un sachet dissous dans un litre d'eau tiède, pour injections vaginales.

— pommade pour fissures anales (Meurisse) :

lavande déterpénée	1 g
huile de vaseline	5 g
oxyde de zinc	10 g
sous-nitrate de bismuth	4 g
vaseline blanche	15 g

— *pommade d'Helmerich* (contre la *gale*) :

gomme adragante	1 g
sous-carbonate de potasse	50 g
soufre sublimé	100 g
glycérine	200 g
essence de lavande	
— de citron	
— de menthe	aa 1 g
— de girofle	
— dé cannelle	

— lotion stimulante de Sabouraud :

teinture d'essence de lavande	30 g
acétone pure	30 g
eau distillée	30 g
nitrate de sodium pur	0,50 g
nitrate de pilocarpine	cinquante ctgr
alcool à 90° .... q.s.p.	250 ml

en frictions quotidiennes du cuir chevelu.
— piqûres d'insectes : frictionner avec un mélange d'essence de lavande et d'alcool à parties égales.
— décoction ou «laits» de lavande pour les *bains généraux* (enfants débiles ou fragiles). Ces bains sont *sédatifs* (troubles nerveux, insomnies). A prendre de préférence le soir. Alterner avec le romarin, pin, acore, algues.
Il existe également la GRANDE LAVANDE

ou *ASPIC* (Lavandula spica) qui pousse au bord de la mer jusqu'à 500-600 mètres d'altitude. On en tire l'essence d'aspic (calmant de l'excitabilité cérébro-spinale).

L'essence d'aspic, contrairement à la précédente, contient peu d'éthers calculés en acétate de linalyle, mais une quantité plus ou moins importante de camphre. On l'utilise notamment comme insecticide et dans l'industrie des vernis.

Les insectes ont, en outre, créé un hybride : le Lavandin.

En Grande-Bretagne, dans la région de Mitcham, on trouve également une lavande appréciée.

N.B.

L'essence de lavande a des propriétés antivenimeuses bien connues de certains chasseurs. Dans les Alpes, lorsque leurs chiens sont mordus par des vipères, les chasseurs cueillent de la lavande, la froissent et en frottent les animaux mordus. Le venin est immédiatement neutralisé.

— A la dose de 4,5 %, l'essence de lavande tue le bacille d'Eberth (typhoïde) et le staphylocoque. A 5 %, elle détruit le bacille de Lœffler (diphtérie) : Professeurs Morel et Rochaix, 1926. Son pouvoir antiseptique est plus puissant que celui du phénol, du crésol et du gaïacol.

— L'essence de lavande tue le bacille de la tuberculose à la dose de 0,2 ‰ (Professeurs Courmont, Morel, Bay, 1928). Les vapeurs détruisent le pneumocoque et le streptocoque hémolytique en 12 à 24 heures.

— Dans l'Antiquité, l'eau de lavande était utilisée pour combattre les *blépharites*.

— Eau de lavande :

fleurs de lavande (fraîches)	60 g
alcool à 32°	1 litre

laisser macérer un mois et filtrer.

— Les fleurs de lavande servent à aromatiser le linge et le préservent des mites.
— Voir à :
Eucalyptus : la formule pour inhalations ;
Girofle : la formule du vinaigre aromatique anglais.
● SPÉCIALITÉS : « Bains Alg-Essences » (voir p. 149). « Climarome » et « Tégarome » (p. 442), Od'aroma.

Lemongrass

(voir *Verveine des Indes*)

Marjolaine

Origanum majorana.

Labiée

Synonymes : grand origan, marjolaine à coquilles.
Aire de production : spontanée en Perse, toute la
côte méditerranéenne, Allemagne, Hongrie, You-
goslavie...

● PARTIES UTILISÉES : sommités fleuries, essence.

● PRINCIPAUX CONSTITUANTS CONNUS : huile essentielle obtenue par distillation à la vapeur d'eau :
85 % d'un mélange de camphre et de bornéol
(Bruylants), terpinène, sabinène...

● PROPRIÉTÉS :

Usage interne :

— *bactéricide puissant.*
— *antispasmodique.*
— vagotonisant (augmente le tonus du parasympa-
thique et diminue le tonus du sympathique,
hypotenseur (Caujolle).
— vaso-dilatateur artériel.
— émousse la sensibilité, assoupit (à hautes doses,
l'essence de marjolaine est stupéfiante : Cadéac
et Meunier).
— carminatif (augmente le péristaltisme intestinal).
— expectorant.
— digestif.
— anaphrodisiaque.

Usage externe :

— vulnéraire.
— fortifiant.
— antalgique.

● INDICATIONS (comparables à celles de la menthe et du thym) :

Usage interne :

— *syndromes infectieux.*
— *spasmes* digestifs *(aérophagie)* et respiratoires (H. Leclerc).
— syndromes artéritiques.
— *insomnies, migraines,* anxiété, tics.
— *psychasthénie* (neurasthénie), *instabilité psychique.*
— météorisme.
— éréthisme génital.

Usage externe :

— asthénie, débilité (bains).
— névralgies rhumatismales.
— coryza.

● MODE D'EMPLOI :

Usage interne :

— *infusion :* une cuillerée à dessert de plante coupée pour une tasse d'eau bouillante. Infuser 10 minutes. 2 à 3 tasses par jour.
— *essence :* 3 ou 4 gouttes, 2 ou 3 fois par jour, dans du miel (voir début du chapitre V).
— *hydrolat :* 5 à 20 g par jour, soit seul, soit associé à d'autres antispasmodiques :

> hydrolat de marjolaine .... 50 g
> — de valériane .... ⎱
> — de laitue .... ⎰ aa 25 g

1 à 3 cuillerées à soupe au coucher (anxiété, insomnies).
— *oléo-saccharure antispasmodique :*

> essence de marjolaine .... 50 gouttes
> sucre blanc .... ⎱
> lactose .... ⎰ aa 25 g

une cuillerée à café dans une infusion, au coucher.

teinture d'arnica .... 300 gouttes
alcoolat de racine de mandragore .... 100 gouttes
hydrolat de marjolaine .... q.s.p. 100 ml

une cuillerée à café 2 fois par jour (syndromes artéritiques).

Usage externe :

— la marjolaine serait supérieure au thym pour les *bains fortifiants.*
— contre le coryza : renifler l'infusion.
— contre les inflammations buccales : infusion en bains de bouche et gargarismes.
— contre les algies rhumatismales : compresses avec l'infusion ou frictions à l'aide d'une pommade contenant de l'essence (1 à 2 %).

N.B.

1 - L'essence de marjolaine neutralise le bacille de la tuberculose à la dose de 0,4 %.

2 - Pour préserver leur voix, les chanteurs ont, de tout temps, bénéficié de recettes très diverses : infusion de marrube sucrée avec du miel, bouillon de chou ou d'ail, boulettes composées de poudre de moutarde et de miel... L'infusion de marjolaine édulcorée au miel fait partie de l'arsenal.

3 - *Les escargots à la marocaine.* Dans la région de Fès, on les appelle « Boubbouche ». Moins gros et moins foncés que ceux de Bourgogne, ils se consomment chauds ou froids baignant dans le bouillon de cuisson paré de nombreuses vertus apéritives, sanguines et intestinales. On n'en sera pas étonné en sachant que la recette comporte des grains d'anis vert, du carvi, du thym et du thé, de la racine de réglisse et de l'absinthe, de la sauge, de la marjolaine, de la menthe, de l'orange amère et du piment du Soudan.

La marjolaine est un condiment très employé

en Europe Centrale. Pour la cuisine, on pourra faire macérer un rameau de marjolaine dans un litre d'huile (comme on le fait du thym ou du romarin). Cette huile donne aux grillades un goût aromatique très apprécié.

Mélisse

Melissa officinalis.

Labiée

Synonymes : citronnelle, citronnade, piment des ruches, thé de France.

Plante de la région méditerranéenne, d'odeur très citronnée, cultivée en Anjou, Provence, à Milly (Seine-et-Marne). Trop âgée, la mélisse sent la punaise, d'où la nécessité de la récolter au moment de la floraison.

Son nom de citronnelle (qu'elle partage avec l'aurone mâle et la verveine odorante... outre la Citronnelle des Indes), est sans doute due à son ancienne appellation de Cédronnelle.

- PARTIES UTILISÉES : *sommités fleuries* et feuilles.

- PRINCIPAUX CONSTITUANTS CONNUS : une essence dont le rendement est médiocre (de 0,01 à 0,10 % selon les auteurs), ce qui explique les fréquentes falsifications par des produits d'odeur voisine ou plus simplement l'adjonction d'essence de citron. Ce qui explique aussi que des chercheurs de la Faculté de Montpellier, n'ayant pu trouver de cette essence pour leurs travaux, se sont vus dans l'obligation de faire pratiquer une culture personnelle (cf. NB 2).
  Les recherches des différents auteurs sont assez discordantes, surtout sur les pourcentages des constituants, ce que pourraient expliquer un cycle végétatif différent et le procédé d'hydrodistillation : un phénomène pratiquement général.
  Pour J. Pellecuer et coll. : Hydrocarbures : 54 %, surtout des sesquiterpènes, les fractions oxygénées sont surtout des Citrals a et b et des alcools sesquiterpéniques. Les auteurs ont découvert pour la

première fois du thymol, du benzoate d'octyle et de l'isogéraniol.

Pour d'autres : aldéhydes : 4 à 5 % avec une partie de citral pour 3 ou 4 de citronnellal - alcools : 35 à 38 % dont 6 à 8 de citronnellol, 12-14 % de linalol, 12 à 20 de géraniol. Tanin, résine, ac. succinique...

● Propriétés :

— action tonique sur cerveau, cœur, utérus, appareil digestif.
— *antispasmodique.*
— *stimulant physique et intellectuel* (serait un brevet de longévité...).
— cholérétique (Chabrol et coll.).
— stomachique.
— carminatif.
— favorisant des règles.
— sudorifique.
— vermifuge.

(Néanmoins, l'essence de mélisse n'est pas plus anodine que les autres : pour Cadéac et Meunier, 2 g à jeun entraînent une lassitude suivie d'un engourdissement, et un sommeil s'accompagnant d'un ralentissement respiratoire et du pouls, d'un fléchissement de la tension artérielle).

● Indications :

Usage interne :

— *migraine* (due à de mauvaises digestions).
— indigestions.
— névralgies (faciales, dentaires, de l'oreille, de la tête).
— *émotivité.*
— insomnies d'origine nerveuse.
— *crises nerveuses,* convulsions, épilepsie.

— *syncopes, vertiges,* bourdonnements d'oreilles.
— *spasmes (asthme,* digestif, cardiaque*).*
— vomissements de la grossesse.
— déficience intellectuelle *(mémoire), mélancolie.*
— règles douloureuses.
— anémie.

Usage externe :

— piqûres d'insectes (guêpes...).

● MODE D'EMPLOI :

Usage interne :

— infusion : une cuillerée à dessert de sommités fleuries ou de feuilles par tasse d'eau bouillante. Infuser 10 minutes. Trois tasses par jour.
— 20 g pour 1 litre de vin blanc. Bouillir 2 à 3 minutes. 1/2 verre, 2 fois par jour.
— hydrolat : 10 à 20 g par jour.
— *alcoolat composé du Codex :* 2 à 5 g par jour, dans une infusion ou sur du sucre.
— teinture-mère : 40 à 50 gouttes dans une infusion de fleurs d'oranger, après les repas.
— *eau de mélisse des Carmes,* fabriquée par les Carmes dès 1611, rue Vaugirard à Paris. dans une cruche en grès :

esprit de vin à 33°	3 litres
feuilles et fleurs de mélisse	500 g
racines sèches d'angélique	16 g
zeste de citron	125 g

boucher. Macérer 9 jours, en agitant chaque jour. Passer à travers un tissu fin en exprimant remettre dans la cruche et ajouter :

coriandre	200 g
noix muscade concassée	40 g
cannelle fine concassée	4 g
clous de girofle	2 g

boucher. Macérer 8 jours en agitant chaque jour. Passer avec expression et ajouter 350 g d'eau distillée, reposer 24 heures. Filtrer. Mettre en bouteilles et boucher. Par petits verres, en usage interne (stomachique, antispasmodique). Sur coupures, plaies, en usage externe.

A ne pas prendre en cas de chaleur, soif intense.

Usage externe :

— huile de mélisse en frictions (migraines, rhumatismes).
— feuilles de mélisse en décoction dans un grand *bain* (action *calmante* contre troubles nerveux et spasmes, règles douloureuses).
— feuilles en compresses : engorgement mammaire, ecchymoses.
— suc de mélisse fraîche (piqûres de guêpes...).
— pour éloigner les insectes (moustiques...) *Stop-Insectes.*

N. B.

1 - Les feuilles servent à parfumer les potages, salades, ragoûts et sont utilisées dans les marinades de harengs et d'anguilles (Hollande, Belgique).

2 - J. Pellecuer, F. Enjalbert, J.-M. Bessière, G. Privot : «Contribution à l'étude de l'huile essentielle de mélisse : melissa officinalis L. (Lamiacées)». Fac. de pharmacie, Montpellier, In «Plantes médicinales et phytothérapie», 1981, T. XV.

Menthe poivrée
Mentha piperita.
Labiée

Plante indigène cultivée : dérivant probablement d'un hybride de mentha viridis (menthe verte). Appellation commune : menthe anglaise. Cultivée sur de grandes étendues en France, Italie, Angleterre, Amérique.

On utilise les feuilles et l'essence obtenue par distillation à la vapeur des feuilles et des sommités fleuries.

- PRINCIPAUX CONSTITUANTS CONNUS : surtout une *essence* (2 à 3 %) qui contient de 30 à 70 % de menthol, des terpènes, menthène, phellandrène, limonène...), une cétone (menthone), du tanin. L'essence a plus de qualité chez les plantes venues des contrées froides (Angleterre : variété Mitcham, du nom de la localité où elle est le plus cultivée).

- PROPRIÉTÉS :

Usage interne :
— *stimulant* du système nerveux, tonique général.
— *stomachique.*
— *antispasmodique* (gastrique, colique).
— *carminatif.*
— *antiseptique* général, surtout intestinal.
— analgésique faible (intestinal).
— emménagogue.
— expectorant.
— vermifuge.
— légèrement aphrodisiaque.
— antilaiteux.
— à forte dose, entrave le sommeil.

Usage externe :

— antiseptique.
— parasiticide.
— antispasmodique.
— antalgique.
— éloigne les moustiques.

● INDICATIONS :

Usage interne :

— fatigue générale.
— *atonie digestive* - indigestions.
— gastralgies.
— *aérophagie* (Martial).
— spasmes gastriques et coliques (Trousseau).
— *flatulences,* diarrhées, choléra.
— intoxications d'origine gastro-intestinale.
— fétidité de l'haleine des dyspeptiques.
— affections hépatiques.
— vomissements nerveux (Trousseau).
— *palpitations* et *vertiges.*
— migraines - tremblements - paralysies.
— règles insuffisantes ou douloureuses.
— impuissance.
— asthme - bronchite chronique (favorise l'expectoration).
— tuberculose (L. Sevelinges).
— parasites intestinaux.

Usage externe :

— gale.
— asthme - bronchites - sinusites.
— migraines - névralgies dentaires.
— moustiques (les éloigne).

● MODE D'EMPLOI :

Usage interne :

— infusion : une cuillerée à dessert de feuilles par

tasse d'eau bouillante. 3 tasses par jour, après ou entre les repas (attention aux susceptibilités individuelles : peut empêcher le sommeil).
— alcoolat : 15 à 20 gouttes dans un verre d'eau sucrée.
— sirop : 20 à 100 g par jour.
— essence : 2 à 5 gouttes plusieurs fois par jour, en potion ou dans du miel (voir début du chapitre V).
Doses moyennes : 0,05 à 0,30 g par jour (45 gouttes au g).
— *élixir stimulant :*

alcool de menthe	20 g
sirop de sucre	100 g
eau de cannelle	50 g

par cuillerées à café ou à soupe.
— *potion stomachique :*

alcool de menthe	} aa 15 g
alcool d'anis	
sirop de cannelle	30 g
eau de tilleul	120 g

par cuillerées à café ou à soupe.

Usage externe :
— en inhalations (dans l'asthme, la bronchite, les sinusites).
— en onctions pour soulager les *migraines,* les névralgies dentaires.
— contre la gale : voir à lavande : pommade d'Helmerich.
— pour éloigner les moustiques : déposer pour la nuit quelques gouttes de menthe sur l'oreiller.
— l'essence de menthe est utilisée dans les dentifrices, divers collutoires. Son action antispasmodique est employée dans certains purgatifs.

N.B.
1 - On ne saurait trop conseiller d'ajouter des feuilles de menthe aux crudités et aux salades.
2 - La décoction de mousse de Corse dans laquelle

on a fait infuser une pincée de feuilles de menthe est un des *meilleurs vermifuges* pour enfants.

3 - Contre la suppression des règles : une pincée de feuilles de menthe sauvage, de romarin, d'armoise, de sauge : infuser à froid pendant 8 jours dans 2 litres de vin rouge. Passer. Prendre un verre le matin, à jeun, pendant 10 jours.

4 - L'essence de menthe tue le staphylocoque en 3 h 30 (L. Sévelinges). Elle neutralise le bacille de la tuberculose à la dose de 0,4 ‰ (Courmont, Morel, Rochaix).

5 - Voir à girofle une formule d'élixir dentifrice.
   Voir à romarin : formule de bains aphrodisiaques.

6 - *Autre élixir dentifrice :*

   eau-de-vie de gaïac .... 187 g
   eau-de-vie camphrée ....   4 g
   essence de menthe .... VI gouttes
   essence de cochléaria .... VI gouttes
   essence de romarin .... VI gouttes

7 - Une infusion de menthe, le soir, peut entraver le sommeil. Certains l'emploient pour veiller.

Autres variétés de menthe

1 - MENTHE DU JAPON : mentha arvensis, mentha piperascens, son essence contient 75 % de menthol. Principale source d'essence et de menthol : plus des 3/4 de la production mondiale.

2 - MENTHES crépue (crispa), verte (viridis), aquatique...

● SPÉCIALITÉS : «Climarome» (p. 442).

Menthol

C'est l'alcool mentholique (camphre de menthe) qui se sépare, cristallisé, des essences de menthes soumises à l'action du froid.

● PROPRIÉTÉS :

— peu recommandable en usage interne (irritant de l'estomac).
— *analgésique local,* sous forme de pommades, crayons, contre les névralgies, maux de tête.
— *antiseptique* sous forme d'inhalations, pulvérisations, solutés huileux.

● MODE D'EMPLOI :

Usage externe :

— contre le coryza : poudres composées au 1/50 et au 1/100.
— contre le prurit : poudre au 1/20.
— vaseline mentholée à 1 % (Codex).
— crayons antinévralgiques.
— solutions alcooliques ou éthérées pour pulvérisations et piqûres d'insectes.

— mélanges divers pour analgésie et antisepsie dentaires.

— *liniment analgésique :*

menthol	3 g
chloroforme	15 g
huile de jusquiame	30 g

— *mélange antinévralgique :*

menthol .... }	aa 1 g
gaïacol .... }	
alcool absolu	18 g

étendre sur les points douloureux à l'aide d'un pinceau.

— *mélange contre les névralgies intercostales :*

menthol ....)	
camphre .... }	aa 5 g
hydrate de chloral ....)	

en onctions sur les points douloureux.

— *mixture pour inhalations :*

menthol	2 g
teinture de benjoin .... }	aa 100 g
teinture d'eucalyptus .... }	

une cuillerée à café dans un bol d'eau bouillante.

— comprimés pour inhalations (voir à eucalyptus).

— *pommade antiprurigineuse :*

menthol	1 g
oxyde de zinc	25 g
amidon	25 g
vaseline	49 g

Niaouli

Melaleuca viridiflora.

Myrtacée

Le Melaleuca viridiflora est un arbre abondant en *Nouvelle-Calédonie.*

L'essence de niaouli ou goménol (marque déposée), est obtenue par distillation à la vapeur des feuilles fraîches. On utilise, en thérapeutique, l'essence de niaouli *purifiée.*

La distillation des feuilles de diverses espèces de Melaleuca fournit un produit comparable appelé *huile de cajeput* (voir ce terme).

- PRINCIPAUX CONSTITUANTS CONNUS : 35 à 66 % d'eucalyptol, 15 % de terpinol, pinène droit, limonène gauche, citrène, térébenthène, esters valérianique, acétique, butyrique...

- PROPRIÉTÉS :

Usage interne :
— *antiseptique* général, bronchique et urinaire.
— *balsamique.*
— anticatarrhal.
— analgésique.
— antirhumatismal.
— vermifuge.

Usage externe :
— *stimulant tissulaire* (antiseptique et cicatrisant).
— antiseptique.

- INDICATIONS :

Usage interne :

— *bronchites* chroniques et fétides - *tuberculose* pulmonaire.

— grippe.
— *coqueluche,* asthme.
— *rhinites,* sinusites, otites.
— tuberculose osseuse.
— infections intestinales (entérites, dysenteries).
— infections urinaires (cystites, urétrites).
— infections puerpérales.
— rhumatismes.
— parasites intestinaux.

Usage externe :

— *plaies atones,* ulcères, brûlures, fistules.
— coryza, laryngites, bronchites, coqueluche.

● MODE D'EMPLOI :

Usage interne :

— essence : 2 ou 3 gouttes dans du miel (voir début du chapitre V).
— *huile goménolée* à 50 %, en capsules de 0,25 g (2 à 10 par jour, progressivement), ou 10 à 40 gouttes dans une infusion.
— en injections hypodermiques (solution huileuse à 20 %, 10 à 20 cc en moyenne : Couvreur).

Usage externe :

— solution huileuse à 5-10 % pour pansements, brûlures, ulcères.
— *eau goménolée* à 2-5 pour mille en compresses, lavages de toutes natures.
— «*Climarome*» voir p. 442.
  quelques gouttes sur un mouchoir contre les affections pulmonaires (rhumes, bronchites, grippe, asthme...). Respirer profondément pendant une minute, deux ou quatre fois par jour.
— *huile éphédrinée composée :*

    éphédrine base .... 0,30 g
    essence de niaouli .... 1,50 g
    huile d'olives .... 30 cc

2 à 3 gouttes dans chaque narine, 3 fois par jour.

N.B.

Le goménol (terme venant de la localité : Gomen, en Nouvelle-Calédonie), est une essence de niaouli purifiée et débarrassée de ses aldéhydes irritantes.

Les indigènes l'emploient de longue date pour purifier l'eau.

L'essence neutralise le bacille de la tuberculose à la dose de 0,4%.

Noix de muscade

Myristica fragans.

Myristicacée

C'est l'amande du muscadier, arbre pouvant atteindre 15 mètres de haut et fournissant, de 10 à 30 ans, 1 500 à 2 000 noix par an. Il existe des muscadiers mâles et des muscadiers femelles (un mâle suffit pour 20 femelles). Le noyau du fruit est recouvert d'une enveloppe, appelée *macis* lorsqu'elle est sèche, sous laquelle on trouve la noix.

Aire de production : pays tropicaux, Moluques, Antilles, Sumatra, Java, Inde.

● PARTIES UTILISÉES : poudre et essence obtenue par distillation à la vapeur de la noix. Liquide d'odeur spéciale, à saveur âcre et piquante, aromatique par dilution. (Du macis, on extrait également une essence aromatique).

● PRINCIPAUX CONSTITUANTS CONNUS : beurre de muscade : myristine, oléine, butyrine, palmitine, stéarine... (huile fixe obtenue par pression à chaud de la noix).

L'essence contient : 80 % de pinène et camphène droits, 8 % de dipentène, 6 % d'alcools terpéniques : linalol, bornéol, terpinéol, géraniol, 4 % de myristicine et produits divers (eugénol, safrol...).

● PROPRIÉTÉS :

Usage interne :

— antiseptique général et intestinal.
— carminatif.
— digestif.
— stimulant général, cérébral et circulatoire.

— dissolvant des calculs biliaires (?).
— emménagogue.

Usage externe :
— antalgique.

● INDICATIONS :

Usage interne :
— infections intestinales.
— diarrhées chroniques.
— digestions difficiles (facilite la digestion du gigot de mouton et des féculents : H. Leclerc).
— haleine fétide («la muscade donne une douce haleine et corrige celle qui sent mauvais», John Gérard).
— flatulences.
— asthénies.
— lithiase biliaire.
— règles insuffisantes.

Usage externe :
— douleurs rhumatismales.
— névralgies dentaires.

● MODE D'EMPLOI :

Usage interne :
— dans l'alimentation.
— essence : 2 ou 3 gouttes, 2 ou 3 fois par jour, en solution alcoolique ou dans du miel, ou en infusion (H. Leclerc).

huile essentielle de macis .... XXV gouttes
sucre en poudre .... 40 g

1/2 cuillerée à café de saccharolé dissous dans une tasse d'eau chaude.

Usage externe :
— beurre de muscade, en liniments contre les

douleurs rhumatismales et les névralgies dentaires.

— le *baume nerval,* utilisé contre les algies rhumatismales, est un mélange d'essences de romarin, de girofle et de beurre de muscade.

N. B.

1 - A hautes doses (7-12 g) l'essence est stupéfiante de l'intelligence et sédative de la circulation (Cadéac et Meunier). Les signes d'empoisonnement sont comparables à ceux de l'intoxication aiguë par l'alcool (délire, hallucinations, stupeur, perte de connaissance).

2 - L'essence entre dans la composition de l'alcoolat de Fioravanti, de Garus, de mélisse composée, dans celle de divers apéritifs et liqueurs : vermouth, raspail, génépi... L'essence de macis est également utilisée dans certaines boissons.

3 - Voir à cannelle les formules de l'essence d'Italie et de la liqueur «Parfait amour» (aphrodisiaque).

Oignon[1]

Allium cepa.

Liliacée

Aliment apprécié depuis l'Antiquité pour ses vertus diurétiques (Dioscoride, Pline...), toniques et anti-infectieuses. L'oignon est un facteur de santé et de longévité. Les Bulgares, qui mangent beaucoup d'oignons, comptent de nombreux centenaires.

- PARTIES UTILISÉES : le bulbe et son suc.

- PRINCIPAUX CONSTITUANTS CONNUS : sucre, vitamines A, B, C, sels minéraux : sodium potassium, phosphate et nitrate calcaires, fer, soufre, iode, silice, acides phosphorique et acétique, disulfure d'allyle et de propyle, huile volatile, glucokinine, oxydases, diastases (ces deux dernières stérilisées par la chaleur).

- PROPRIÉTÉS :

Usage interne :

— *stimulant général* (du système nerveux, hépatique, rénal...).
— *diurétique puissant,* dissolvant et éliminateur de l'urée et des chlorures.
— antirhumatismal.
— *antiscorbutique.*
— antiseptique et *anti-infectieux* (antistaphylococ-

---

1. Étudié dans ce volume en raison de son essence, l'oignon l'est aussi dans mon ouvrage : « *Traitement des maladies par les légumes, les fruits et les céréales* ». Car, en fait, je n'ai jamais prescrit l'oignon sous sa forme d'huile essentielle. Deux raisons : l'oignon donne des résultats sous sa forme première, et par ailleurs l'essence d'oignon est l'une des plus onéreuses.

cique : l'oignon se comporte à son égard comme un antibiotique : L. Binet).
— sécrétoire, expectorant.
— digestif (aide à la digestion des farineux).
— *équilibrant glandulaire.*
— antiscléreux et antithrombosique.
— aphrodisiaque (travaux anciens repris actuellement par H. Hull Walton).
— *hypoglycémiant.*
— antiscrofuleux.
— vermifuge.
— hypnotique léger.
— curatif de la peau et du système pileux.

Usage externe :

— émollient et résolutif.
— antiseptique.
— antalgique.
— éloigne les moustiques.

● INDICATIONS :

Usage interne :

— *asthénies,* surmenage physique et intellectuel, croissance.
— déficience des échanges.
— *oliguries, rétentions liquidiennes* (œdèmes, ascites, pleurésies, péricardites).
— *hydropisie.*
— *azotémie, chlorurémie.*
— rhumatismes, arthritisme.
— lithiase biliaire.
— *fermentations intestinales* (diarrhées).
— *infections génito-urinaires.*
— affections respiratoires (rhumes, bronchites, asthme, laryngite).
— grippe.
— atonie digestive.

— *déséquilibres glandulaires.*
— obésité.
— artériosclérose, prévention des thromboses.
— *prévention de la sénescence.*
— *prostatisme.*
— impuissance.
— *diabète.*
— adénites, *lymphatisme,* rachitisme.
— parasites intestinaux.

Usage externe :
— abcès, panaris, furoncles, piqûres de guêpes.
— engelures, crevasses.
— migraines.
— congestion cérébrale.
— surdité, bourdonnements.
— névralgies dentaires.
— verrues.
— plaies, ulcères, brûlures.
— taches de rousseur.
— moustiques (pour les éloigner).

● Mode d'emploi :

Usage interne :
1 — *oignon* cru tel quel ou macéré quelques heures
dans l'huile d'olive. Dans les salades, crudités,
hors-d'œuvre, dans *tous* les potages.
— haché fin et pris dans du lait ou du bouillon
ou encore, étalé sur une tartine beurrée ou
huilée.
— un oignon haché, macéré quelques heures
dans de l'eau chaude. Boire la macération
le matin à jeun avec quelques gouttes de
citron.
— contre la *grippe :* laisser macérer 2 oignons
émincés dans 1/2 litre d'eau. Un verre de la
macération entre les repas et un au coucher
pendant une quinzaine de jours.

— contre les *diarrhées :* une poignée de pelures d'oignon pour un litre d'eau. Laisser bouillir 10 minutes. 1/2 litre par jour.

— contre la diarrhée des nourrissons : faire infuser, pendant 2 heures, trois oignons coupés dans un litre d'eau bouillante. Sucrer.

— contre les *parasites intestinaux :* laisser macérer 6 jours un gros oignon émincé dans un litre de vin blanc. Un verre chaque matin au lever, pendant une semaine à la lune descendante. Recommencer pendant 2 ou 3 mois.

— *contre les rhumatismes :* décoction de 3 oignons coupés, non épluchés, dans un litre d'eau. Bouillir 15 minutes. Passer. Un verre au lever et au coucher.

— contre la *lithiase biliaire :* faire revenir un gros oignon coupé fin dans 4 cuillerées à soupe d'huile d'olive. Ajouter 150 g d'eau et 40 g de saindoux non salé. Laisser bouillir 10 minutes. Boire très chaud, plusieurs soirs de suite. Deux heures plus tard, au coucher, prendre une tasse de décoction de bourdaine (2 à 5 g d'écorce desséchée pour une tasse. Après ébullition, laisser infuser à froid 4 à 6 heures). Traitement à faire une fois par an.

2 — *Alcoolature :* macération pendant 10 jours d'oignon frais dans son poids d'alcool à 90° — 3 à 5 cuillerées à café par jour (une cuillerée à café = 5 g d'oignon).

3 — Alcool à 20 % : 5 à 10 g 2 fois par jour, aux repas, dans de l'eau sucrée.

4 — *Vin* (P. Carles) :

oignon haché fin	300 g
miel blanc liquide	100 g
vin blanc	600 g

Laisser macérer 48 heures. Filtrer. 2 à 4 cuillerées à soupe par jour (50 g = 15 g d'oignon).

Usage externe :

— sinapismes avec des oignons crus (comme l'ail) : *rhumatismes.*
— contre la *congestion céphalique,* la *méningite : traitement d'appoint* en frottant les tempes avec un oignon et en emballant les pieds dans 1 kg à 2 kg d'oignons hachés (laisser 8 à 10 heures).
— contre les *migraines :* cataplasmes d'oignons crus sur le front.
— contre la *rétention d'urine,* l'*oligurie :* cataplasmes d'oignons crus sur le bas-ventre.
— contre les *verrues :* mélange oignon + sel marin + argile à parties égales. Ou bien : creuser un oignon et remplir sa cavité de gros sel. Frotter la verrue, matin et soir, avec le liquide obtenu. Ou encore : frotter les verrues avec une moitié d'oignon rouge.
— contre les *piqûres de guêpes, d'insectes :* frotter la région pendant 1 ou 2 minutes avec un morceau d'oignon (ne pas oublier d'extraire le dard).
— contre les *abcès, furoncles, hémorroïdes :* cataplasmes d'oignons cuits. Un oignon *cuit au four,* chaud, fait mûrir abcès, phlegmons, furoncles...
— *panaris :* l'entourer avec une pellicule d'oignon.
— contre *engelures, crevasses, écorchures :* compresses de jus d'oignon.
— contre les *plaies,* coupures, ulcères, brûlures : la fine pellicule qui sépare chaque couche de l'oignon, constitue un *pansement aseptique.* L'appliquer sur la lésion, recouvrir d'une gaze et terminer le pansement.
— contre les *taches de rousseur*[1] *:* frictions avec du vinaigre dans lequel on a fait macérer des

---

1. Autre moyen préconisé (je n'en ai pas l'expérience, mais il a le mérite d'être agréable au nez) : *le lait virginal :* teinture de benjoin, 10 g dans 1/2 litre d'eau de roses. Cette préparation peut s'employer dans les soins de toilette courants.

oignons broyés. Ou frictions avec du jus d'oignon.

— contre les *bourdonnements* : placer dans l'oreille un coton imbibé de jus d'oignon.

— contre la *surdité* : mélanger 30 g de suc d'oignon et 30 g d'eau-de-vie et chauffer. 3 ou 4 gouttes dans l'oreille, 3 fois par jour, dont une au coucher.

— contre les névralgies dentaires : placer dans la cavité un tampon de coton imbibé de jus d'oignon.

— un oignon coupé en deux, à côté du lit, éloigne les moustiques.

N.B.

1 - L'oignon est *hypoglycémiant* par sa glucokinine (J.-P. Collip, 1923, et expérimentation de Laurin en 1934, sur le lapin, par injections sous-cutanées d'extraits aqueux. L'action est plus tardive sur la glycémie que celle de l'insuline, mais elle est plus durable).

2 - L'oignon cru a une action élective sur le système urinaire. L'oignon cuit sur le tube digestif.

Le pouvoir diurétique de l'oignon ne devra pas être pris — si je puis me permettre — par-dessus la jambe. Un de nos ministres actuels, eut le tort, un matin «pour voir ce que ça pouvait donner», de boire quelques gorgées de décoction d'oignons avant de partir siéger en Commission. Il ne fut pas le seul à voir ce que ça donne car, étrangement tourmenté par cet exceptionnel «pousse aux urines», il dut cinq ou six fois en moins de deux heures abandonner précipitamment la séance de travail. Pendant ce temps-là (effets secondaires de la cure d'oignon appliquée sur un autre), ses interlocuteurs pissaient aussi... mais de rire.

3 - La *cure d'oignon au printemps* est aussi

indiquée que les cures de pissenlit, de raisin ou les cures minérales. Manger également au printemps les fanes des jeunes oignons (crues ou dans les potages).

4 - Contre les digestions pénibles, les flatulences, la soupe à l'oignon fait merveille ainsi que les lendemains de festivités (roussir à peine les oignons et, bien entendu, les manger).

5 - *Contre le rhume,* le sirop d'oignon. Couper des oignons en rondelles, mettre sur une assiette, sucrer. Laisser macérer 24 heures. Deux à cinq cuillerées à soupe par jour. (Marcel Morlet).

6 - Contre l'*hydropisie,* on a préconisé le traitement suivant : comme nourriture exclusive, trois soupes au lait par jour, avec un oignon cru haché. L'amélioration se dessine au bout d'une semaine. Les urines sont abondantes en 15 jours.

7 - Coupé en deux et respiré fortement, l'oignon peut stopper une crise de nerfs.

8 - Un oignon cuit au four, placé sous la plante des pieds au coucher, est favorable aux asthmatiques et aux cardiaques.

9 - Le suc d'oignon a été vanté par l'École de Salerne contre l'alopécie.

Les médecins arabes préconisaient le mélange oignon, sel et poivre en applications locales contre la chute des cheveux.

10 - En 1972, le Pr N. Kharchenko, chef du département de pharmacologie à l'Institut médical de Kharkov, a donné les résultats de *dix années d'études* sur l'oignon. Il a rappelé notamment :

— Vit. C, B, carotène, antibiotiques.
— propr. digestives, antiathéroscléreuses, anticholestéroliques, hypotensives, tonicardiaques (curatif et préventif).
— le jus frais détruit les bac. diphtériques et tuberculeux.
— indiqué dans les angines, grippes, affections pulmonaires.

— par *voie externe,* le jus frais est utilisé sur les blessures suppurées et infectées.

— une préparation glycérinée est efficace dans les cervicites à trichomonas (affections gynécologiques).

«Essentiel dans l'alimentation, écrit l'auteur, surtout chez les personnes âgées, l'oignon est par ailleurs un médicament peu coûteux qui conservera longtemps ses propriétés médicinales».

11 - Pour purifier l'haleine lorsque l'on a mangé de l'oignon : mâcher 2 ou 3 grains de café, ou quelques branches de persil, une pomme. Ou se rincer la bouche avec de l'eau additionnée d'alcool de menthe.

Pour faire disparaître l'odeur sur les mains : les frotter à l'eau salée ou à l'eau additionnée d'ammoniaque (2 cuillerées à soupe pour un litre d'eau tiède).

12 - On dit que plus les pellicules qui enveloppent les oignons sont épaisses et nombreuses, plus l'hiver sera rude.

P.S. - Voir p. 186, *N.B.* n° 7.

● Quelques recettes utiles :

1 - Pour effacer les traces de doigts sur les portes et fenêtres, les frotter avec un oignon coupé en deux (ou une pomme de terre).

2 - Pour détruire les vers du bois : frotter les parties atteintes chaque jour pendant 10 à 15 jours, avec un oignon coupé en deux.

3 - Pour préserver les cuivres des taches de mouches, les badigeonner avec un pinceau imbibé de jus d'oignon.

4 - Pour préserver de la rouille un fourneau, des objets en nickel, les frotter avec un morceau d'oignon.

5 - Pour nettoyer les cuivres : le mélange de terre humide + oignon broyé est excellent.

6 - Pour nettoyer les vitres et les couteaux — même légèrement rouillés — utiliser un morceau d'oignon.

7 - Pour redonner de l'éclat à un sac ou à une ceinture vernis, les frotter avec un morceau d'oignon.

8 - Pour assurer le maintien des étiquettes sur les boîtes en fer-blanc, frotter la boîte avec un morceau d'oignon.

9 - On connaît l'«encre sympathique» qui n'est que du jus d'oignon : l'écriture, invisible, apparaît lorsqu'on expose le papier à une source de chaleur.

Oranger amer ou Bigaradier
Citrus aurantium, var, amara
Rutacée

Originaire de Chine. Croît dans le Midi de la France, le sud de l'Italie, en Sicile, Algérie, péninsule ibérique, Mexique, Californie, Amérique du Sud, région de l'Océan Indien.

La culture a permis d'en obtenir le citrus aurantium : oranger doux.

- PARTIES UTILISÉES : essence de fleurs d'oranger (ou *essence de Néroli*) obtenue par distillation à la vapeur d'eau des fleurs fraîches. Un tonne de fleurs donne environ 1 kg d'essence (certains arbres donnent 30 kg de fleurs par an).

- PRINCIPAUX CONSTITUANTS CONNUS : 30 % de linalol, géraniol, nérol, esters benzoïque, anthranylique et phénylacétique, traces d'indol et de jasmone...

- PROPRIÉTÉS :

    — diminue l'amplitude des contractions cardiaques.
    — émousse la sensibilité des centres sympathiques.
    — hypnotique léger.

- INDICATIONS :

    — spasmes cardiaques, palpitations.
    — diarrhées chroniques.
    — insomnies.

- MODE D'EMPLOI :

    — 1 à 3 gouttes, plusieurs fois par jour dans du miel (voir début du chapitre V).

N.B.

1 - Les fleurs donnent l'eau distillée de fleurs d'oranger.

2 - L'écorce du fruit, non comestible, procure l'*essence d'oranges amères*.

3 - L'oranger *doux* donne l'*essence de Portugal*.

Voici, à ce propos, l'article paru dans le 1er numéro du *Journal du Docteur Nature* (Printemps 1974) sous la signature de J. Bosso.

L'Oranger bigaradier est probablement l'un des arbres qui nous fournit le plus d'éléments indispensables pour le bien-être dont nous avons besoin.

En effet, l'*oranger* n'est pas seulement l'arbre qui produit la *fleur* choisie comme symbole de la pureté car tout en cette plante extraordinaire peut être utilisé pour le bonheur de l'homme.

Essayons de voir un peu plus en détail ce qu'il nous apporte et d'abord commençons par *le bois*.

D'une essence très dure et résistante, le bois d'oranger servait autrefois à la fabrication de manches d'outils tels que : pelles, fourches, masses, faux, marteaux et il n'est pas rare de trouver encore de nos jours des outils servant depuis plus d'un siècle avec un manche en oranger.

L'utilisation de la *feuille*.

Pour que l'arbre produise d'une façon normale et rentable fleurs et fruits, il est procédé tous les deux ans à une taille de l'excédent de branches nouvelles. Plus exactement, la taille se fait sur les branchettes anciennes pour faire place aux nouvelles pousses. Nommé « *Brout* », ce feuillage est distillé par entraînement à la vapeur d'eau et produit une essence appréciée, aussi bien en *pharmacie* qu'en *parfumerie,* dans la fabrication des bases pour *eaux de Cologne.* Cette essence est nommée *essence de petit grain bigarade*.

Quant aux feuilles, délicatement cueillies une à

une sur les jeunes pousses, séchées à l'ombre en période hivernale (la récolte se situe de fin novembre à mi-février), elles ont des effets remarquables en infusion pour les digestions difficiles et des propriétés calmantes, toniques, fébrifuges, sudorifiques. Une infusion de feuilles et d'écorce d'oranger bigaradier (2 tiers d'écorces, 1 tiers de feuilles) est un remarquable stimulant intellectuel, renforce la mémoire et redonne du goût au travail.

Le *fruit* de l'oranger bigaradier a d'innombrables utilisations également. Ramassé à plusieurs stades de sa formation, il est utilisé de diverses manières. Ainsi, l'Orangette (ou toute petite orange) est cueillie à la taille d'une grosse bille. On l'appelle également « chinois ». Confite et enrobée de sucre, elle est d'un goût très apprécié. Ou bien encore mise en macération dans l'alcool ou dans l'eau-de-vie, elle sert de digestif.

L'*écorce* d'orange bigarade. Lorsque le fruit atteint sa taille normale mais avant sa maturation c'est-à-dire avant qu'il prenne sa couleur orange, il est zesté manuellement par des ouvrières spécialisées qui forment de cette écorce d'orange des rubans verts que l'on fait sécher, suspendus à des cordelettes ou des roseaux placés sous des auvents à l'abri du soleil (mais en plein courant d'air froid qui leur conserve leur couleur verte).

L'écorce d'orange bigaradier ainsi séchée devient un élément de base pratiquement indispensable dans de nombreuses boissons apéritives ou digestives. Cette écorce est associée aux bois de Cola, de Quinquina, aux Vermouths divers, ainsi qu'aux jus de fruits qui deviennent de somptueux désaltérants.

L'une des principales liqueurs : *Curaçao* triple sec, est préparée à partir de l'infusion d'écorce d'orange amère Côte d'Azur. Bien d'autres encore qu'il serait trop long de nommer, *Fernet-Branca,* etc.

Mûri sur l'arbre sous les rayons du soleil méditerranéen, ce fruit traité sur les lieux mêmes des cultures est transformé en *gelée ou confiture d'orange amère* si appréciée. La Coopérative des producteurs d'oranger de Vallauris - Golfe-Juan traite chaque année plusieurs centaines de tonnes d'oranges amères et les expéditions sont faites dans le monde entier.

Le zeste mûr, séché, moulu est pour la ménagère un allié sérieux pour la réussite de ses gâteaux, de flans et de nombreux autres desserts.

La *pulpe* d'orange, outre les confitures et gelées dont nous venons de parler, contient l'acide citrique utilisé en pharmacie (produits aidant à la digestion sous forme de sels digestifs), en alimentation, fabrication des boissons pétillantes (limonades et boissons toniques).

Il faudrait des pages pour énumérer les bienfaits d'un « bon » jus d'orange pris aussi bien le matin à jeun que dans la journée, stimulant naturel riche en Vitamine C, reconstituant de premier ordre, dissolvant des déchets organiques. Il est bien connu que le citral, également contenu dans l'*orange* et le *citron,* est régénérateur de la peau, un remède apprécié contre la calvitie précoce, contre des caries dentaires, favorisant la fixation du calcium dans les tissus osseux.

Le *pépin* d'oranger, séché et moulu, donne une excellente tisane purgative.

Bouton, fleur et pétale d'oranger bigaradier

Dans les trois cas, nous trouvons des éléments très utiles à l'être humain touché par la fatigue physique et intellectuelle, le surmenage, la nervosité, l'hypertension.

La fleur d'Oranger bigaradier, distillée comme la feuille par entraînement à la vapeur d'eau, donne une essence à l'odeur suave et capiteuse, nommée *essence de Néroli* qui est utilisée dans la composition de bases destinées à la fabrication des meilleures eaux de Cologne ainsi que dans les parfums de grande classe.

Le rendement en essence varie entre 0 kg 700 et 1 kg 200 pour *une tonne de fleurs.* La moyenne est établie en temps normal sur *un pour mille*, ce qui entraîne, avec les frais de fabrication, à un prix moyen de 12 000 francs le kilo d'essence de Néroli (soit un million deux cent mille de nos francs anciens).

De cette distillation, il est retiré *l'eau distillée de fleurs d'oranger* à raison de deux litres environ pour un kilo de fleurs mises en distillation, ce qui normalement donne un tirage de 30 milligrammes d'essence environ par litre d'eau, le minimum accordé par le Codex.

Nous connaissons beaucoup plus cette eau de fleurs d'oranger distillée que les boutons, fleurs ou pétales, et pour faciliter, nous nommerons simplement « fleurs d'oranger » d'une façon générale.

Ainsi, cette fleur séchée à l'ombre sur des claies exposées au courant d'air, conserve la totalité de son essence, seule la sève et l'eau s'étant évaporées. Il est alors possible de redonner par simple infusion toute l'efficacité des produits nommés plus haut et ayant les propriétés et indications :

a) *Propriétés :* diminue l'amplitude des contractions cardiaques, émousse la sensibilité des centres sympathiques, hypnotique léger.

b) *Indications :* spasmes cardiaques, palpitations, crampes, diarrhées chroniques, contractures, insomnies, angoisses, états dépressifs. En outre, stimule l'appétit, facilite la digestion.

Une infusion de fleurs d'oranger (2 cuillerées à soupe) dans un biberon, constitue un remarquable *calmant* chez les *bébés* nerveux et quelquefois supprime les «maux de ventre» qui provoquent des pleurs chez l'enfant, ces petites crises que l'on ne s'explique pas (le diagnostic médical étant indispensable dans certains cas).

Pour terminer, on notera en médecine vétérinaire, la tisane de *racines* d'oranger qui est un merveilleux vermifuge pour les jeunes chiens, les chevaux et autres animaux domestiques. Cette pratique est utilisée surtout par les Gitans.

N. B.

Le nom botanique de l'oranger doux est *citrus sinensis*.

Origans

Origanum vulgare.

Labiées

Commun en France. Deux espèces nord-africaines : l'*O. floribundum* et l'*O. glandulosum,* ont les mêmes propriétés et indications.

Synonymes : marjolaine sauvage, grande marjolaine...

- PARTIES UTILISÉES : sommités fleuries, essence.

- PRINCIPAUX CONSTITUANTS CONNUS : l'essence contient des phénols : carvacrol (jusqu'à 70 %), thymol (jusqu'à 25 %), des alcools libres et esthérifiés (2,5 % en acétate de géranyle), des carbures : p-cymène, α-terpinène, origanène, un glucoside, un saponoside acide...

- PROPRIÉTÉS :

Usage interne :

— *bactéricide.*
— *sédatif antispasmodique.*
— apéritif.
— *stomachique.*
— *carminatif.*
— *expectorant* (fluidifiant des sécrétions bronchiques).
— *antiseptique* des voies respiratoires.
— emménagogue.

Usage externe :

— parasiticide.
— antalgique.

● INDICATIONS :

Usage interne :
— syndromes infectieux.
— anatomie gastrique (digestions lentes), inappétence.
— *aérophagie,* ballonnements, surtout des psychopathes (malades imaginaires ou mentaux).
— *bronchites* chroniques, *toux d'irritation (coqueluche).*
— *tuberculose* pulmonaire.
— *asthme.*
— rhumatismes aigus ou chroniques, rhumatisme musculaire.
— *absence de règles* (en dehors de l'état de grossesse).

Usage externe :
— pédiculose.
— rhumatismes musculaires et articulaires.
— cellulite.

● MODE D'EMPLOI :

Usage interne :
— infusion : une cuillerée à dessert dans une tasse d'eau bouillante. Infuser 10 minutes. Une tasse avant, pendant ou après chaque repas.
— essence : 3 à 5 gouttes dans du miel, 2 à 4 fois par jour (adultes). Pour les enfants, selon l'âge 1 à 2 gouttes (2 à 3 fois par jour).
— extrait fluide : 3 à 5 g par jour, fractionnés.

Usage externe :
— cataplasmes recouverts d'un cataplasme chaud de son ou de farine de lin (algies rhumatismales ou musculaires).
— *liniment antirhumatismal :*

essence d'origan .... 5 g
alcoolat de romarin .... 95 g

en frictions sur les parties douloureuses.

— *pommade anticellulalgique :*

alcoolature — ou extrait fluide — de lierre
grimpant .... 5 g
essence d'origan .... XX gouttes
lanoline .... 20 g
axonge ou vaseline .... 40 g

— pommade contre la *pédiculose* (Renaudet, 1913) :

essence d'origan ....
essence de verveine .... ⎫
essence de thym .... ⎬ aa XV gouttes
essence de géranium .... ⎭
cire blanche fondue .... 5 g
vaseline .... 85 g

N.B.

1 - Voir à romarin : formule de bain aphro-disiaque.

2 - Pour Lesieur, l'essence d'origan est excito-stupéfiante et on a pu décrire des cas de convulsions consécutives à son ingestion. Il en est ici comme de nombreuses autres huiles essentielles susceptibles de se montrer agressives à certaines doses, surtout chez les sujets prédisposés.

Faux origan

Origanum dictamnus ou *Amaracus dictamnus*

Labiée

Synonyme : faux dictamne.

Dictamnus, parce qu'il poussait surtout sur le mont Dicte en Crète. On le cultive dans le Sud de la France, en Italie, en Espagne... Autrefois très célèbre vulnéraire pour les plaies.

● PARTIES UTILISÉES : tige fleurie, feuilles.

● PRINCIPAUX CONSTITUANTS CONNUS : carvacrol, pulégone (jusqu'à 85 %), bornéol...

● PROPRIÉTÉS :

Usage interne (peu usité de nos jours) :
— excitant, stimulant digestif.
— emménagogue.

Usage externe :

— vulnéraire (plaies, algies).
Fait partie des constituants du Baume (ou alcoolat) de Fioravanti (cf. Ch. IX, page 444).

N.B.
Ne pas confondre cette plante avec *Dictamnus albus* (Dictamne blanc) qui est la Flaxinelle (Rutacée) - cf. «Phytothérapie» 5e édit.

Origan d'Espagne
Thymus capitatus
Labiée

Synonyme : Thym capité.
Il s'agit là, en somme, d'un autre faux origan, et les précisions qui vont suivre sont de Michel Poirotte (Thèse Doctorat en Pharmacie, Montpellier, 1983). Car il s'agit d'un thym, distillé en Espagne et dont l'essence est commercialisée sous le nom d'H.E. d'Origan d'Espagne.
Cette plante pousse sur le pourtour méditerranéen, sans grande exigence autre que la nature calcaire du substrat, et paraît avoir une grande vitalité pour coloniser des terrains dépourvus de végétation.

● PRINCIPAUX CONSTITUANTS CONNUS : 92 composants : carvacrol (61 à 83 %), ac. hydroxytriterpénique pentacyclique, ac. oléanolique, flavonoïdes (lutéoline, flavonols...).

De nouvelles expérimentations ont confirmé les importantes *propriétés bactéricides* bien connues de l'essence d'origan d'Espagne, identiques à celles d'autres huiles essentielles prises comme éléments de comparaison : cannelle, girofle, thym et sarriette (cf. le chapitre consacré à cette dernière) dont on connaît par ailleurs la puissance depuis longtemps.

L'auteur a relevé dans la littérature, l'activité antispasmodique de l'essence de thym capité, utilisée dans l'asthme bronchique depuis le Moyen Age.

On notera que ces deux propriétés se retrouvent à la fois chez les origans et le thym étudiés dans cet ouvrage et il y a tout lieu de penser que les propriétés, donc les indications, de ces trois labiées se révéleront comparables.

Pin sylvestre

Pinus sylvestris.

Conifère

Pin sauvage, arbre très répandu dans les régions froides et élevées de l'Europe, pays nordiques, U.R.S.S.

On utilise les bourgeons, appelés à tort bourgeons de sapin, la résine épaissie et distillée de l'arbre (térébenthine) et l'huile essentielle obtenue par distillation à la vapeur des *aiguilles.*

● PRINCIPAUX CONSTITUANTS CONNUS : essence de térébenthine (pinène, camphène, phellandrène...) mallol, huile essentielle : pinène, sylvestrène, acétate de bornyle, cadinène, pumilone... Les bourgeons contiennent plus de 200 g de résine par kilo.

● PROPRIÉTÉS :

Usage interne :

— antiseptique puissant des *voies respiratoires,* balsamique.
— antiseptique des voies *urinaires* et *hépatiques.*
— *dynamisant :* stimulant de la *cortico-surrénale.*

Usage externe :

— rubéfiant (affections rhumatismales).
— antiseptique balsamique.

● INDICATIONS :

Usage interne :

— toutes les affections des *voies respiratoires* (rhumes, bronchites, trachéites, pneumonie, asthme, tuberculose...).

— grippe.
— affections *urinaires* (pyélites, cystites, prostatites inférieures).
— cholécystites.
— *infections* en général.
— *lithiase biliaire.*
— *impuissance.*
— rachitisme.
— gastralgies, douleurs intestinales.

Usage externe :

— affections pulmonaires.
— grippe, sinusites.
— rhumatismes, goutte (bains).
— hyperhidrose plantaire.

● MODE D'EMPLOI :

Usage interne :

— *infusion :* de bourgeons à 20-50 g pour un litre d'eau : 3 tasses par jour.
— sirop de bourgeons : 50 à 100 g par jour.
— teinture : 10 à 20 gouttes, 2 à 3 fois par jour.
— *huile essentielle :* 3 à 5 gouttes dans du miel, 3 à 4 fois par jour, ou en suspension alcoolique.

Usage externe :

— *huile essentielle en inhalations* (grippes, sinusites, bronchites).
— *mélange pour inhalations :*

H E de lavande	1 g
H E de pin	2 g
H E de thym	2 g
H E d'eucalyptus	4 g
alcool à 90° .... q.s.p.	150 cc

une cuillerée à dessert ou à soupe pour un bol d'eau bouillante. 2 à 3 inhalations par jour pendant 8 à 15 jours.

— essence ou bourgeons, en *bains :* locaux contre l'hyperhidrose plantaire, la dyshidrose — généraux contre les rhumatismes et la goutte.
— fluidifient les mucosités et facilitent l'expectoration.

N.B.

1 - Du pin sylvestre et maritime on retire le goudron végétal dit « de Norvège ».

2 - Voir à cannelle la formule contre la pédiculose et la gale.

3 - Le pin maritime (pinus maritima : conifère) fournit la térébenthine de Bordeaux, le galipot, l'essence de térébenthine, la poix noire, le goudron...

4 - Le sapin (abies pectinata : conifère) fournit la térébenthine des Vosges.

5 - C'est Jacques Cartier qui, en 1534, apprit des Indiens la valeur antiscorbutique des extraits d'aiguilles de pin.

● Spécialités : Bains « Alg-Essences » (voir page 149). « Climarome » (p. 442).

Romarin

Rosmarinus officinalis.

Labiée

Commun dans le sud de la France (Provence), en Italie, Espagne, Tunisie, Dalmatie...

On l'utilise dans la cuisine, en infusions (sommités fleuries, feuilles), ou sous forme d'huile essentielle obtenue par distillation à la vapeur des sommités fleuries (100 kg de plantes fournissent environ 1,500 kg d'essence).

Synonymes : herbes aux couronnes, herbe des troubadours, rose marine...

- PRINCIPAUX CONSTITUANTS CONNUS : huile essentielle ; pinène, camphène, cinéol, bornéols (15 %), des camphres, résine, principe amer, saponine...

- PROPRIÉTÉS :

Usage interne :

— *stimulant général* (comme menthe, mélisse, sauge, thym) et *cardio-tonique, stimulant des cortico-surrénales.*

— hypertenseur (Caujolle, Cazal).

— stomachique.

— *antiseptique pulmonaire* et béchique.

— antidiarrhéique, antifermentescible.

— carminatif.

— antirhumatismal et antinévralgique.

— *antigoutteux.*

— *cholagogue* et *cholérétique* (l'infusion intra-veineuse, chez l'animal, double le volume de la sécrétion biliaire : Chabrol. Expérimentations par tubages duodénaux de Parturier et Rousselle).

— *emménagogue.*

— céphalique.
— diurétique et sudorifique.

Usage externe :

— cicatrisant des plaies et brûlures, résolutif.
— parasiticide.

● INDICATIONS :

Usage interne :

— *asthénies* (faiblesse générale).
— surmenage physique et intellectuel (perte de *mémoire*).
— hypotension.
— impuissance.
— *chlorose,* adénites, lymphatisme.
— *asthme,* bronchites chroniques, coqueluche, grippe.
— infections intestinales, colites, diarrhées.
— flatulences.
— *hépatisme, cholécystites, ictères* par hépatite et par obstruction, *cirrhoses, lithiase biliaire.*
— hypercholestérolémie.
— *dyspepsies atoniques* (digestions difficiles), douleurs gastriques.
— rhumatisme, goutte.
— dysménorrhées (règles douloureuses) et leucorrhées.
— *migraines.*
— affections du système nerveux : hystérie, *épilepsie, séquelles de paralysies,* faiblesse des membres.
— troubles cardiaques nerveux.
— *vertiges,* syncopes.

Usage externe :

— plaies, brûlures.
— rhumatismes.

— douleurs musculaires.
— pertes blanches.
— pédiculose, gale.
— fatigue générale, débilité des enfants, faiblesse de la vue (bains).

● MODE D'EMPLOI :

Usage interne :

— *infusion* (feuilles ou fleurs) : 1 cuillerée à dessert par tasse d'eau bouillante. Infuser 10 minutes. Une tasse avant ou après les repas.
— *extrait fluide :* 3 à 5 g par jour.
— *huile essentielle* (50 gouttes au gramme) : 3 ou 4 gouttes, 2 ou 3 fois par jour, en solution alcoolique ou dans du miel (voir début du chapitre V).

Usage externe :

— en *compresses* dans les *rhumatismes :* décoction avec une poignée par litre d'eau. Bouillir 10 minutes.
La même décoction en injections vaginales (leucorrhées), en lotions des plaies.
— en *frictions* avec une solution alcoolique d'essence à 2 % (rhumatismes).
— essence de romarin + huile d'olives, en frictions contre les douleurs musculaires.
— *liniment antirhumatismal :*

teinture de gingembre	40 g
essence d'origan	2 g
alcoolat de romarin	60 g

en frictions.
— voir à gingembre une formule personnelle.
— en *bains fortifiants* (surtout pour les enfants) et contre les rhumatismes, la faiblesse de la vue. Prendre ces bains de préférence le matin.
— *bain aphrodisiaque (sous toutes réserves...) :*

muscade concassée	50 g

romarin ....⎫
sauge ....⎪
origan ....⎬ aa 500 g
menthe ....⎪
fleurs de camomille ....⎪
eau bouillante ....⎭

laisser infuser 12 heures, et ajouter :

teinture de genièvre	100 g
teinture de girofle	100 g

pour un grand bain.

— pédiculose, gale : voir la formule à cannelle (l'infusion des feuilles et des fleurs dans l'esprit-de-vin a toujours été recommandé dans le traitement de la gale).

N.B.

1 - L'essence de romarin en quantité exagérée est fortement *épileptisante* et, comme l'essence de fenouil, rend les animaux craintifs. Alors que les essences de sauge, d'absinthe, d'hysope — épileptisantes également — rendent les animaux agressifs.

2 - L'alcoolat de romarin (élixir de jeunesse réputé obtenu par distillation de cèdre, romarin et térébenthine) portait autrefois le nom d'« Eau de la Reine de Hongrie » (1370). Il passait pour avoir transformé une princesse septuagénaire, paralytique et goutteuse, en une séduisante jeune fille qui fut demandée en mariage par un roi de Pologne.

3 - Le romarin entrait dans la composition du « Vinaigre des 4 voleurs ». Il entre dans la composition du vin aromatique, des baumes tranquilles, de l'eau de Dardel (stimulant), de l'alcoolat vulnéraire du Codex (pour les contusions), du baume nervin (stimulant, antirhumatismal), de l'onguent de romarin (pédiculose), d'onguents pour usage vétérinaire...

4 - Voir à « menthe » une formule d'élixir dentifrice.

● SPÉCIALITÉS : Bains « Alg-Essences » (voir page 149). « Tégarome » (p. 442).

Santal

Variétés : *Santalum album, santalum spicatum.*

Santalacée

Arbre de l'Inde orientale, d'Australie... (parasite dont les racines s'enfoncent dans celles des arbres environnants).

On utilise le *bois,* et surtout l'*essence* obtenue par distillation, à la vapeur, du bois de santal.

- PRINCIPAUX CONSTITUANTS CONNUS : essence contenant 80 % d'alcools terpéniques calculés en santalol, fusanols, acides santalique et térésantalique, carbures...

- PROPRIÉTÉS :

— *antiseptique urinaire* et pulmonaire.
— tonique et aphrodisiaque.
— astringent (bois).

- INDICATIONS :

— *spécifique des infections des voies urinaires :* blennorragie, cystite, colibacillose.
— impuissance.
— bronchites chroniques.
— diarrhées rebelles (bois).

- MODE D'EMPLOI :

— capsules d'essence à 0,25 g : 4 à 20 par jour (santalum album), 6 à 12 par jour (santalum spicatum) = doses pouvant paraître exagérées car certains auteurs préconisent 1 à 1,50 g par jour.
— santalol : capsules à 0,50 g : 2 à 4 par jour, loin des repas.
— *autres formules :*

essence de santal	0,20 g
salol	0,05 g

pour une capsule

essence de santal	0,15 g
salol	0,05 g
bleu de méthylène	0,025 g

pour une capsule

— à doses élevées : sensation de chaleur épigastrique, soif vive, parfois nausées.

N.B.

1 - Le santalum album est appelé également santal citrin. Le santalum spicatum est le santal d'Australie.

2 - Dans l'Antiquité, le bois de santal servait à la fabrication des meubles, à la décoration des temples, en raison de son odeur et du fait qu'il n'était pas attaqué par les insectes.

Réduit en poudre, il était brûlé dans les cérémonies religieuses.

En Orient, il est très recherché comme parfum.

Un de mes anciens élèves, voulant sans doute faire preuve d'originalité, a prétendu un jour publiquement que l'essence de santal n'a jamais été un antiseptique urinaire, le bleu de méthylène qu'on lui annexait dans certaines préparations ayant en fait cette propriété. Il faudrait que cet excentrique, coutumier des balivernes, cesse de tromper ceux qui l'écoutent !

Je le renvoie donc aux ouvrages sérieux, en particulier au *Formulaire pharmaceutique* (Vigot Frères, édit.). Ce monument de 2 080 pages grand format a été composé sous la direction de J. Leclerc, Directeur-adjoint de la Pharmacie Centrale des hôpitaux de Paris, et les propriétés anti-infectieuses de l'essence de santal sur l'appareil urinaire y sont très clairement mentionnées.

Santoline

Santolina chamœcyparissus.

Synanthérée

Synonymes : aurone femelle, garde-robe, citronnelle, petit cyprès (feuilles toujours vertes).

Plante qui croît dans les montagnes de l'Europe et est acclimatée dans les jardins.

- PARTIES UTILISÉES : semences, huile essentielle.

- PROPRIÉTÉS :

— *vermifuge* (analogue à la tanaisie et au semen-contra) : Galien, Murray.
— stimulant.
— antispasmodique.
— emménagogue.

- INDICATIONS :

— ascaris.
— oxyures.

- MODE D'EMPLOI :

semences

— une cuillerée à dessert pour une tasse d'eau bouillante. Infuser 10 minutes. Une tasse chaque matin pendant une semaine, à la lune descendante. Recommencer pendant 3 mois.

poudre de semences

— cachets à 0,50 g (4 à 8 par jour) ou 2 à 4 g dans du miel.

huile essentielle

— 3 à 10 gouttes, en capsules, 2 ou 3 fois par jour avec des boissons abondantes.

— *vermifuge pour enfants* (H. Leclerc) :

poudre de semences de santoline	2 g
sirop de fleurs de pêcher	30 g
mellite simple	70 g

Sarriette des montagnes

Satureia montana.

Labiée

Synonymes : Pébré d'aï (poivre d'âne) des Provençaux, Satureia des Latins, herbe de Saint-Julien.

Espèce méditerranéo-montagnarde des étages de végétation humide à hivers frais et froids, elle couvre de vastes espaces dans le sud de la France. Elle se développe aussi bien dans les champs de thym et de lavande.

A joui d'un très grand prestige dans l'Antiquité. Entre toujours dans la composition de diverses liqueurs digestives et de certains vulnéraires (alcoolat vulnéraire). N'est plus à la pharmacopée française depuis 1965.

● Parties utilisées : plante, sommités fleuries, essence.

Utilisée en cuisine pour ses vertus aromatiques et antitoxiques (serait un des meilleurs correctifs des gibiers faisandés). On l'emploiera constamment dans les crudités, les plats cuisinés (féculents), dans les sauces tomate (avec la sauge).

L'*essence* est obtenue par distillation. Elle contient du pinène, du carvacrol : jusqu'à 30-40 %, cymène : 20 à 25 %, des terpènes : 40 à 50 %, cinéol, peu de thymol.

● Propriétés :

Usage interne :

— digestif.
— *stimulant* (de l'*intellect* surtout et des cortico-surrénales).
— *aphrodisiaque* (sans trop d'illusions...).
— antispasmodique.

— carminatif.
— *antiseptique* puissant, antiputride.
— vermifuge.
— expectorant.

Usage externe :

— cicatrisant, résolutif.

● INDICATIONS :

Usage interne :

— *digestions pénibles,* atonie gastrique.
— *asthénie intellectuelle et sexuelle.*
— douleurs gastriques nerveuses.
— spasmes intestinaux.
— fermentations intestinales, ballonnements.
— parasites intestinaux.
— en Allemagne : *diarrhées* de toutes natures.
— asthme, bronchites.

Usage externe :

— plaies.
— piqûres d'insectes.
— surdité.

● MODE D'EMPLOI :

Usage interne :

— *infusion* de sommités fleuries : 5 g pour une tasse d'eau bouillante. Infuser 10 minutes. 3 tasses par jour, avant ou après les repas.
— *essence :* 3 ou 5 gouttes dans du miel, 2 ou 3 fois par jour, à la fin des repas.

Usage externe :

— infusion de la plante : 25 à 30 g pour 1 litre d'eau. En lotions, compresses (plaies).
— contre la *surdité :* 3 ou 4 gouttes de suc de

sarriette dans l'oreille, 3 fois par jour dont une au coucher.

N.B.

1 - Autrefois, la décoction de sarriette dans du vin était un des collutoires utilisés en cas d'ulcérations de la bouche ou de la gorge. Les névralgies dentaires relevaient de frictions pratiquées sur la dent cariée avec de l'essence dont on introduisait également une goutte dans l'oreille.

2 - *Satureia hortensis* (S. des jardins) a des propriétés comparables quoique moindres.

Nouvelles précisions

Bien que n'entrant pas dans la composition de spécialités pharmaceutiques, des chercheurs de la Faculté de Montpellier ont récemment publié une très intéressante étude sur l'action antibactérienne et antifongique (qui s'oppose au développement des champignons) de l'essence de sarriette[1]. Ils l'ont comparée avec d'autres essences de la même famille couramment employées en médecine : *Thymus vulgaris, Rosmarinus officinalis, Lavandula vera, Lavandula latifolia et Lavandin.*

Ils ont pu démontrer la nette supériorité antimicrobienne de l'essence de sarriette vis-à-vis des souches utilisées : genre staphylocoque (dix variétés), quatorze autres germes et onze champignons (divers *candida : albicans, tropicalis,... trichophyton interdigitalis,...*).

L'essence de sarriette agit à des concentrations de 2 à 20 fois plus faibles que les autres. Seul le

---

1. Place de l'essence de *Satureia montana* dans l'arsenal thérapeutique — par J. Pellecuer, Mme J. Allegrini, Mme Simeon de Buochberg et J. Passet (Lab. de Botanique et Cryptogamie. Fac. de Pharmacie de Montpellier) — in «Plantes médicinales et Phytothérapie» - 1975, T. IX, n° 2.

thym a été plusieurs fois égal, et même supérieur (contre le *candida pelliculosa*).

Notions à retenir dans le traitement de nombreuses infections.

A ce propos, j'avais publié à peu près à la même époque sur cette nouvelle découverte, un article intitulé : « La Sarriette, merveilleux antibiotique ». Le voici :

On pourrait intituler cette communication : **« Peut-on se passer d'antibiotiques ? ».** *Nos lecteurs savent depuis longtemps qu'on a découvert des antibiotiques puissants dans environ 1 200 espèces de végétaux et dans de nombreuses plantes aromatiques comme dans certains légumes (ail, oignon, par exemple). Parmi les essences aromatiques douées de propriétés antibactériennes bien connues, figurent le thym, la lavande, le romarin... presque toutes.*

J. Pellecuer et coll. ont publié une remarquable étude sur les propriétés antibactériennes et antifongiques (contre les mycoses) de l'essence de Satureia montana. *Ils l'ont comparée aux propriétés d'autres essences de labiées couramment employées en thérapeutique. Ils mettent en exergue la nette supériorité du pouvoir antimicrobien de l'huile essentielle de sarriette sur les autres essences testées* (Thymus vulgaris L., Rosmarinus officinalis L., Lavandula vera DEC., Lavandula latifolia Vill. et Lavandin).

En voici quelques extraits :

Bon nombre de préparations antiseptiques sont à base d'essence de labiées dont les propriétés antimicrobiennes ne sont plus à démontrer. Cependant, l'essence de *Satureia montana* n'entre jamais dans la composition de spécialités pharmaceutiques. Cette espèce méditerranéenne montagnarde couvre de vastes espaces dans le Sud et le Sud-Est de la

France. Elle se développe aussi bien dans les champs de thym que dans les champs de lavande.

Le catalogue de spécialités pharmaceutiques montre que parmi les essences de labiées, celles de thym et de lavande sont de beaucoup les plus utilisées. Nous avons donc choisi ces essences, ainsi que l'essence de romarin, pour comparer leurs effets par rapport à l'essence de sarriette.

Ici, les auteurs précisent que pour être dans les conditions normales d'approvisionnement, ils ont utilisé des essences vendues dans le commerce. Nous n'avons pas eu l'occasion de leur demander la nature des essences utilisées car, comme on le sait, nombre d'essences vendues dans le commerce n'ont pas la qualité souhaitable, mais reprenons le cours de l'exposé :

La méthode employée est précisée *(trop complexe pour être relatée ici)*. Les diverses essences étudiées l'ont été à propos de 14 germes microbiens issus de pus d'abcès, d'anthrax, dentaires, de prélèvements d'entérocolite, de lymphangite, de cystite...

Elles ont également été testées à propos de 11 champignons (mycoses), par exemple, diverses variétés de candida, de tricophyton, d'aspergillus...

La conclusion des auteurs est celle-ci :

La comparaison de l'activité antimicrobienne de ces essences commerciales de Labiées sous-frutescentes méditerranéennes montre que l'huile essentielle de sarriette des montagnes agit à des concentrations de **2 à 20 fois plus faibles** que les essences de lavande vraie, d'aspic, de lavandin et de romarin.

Quant à l'essence de thym testée, son action est d'une façon générale de **2 à 8 fois moins importante** que celle de sarriette. Cependant, pour quelques germes, elle égale celle de *Satureia montana*. On ne note qu'une seule fois (pour *Candida pelliculosa*) un pouvoir antifongique supérieur à celui de la sarriette. Cependant, il est à remarquer que cette essence commerciale de thym, bien que conforme à la Pharmacopée française, ne correspond pas exactement à l'un des 6 chémotypes (types chimiques) définis par J. Passet. Il est alors logique de considérer que l'action de ces divers types d'essence soit différente et puisse se rapprocher de celle de sarriette par la composition plus riche de certaines en carvacrol. En effet, nous avions constaté, pour l'essence de sarriette, des variations d'activité en fonction du taux de ses constituants au cours du cycle végétatif de la plante.

L'huile essentielle de *Satureia montana L.* a donc une action antimicrobienne et antifongique très nettement supérieure à celle des essences de Labiées couramment utilisées en thérapeutique.

Ceci ouvre des perspectives d'avenir pour cette espèce de « simple » méditerranéenne jusqu'à présent délaissée, dont nous essayons de promouvoir la culture en vue de son utilisation dans l'industrie pharmaceutique.

On retiendra de cette remarquable étude :

1) Que l'aromathérapie s'appuie constamment sur des preuves scientifiques plus poussées.

2) Que nous sommes encore loin d'avoir tout prouvé « scientifiquement », mais que le médecin sera bien inspiré, en attendant mieux, de tenir compte des enseignements empiriques du passé, et d'utiliser — pour soigner ses malades — les traitements connus pour être efficaces, même si nous ne savons pas encore pourquoi.

Sassafras

Sassafras officinale.

Lauracée

Arbre de l'Amérique méridionale.

- **Parties utilisées** : bois de la racine, *écorce, essence* obtenue par distillation à la vapeur des racines et de leur écorce.

- **Principaux constituants connus** : huile volatile, renfermant 80 % de safrol, pinène, phellandrène, eugénol, camphre droit...

- **Propriétés** :

Usage interne :

— stimulant.
— *sudorifique* (fait partie des 4 bois sudorifiques).
— *diurétique.*
— carminatif.

Usage externe :

— rubéfiant.
— analgésique.

- **Indications** :

Usage interne :

— asthénies physique et intellectuelle.
— *affections de la peau.*
— *rhumatismes,* goutte.
— *syphilis.*
— troubles de la menstruation.
— affections génito-urinaires (chaude-pisse chronique).
— stimulant général et intellectuel.

Usage externe :

— douleurs rhumatismales.
— piqûres d'insectes.

● MODE D'EMPLOI :

Usage interne :

— infusion : 10 g d'écorce pour un litre d'eau.
   1 à 3 tasses par jour.
— poudre : 2 à 4 g par jour.
— *essence :* 1 ou 2 gouttes plusieurs fois par jour,
dans du miel ou en solution alcoolique.

Usage externe :

— en liniments ou essence pure.

N.B.
   1 - L'essence de sassafras fut recommandée par
Shelbey comme antidote du tabac.
   2 - Elle est actuellement très concurrencée dans la
parfumerie et les savonneries par le safrol retiré
de l'huile de camphre.

Sauge

Salvia officinalis.

Labiée

Synonymes : herbe sacrée, thé de Grèce, thé de France.

Il en existe environ 450 espèces et sous-espèces. Plante commune des jardins, pousse sur tous les continents. C'est l'*herba sacra des Latins.* Pour l'École de Salerne : « Salvia salvatrix, natura conciliatrix ». Remède populaire toujours très employé et l'une des plantes médicinales les plus renommées. Il existe environ 500 variétés de sauge.

- PARTIES UTILISÉES : feuilles, fleurs, huile essentielle (qui peut être épileptisante et toxique pour le système nerveux, même à faibles doses : 2 fois plus toxique que l'absinthe).

- PRINCIPAUX CONSTITUANTS CONNUS : tanin, un principe œstrogène, une essence : bornéol, salviol (ou camphre de sauge), cinéol, salvène, salvone, (cétone appelée aussi *thuyone,* environ 50 %, de très grande toxicité). Voir au chapitre Annexes : « toxicité de certaines huiles essentielles ».

- PROPRIÉTÉS :

Usage interne :

— *tonique,* stimulant général (excitant *nervin* et des cortico-surrénales).
— équilibrant du vago-sympathique et nervin.
— *antispasmodique.*
— apéritif.
— stomachique.
— *antiseptique.*
— *antisudoral* (Van Swieten).

— dépuratif.
— *diurétique.*
— *hypertenseur* (Caujolle, Cazal).
— *emménagogue* (l'extrait purifié de sauge, injecté à des souris, provoque des modifications comparables à celles que produit la folliculine : Kroszcynski et Bychowka).
— favorise la conception.
— anticancer (?).
— antilaiteux.

Usage externe :

— astringent.
— cicatrisant.
— antiseptique.
— tonique, antirhumatismal (bains).

● INDICATIONS :

Usage interne :

— relève les forces de l'organisme tout entier, indiquée pour toutes infirmités : organes digestifs, hépatisme, affections urinaires, pulmonaires, pleurales...
— *asthénies* (convalescences...), *neurasthénie.*
— *dyspepsies* par atonie gastro-intestinale, digestions lentes, inappétence.
— affections nerveuses : tremblements, vertiges, paralysies.
— apoplexie.
— bronchites chroniques, *asthme.*
— *sueurs nocturnes des tuberculeux* et des convalescents.
— sueurs profuses des mains, aisselles.
— adénites, lymphatisme.
— fièvres intermittentes.
— diurèse insuffisante.
— *hypotension.*

— régulateur dans les règles insuffisantes, *dysmé-norrhées.*
— *ménopause.*
— *stérilité* (Lyte).
— diarrhées (des tuberculeux et des nourrissons).
— cancérose.
— préparation à l'accouchement.
— pour faire tarir la lactation.

Usage externe :

— leucorrhées (injections vaginales).
— *aphtes, stomatites,* angines, laryngites, névral-gies dentaires.
— asthme.
— *plaies atones,* ulcères.
— dermatoses (eczémas).
— débilité infantile, rachitisme, scrofulose.
— alopécie.
— piqûres de guêpes, d'insectes.
— désinfection des habitations.

● CONTRE-INDICATION : allaitement.

● MODE D'EMPLOI :

Usage interne :

— *infusion :* 20 g de feuilles + fleurs pour 1 litre d'eau bouillante. Infuser 10 minutes. 3 tasses par jour.
— *teinture :* 30 à 40 gouttes, 2 fois par jour, dans un peu d'eau chaude.
— *extrait fluide* de sauge stabilisée : une cuillerée à café dans une infusion de mélisse, le soir, comme *équilibrant nervin,* et contre les sueurs.
— *essence :* 2 à 4 gouttes, 3 fois par jour, en solution alcoolique ou dans du miel (voir début du chapitre V).
— *poudre :* 1 à 4 g par jour.

— *vin stimulant* :

feuilles de sauge .... 80 g
vin (rouge ou blanc) .... 1 litre

laisser macérer une semaine. Une à trois cuillerées à soupe après les repas. Recommandé par
H. Leclerc aux asthéniques, surmenés physiques
et intellectuels, neurasthéniques, dystoniques
neuro-végétatifs, dans les suites des maladies
prolongées (également contre les fièvres intermittentes).

— utilisé également en attouchements contre les
aphtes.

— le vin chaud à la sauge remplace aisément le
vin chaud à la cannelle.

— *potion antisudorale* :

extrait fluide de sauge stabilisée .... 50 g
sirop de fleurs d'oranger .... 30 g
eau .... q.s.p. 150 cc

une cuillerée à soupe au coucher *(tuberculose,
ménopause).*

Usage externe :

— *suppositoires emménagogues :*

extrait fluide de sauge stabilisée .... 0,25 g
onguent populeum .... 1 g
beurre de cacao .... 3 g
cire blanche .... q.s.p. 1 supposit.

1 à 2 par jour (aménorrhées, dysménorrhées,
stérilité ?).

— *décoction :* une poignée de feuilles + fleurs
pour 1 litre d'eau. Bouillir 10 minutes.

— en *bains de bouche* (aphtes, stomatites, ulcérations de la bouche).

— en *injections vaginales* (leucorrhées).

— en *compresses* sur ulcères de jambe, plaies
atones, dermatoses, eczémas.

— *teinture* et rhum en parties égales : en frictions
dans les *alopécies.*

— contre les piqûres d'insectes, de guêpes : applications de feuilles froissées.

— feuilles séchées, fumées (asthme) voir : *espèces* pour fumer.

— *pommade* avec :

feuilles de sauge	30 g
feuilles de lierre terrestre	30 g
axonge	250 g
cire blanche	45 g

faire cuire le tout ensemble et retirer les plantes (plaies atones, ulcères, contusions).

— bains d'infusion : enfants affaiblis, rachitiques, scrofuleux, rhumatisants.

— voir à romarin : formule de bain aphrodisiaque.

N. B.

1 - L'infusion, prise régulièrement un mois avant l'accouchement, en réduit considérablement les douleurs.

2 - La sauge des prés (salvia pratensis) a les mêmes propriétés que salvia officinalis, mais à un moindre degré.

La sauge sclarée (salvia sclarea) a également les mêmes propriétés. On en utilisera spécialement les propriétés stimulantes et emménagogues (aménorrhées, dysménorrhées). Ses feuilles s'emploient encore aujourd'hui contre la coqueluche. Elle contient une essence qui a la consistance d'un miel dur et renferme le sclareol. On l'emploie en cosmétologie pour son odeur d'ambre gris. Elle sert de parfum de support en parfumerie.

Cette variété de sauge fut, selon Elt Muller, utilisée autrefois par certains marchands de vin allemands pour falsifier leurs produits. Une infusion de sauge sclarée et de sureau conférait, aux vins du Rhin, une odeur agréable de muscat. C'est sans doute la raison pour laquelle la plante s'appelle : Muskateller Salbel.

3 - Pour désinfecter les locaux où des malades

graves ont séjourné, brûler des feuilles de sauge sur des charbons.

4 - La soupe *aïgo-bouido* des Provençaux comprend une infusion d'une douzaine de feuilles de sauge pour 2 litres d'eau, du sel, du poivre, de l'ail et 100 g d'huile d'olives. On fait bouillir 10 minutes et on verse sur des tranches de pain.

● SPÉCIALITÉS : Bains « Alg-Essences » (voir page 149), « Tégarome » (p. 442).

Térébenthine

Les térébenthines sont des résines retirées de certaines espèces de conifères et de térébinthacées (Pinus Laricio, Pinus Maritima, Pinus Sylvestris, Pinus Palustris, Abies Pectinata...).

Elles sont de consistance molle, formées par la dissolution de principes résineux dans un mélange de carbures liquides.

Elles contiennent des terpènes, des carbures mono et bicycliques, des acides, des alcools à poids moléculaire élevé...

Les principales sortes sont :

1 - *Térébenthine du pin*, dite *térébenthine de Bordeaux*. C'est la térébenthine *commune* fournie par *pinus pinaster*. Variété officinale, utilisée — purifiée — dans pilules, sirops.

2 - *Térébenthine du mélèze*, dite *de Venise*, fournie par *larix decidua*. Variété officinale utilisée pour emplâtres, baumes...

3 - *Térébenthine des Vosges*, ou *d'Alsace*, fournie par le sapin argenté *(abies pectinata)* utilisée pour obtenir la térébenthine cuite (privée de son essence par ébullition avec l'eau).

● Propriétés :

— *expectorant*, modificateur des sécrétions bronchiques.
— *balsamique antiseptique*.

● Indications :

— *bronchites chroniques* catarrhes.
— *suppuration des voies urinaires :* pyélites, urétrites, cystites.

● Mode d'emploi :

Usage interne :

— pilule (Codex) à 0,20 g (3 à 10 par jour).
— sirop (Codex) : 50 à 100 g par jour.

Usage externe :

— emplâtres.
— baume de Fioravanti (Codex).

Essence de Térébenthine

L'*essence* s'obtient par la distillation de la térébenthine, surtout la térébenthine de Bordeaux (dite commune), avec de l'eau ou de la vapeur d'eau non surchauffée. On doit la purifier car elle est visqueuse, colorée et acide.

L'essence *officinale* est formée surtout de térébenthine gauche. Elle forme avec l'eau, et surtout en présence d'air, un hydrate qui est la *terpine* (qui, à petites doses, est un *fluidifiant des sécrétions bronchiques* et un *diurétique*).

Les oxydants attaquent l'essence de térébenthine avec violence. L'essence oxydée a des propriétés oxydantes identiques à celles de l'ozone.

● Propriétés (partiellement connues déjà par Hippocrate, Dioscoride, Galien) :

Usage interne :

— *modificateur des sécrétions trachéo-bronchiques* qu'elle favorise.
— *balsamique, antiseptique pulmonaire* et *génito-urinaire* (Richet et Héricaut) — antiseptique surtout du *streptocoque,* en injections sous-cutanées (sérum artificiel térébenthiné à 1/200) et en injections intra-utérines et vaginales (émulsions avec bois de Panama).

— hémostatique.
— *dissolvant des calculs biliaires.*
— diurétique.
— antispasmodique.
— *antirhumatismal.*
— *vermifuge.*
— antidote du phosphore dont elle empêche
l'oxydation surtout quand elle est ancienne.

Usage externe :
— parasiticide.
— antalgique.
— révulsif.
— cicatrisant antiseptique.

● INDICATIONS :

Usage interne :
— *bronchites chroniques* et fétides, *tuberculose
pulmonaire.*
— infections urinaires, rénales, *cystites,* urétrites.
— leucorrhées.
— fièvre puerpérale.
— hémorragies (intestinales, pulmonaires, utérines,
épistaxis, hémophilie).
— *lithiase biliaire.*
— oliguries.
— hydropisie.
— rhumatismes.
— spasmes (colites, coqueluche).
— flatulences.
— migraine.
— *parasites intestinaux* (surtout le tænia).
— constipation opiniâtre.
— épilepsie.
— *ingestion accidentelle de phosphore.*

Usage externe :
— *rhumatismes, gouttes,* névralgies, sciatique.

— plaies atones et gangréneuses.
— gale, pédiculose.
— pertes blanches, infections puerpérales.

● Mode d'emploi :

Usage interne :

— l'*essence* de térébenthine est 4 fois plus active que la térébenthine. 1 à 4 g par jour en capsules, perles, de 0,25 g (4 à 16 capsules par jour). Ou 6 à 10 gouttes dans du miel, 3 ou 4 fois par jour. Enfants : 0,20 g par année d'âge.
— *sirop :* 50 à 100 g par jour.
— *pilules contre infections rénales et cystites :*

térébenthine purifiée	} aa 0,10 g
camphre	
extrait d'opium........................	} aa 1 cg
extrait d'aconit	

pour une pilule. 3 ou 4 par jour.
— *pilules contre la bronchite chronique :*

térébenthine purifiée	} aa 0,10 g
benzoate de soude	

pour une pilule. 5 à 10 par jour.
— *sirop contre la bronchite chronique :*

sirop de térébenthine	
sirop de goudron	} aa 50 g
sirop de tolu	
sirop de codéine	

3 cuillerées à soupe par jour.
— *contre la lithiase biliaire : mixture de Durande :*

éther officinal	20 g
essence de térébenthine	10 g

15 à 30 gouttes par jour.
— comme antidote du phosphore : 5 à 15 g dans une potion gommeuse additionnée de carbonate de soude. Puis 2 g par jour pendant 4 à 5 jours.
— *émulsion contre l'empoisonnement par le phosphore :*

essence de térébenthine	5 à 10 g
jaune d'œuf	n° 1

sirop de menthe ....   50 g
eau ....   100 g

par cuillerées à soupe, toutes les 2 ou 3 heures.

Usage externe :

— en inhalations :

essence de térébenthine ....   10 g
teinture d'eucalyptus .... }
teinture de benjoin .... }   aa 30 g

une cuillerée à café par bol d'eau bouillante.

— en liniments (plaies atones et gangréneuses, rhumatismes, névralgies). Voir à gingembre, formule antirhumatismale.

— *baume antirhumatismal :*

baume de Fioravanti ....   250 g
savon ....   30 g
camphre ....   25 g
ammoniaque ....   8 g
essence de romarin ....   6 g
essence de thym ....   2 g

en frictions.

— *émulsion pour bains :*

essence de térébenthine .... }
solution de savon noir au 1/4 .... }   aa 200 g

agiter. La moitié pour un bain général. Une ou deux cuillerées à soupe pour bains locaux (avant-bras) — Contre rhumatismes.

— en injections sous-cutanées (comme dérivatif pour former les abcès de fixation).

— en injections vaginales ou intra-utérines :

émulsion pour injections intra-utérines et vaginales :

essence de térébenthine ....   250 g
teinture de quillaya ....   5 g
eau stérilisée ....   600 g

agiter. 2 cuillerées à soupe pour 1 litre d'eau bouillie (infection puerpérale).

— parasiticide (poux).

● Spécialités : Bains « Alg-Essences » (voir page 149).

N.B.

1 - Le baume Sulfolin de Fioravanti, souvent cité dans les publications traitant des essences volatiles, est un alcoolat de térébenthine composé. On l'obtient en distillant de l'alcool avec de la térében-thine et une quinzaine de substances aromatiques et résineuses (cf. chapitre IX, page 444).

2 - L'Huile de Haarlem, composée d'huile de lin sulfurisé et d'essence de térébenthine, est préconisée dans les affections du foie et des reins, les rhuma-tismes, les bronchites. La « véritable H. de Haarlem — Licence Thomas », nous a effectivement toujours donné de bons résultats.

Terpine
(bi-hydrate de térébenthène)

- PROPRIÉTÉS :

— fluidifiant des sécrétions bronchiques à faibles doses (0,20 à 0,60 g).
— asséchant de ces sécrétions (par vaso-constriction des vaisseaux bronchiques) à doses élevées (0,80 à 1,50 g).
— hémostatique.

- INDICATIONS :

— bronchorrhées, bronchites.
— hémorragies (hémoptysies, métrorragies).

- CONTRE-INDICATIONS :

— néphrites chroniques.

- MODE D'EMPLOI :

Usage interne :

— en pilules à 0,10 g (1 à 20 par jour).
— ou potions, élixirs — chez l'enfant : 0,05 à 0,10 g par année d'âge.
  souvent associée à la codéine, polygala...

Formules :

— *pilules expectorantes :*
  terpine ....
  acide benzoïque .... } aa 0,05 g
  extrait de polygala ....
  pour 1 pilule. 5 à 10 par jour.
— *pilules de terpine-codéine* (Codex) :
  terpine ....   0,05 g
  codéine ....   0,01 g
  térébenthine de pin ....   0,03 g
  pour 1 pilule. 4 à 8 par jour.

— *potion contre la bronchite aiguë* (enfants de 5 à 8 ans).

terpine	0,25 g
benzoate de soude	1 g
sirop de Tolu	40 g
eau distillée	60 g

1 cuillerée à dessert toutes les 2 heures.

— *cachets contre bronchorrhée :*

terpine	} aa 0,30 g
carbonate de gaïacol	

pour 1 cachet. 4 à 5 par jour.

Thuya

Thuya occidentalis.

Conifère

« Arbre de vie ». Originaire de Chine, provient d'Amérique septentrionale. Est cultivé en France. Son emploi, en thérapeutique, fut vulgarisé par S. Hahnemann.

- PARTIES UTILISÉES : feuilles, écorce.

- PRINCIPAUX CONSTITUANTS CONNUS : un glucoside, une *essence* contenant pinène, fénone et une cétone convulsivante : la thuyone, des tanins...

- PROPRIÉTÉS :

Usage interne :

— expectorant.
— *diurétique* léger et *sédatif urinaire.*
— sudorifique.
— antirhumatismal.
— vermifuge.
— anticancer (Ellingwood).

Usage externe :

— tonique.

- INDICATIONS :

Usage interne :

— cystites, *hypertrophie prostatique,* congestions pelviennes, incontinence d'urine des femmes pléthoriques.
— rhumatismes.
— parasites intestinaux.
— états cancéreux.

Usage externe :

— verrues, papillomes, condylomes, polypes.
— végétations (gargarismes).
— prophylaxie des maladies vénériennes.

● Mode d'emploi :

Usage interne :

— feuilles ou écorce : 10 g pour 1/2 litre d'eau. Bouillir 2 minutes. Infuser 10 minutes. Boire en 24 heures.
— extrait hydro-alcoolique : en pilules à 0,10 g (5 à 10 par jour).
— teinture au 1/5 : 20 à 40 gouttes par jour.
— essence : vermifuge peu usité.

Usage externe :

— *essence* ou *teinture-mère :* applications 2 fois par jour, à l'aide d'un tampon de coton, ou en injections locales (J. Sicard et P. Larue).

N.B.
Le thuya entre dans la composition du *savon prophylactique* de Pfeiffer qu'on utilise en lotions sur les parties génitales aussitôt après un rapport suspect.
Préconisé par Pfeiffer contre l'infection syphilitique (hôpital des vénériens de Saint-Petersbourg).
Voir au chapitre Annexes : « Toxicité de certaines huiles essentielles ».

Thym

Thymus vulgaris.

Labiée

Le *serpolet*, ou thym *sauvage* (thymus serpyllum), présente les mêmes indications et s'emploie de la même manière.

Le thym est une des plantes pourvues des plus nombreuses propriétés. On *l'utilise* soit sous forme d'infusion (feuilles et sommités fleuries), soit sous forme d'huile essentielle (essence retirée des sommités fleuries par distillation à la vapeur) que l'on *rectifie* pour en éliminer les substances irritantes.

- PRINCIPAUX CONSTITUANTS CONNUS : tanin, principe amer, essence contenant 2 phénols (jusqu'à 60 % de thymol et carvacrol), des terpènes : terpinène, cymène ; des alcools : bornéol, linalol...

- PROPRIÉTÉS :

Usage interne :

— *stimulant général,* physique et psychique, de la circulation capillaire.
— tonique nervin.
— passe pour exciter l'intelligence.
— serait *aphrodisiaque.*
— apéritif.
— hypertenseur (Caujolle, Cazal).
— *antispasmodique.*
— stomachique.
— *balsamique,* expectorant (modificateur des sécrétions).
— *antiseptique intestinal, pulmonaire,* génito-urinaire.
— stimulant de la leucocytose dans les maladies infectieuses.

— diurétique.
— sudorifique.
— *emménagogue.*
— carminatif.
— *vermifuge.*
— hypnotique léger.

Usage externe :
— *antiseptique* et bactéricide (surtout essence peroxydée).
— *antivenimeux.*
— antiputride.
— cicatrisant.
— *révulsif.*
— antirhumatismal.
— *parasiticide.*

● INDICATIONS :

— *asthénie physique et psychique,* angoisses, neurasthénie, déficiences nerveuses.
— anémie (enfants).
— hypotension.
— chlorose.
— *toux convulsives* (coqueluche : H. Schulz).
— *affections pulmonaires :* emphysèmes, mycose, bronchites.
— tuberculose.
— *asthme.*
— atonie digestive (digestions lentes).
— *infections intestinales* (typhoïde) et *urinaires.*
— fermentations, flatulences.
— affections dues au refroidissement (grippe, rhume de cerveau, courbatures, frissons, angines...) *l'un des meilleurs remèdes.*
— *maladies infectieuses.*
— furonculose.
— rhumatismes.
— troubles circulatoires.

— *suppression accidentelle des règles.*
— leucorrhées (M. Girault, Dijon).
— *parasites* intestinaux (ascaris, oxyures, ankylostomes, *tænia*).
— insomnies.

Usage externe :
— *dermatoses* et furoncles, plaies.
— leucorrhées.
— soins dentaires et buccaux.
— fatigue générale (bains).
— rhumatismes articulaires et musculaires, goutte,
 arthritisme.
— chute des cheveux.
— antisepsie cutanée.
— pédiculose, gale.

● MODE D'EMPLOI :

Usage interne :
— *infusion :* une branche par tasse. Faire bouillir
 2 à 3 secondes et infuser 10 minutes. Sucrer
 ou non (au miel, de préférence) 3 à 4 tasses par
 jour, entre ou après les repas.
— usage courant dans la cuisine (potages, grillades... voir aussi N.B.).
— *huile essentielle :* s'utilise, soit en gouttes (3 à
 5 gouttes, 3 fois par jour) en solution alcoolique
 ou dans du miel (voir début du chapitre V), soit
 sous forme de *pilules :*

essence de thym	
savon amygdalin	} aa 0,10 g
poudre de guimauve	

 4 à 6 pilules par jour, après les repas.
— association essence de thym + eucalyptus +
 cyprès : dans la *coqueluche.*
— en cas d'angines, mâcher du thym.

N.B.
 1 - L'infusion de thym, très agréable, ne saurait

être trop conseillée le matin, au petit déjeuner, en guise de café ou de thé.

2 - Recette de marinade transmise par le docteur H. Leclerc : faire macérer dans 1/2 litre de vin blanc un bouquet de thym, un de sarriette, quelques échalotes, 3 ou 4 gousses d'ail, 2 feuilles de laurier, quelques clous de girofle et ajouter 250 g de sel, 15 g de poivre moulu (C. Husson).

Usage externe :

1 - en pommades (dermatologie, révulsives pour les rhumatismes et myalgies, onctions de la poitrine contre la coqueluche), laits et crèmes en cosmétologie, eaux de toilette (très bactéricide : Novi).
   souvent en association avec citron et bergamote.
   solutions savonneuses pour la désinfection des mains, en chirurgie.
   décoction dans l'huile d'olive, en compresses sur les *plaies,* contre les *piqûres d'insectes* et morsures de serpents : essence ou plante froissée (traitement d'appoint).

2 - contre les algies rhumatismales, hacher du thym, le faire chauffer dans un récipient, le mettre dans une gaze et appliquer chaud.

3 - *bain aromatique :*
   500 g de thym bouillis dans 4 litres d'eau, ajoutés à l'eau du bain (arthritisme, goutte, rhumatismes, asthénie. De plus : fluidifiant des mucosités, facilitant l'expectoration).

4 - voici, en outre, une formule utile donnée par H. Leclerc :

essence de thym	2 g
essence d'origan	0.50 g
essence de romarin	1 g
essence de lavande	1 g
sous-carbonate de soude	350 g

dose pour un grand bain : tonifiant, utile aux arthritiques.

5 - *mixture pour inhalations :*

menthol	0,25 g
baume du Pérou	5 g
essence de thym	10 g
alcool à 90°	80 g

une cuillerée à café pour un bol d'eau très chaude. 2 à 3 inhalations par jour ;
(voir à « pin » une autre formule, et à « eucalyptus », une formule de comprimés pour inhalations).

6 - décoction concentrée : une poignée pour 1 litre d'eau. Bouillir à réduction de moitié (*tonique du cuir chevelu,* empêche ou arrête la chute des cheveux).

7 - contre la *pédiculose,* la *gale :* voir à « cannelle », voir à « origan » une formule de pommade.

8 - voir à cannelle la formule de la liqueur « Parfait amour ».

N.B.

Le thym est une des plantes aromatiques les plus employées en thérapeutique depuis les temps les plus anciens (médecins égyptiens, étrusques, grecs, romains - cf. Dioscoride, Hippocrate, Pline, Virgile). Il contient, selon les espèces, de 0,10 à 1,5 % d'huile essentielle. Les 2 phénols du thym : thymol (voir plus loin) et carvacrol, ont les mêmes indications que l'essence du thym et sont utilisés fréquemment dans les préparations pharmaceutiques.

Chamberland, le premier, en 1887, démontra l'action bactéricide de l'essence de thym (notamment vis-à-vis du bacille du charbon). Cadéac et Meunier l'étudièrent, en 1889, sur les bacilles typhique et de la morve, la prolifération microbienne dans les bouillons de viande. Morel et Rochaix, en 1921-1922, sur le méningocoque, le bacille d'Eberth, le bacille diphtérique, le staphylocoque. Courmont, Morel et Bay, sur le bacille tuberculeux. En 1894,

Miquel avait montré le pouvoir bactéricide des vapeurs de thym.

L'essence de thym est beaucoup plus antiseptique que le phénol (Meyer et Gottlieb), l'eau oxygénée, le permanganate de potasse, le gaïacol. L'action bactéricide et cicatrisante est beaucoup plus prononcée pour les essences *peroxydées* et *déterpénées* que pour l'essence brute. Mais il faut, pour neutraliser le pouvoir irritant, les propriétés d'un solvant convenable.

L'essence de thym peroxydée à 0,10 %, en solution savonneuse diluée, détruit la flore microbienne de la cavité buccale en 3 minutes (dentifrices au thym). Le thym sec, pulvérisé, est un bon dentifrice, fortifiant des gencives. On peut l'utiliser mélangé à de l'argile, à parties égales.

Novi (Italie) a démontré l'action activatrice, sur les globules blancs, des essences de thym, lavande et bergamote (comme il en est du citron et de la camomille), d'où l'action antitoxique et activatrice des défenses de l'organisme dans les maladies infectieuses, par la stimulation d'une « leucocytose curative ».

Les essences produites par les différentes espèces de thym ont des différences sensibles dans leur composition chimique. Certaines contiennent une plus grande proportion de thymol, d'autres de carvacrol, d'autres de citral (analogues aux essences de verveine). Leurs propriétés sont, néanmoins, voisines.

- SPÉCIALITÉS : Bains « Alg-Essences » (voir page 149), « Climarome » et « Tégarome » (p. 442). Od'aroma (p. 71).

Thymol.

Acide thymique (camphre de thym).

Un des principaux constituants de l'essence de thym.

● PROPRIÉTÉS :

— *antiseptique* interne (intestinal) et externe.
— *vermifuge.*

● INDICATIONS :

Usage interne :

— *diarrhées,* dysenteries, fièvre typhoïde.
— *tænia, ascaris,* tricocéphale, ankylostome, oxyures.

Usage externe :

— affections des voies respiratoires : bronchites chroniques, tuberculose, coqueluche (inhalations et pulvérisations).
— plaies.
— prurit vulvaire.
— antisepsie buccale.

● MODE D'EMPLOI :

Usage interne :

— 0,05 à 0,50 g, 2 à 4 fois par jour (dose maxima : 0,50 g en une fois, 4 g par jour).
  après l'ingestion de thymol, interdire les boissons alcooliques et les médications huileuses, à cause de leur pouvoir dissolvant vis-à-vis de ce phénol.
— *contre le tænia :* cachets à 0,25 g : 1 chaque matin à jeun, pendant 8 jours (le tænia est généralement expulsé vers le quatrième jour) : Artault.
— contre l'*ascaridiose :* le thymol peut se prescrire de différentes manières :
  ou prendre 3 g de thymol finement porphyrisé,

par prises de 0,50 toutes les demi-heures, suivies ou non d'une purgation saline,
ou prendre pendant deux ou trois jours 3 prises de 0,50 g le matin à 10 minutes d'intervalle,
ou prendre pendant une semaine un cachet de 0,25 g le matin à jeun. Mais il est une précaution indispensable à prescrire : la suppression de l'huile, des graisses, de l'alcool et du vin pendant les deux ou trois jours qui précèdent la cure et pendant celle-ci.

Usage externe :

— le thymol est utilisé dans de nombreuses préparations pharmaceutiques, dans des émulsions savonneuses, désinfectantes.
— *solutions* (en eau alcoolisée) de 1 à 5°/oo, pour gargarismes, inhalations, pansements.
— *pommades* à 1 ou 2 %.
— *poudre contre la sueur :*

talc	90 g
amidon	10 g
tanin	3 g
acide salicylique	0,50 g
thymol	0,10 g

— *solution antiseptique* (bouche, gorge) :

acide thymique	0,25 g
acide benzoïque	3 g
teinture d'eucalyptus	15 g
alcool à 90°	100 g
essence de menthe	0,75 g

20 à 50 gouttes dans un verre d'eau, en gargarismes et lavages de bouche.
— *solution contre le prurit vulvaire :*

thymol	2 g
phénol	1 g
alcool	10 g
eau	200 g

en lotions.

N.B.

1 - Le thymol est environ 30 fois plus bactéricide que le phénol.

2 - Son estérification diminue beaucoup sa toxicité en respectant son pouvoir bactéricide. (L'oxyde mixte de thymyle et méthyle a un coefficient thérapeutique supérieur au thymol).

Verveine odorante

Lippia citriodora

Verbénacée

Lippia, car en hommage au Dr Aug. Lippi (botaniste né à Paris en 1678, assassiné en Abyssinie en 1704).

Arbrisseau originaire d'Amérique Centrale, cultivé dans le midi de la France et en Afrique du Nord.

Synonymes : Verveine citronnée, citronnelle (les feuilles froissées ont une odeur de citron).

● Parties utilisées : feuilles, rameaux.

● Principaux constituants connus : une essence contenant ac. isovalérianique, aldéhydes et cétones (33 %) : **citral,** furfural, méthylhepténone, verbénone ou camphre de verveine, carvone, cinéol... terpènes (22 %) : l-limonène, dipentène, sesquiterpènes (15 %), alcools (20 %) : nérol, terpinéol, géraniol, bornéol, d-citronnellol...

● Propriétés :

— stomachique.
— digestif (comme la mélisse).
— antispasmodique.

● Mode d'emploi :

— infusion banale à 15 g par litre d'eau.

Pour ces indications, je ne vois pas l'utilité d'employer l'huile essentielle, au demeurant rare et de ce fait très chère, qui mériterait cependant, eu égard à sa composition, une expérimentation très diversifiée.

N.B.

Le mot citronnelle est, comme la « grippe »,

quelque peu galvaudé car diverses plantes le portent et parmi elles, outre la verveine odorante, l'aurone mâle et la mélisse.

A ne pas confondre avec les citronnelles exotiques provenant de graminées ou genre *Andropogon* (ou *Cymbopogon*) étudiées pages 368 et suivantes, au chapitre « graminées odorantes ».

Verveine indienne (essence de)

Andropogon citratus D.C.
ou *Cymbopogon citratus* Stapf

Appelée également **Lemongrass.**
Provient de l'Inde, de Magadascar, du Tonkin, des Antilles.

- PRINCIPAUX CONSTITUANTS CONNUS : l'essence de verveine indienne contient surtout du citral (jusqu'à 85 %).

- PROPRIÉTÉS :

Usage interne :

— excitant gastrique.
— antiseptique.
— régulateur vago-sympathique.
— galactogogue.

Usage externe :

— parasiticide.

- INDICATIONS :

Usage interne :

— atonie gastrique (digestions difficiles).
— entérite, *colite.*
— *dystonies neuro-végétatives.*
— insuffisance lactée.

Usage externe :

— pédiculose.

- MODE D'EMPLOI (très peu utilisé) :

— essence : 3 à 5 gouttes dans du miel ou en solution alcoolique. 2 ou 3 fois par jour.

Ylang-Ylang
Unona odorantissima.

Anonacée

Plus généralement appelé : **Cananga odorata.**
Provient d'arbres d'Extrême-Orient : Java, Sumatra, Philippines — également Madagascar, La Réunion, Les Comores.

Les variétés les plus renommées proviennent des Philippines, de La Réunion et des Comores.

L'*essence* provient de la distillation à la vapeur d'eau des fleurs.

● PRINCIPAUX CONSTITUANTS CONNUS : linalol libre et estérifié, safrol, eugénol, géraniol, pinène, sesquiterpènes, cadinène, benzoate de benzyle, acides acétique, benzoïque, formique, salicylique, valérique combinés...

● PROPRIÉTÉS :

— réducteur de l'hyperpnée (fréquence respiratoire) et de la tachycardie (accélération cardiaque).
— *hypotenseur.*
— calmant de l'excitabilité réflexe.
— *antiseptique.*
— serait aphrodisiaque.

● INDICATIONS :

— *tachycardie.*
— hypertension.
— infections intestinales.
— sécrétions purulentes.
— impuissance, frigidité.

● MODE D'EMPLOI :

Usage interne :

— *essence :* 2 à 5 gouttes, 3 fois par jour, dans du miel ou en solution alcoolique.

Usage externe :

— essence en émulsion aqueuse ou solution alcoo-lique.

N. B.

L'ylang-ylang s'emploie beaucoup en parfumerie, sous plusieurs classifications selon la valeur de l'essence.

Graminées odorantes

C'est sous ce titre qu'il a paru opportun de réunir un certain nombre de plantes exotiques à essences, chapitre d'une indéniable complexité. L'essentiel de ce développement est extrait du « Formulaire pharmaceutique » (Vigot, édit. 1965) où les diverses notions se trouvent disséminées comme à plaisir.

Bien que ces essences ne soient pratiquement pas employées de nos jours en médecine occidentale, leur intérêt n'en est pas moins susceptible d'apparaître dans l'avenir.

De l'ancien genre *Andropogon,* les botanistes ont détaché les genres *Cymbopogon* et *Vetiveria,* dont l'étude fut entreprise par Stapf dès 1906.

Les Citronnelles *(Cymbopogon)*

Il en est de deux types : l'essence de citronnelle de Ceylan et l'essence de c. de Java, la plus estimée. Leur caractéristique commune est la présence de citronnellal.

— **L'essence de citronnelle de Ceylan,** dite de *lena batu,* provient du *Cymbopogon Nardus* Rendle.

Sa composition révèle : géraniol (26-43 %), citronnellal (5,5 à 10,5 %), méthyleugénol (jusqu'à 8 %), citronnellol (traces), citral (traces), carbures, terpènes... (10-20 %), bornéol et nétol en très faibles quantités... En « géraniol total » (géraniol + autres alcools + citronnellal) : de 55 à 65 %.

— **L'essence de citronnelle de Java** provient du *Cymbopogon Winterianus* Jovitt, qui se trouve également à Formose, au Guatemala, Honduras, Haïti.

Sa composition est plus riche que celle de la précédente : géraniol (25-45 %), citronnellal (22-

50 %), citronnellol (5-10 %), méthyleugénol (max. 1 %)... En «géraniol total» : de 80 à 85 %.

La plante mère des deux plantes précédentes est le *Cymbopogon confertiflorus* Stapf, (le *mana grass* de Ceylan et de l'Inde) dont l'essence contient de 40 à 65 % de géraniol total.

Emploi :

— peu en médecine (sous forme de frictions).
— très utilisées en parfumerie.

D'autres essences proviennent d'autres variétés de *Cymbopogon :*

L'essence de verveine de Nimar ou mélisse indienne *(Lemon oïl)*, utilisée pour les parfums de base et... la falsification des essences (de rose surtout).

L'essence de géranium des Indes *(Rusa oïl, Palmarosa)* provenant de *Cymbopogon Martini* Stapf (ex. *Andropogon Schœnanthus*), appelé jonc odorant ou foin de chameau, espèces de chaumes poussant en Inde, Arabie, Malaisie. De ses feuilles et tiges, on retire une essence utilisée, dans certains pays, comme excitant nervin, dans le traitement des plaies atones et des rhumatismes.

A citer aussi, parmi de nombreuses autres, le *geigne-falla* (Sénégal et Soudan) extrait de *cymbopogon giganteus* Chiovenda. L'essence et l'infusé sont employés dans la fièvre jaune.

Vétiver ou Vétyver

«Chiendent des Indes».

C'est la racine fibreuse de *Andropogon muricatus* Retz (ou *Vetiveria zizanioides* Stapf).

Son essence contient un sesquiterpène (vétivène), des alcools, des esters, des cétones...

Emploi :

— excitant, en médecine.
— pour la préparation de parfums, type Patchouli.
— pour préserver les troupeaux de la vermine.

N.B.

L'essence de vétiver est distillée à la Réunion et en Europe.

Avant d'aborder le « *Formulaire* », on devra conserver bien présent à l'esprit que — comme tous les autres modes de traitement — l'Aromathérapie ne saurait, à elle seule, *tout* résoudre, chez *tous* les malades, et en *toutes* circonstances.

Elle devra souvent être associée à d'autres médications.

Ce que le lecteur ne trouvera pas dans ce chapitre est traité de la même manière dans mes deux autres ouvrages :
— *Phytothérapie* (5ᵉ édit., 1983)
— *Traitement des maladies par les légumes, les fruits et les céréales* (8ᵉ édit., 1982) édités également chez Maloine.

Contrairement à ce que nous ont dit quelques très rares correspondants, il n'était guère possible de fondre ces trois livres en un seul car il eût été trop volumineux pour être aisément maniable.

Pour l'ensemble nos lecteurs — professionnels et autres — nous ont confirmé dans la voie pratique que nous avions choisie.

Nous leur en savons gré.

6

Thérapeutique aromatique

Formulaire

Les livres de médecine sont lus, toujours en plus grand nombre, par les non-initiés. A ces lecteurs aussi, qui ont le droit de savoir, j'ai tenté d'être utile. Il convient, toutefois, de savoir que ce formulaire n'a pas la prétention d'épuiser tous les moyens de traitements à l'encontre des affections ou syndromes envisagés. Il n'en présente que des aspects, selon les cas, de grande valeur ou plus minimes d'intérêt.

Cet ouvrage n'a donc pas été conçu pour remplacer le diagnostic et les conseils du praticien. Il doit rester bien entendu que, dans tous les cas douteux, *la visite d'un médecin s'imposera*. Rien de plus trompeur, en effet, qu'un «mal de ventre» d'apparence banale. Deux jours plus tard, ce peut être une péritonite que rien ni personne n'arrêtera. Les troubles de la vue sont fréquents, plus fréquents sans doute qu'une tumeur cérébrale dont ils peuvent être un signe... Les pièges abondent en médecine. C'est sans doute la raison pour laquelle les études sont si longues, si longues qu'elles sont sans fin.

Par ailleurs, un diabète, un ulcère d'estomac, une colite... et combien d'autres affections ne peuvent être correctement soignés en l'absence de directives réelles.

Ceci dit, les pages qui vont suivre sont susceptibles, dans de nombreux cas, de rendre des services. Elles ont, tout de même, été écrites dans cette intention.

Pour un meilleur usage, il est nécessaire de se reporter aux études particulières qui sont faites à propos de chacune des essences dont il est fait mention. On y trouvera les divers modes d'emploi et les formules, modernes ou anciennes, sélectionnées pour avoir fait leurs preuves.

ABCÈS CHAUD : oignon.

ABCÈS FROID : ail.

ACCOUCHEMENT (préparation à l') : girofle, *sauge*.

ACNÉ : cajeput, genévrier, lavande.

ACIDE URIQUE (excès d') : citron.

ADÉNITES (aiguë ou chronique) : ail, oignon, pin, romarin, sauge.

ADIPOSITÉ (voir obésité).

AÉROCOLIE (voir aérophagie, météorisme).

AÉROPHAGIE : anis, *carvi*, *citron*, *coriandre*, *estragon*, fenouil, *marjolaine*, menthe, origans.

AFFECTIONS HÉPATIQUES (voir hépatisme).

AFFECTIONS PULMONAIRES : ail, cajeput, cyprès, *eucalyptus*, fenouil, girofle, hysope, lavande, menthe, niaouli, oignon, pin, santal, sauge, térébenthine, *thym*, thymol (*Climarome* - Voir page 442).

AFFECTIONS URINAIRES (voir infections urinaires).

AIGREURS D'ESTOMAC : citron, menthe.

ALBUMINURIE : genévrier.

ALLAITEMENT : *insuffisance lactée* : anis, carvi, fenouil, verveine des Indes. *Pour faire tarir la lactation* : menthe, sauge.

ALOPÉCIE : sauge, thym.

AMÉNORRHÉE (voir règles : absence de).

ANÉMIE : ail, camomille, citron, thym (enfants).

ANGINES : citron, géranium, gingembre, sauge, thym.

ANGINE DE POITRINE (fausse) : anis, carvi, oranger amer.

ANGOISSES : basilic, lavande, marjolaine, thym.

ANGUILLULES : chénopode.

ANKYLOSTOMES : chénopode, thym, thymol.

ANOREXIE (voir inappétence).

ANTISEPTIQUES : ail, bornéol, cannelle, eucalyptus, genièvre, lavande, niaouli, pin, romarin, térébenthine, thym, ylang-ylang (*Od'aroma*, voir p. 71).

ANTISPASMODIQUES (voir calmants).

ANTHRAX (voir furoncle).

ANXIÉTÉ (voir angoisses).

AOUTATS (voir piqûres d'insectes).

APHONIE : cyprès, thym, citron.

APHTES : citron, géranium, *sauge*.

APPÉTIT (voir inappétence).

ARAIGNÉE (voir piqûres d'insectes).

ARTÉRIOSCLÉROSE : ail, citron, genévrier, oignon.

ARTÉRITE (voir syndromes artéritiques).

ARTHRITISME : ail, citron, genévrier, oignon.

ARTHROSE (voir rhumatisme chronique).

ASCARIS (voir parasites intestinaux).

ASCITE : citron, *oignon*.

ASTHÉNIES : ail, *bornéol*, cannelle de Ceylan, citron, eucalyptus, genévrier, géranium, gingembre, girofle, hysope, lavande, macias, marjolaine, menthe, noix de muscade, oignon, pin, *romarin*, sarriette, *sauge*, *thym* (physique et psychique) (voir stimulants) (bains « Alg-essences », voir p. 149).

ASTHÉNIE INTELLECTUELLE (voir surmenage).

ASTHÉNIE GRIPPALE : *cannelle de Ceylan*, sauge, thym, citron.

ASTHÉNIE NERVEUSE : basilic.

ASTHÉNIE SEXUELLE (voir impuissance).

ASTHME : *ail*, anis, cajeput, citron, eucalyptus, *hysope, lavande*, marjolaine, menthe, niaouli, oignon, origans, pin, *romarin*, sarriette, sauge, thym.

ASTHME DES FOINS (voir rhume des foins).

ATHÉROSCLÉROSE (voir artériosclérose).

ATONIE DIGESTIVE (voir dyspepsies atoniques).

ATONIE GASTRIQUE : cannelle, lavande, origans, *sauge*, sarriette, verveine des Indes.

AZOTÉMIE (petite), comprendre «excès d'urée dans le sang» : oignon.

BALLONNEMENTS (voir météorisme).

BLENNORRAGIE : ail, citron, genévrier, *lavande*, *santal*, sassafras.

BLÉPHARITES (voir paupières).

BLESSURES (voir plaies).

BOURDONNEMENTS D'OREILLES : oignon.

BRONCHITE AIGUE : ail, cajeput, citron, *eucalyptus*, *lavande*, oignon, *pin*, sariette, *Climarome* (voir p. 442).

BRONCHITE CHRONIQUE : ail, cajeput, citron, *eucalyptus*, *hysope*, lavande, menthe, *niaouli*, oignon, origans, pin, romarin, santal, sarriette, sauge, essence de térébenthine, terpine, thym, *Climarome*.

BRONCHITE GRIPPALE : cannelle, citron, eucalyptus, girofle, niaouli, thym, *Climarome* (voir p. 442).

BRÛLURES : (1er et 2e degrés) : camomille, eucalyptus, géranium, *lavande*, niaouli, romarin, sauge, *Tégarome* (p. 442).

CALCULS BILIAIRES et URINAIRES (voir lithiase).

CALMANTS : aspic (excitation cérébro-spinale), cannelle, cyprès, lavande, marjolaine, sauge (antispasmodique).

CALVITIE (voir alopécie).

CANCERS (prévention et traitement des) : ail, cyprès, estragon, géranium, girofle, hysope, oignon, sauge.

CANCER UTÉRIN : genièvre (?), géranium.

CAPILLAIRE (voir fragilité).

CATARACTE : gingembre (?).

CELLULITE (douleurs de la) : cyprès, origan.

CÉPHALÉES : citron, lavande, menthe, menthol.

CHANCRES : lavande.

CHAUDE-PISSE (voir blennorragie).

CHEVEUX (chute des) : voir alopécie
(entretien) : thym.

CHLOROSE : camomille, lavande, pin, romarin, thym.

CHLORURÉMIE : oignon.

CHOLÉCYSTITE : pin, romarin.

CHOLÉRA : cannelle, eucalyptus, menthe, sauge.

CHOLESTÉROL (excès de) : romarin, thym.

CHUTES (voir contusions).

CICATRISANTS : hysope, lavande, lavandin, romarin,
sauge, térébenthine, thym (et *Tégarome*, voir
p. 442).

CIRCULATION (voir troubles circulatoires).

CIRRHOSE : genévrier, *oignon*, romarin.

CŒUR (troubles cardiaques nerveux) : romarin (voir
palpitations et aussi fatigue cardiaque).

COLIBACILLOSE : *eucalyptus, santal,* etc.

COLIQUES INTESTINALES : *anis, bergamotier*, hysope,
menthe poivrée.

COLITES (voir intestins).

COLITES SPASMODIQUES (voir spasmes intestinaux).

CONDYLOMES : thuya.

CONGESTION HÉPATIQUE : camomille, citron, romarin,
thym.

CONGESTION PELVIENNE : thuya.

CONJONCTIVITE : camomille, citron.

CONSTIPATION : romarin, essence de térébenthine.

CONTAGIEUSES (voir maladies).

CONTUSIONS : cannelle (teinture d'arnica aromatique), sauge, et *Tégarome* (voir coup de soleil).

CONVALESCENCES : bornéol, citron, sauge, thym.

CONVULSIONS : camomille.

COQUELUCHE : *ail, basilic, cyprès, lavande*, niaouli,
origans, romarin, térébenthine, *thym*, thymol.

CORNÉE (taies de la) : girofle (?).

CORS : ail.

CORYZA : marjolaine, niaouli.

CORYZA CHRONIQUE : basilic.

COUP DE SOLEIL : *Tégarome* (voir brûlures).

COUPURES (voir plaies).

COURBATURES FÉBRILES : cannelle, thym.

COURBATURES MUSCULAIRES : romarin, thym.

CRACHEMENTS DE SANG (voir hémoptysie).

CRAMPES GASTRIQUES ET INTESTINALES DES ENFANTS : camomille.

CREVASSES : lavande, oignon, et *Tégarome* (p. 442).

CROISSANCE : citron, oignon.

CUIR CHEVELU (voir cheveux et alopécie).

CYSTITES : cajeput, eucalyptus, genévrier, lavande, niaouli, pin, santal, essence de térébenthine, thuya, fenouil, thym.

DARTRES : camomille, citron, géranium.

DÉBILITÉ INFANTILE : lavande, marjolaine, pin, romarin, sauge.

DÉCALCIFICATION (voir déminéralisation).

DÉMANGEAISONS (voir prurit).

DÉMINÉRALISATION : citron.

DENTITION douloureuse des enfants : camomille.

DENTS (entretien des) : citron, girofle, thym (voir névralgies dentaires).

DÉPRESSION NERVEUSE : bornéol, camomille, lavande, thym.

DERMATOSES : cajeput, camomille, genévrier, géranium, hysope, *sassafras*, sauge, thym.

DÉSÉQUILIBRES GLANDULAIRES : ail, cyprès, oignon, sauge.

DÉSINFECTION DE L'EAU DE BOISSON : citron, niaouli.

DÉSINFECTION DES HABITATIONS : eucalyptus, genévrier, lavande, sauge, et *Od'aroma* (voir p. 71).

DIABÈTE SIMPLE : eucalyptus, genévrier, géranium, oignon.

DIARRHÉES : ail, camomille, cannelle, citron, genévrier, géranium, gingembre, girofle, lavande, menthe, noix muscade, oranger amer, romarin, santal, sarriette, sauge, thymol.

DIARRHÉES DES ENFANTS : camomille, sauge.

DIARRHÉES DES TUBERCULEUX : sauge.

DIGESTION LENTES (voir dyspepsies).

DIGESTIONS PÉNIBLES OU DIFFICILES (voir dyspepsies).

DIPHTÉRIE : ail.

DIURÉTIQUES : cyprès, genévrier, *oignon*, romarin, sauge, térébenthine.

DOULEURS GASTRIQUES (voir gastralgies).

DOULEURS INTESTINALES (voir spasmes intestinaux).

DOULEURS LOMBAIRES : camomille (douleurs de la grippe) et voir névralgies rhumatismales.

DOULEURS DE L'OREILLE : ail, cajeput.

DOULEURS MUSCULAIRES (voir rhumatismes musculaires).

DOULEURS RHUMATISMALES (voir névralgies rhumatismales).

DURILLONS : ail.

DYSENTERIES : ail, cajeput, citron, niaouli, thymol.

DYSHIDROSE : cyprès, pin, « *Tégarome* » (p. 442).

DYSMÉNORRHÉES (voir règles douloureuses).

DYSPEPSIES : ail, anis, basilic, bergamotier, *camomille*, cannelle, citron, *coriandre*, *estragon*, fenouil, genévrier, gingembre, girofle, hysope, lavande, menthe, noix de muscade, oignon, sarriette, sauge, thym, verveine.

DYSPEPSIES ATONIQUES : ail, bergamotier, cannelle, fenouil, gingembre, hysope, lavande, menthe, noix de muscade, oignons, origans, *romarin*, sauge, thym, verveine des Indes.

DYSPEPSIES NERVEUSES : anis, *carvi*, coriandre, estragon, girofle, oranger amer, sarriette.

DYSPNÉE : hysope.

DYSTONIES NEURO-VÉGÉTATIVES : estragon, origans, romarin, verveine des Indes.

ECCHYMOSES : fenouil, hysope (voir contusions).

ÉCORCHURES (voir plaies).

ECZÉMA : camomille, hysope, sauge.

ECZÉMA SUINTANT ; genévrier.

ECZÉMA SEC : géranium, lavande.

EMBARRAS GASTRIQUE : menthe, romarin.

EMBONPOINT (voir obésité).

EMMÉNAGOGUES (voir règles).

EMPHYSÈME PULMONAIRE : *ail*, cyprès, hysope, thym.

EMPOISONNEMENT PAR LE PHOSPHORE : térébenthine.

ÉNERVEMENT (voir irritabilité).

ENFANTS (voir maladies infantiles et débilité).

ENGELURES : citron, oignon.

ENGORGEMENT DES SEINS (voir seins).

ENROUEMENT (voir aphonie).

ENTÉRITE (voir intestins).

ÉNURÉSIE : cyprès.

ÉPIDÉMIES (prévention des) : ail, citron, eucalyptus, genévrier, niaouli et *Od'aroma* (voir p. 71).

ÉPILEPSIE : basilic, cajeput, *romarin*, essence de térébenthine, thym.

ÉPISTAXIS : citron, essence de térébenthine.

ÉRÉTHISME CARDIO-VASCULAIRE : anis, carvi.

ÉRÉTHISME GÉNITAL : marjolaine.

ESSOUFFLEMENT (voir dyspnée et asthme).

ESTOMAC (acidité) (voir gastrite).

ESTOMAC (atonie) (voir atonie gastrique).

ÉTATS FIÉVREUX (voir fiévreux).

ÉTOURDISSEMENTS (voir vertiges).

EXTINCTION DE VOIX (voir aphonie).

FAIBLESSE GÉNÉRALE (voir asthénie).

FAIBLESSE DES MEMBRES : romarin.

FATIGUE CARDIAQUE : ail, anis vert, bornéol.

FATIGUE GÉNÉRALE (voir asthénie).

FERMENTATIONS PUTRIDES : cannelle, carvi, *estragon*, genévrier, *girofle*, oignon, *sarriette*, thym.

FÉTIDITÉ DE L'HALEINE (voir haleine fétide).

FIÈVRES ÉRUPTIVES : eucalyptus, hysope, lavande, *Od'aroma* (voir p. 71).

FIÈVRE THYPHOIDE : ail, cannelle, citron, lavande, thym, thymol.

FIÉVREUX (états) : citron, eucalyptus.

FISTULES (anales...) : lavande, niaouli.

FLATULENCES (voir météorisme).

FOIE (voir hépatisme).

FOURMIS (pour les éloigner) : citron.

FRAGILITÉ CAPILLAIRE : citron.

FRIGIDITÉ (voir impuissance).

FURONCLE ET FURONCULOSE : camomille, citron, oignon, thym.

GALE : ail, cannelle, carvi, citron, girofle, lavande, menthe, moutarde, romarin, essence de térébenthine, thym.

GALE DU CHIEN : carvi, genévrier.

GANGRÈNE PULMONAIRE : ail, eucalyptus (et *Climarome*, voir p. 442).

GASTRALGIES : cannelle, estragon, fenouil, géranium, hysope, menthe, pin, romarin, sarriette.

GASTRITE : citron.

GENCIVES (entretien - pour les fortifier) : citron, fenouil, sauge.

GERÇURES : citron, oignon (et *Tégarome*, voir p. 442).

GINGIVITE : citron, sauge (et *Tégarome*).

GLANDES ENDOCRINES (voir déséquilibres glandulaires).

GLOSSITE : citron, géranium, sauge.

GOITRE EXOPHTALMIQUE : ail, oignon.

GONORRHÉE CHRONIQUE : sassafras.

GOUTTE : ail, basilic, cajeput, camomille, citron, fenouil, *genévrier*, pin, romarin, sassafras, essence de térébenthine, thym.

GRIPPE : *ail* (prophylaxie), bornéol, camomille, *cannelle de Ceylan* (asthénie grippale), *citron*, *cyprès*, *eucalyptus*, fenouil (prophylaxie), hysope, *lavande*, menthe, niaouli, oignon, pin, romarin, sauge, *thym* et *Climarome* (voir p. 442) et *Od'aroma* (voir p. 71).

GUÊPES (voir piqûres d'insectes).

HABITATIONS (voir *désinfection* des).

HALEINE FÉTIDE des dyspeptiques : menthe, noix de muscade, thym, romarin.

HÉMOPTYSIE : cannelle, citron, cyprès, genièvre, géranium, térébenthine, terpine.

HÉMORRAGIES NASALES (voir épistaxis).

HÉMORRAGIES UTÉRINES : cannelle, *cyprès*, genièvre, géranium, essence de térébenthine, terpine.

HÉMORROIDES : ail, chénopode blanc, *cyprès*, oignon.

HÉPATISME : citron, menthe, romarin, sauge, thym.

HERPÈS DES MUQUEUSES : citron.

HOQUET : estragon.

HYDROPISIE : ail, genévrier, *oignon*, essence de térébenthine.

HYPERACIDITÉ GASTRIQUE (voir gastrite).

HYPERCHOLESTÉROLÉMIE (voir cholestérol).

HYPERCOAGULABILITÉ SANGUINE : ail, citron.

HYPERHIDROSE PLANTAIRE : cyprès, pin.

HYPERTENSION ARTÉRIELLE : *ail*, citron, lavande, marjolaine, ylang-ylang.

HYPERVISCOSITÉ SANGUINE : citron.

HYPOTENSION : hysope, romarin, sauge, thym.

HYSTÉRIE : cajeput, lavande, romarin.

ICTÈRE : citron, géranium, romarin, thym.

IMPÉTIGO (voir dermatoses).

IMPUISSANCE : anis (?), cannelle (voir essence d'Italie), genévrier, gingembre, girofle, menthe, *oignon*, pin, romarin, santal, *sarriette*, thym, *ylang-ylang*.

INAPPÉTENCE : ail, bergamotier, *camomille*, carvi, citron, coriandre, estragon, fenouil, genévrier, gingembre, hysope, noix de muscade, origans, sauge.

INDIGESTION : camomille, carvi, lavande, menthe, thym, romarin, verveine.

INFECTIONS DIVERSES : ail, *bornéol*, citron, eucalyptus, oignon, *pin*... en fait, toutes les essences sont bactéricides.

INFECTIONS GÉNITO-URINAIRES : genévrier, lavande, niaouli, oignon, térébenthine, thym.

INFECTIONS INTESTINALES (voir intestins).

INFECTIONS PUERPÉRALES : niaouli, essence de térébenthine.

INFECTIONS PULMONAIRES (voir *affections* pulmonaires et bronchites, asthme...).

INFECTIONS URINAIRES : cajeput, citron, eucalyptus, fenouil, genévrier, géranium, lavande, niaouli, oignon, pin, santal, sauge, essence de térébenthine, *thym*.

INSECTES (pour les éloigner) : *Stop'Insectes* voir fourmis, mites, moustiques (voir aussi *piqûres* d'insectes).

INSOMNIES : basilic, camomille, lavande, marjolaine, oranger amer, thym.

INSTABILITÉ PSYCHIQUE : marjolaine, thym.

INSUFFISANCE HÉPATHIQUE (voir hépatisme).

INSUFFISANCE LACTÉE (voir allaitement).

INSUFFISANCE RESPIRATOIRE : ail, anis vert, cannelle.

INSUFFISANCE DES URINES (voir oliguries).

INTESTINS (infections, entérites, colites) : *ail*, basilic, bergamotier, cajeput, camomille, cannelle, géranium, hysope, lavande, menthe, niaouli, romarin, essence de térébenthine, *thym*, verveine des Indes, ylang-ylang.

INTOXICATIONS D'ORIGINE GASTRO-INTESTINALE (voir intestins).

IRRITABILITÉ : camomille, cyprès, lavande, marjolaine.

JAUNISSE (voir ictère).

LACTATION (voir allaitement).

LARYNGITE : niaouli, oignon.

LARYNGITE CHRONIQUE : cajeput, sauge.

LASSITUDE GÉNÉRALE (voir asthénie).

LEUCORRHÉES (voir pertes blanches).

LITHIASE BILIAIRE : citron, macias, noix de muscade, oignon, *pin*, romarin, essence de térébenthine.

LITHIASE URINAIRE : *ail*, citron, fenouil, *genévrier*, *géranium*, *hysope*.

LOMBALGIES (voir douleurs lombaires).

LUMBAGO (voir douleurs lombaires).

LUPUS : girofle.

LYMPHATISME : lavande, oignon, romarin, sauge, bains « Alg-essences » (voir p. 149).

MAINS (entretien des) : citron.

MALADIES CONTAGIEUSES (prophylaxie et traitement) : ail, cannelle, eucalyptus, genévrier, gingembre, girofle et *Climarome* (voir p. 442) et *Od'aroma* (voir p. 71).

MALADIES INFECTIEUSES (prophylaxie et traitement) : *ail*, *bornéol*, citron, eucalyptus, girofle, lavande, *thym* (voir maladies contagieuses), *Od'aroma* (voir p. 71).

MALADIES DE LA PEAU (voir dermatoses).

MALADIES VÉNÉRIENNES (voir blennorragie).

MALARIA : eucalyptus.

MAUX DE TÊTE (voir céphalées).

MEMBRES (voir faiblesse des).

MÉMOIRE (perte de) : basilic, girofle, romarin.

MÉNOPAUSE : camomille, *cyprès*, *sauge*.

MENSTRUATION (voir règles).

MÉTÉORISME : ail, anis, basilic, bergamotier, camomille, cannelle, carvi, citron, *coriandre*, *estragon*, fenouil, gingembre, girofle, hysope, lavande, marjolaine, menthe, noix de muscade, *oignon*, origans, romarin, sarriette, sauge, essence de térébenthine, thym.

MÉTRITES (voir pertes blanches).

MÉTRORRAGIES (voir hémorragies utérines).

MIGRAINES : basilic, camomille, citron, *eucalyptus*, *lavande*, marjolaine, menthe, oignon, *romarin*, térébenthine.

MITES (pour les éloigner) : citron, girofle, lavande.

MORPIONS (voir pédiculose).

MORSURES : lavande, sauge (et *Tégarome*, voir p. 442).

MOUSTIQUES (pour éloigner les) : *eucalyptus*, géranium, girofle, menthe, oignon (et *Stop'Insectes*).

NERVEUSE (crise) : camomille, lavande, thym.

NERVOSITÉ : lavande, marjolaine, oranger, verveine.

NEURASTHÉNIE : lavande, marjolaine, sauge, thym.

NÉVRALGIES DENTAIRES : ail, cajeput, genévrier (huile de cade), girofle, menthe, noix de muscade, oignon, sauge.

NÉVRALGIES FACIALES : camomille, géranium.

NÉVRALGIES INTERCOSTALES : menthol.

NÉVRALGIES RHUMATISMALES : ail, cajeput, camomille, coriandre, estragon, eucalyptus, gingembre, lavande, marjolaine, noix de muscade, sassafras, essence de térébenthine.

OBÉSITÉ : citron, oignon.

ŒDÈMES : ail, oignon.

OLIGURIE : ail, anis, fenouil, genévrier, lavande, *oignon*, sauge, essence de térébenthine.

ONGLES CASSANTS : citron.

OPHTALMIES : camomille, géranium.

OREILLES (voir douleurs de l'oreille et otites).

OTITES : citron, niaouli, *Climarome* (voir p. 442).

OVAIRES (troubles ovariens) : cyprès, sauge.

OXYURES (voir parasites intestinaux).

PALPITATIONS : anis, carvi, menthe, oranger amer, romarin.

PALUDISME : citron, eucalyptus.

PANARIS : oignon.

PAPILLOME (voir verrues) : thuya.

PARALYSIES : basilic, menthe, sauge.

PARALYSIES (séquelles de) : *genévrier, lavande, romarin.*

PARASITES INTESTINAUX : ail, *bergamotier*, cajeput, camomille, cannelle, carvi, *chénopode anthelminthique*, citron, estragon, eucalyptus, fenouil, girofle, hysope, lavande, menthe, niaouli, *oignon, santoline*, sarriette, essence de térébenthine, *thym*, thymol, thuya.

— ANGUILLULES : chénopode.

— ANKYLOSTOMES : chénopode, thym, thymol.

— ASCARIS : ail, camomille, *chénopode, eucalyptus*, santoline, *thym, thymol.*

— OXYURES : ail, camomille, *chénopode*, citron, *eucalyptus*, santoline, thym, thymol.

— TÆNIA : ail, essence de térébenthine, thym, thymol.

— TRICHOCÉPHALES : thymol.

PAUPIÈRES (inflammation des) : camomille, citron.

PEAU (voir dermatoses et aussi visage : entretien ou soins du).

PÉDICULOSE : cannelle, citron, eucalyptus, géranium, girofle, lavande, moutarde, origans, romarin, essence de térébenthine, thym, verveine des Indes.

PELADE : sauge.

PÉDICARDITE : oignon.

PERTES BLANCHES : cannelle, genévrier, hysope, *lavande*, romarin, sauge, essence de térébenthine, thym.

PERTES SÉMINALES : lavande, marjolaine.

PHARYNGITES CHRONIQUES : cajeput.

PHLÉBITE : citron.

PHTIRIASE (voir pédiculose).

PIEDS SENSIBLES : citron (transpirations fétides : voir sueurs).

PIPI AU LIT (voir énurésie).

PIQÛRES D'INSECTES : ail, citron, lavande, oignon, sarriette, sassafras, sauge et *Téragome* (voir p. 442).
(Pour les éloigner : voir insectes).

PLAIES : ail, cajeput, *camomille*, *eucalyptus*, genévrier, géranium, girofle, hysope, *lavande*, niaouli, oignon, romarin, sarriette, sauge, thym, *Tégarome* (voir p. 442).

PLAIES ATONES : ail, cajeput, genévrier, girofle, lavande, niaouli, oignon, romarin, sarriette, sauge, *Tégarome* (p. 442).

PLAIES INFECTÉES : ail, cajeput, camomille, citron, eucalyptus, girofle, lavande, oignon, romarin, sarriette, thym, *Tégarome* (p. 442).

PLÉTHORE : ail, citron.

PNEUMONIE : citron, eucalyptus, lavande, niaouli, pin.

POLYPES : thuya.

POUMONS (voir affections pulmonaires).

POUX (voir pédiculose).

PRÉVENTION (voir maladies contagieuses et maladies infectieuses).

PROPHYLAXIE (voir maladies contagieuses et maladies infectieuses).

PROSTATE (hypertrophie de la) : oignon.

PROSTATISME : oignon, thuya.

PROSTATITE : *pin*.

PRURITS : menthol, vinaigre.

PRURIT VULVAIRE : camomille, thym.

PSYCHASTHÉNIE (voir neurasthénie).

PUBERTÉ : ail, cyprès, oignon, pin, thym.

PYÉLITE : pin, essence de térébenthine, thym.

PYORRHÉE ALVÉOLO-DENTAIRE (voir gingivite).

RACHITISME : oignon, pin, sauge, thym.

REFROIDISSEMENT : *thym* (voir grippe).

RÈGLES (absence de) : camomille, cyprès, menthe, origans, sauge, thym.

RÈGLES DIFFICILES : carvi, genièvre, santoline, sassafras.

RÈGLES DOULOUREUSES : anis vert, cajeput, camomille, *cyprès*, estragon, genévrier, menthe, romarin, *sauge*.

RÈGLES INSUFFISANTES : basilic, fenouil, lavande, menthe, noix de muscade, santoline, sauge.

REINS (voir voies urinaires).

RESPIRATION DIFFICILE (voir dyspnée et affections pulmonaires).

RETOUR D'ÂGE (voir ménopause).

RHINITE : niaouli, *thym* (et *Climarome*, voir p. 442).

RHUMATISME CHRONIQUE : ail, cajeput, camomille, *citron*, cyprès, estragon, *eucalyptus*, *genévrier*, hysope, lavande, niaouli, oignon, origans, pin, romarin, *sassafras*, *essence de térébenthine*, thym (et bains « Alg-essences », voir p. 149).

RHUMATISME MUSCULAIRE : origans, romarin, thym.

RHUME (voir bronchites et grippe).

RHUME DES FOINS : cyprès, hysope.

RIDES : citron.

ROUGEOLE : eucalyptus (et *Od'aroma*, voir p. 71).

ROUSSEUR (voir taches de).

SCARLATINE : eucalyptus (et *Od'aroma*, voir p. 71).

SCIATIQUE : essence de térébenthine.

SCORBUT : citron, oignon.

SCROFULOSE : lavande, oignon, sauge.

SEINS (engorgement) : fenouil, géranium.

SÉNESCENCE : ail, citron, oignon, thym, bains « Alg-essences » (voir p. 149).

SERPENTS (morsures de) : sérum antivenimeux et basilic, cannelle, citron, lavande, thym (*Téga-rome*, voir p. 442).

SINUSITE : citron, eucalyptus, lavande, menthe, niaouli, pin, thym (et *Climarome*, voir p. 442).

SPASMES : *coriandre*, cyprès, lavande, marjolaine, santoline, térébenthine.

SPASMES DIGESTIFS : anis, *cannelle*, *coriandre*, marjolaine.

SPASMES GASTRIQUES : basilic, cajeput, carvi, menthe.

SPASMES INTESTINAUX : ail, *anis*, bergamotier, caje-put, *camomille*, cannelle, carvi, *estragon*, fenouil, girofle, *lavande*, menthe, pin, sarriette, essence de térébenthine.

SPASMES VASCULAIRES : ail, cyprès.

STÉRILITÉ : genévrier, géranium, *sauge*.

STIMULANTS :
— des cortico-surrénales : bornéol, géranium, pin, sarriette, sauge ;
— du système nerveux : basilic, romarin, sarriette, sauge ;
— cardiaque : romarin ;
— bulbaire : hysope ;
— circulatoire et respiratoire : cannelle.

STOMATITES : citron, géranium, *sauge* (et *Tégarome*, voir p. 442).

SUDORIFIQUES : cyprès, genièvre.

SUEURS FÉTIDES DES PIEDS ET DES AISSELLES : cyprès, pin (et *Od'aroma*, localement, voir p. 71).

SUEURS PROFUSES (des tuberculeux et convalescents) : *sauge*.

SURDITÉ : ail, fenouil, oignon, sarriette.

SURMENAGE INTELLECTUEL : basilic, girofle, oignon, romarin, sarriette, thym.

SYMPATHIQUE (dérèglement du) : voir dystonies neuro-végétatives.

SYNDROMES ARTÉRIQUES : ail, citron, marjolaine, oignon.

SYPHILIS : citron, *sassafras*.

SYSTÈME NERVEUX (rééquilibrants du) : aspic, cyprès, marjolaine, romarin.

TACHES DE ROUSSEUR : citron, oignon.

TAENIA (voir parasites intestinaux).

TAIES DE LA CORNÉE (voir cornée).

TOUX : anis, essence algérienne, eucalyptus, hysope, terpine.

TOUX CONVULSIVES (ou spasmodiques ou quinteuses) : *cyprès*, eucalyptus, hysope, lavande, origans, terpine, *thym* et *Climarome* (voir p. 442).

TRACHÉITE : pin, terpine.

TRANSPIRATIONS (voir sueurs).

TROUBLES CIRCULATOIRES : ail, cyprès, thym, et bains « Alg-essences », voir p. 149).

TUBERCULOSE PULMONAIRE : *ail*, cajeput, *citron*, *eucalyptus*, girofle, hysope, lavande, *niaouli*, origans, pin, sauge, *térébenthine* (et *Climarome*, voir p. 442).

TYPHOIDE (voir fièvre typhoïde).

ULCÈRES D'ESTOMAC ET INTESTINAUX : camomille, citron.

ULCÈRES DE JAMBE (voir plaies atones).

URÉE SANGUINE (voir azotémie).

URÉTRITE : cajeput, niaouli, térébenthine.

VARICES : ail, citron, *cyprès*.

VÉGÉTATIONS : hysope, thuya.

VERRUES : *ail*, citron, oignon, *thuya*.

VERS (voir parasites intestinaux).

VERTIGES : basilic, camomille, carvi, *lavande*, menthe, romarin, sauge, thym.

VESSIES (voir voies urinaires).

VIEILLISSEMENT (voir sénescence).

VISAGE (soins et entretien du) : citron.

VOIES URINAIRES : eucalyptus, fenouil, genévrier, géranium, niaouli, santal, térébenthine, thym.

VOMISSEMENTS : citron, menthe.

VOMISSEMENTS NERVEUX : anis, cajeput, fenouil, menthe.

VOMISSEMENTS DE SANG (voir hémoptysie).

VUE (faiblesse de la) : romarin.

ZONA citral, magnésium et *Tégarome* (voir p. 442).

7

Quelques formules de prescriptions en pratique

N.B.

H.E. signifie « huile essentielle ».

aa : même quantité de chaque

q.s.p. : quantité suffisante pour

Voici quelques formules personnelles simples relatives à diverses affections justiciables de la thérapeutique aromatique. Données à titre d'exemples, elles peuvent être modifiées si nécessaire en fonction de l'état particulier du malade.

On prescrira :

1) *Pour les affections pulmonaires* (rhumes, grippe, bronchites, tuberculose, etc.),
en traitement simple ou associé (selon les cas) curatif ou préventif (toujours) :

H.E. thym	}	aa 1 g
H.E. niaouli		
H.E. pin (aiguilles)		
H.E. menthe		0,50 g
Alcool à 90° .... q.s.p.		60 ml

25 gouttes dans un demi-verre d'eau tiède, 10 minutes avant les trois repas. *Pour les enfants*, selon l'âge, de 3 à 10 gouttes trois fois par jour.

● Penser aussi aux diverses fumigations aromatiques du commerce, et à la forme récente et pratique :
Climarome (produit d'hygiène) - voir p. 442.

● Mélange pour frictions de poitrine :

Camphre		1 g
Chloroforme	}	aa 5 g
H.E. d'eucalyptus		
H.E. de pin		10 g
Moutarde		0,025 g
Glycérine		20 g
Alcool à 90° .... q.s.p.		90 ml

friction de la poitrine matin et soir (pour les enfants en dessous de 10 ans, je préfère les sinapismes ou les badigeons à la teinture d'iode).

2) *Pour les affections intestinales* (entérites, colites, parasitoses) :

H.E. lavande		
H.E. sarriette	}	aa 0,75 g
H.E. basilic		
H.E. carvi		
Alcool à 90° .... q.s.p.		60 ml

25 à 40 gouttes dans un demi-verre d'eau tiède, 10 minutes avant les trois repas. Pour les enfants, voir le formulaire qui renvoie aux plantes.

● Penser également au charbon, à la myrtille, à l'argile, aux vaccins buvables, au *pollen*, voir aussi le formulaire.

3) *Pour les affections circulatoires :*

H.E. cyprès		1 g
H.E. lavande		
H.E. sauge	}	aa 0,75 g
H.E. thym		
Alcool à 90° .... q.s.p.		60 ml

Même posologie.

● Ne pas oublier l'hydrastis, l'hamamélis, le marron d'Inde, contenus dans de nombreuses spécialités, ni les bains « Alg-essences » (voir p. 149).

4) *Pour les infections des voies urinaires :*

H.E. cajeput	
H.E. lavande	
H.E. genièvre	aa 0,75 g
H.E. niaouli	
Alcool à 90° .... q.s.p.	60 ml

Même posologie.

● Penser aussi au santal, au bleu de méthylène, aux vaccins buvables, au magnésium.

5) *Pour les affections rhumatismales :*

H.E. genièvre	1 g
H.E. thym	aa 0,50 g
H.E. cyprès	
H.E. sassafras	1 g
H.E. térébenthine	0,50 g
Alcool à 90° .... q.s.p.	60 ml

Même posologie.

● Dans l'arthrose, penser aussi à l'iode, au soufre, aux suppositoires « Cartilage-Parathyroïde », aux bains Alg-essences (voir p. 149), consulter aussi « *Phytothérapie* » (5e édit. 1983).

6) *Pour toutes les algies, rhumatismales ou musculaires*, mélange avec :

Teinture de gingembre	180 g
H.E. d'origan	6 g
H.E. de genièvre	6 g
H.E. de camomille	2 g
H.E. de térébenthine	15 g
Alcoolat de romarin .... q.s.p.	500 ml

Une friction matin et soir (ou plus souvent) sur les endroits douloureux.

7) *Formule à prescrire dans les cas de sénescence, pertes de mémoire...*

H.E. romarin	1 g
H.E. sauge	
H.E. sarriette	
H.E. basilic	aa 0,50 g
H.E. gingembre	
Alcool à 90° .... q.s.p.	60 ml

25 gouttes dans un demi-verre d'eau tiède, 10 minutes avant les trois repas.

● On n'oubliera pas, selon les cas, le germe, le blé, le phosphore, le magnésium, le pollen et la gelée royale, les suppositoires «Cerveau-Moelle».

8) *Dans les cas de difficultés scolaires,*
à côté de la lécithine, du phosphore, du magnésium, des suppositoires «Cerveau-Moelle», prescrire :

H.E. basilic	
H.E. sarriette	
H.E. thym	aa 0,50 g
H.E. marjolaine	
H.E. romarin	
Alcool à 90° .... q.s.p.	60 ml

10 gouttes dans un peu d'eau tiède, deux ou trois fois par jour, avant les repas.

N.B. - Ces préparations ne sauraient se concevoir qu'avec des essences aussi pures que possible (ce qui n'est pas courant, hélas ! à une époque de falsifications généralisées) et *totales*. Il ne peut être question de remplacer l'essence d'eucalyptus par l'eucalyptol (l'un de ses constituants), l'essence de menthe par le menthol, etc. On l'a déjà compris à la lecture de ce livre, mais encore convenait-il de le rappeler une fois de plus.

8

Observations de malades

Selon une parole d'Ambroise Paré, «les choses en médecine ne se mesurent et considèrent que par leurs sens et effets.» Voici quelques observations d'affections traitées par les plantes et essences aromatiques, en traitement de fond, associées aux traitements biologiques.

Bien sûr, on doit le savoir, tous les résultats ne sont pas aussi chatoyants et j'ai tenu à le dire et à le répéter au cours de cet ouvrage, comme dans d'autres travaux.

Mais que l'on puisse obtenir de tels effets, dans des cas que j'ai choisis parmi les plus graves ou les plus angoissants ne mérite-t-il pas d'y réfléchir?

Le premier cas est celui d'une femme de 25 ans, qui souffrait de *cystite récidivante* depuis 1953. Les analyses urinaires avaient constamment révélé du colibacille, du staphylocoque et du sang en quantité plus ou moins importante. L'affection s'était montrée rebelle à tous les traitements suivis pendant 7 ans, c'est-à-dire jusqu'en juin 1960.

Cette femme, qui pesait 48 kg pour 1,69 m, présentait un état général médiocre et se plaignait d'une très grande fatigue jointe à un état nerveux exacerbé. Inappétence, migraines, nausées, constipation, troubles accusés de dérèglement sympathique (palpitations, insomnies, etc.) formaient son cortège habituel. Le traitement qui lui fut conseillé comporta des essences aromatiques, des plantes sous forme de teintures, ainsi qu'un sirop à base d'acide phosphorique (Phosarome). On traita, par ailleurs, l'état circulatoire déficient par des infusions d'un mélange de plantes adaptées. Le régime alimentaire fut modifié.

En août 1960, soit 2 mois après le début des soins, la malade m'annonça que les phénomènes de *cystite avaient disparu dès le lendemain de son traitement*. La majeure partie des autres symptômes s'était également évanouie. Persistaient simplement une légère sensation de fatigue et quelques palpitations.

En janvier 1961, après un traitement exclusivement phyto et aromatique, effectué par périodes, l'état général était excellent et la cystite, en particulier, n'avait pas reparu.

Une autre observation mérite également d'être relevée eu égard à la *gravité des signes* présentés par cette malade de 57 ans qui vint consulter en juillet 1959. Cette femme souffrait, en effet, *depuis plusieurs années de vomissements quotidiens* accompagnés de brûlures très pénibles, également de douleurs vésiculaires fréquentes provoquées par des calculs, et de douleurs vives d'arthroses multiples... Son état général était déplorable. Le *bilan biologique* demandé — comme on pouvait s'y attendre — était *très perturbé* dans ses divers éléments (numération globulaire et formule leucocytaire, vitesse de sédimentation, taux de calcium et phosphore sanguins, chiffre des protides sanguines...). Les radiographies pratiquées au niveau de son estomac révélèrent une hernie hiatale avec un important reflux œsophagien.

En raison d'un état plus que déficient, la malade avait, depuis 17 ans, subi de nombreuses interventions : plusieurs au niveau des trompes, une autre nécessitée par une péritonite, l'ablation de la thyroïde, notamment. Elle refusait désormais toute nouvelle opération.

On conseilla un traitement comportant exclusivement des essences aromatiques et quelques plantes sous forme de poudre, teintures ou décoctions : aubier de tilleul sauvage (Gravelline), poudre de prêle, raphanus (le radis noir). Pour agir plus efficacement sur les brûlures gastriques et œsophagiennes qui rendaient à cette malade l'existence particulièrement pénible, on compléta par de l'argile à la dose d'une cuillerée à café dans un demi-verre d'eau, chaque matin au lever. Quelques directives alimentaires achevèrent l'ordonnance.

Après 10 *jours de traitement :* disparition des vomissements et des brûlures, état général en voie manifeste d'amélioration. Deux mois plus tard, les symptômes s'étaient estompés d'environ 50 %.

Deux nouveaux mois plus tard, cette femme avait retrouvé, selon ses propres termes, «sa vitalité d'autrefois». Elle n'avait toujours pas revomi, ne souffrait plus et son poids avait augmenté de 3 kg.

Huit mois après, le *bilan biologique de contrôle,* sensiblement *normal,* confirmait les résultats obtenus.

En septembre 1963, soit plus de quatre ans après le début du traitement, les résultats se maintenaient dans leur ensemble, à l'aide d'un traitement phyto et aromatique pratiqué de manière discontinue.

En 1968 : résultats maintenus.

La troisième observation concerne un enfant de 10 ans opéré *d'appendicite* gangréneuse en décembre 1953. Les suites opératoires, normales pendant 3 jours, se compliquèrent très vite par une température à 39° et un empâtement du petit bassin. Quarante-huit heures plus tard, une incision permettait de drainer un abcès à odeur gangréneuse de la fosse iliaque droite. Puis apparurent des vomissements bilieux, ainsi que l'arrêt total des matières et des gaz. Malgré des soins très éclairés, les vomissements persistèrent, devinrent noirâtres. Un traitement par pénicilline associée à d'autres antibiotiques et des extraits de foie ne put empêcher l'apparition, au 17e jour, d'une pleurésie droite à pus, fétide («flore microbienne variée et abondante»). L'état général, on le conçoit, était des plus mauvais : des transfusions apparurent nécessaires.

Trois jours plus tard, devant un tel tableau dont la gravité ne saurait échapper, un traitement à base d'essences aromatiques et de plantes fut entrepris, tant par la bouche que par voie rectale. Deux jours après, une nouvelle incision se montrait nécessaire pour le drainage d'une seconde collection fétide du petit bassin.

Deux transfusions supplémentaires furent alors pratiquées et on assista, en quelques jours, à une amélioration de l'état général qui fut suivie d'une *guérison et d'une convalescence normales.*

Le traitement par les essences aromatiques avait été appliqué, au total, *un mois et demi* (Dr G. à St-P., Allier).

J'ai publié en 1959, dans la revue « L'Hôpital[1] », les résultats que la thérapeutique aromatique pouvait permettre d'obtenir dans certains cas de *lithiase biliaire ou urinaire.* En voici deux :

Le premier se rapporte à une femme de 38 ans qui, depuis plusieurs mois, souffrait de crises vésiculaires. Les vomissements biliaires fréquents, la disparition de l'appétit, avaient entraîné un amaigrissement de 8 kg en 6 mois, accompagné d'une fatigue marquée, d'un teint terreux, d'une constipation opiniâtre. Une radiographie pratiquée révéla une vésicule pourvue de nombreux calculs.

Un traitement aromatique fut alors institué qui

1. « Lithiases et thérapeutique aromatique » (*L'Hôpital* - Mai 1959).

provoqua, 6 semaines plus tard, une importante chasse biliaire. La crise d'élimination, très supportable, dura environ une heure.

La malade reprit 5 kg dans les deux mois qui suivirent et retrouva sa force et sa santé. Six mois plus tard, un contrôle radiologique indiquait une vésicule redevenue normale. Six ans plus tard, aucune crise nouvelle n'était survenue, la santé s'était maintenue parfaite.

La deuxième observation est celle d'une femme de 44 ans, très handicapée également par sa vésicule biliaire. Une crise douloureuse brutale fit conseiller l'intervention dans les délais les plus rapides. Mais la malade préféra, dès le lendemain, utiliser avant toutes choses, les ressources des essences.

Quelques jours plus tard, elle élimina 5 calculs de la taille d'une noisette et, les jours suivants, une boue vésiculaire noirâtre contenant un sixième calcul de forme cylindrique. Quarante-huit heures plus tard, l'examen clinique s'avérait indolore.

Aucune crise nouvelle ne fut enregistrée dans les années qui suivirent : la malade avait retrouvé un état de santé excellent.

Il faut reconnaître, toutefois, que dans ces affections, les résultats ne sauraient être positifs à cent pour cent. Il arrive que les plantes et les essences aromatiques ne puissent obtenir l'élimination des calculs responsables. Mais, d'une façon générale, les malades ne souffrent plus de leur vésicule biliaire ou de leurs reins. Leur appétit renaît et souvent les régimes se trouvent relégués dans le domaine de l'oubli. La vie de ces malades s'en trouve radicalement transformée. Les analyses sanguines montrent, de leur côté, que l'état général s'est parallèlement considérablement amélioré.

Le traitement, dans ces cas, n'a pu qu'éliminer la « boue » ou le sable, généralement importants. La vésicule, ayant de ce fait retrouvé sa tonicité et ses fonctions, vivant dès lors en bonne intelligence avec les cailloux casaniers, l'organisme en bénéficie.

Enfin, il est des exemples où le traitement naturel ne modifie pas sensiblement la condition du malade. Dans ces cas, il est nécessaire de recourir à l'intervention. On découvre alors généralement d'importantes lésions inflammatoires tant au niveau de la vésicule biliaire qu'au niveau des organes voisins. On se rend compte, en somme, qu'il n'était pas possible de faire expulser des cailloux par une vésicule devenue atone, sans force et sans vie. La vésicule étant parvenue elle-même au stade d'un corps étranger, inutile, gênant ou douloureux, il est habituellement nécessaire de l'enlever en même temps que les calculs.

★

> « *On a le devoir, et par conséquent le droit, de pratiquer sur l'homme une expérience, toutes les fois qu'elle peut lui sauver la vie.* » (Claude Bernard.)

> « *Si l'on tient compte de l'infinie variété des individus, tout acte thérapeutique est une application et une expérimentation.* » (Georges Duhamel.)

Mais si les plantes et les essences aromatiques sont capables d'entraîner des résultats souvent incomparables dans de nombreuses affections, il semble raisonnable, pour donner aux malades graves un maximum de chances, d'utiliser conjointement à leur endroit tous les traitements actifs, de préférence naturels ou biologiques qui, de leur côté, ont également fait leurs preuves. Il suffit que les thérapeutiques associées «tirent» dans le même sens, comme les chevaux des diligences.

Parmi ces traitements, me paraissent devoir figurer, en associations diverses selon les cas : l'eau de mer, les oligo-éléments, l'argile, de nombreux minéraux et métalloïdes, les vaccins buvables ou injectables, le germe de blé, les levures, le pollen, la thérapeutique cellulaire...

Il faut ajouter l'importance primordiale de l'alimentation car on traite sa santé ou bien on la détruit, plusieurs fois par jour, selon ce que l'on mange. « Il est des maladies qui ne se soignent que par l'alimentation » disait Hippocrate. C'est également le lieu de rappeler les paroles significatives de Jean Rostand selon lesquelles « tout menu est une ordonnance ».

On a pu lire, dans les pages qui précèdent, les nombreuses et exceptionnelles propriétés des plantes et des essences aromatiques. Or, ces médications paraissent posséder une propriété supplémentaire d'importance primordiale : celle de permettre à d'autres thérapeutiques actives de mieux « mordre », d'agir plus complètement sur des tissus « dépurés », débarrassés de leurs déchets ou de leurs toxines.

Cette propriété paraît logique. En fait, elle se trouve confirmée chaque fois qu'on veut bien se donner la peine de la considérer.

Je me suis, comme beaucoup d'autres, attaché au problème du cancer d'une façon particulière pour un certain nombre de raisons.

D'abord parce qu'il s'agit « d'un mal qui répand la terreur » et que le devoir du médecin, comme du combattant, est de s'attaquer à l'ennemi apparemment le plus fort.

Ensuite parce qu'il me fut donné de connaître des guérisons ou des améliorations spectaculaires de certaines cancéroses. Ces malades étaient tous condamnés à brefs délais par ceux qui tiennent, on ne sait pourquoi, à dénier toute efficacité thérapeutique aux médications qui ne bénéficient pas encore de la consécration officielle de notre époque. Mais, écrivait F. Dorvault dans « L'Officine[1]» en 1846, «parce que les propriétés thérapeutiques de certaines substances ne sont pas constatées, qu'elles n'ont pas, si nous pouvons nous exprimer ainsi, une consécration scientifique, faut-il donc les rejeter, alors même que l'expérience pratique en a obtenu de bons effets? Tel n'est pas notre avis.»

Depuis des siècles, un certain nombre de végétaux et d'essences ont été reconnus posséder un pouvoir antitumoral et anticancéreux. J'ai tenu à reprendre ces thérapeutiques à la lumière des découvertes scientifiques actuelles.

J'ai pu, ainsi, dans un certain nombre de cas, en obtenant des résultats inattendus, confirmer la réalité de maintes conceptions de la médecine ancienne.

Je me suis également intéressé au problème du cancer parce que la littérature en a publié divers cas de guérisons ou rémissions *spontanées*. Je me souviens d'un cas de cancer gastrique, constaté chirurgicalement et inopérable, disparu quelques mois plus tard lors d'une nouvelle intervention nécessitée par une tout autre cause. Il est possible que nous en cotoyions parfois des exemples comparables. Ce phénomène semble signifier que, quelle que soit la complexité de la cancérose, il n'est de cas qui ne mérite d'être traité comme si la guérison devait en être l'aboutissement.

En procédant de la sorte, on a en effet parfois

---

1. «Sans appui et sans relations, à force de travail, de persévérance et d'énergie», *F. Dorvault* (né en 1815) devint pharmacien et, par ses œuvres, rendit son nom célèbre tant en France qu'à l'étranger. Son «Officine» (ou Répertoire général de pharmacie pratique) — parue alors qu'il avait 29 ans — fut qualifiée de chef-d'œuvre. En 1945, paraissait la 18e édition. Travailleur infatigable, esprit éminent, témoin de la faillite de la pharmacie à son époque, Dorvault fonda — à 37 ans — la Pharmacie Centrale de France destinée à régénérer la pharmacie par elle-même. Il était membre de nombreuses sociétés savantes françaises et étrangères.

la chance d'obtenir des résultats inespérés, inexplicables. Car contrairement à ce qu'on serait en droit de penser, des cancéreux meurent alors qu'ils paraissent avoir été traités très précocement et qu'au départ l'état général apparaissait satisfaisant. A l'inverse, des malades gravissimes, quelquefois grabataires, sont transformés parfois en l'espace de quelques semaines et donnent, plusieurs années plus tard, l'apparence d'une santé recouvrée. «Ce que nous n'admettons pas, c'est que le médecin, même dans le cas où son art a été jusqu'alors impuissant, reste spectateur inactif des ravages du mal.» Ce sont encore des paroles empruntées à Dorvault. «Car, ajoute-t-il, *ce serait dire qu'il n'y a plus rien à découvrir en thérapeutique,* que toute recherche, tous essais sont inutiles.» Et c'est cette attitude, quelquefois rencontrée, qui dirige les malades vers la cohue des guérisseurs, vrais ou faux, vers les magnétiseurs, de qualité ou non, vers tous ces gens qui, de tout temps et dans tous les pays tentent, parfois avec succès, de suppléer les déficiences des médecins consacrés.

Mais les faits resteront toujours les faits. Certains malades considérés comme condamnés, se trouvant plusieurs années plus tard en excellente santé, avec un bilan biologique satisfaisant, il m'a paru nécessaire de relater quelques observations dans le but de susciter quelques raisons d'espoir.

Dans les observations qui vont suivre, la *phyto* et *l'aromathérapie* se trouvent *toujours présentes en permanent traitement de fond.*

Voici quatre observations de **cancers**.

La première observation de cancer est relative à une jeune fille de 19 ans qui présenta, au début de l'année 1958, **un sarcome du bras gauche.** Le chirurgien, ami de la famille, opéra la tumeur qui était de la taille d'une orange. «Il fallut peler — écrit-il — artères et nerfs qui la traversaient (artère humérale, nerfs médian et brachial cutané...) au contact desquels il restera malgré tout du tissu tumoral. La tumeur file vers le bras, le long du biceps et en haut, vers l'omoplate. »

Le pronostic est, à cette époque, évidemment très sombre. On pratique, toutefois, quelques séances de radiothérapie puis de bombe au cobalt mais on s'accorde à penser que la survie ne saurait excéder quelques mois.

Je vois la malade en mai 1958, deux mois après l'intervention. La cicatrisation est parfaite et on ne perçoit pas de signes d'invasion des ganglions axillaires. Mais l'état général est médiocre, avec un amaigrissement notable et les mouvements de flexion de la main sont limités, les deux derniers doigts ébauchant une griffe. Je constate également une limitation notable de l'extension du coude.

Un traitement est établi à base d'essences aromatiques, d'acide phosphorique et de magnésium. Des antiseptiques intestinaux naturels le complètent comme il semble indispensable dans le traitement de la plupart des affections chroniques, ainsi que divers produits injectables préconisés dans le traitement des affections cancéreuses.

En raison de la gravité de l'état, j'ajoute, bien que n'étant pas homéopathe, un traitement de terrain avec vaccinum toxinum, cuprum, thuya, acide linoléique, kalicarbonicum.

Bien entendu, une *alimentation saine* est exigée, atoxique (légumes frais crus), huile de tournesol non raffinée, pain au levain, vin naturel...

En septembre 1958, quatre mois après le début du traitement, l'appétit est revenu, l'état général est excellent. La malade, qui a repris 3 kg, a retrouvé sa vitalité. De plus, tous les mouvements du coude et de la main sont, à ce jour, récupérés.

On poursuit le traitement aromatique *sans inter-*

ruption et on pratique 15 séances de *négativation électrique*[1], qu'on renouvellera par la suite.

Les traitements ultérieurs ont comporté, *outre le traitement de fond aromatique*, des oligo-éléments, du magnésium, divers minéraux et quelques injections de cellules fraîches.

En février 1959, dix mois après le début du traitement, la malade fut, en mon absence, alitée brusquement par l'apparition d'un pneumothorax spontané gauche avec épanchement pleural. Les analyses sanguines étaient mauvaises, en particulier la vitesse de sédimentation. La ponction permit de retirer un demi-litre de liquide louche. Mais la culture demeura stérile.

Un traitement par les essences aromatiques, associées à des vitamines naturelles et une potion concentrée de chlorure de calcium, est institué.

En raison d'un état général précaire, à la demande formelle de la famille, également parce que n'apparaît pas la nécessité de porter le bistouri dans cette lésion, l'intervention qui avait été envisagée est refusée.

Trois mois plus tard, on peut constater, outre un état général redevenu excellent, des chiffres biologiques normalisés, un poids revenu à son chiffre habituel, la *disparition radiologique totale de l'épanchement*. Le poumon, qui était rétracté entièrement au départ, avait réintégré sa place.

Nous arrivons à septembre 1975. La malade jouit d'un état de santé remarquable. Les bilans biologiques répétés annuellement montrent des chiffres

---

1. Il s'agit d'une méthode de traitement due aux travaux de Charles Laville. Son but est de rendre à l'organisme la charge électrique négative normale qu'il a perdue. Ainsi désire-t-on neutraliser l'électro-positivité exagérée de l'organisme rencontrée dans certaines affections, en particulier les cancers. (Voir mon ouvrage : « Docteur Nature », Maloine, 1980.) L'appareil est fabriqué par les Ets Marion, 175, rue Lecourbe, 75015 Paris.

satisfaisants. La malade a été opérée il y a **plus de 18 ans** et on ne lui donnait, à l'époque, que quelques mois à vivre.

Le second cas de cancer concerne un jeune homme de 22 ans, atteint d'un **sarcome de la face externe du pied droit** découvert en novembre 1957. Deux biopsies[1], en date des 21 et 24 avril 1958, conclurent à la variété de sarcome fibroblastique. Une désarticulation de la hanche fut conseillée par un confrère en mai 1958.

Le 7 mai 1958, le jour même où la désarticulation devait être pratiquée, à l'examen : état général médiocre, poids 57 kg pour 1,83 m, teint cireux. Localement, on constate une cicatrice de biopsie à la face externe du pied, bourgeonnante, très sensible au toucher, forçant le malade à boiter.

On prescrit : traitement aromatique par voie interne, acide phosphorique, magnésium, extraits de fois. En outre, *négativement électrique :* 15 séances. Enfin : alimentation naturelle.

Trois mois plus tard, bon état général. Localement sans changement.

Un traitement identique est prescrit avec, en traitement de fond, les essences aromatiques. On ajoute des oligo-éléments et on pratique 30 séances supplémentaires de négativation.

Les résultats des analyses pratiquées depuis cette époque ont été consignés dans des publications antérieures.

Qu'il suffise de dire que ce malade ne suit plus aucun traitement depuis 1961. Ses analyses sont en tous points normales. En 14 mois de traitement, le malade avait grossi de 19 kg. Il est toujours dans une forme parfaite et gère une importante maison de

---

1. Biopsie : opération qui consiste à enlever sur le vivant un fragment d'organe ou de tumeur dans le but de le soumettre à l'examen microscopique.

commerce. Le traitement a consisté, outre le citral intramusculaire, le trypanosa, des oligo-éléments prescrits de façon temporaire et des cellules fraîches, en une médication à base d'essences aromatiques et de plantes.

En décembre 1983, **vingt-six ans** après la découverte de la lésion, l'intéressé est en parfaite santé.

Le troisième cas de cancer concerne un homme de 51 ans vu en juillet 1959 pour un **cancer du rectum** dont le début apparent remontait à avril 1959. Ce malade était atteint d'hémorragies rectales, de douleurs abdominales plus ou moins vives. Il avait en moyenne une douzaine de selles par jour.

Un lavement baryté révéla un «obstacle suprarectal» accompagné d'une sténose, sur cinq centimètres, à la partie moyenne du rectum. Des analyses montrèrent quelques modifications dans les protides sanguines et la formule globulaire.

Le traitement appliqué consista en plantes et essences aromatiques, magnésium, acide phosphorique, rééquilibrants de la flore intestinale, lavements aromatiques à conserver. De plus, oligo-éléments et négativation électrique. Cette thérapeutique fut poursuivie avec quelques variantes pendant 18 mois, c'est-à-dire jusqu'en décembre 1960.

Les clichés, répétés à trois reprises, ne montrent aucun changement. Mais apparaissent en juillet 1960 une constipation persistante et de temps à autre des selles sanguinolentes. On se trouve, en décembre 1960, en présence d'un syndrome occlusif qui nécessite une décision opératoire. L'intervention se termine par un anus iliaque que le chirurgien n'a pu éviter.

L'examen histologique montre qu'il s'agit d'un épithélioma glandulaire infiltrant et végétant du rectum, mais «les fragments prélevés à chaque extrémité de la résection sont *indemnes de propa-*

gation cancéreuse et les ganglions ne montrent *aucune métastase* ».

On conçoit l'intérêt de cette intervention chirurgicale qui prouve, chez ce malade traité, l'absence d'extension du processus cancéreux.

En novembre 1967, soit huit ans et demi après le début apparent de l'affection, le patient est en excellente santé. Il fournit un travail physiquement très dur que des hommes de trente ans, travaillant en équipe avec lui, ont peine à supporter. Ses analyses sont en tout point satisfaisantes.

Mais force est de reconnaître que la maladie cancéreuse ne nous a pas encore livré tous ses mystères. A la suite de métastases hépatiques décelées en 1968, le malade s'éteint en septembre 1970, soit *onze ans et demi après* le début apparent, ce qui peut, en toute logique, être mis à l'actif du traitement.

Le quatrième exemple qu'il paraît intéressant de mentionner concerne une femme de 57 ans chez qui fut découvert en juillet 1961, à l'occasion d'une occlusion, un **cancer du gros intestin.** Une intervention s'avéra nécessaire et urgente.

Il s'agissait d'une tumeur de l'angle gauche du côlon, propagée à la queue du pancréas, à l'atmosphère celluleuse périnéale et à la paroi abdominale postérieure. L'ablation de la tumeur fut impossible et on se contenta d'une anastomose entre le côlon transverse et le sigmoïde. « Toute exérèse est impossible, porte le protocole opératoire, car elle obligerait à sacrifier l'angle gauche, la queue du pancréas et la rate sans pour autant enlever l'infiltration de la paroi. »

Il s'agit donc là d'une affection très grave ne laissant que peu d'espoir : le pronostic est de quelques mois.

Dès sa sortie de l'hôpital, le 23 août 1961, la malade est traitée par les thérapeutiques déjà mentionnées (essences aromatiques, plantes, magnésium, désinfectants intestinaux, etc.). Les analyses montrent de très fortes perturbations biologiques.

En juillet 1962, la malade, qui menait une existence à peu près normale et qui, de ce fait, avait quelque peu négligé son traitement, connut un fléchissement de son état général. On crut qu'elle ne vivrait pas au-delà de quelques semaines.

On reprend alors un traitement plus suivi en accordant une large place aux essences aromatiques dans le cadre des médications biologiques.

Un anus artificiel se crée spontanément. Depuis ce moment la malade, toujours amaigrie bien entendu, mange et dort parfaitement, lit un ou deux livres par jour, se déplace dans son appartement. En juin 1963, l'état est, contrairement à toutes les prévisions, mieux que stationnaire étant donné que la malade reprend du poids. Elle n'a, à ce jour, *jamais souffert* sauf au moment de la création de son anus artificiel.

La malade a été opérée il y a plus de deux ans. Beaucoup s'accordent à penser qu'elle a déjà au moins dix-huit mois de survie et dans des conditions acceptables (septembre 1963). Elle dédède, néanmoins, six mois plus tard.

A ces observations, déjà parues dans diverses publications médicales et les précédentes éditions de ce livre, je ne puis résister à la tentation d'en ajouter deux autres. Certains de mes confrères m'ont reproché d'avoir anormalement attendu, mais je pense qu'un recul doit être suffisant.

Le cas de Mme G. V.

En 1957, elle a 66 ans. Il y a déjà un ou deux ans qu'elle a remarqué une grosseur au niveau de son sein gauche. Elle vient me consulter. La tumeur est de la taille d'un petit œuf de poule, bosselée. Pas d'adhérence superficielle, ni sur les plans profonds. Pas de ganglions. État général excellent.

Les analyses sanguines sont très mauvaises et je doute d'obtenir un quelconque résultat mais je ne suis pas pressé, dans un tel cas, de faire extirper la lésion et comme la malade s'y refuse obstinément, nous sommes d'accord.

Traitement à base de phyto-aromathérapie, magnésium, prêle (pour sa silice), carzodelan, oligo-éléments, *négativation électrique.*

Traitement renouvelé avec nuances diverses pendant un an.

A cette époque : analyses normalisées. J'abrège ici pour dire que, curieusement, les analyses restant toujours excellentes, l'état général parfait, la tumeur augmente de volume et s'ulcère. Je serais partisan, en 1962, de l'ablation simple, dite de «propreté» sans faire la grande mutilation à la façon d'Halsted. La malade s'y oppose.

Poursuite des traitements dans la même ligne, avec des pansements aromatiques à visées cicatrisantes et antidégénératives.

Nous arrivons en 1967 : état général parfait, analyses toujours normales *(donc 10 ans plus tard).*

Une nuit, la tumeur saigne abondamment et la malade est hospitalisée d'urgence. Le chirurgien me téléphone et le lendemain, je pars à la clinique, à 400 km de chez moi.

En accord avec moi, le chirurgien pratique l'ablation simple du sein, sans curage ganglionnaire, sans radiothérapie ou cobalt postérieur.

Traitements successifs avec toujours phyto et aromathérapie, catalyses, magnésium, etc. et *négativation électrique.*

Nous sommes en décembre 1972, *dix-sept ans après la découverte.* Mme V. va très bien : état général remarquable, analyses normales. A 82 ans, elle vaque très normalement à ses occupations.

En août 1974, apparition de métastases thoraciques. L'état général de la malade décline et elle décède à 84 ans, deux mois plus tard, c'est-à-dire *dix-huit ans et demi* après la découverte de sa tumeur.

A mentionner :

— La technique employée ne « marche » pas toujours aussi bien — ce serait vraiment trop beau — car nous sommes obligés de reconnaître que, quels que soient les soins donnés, des malades meurent. En matière de cancer, il faut savoir qu'il y a toujours des tumeurs « lièvre, oiseau ou tortue ».

— Mais que dire de l'avis péremptoire d'un « grand » maître spécialisé qui me fit comprendre en 1965 que la malade avait été très mal soignée et qu'il n'y avait plus rien à faire. Ses soins, donnés sans conviction dans le cas particulier, provoquèrent une phlébite à la malade. Force fut donc de modifier le traitement dont se chargèrent divers médecins avec simplement mes conseils.

Traits de génie de notre part ? Qu'on se garde bien de le croire, mais peut-être illustration de ce qu'on peut faire quelquefois lorsqu'on veut tout tenter, y compris l'impossible.

La seconde observation est relative à M. F., *il y a douze ans,* opéré pour un cancer du rein droit par le Pr N., dans un grand hôpital parisien.

Le chirurgien ouvrit, constata les dégâts, *referma sans rien faire.* Pronostic évidemment cruel. Le malade me fut alors confié.

Traitements comparables au cas précédent.

En 1974, le malade se porte bien et assume des charges importantes.

Tout ce que l'on peut dire, rien de plus, c'est que — et l'idée vient, peu à peu, dans l'esprit de certains médecins — *il y a souvent quelque chose de plus à faire* avant de condamner. Et aussi que les malades qui s'en sont bien sortis avaient encore des possibilités de défense. Car, comme l'écrivait le Pr Hartmann, « nous ne pouvons qu'aider les malades à se défendre eux-mêmes ».

★

Pour ne pas alourdir ce travail, je me limiterai désormais à deux observations pour chaque catégorie d'affections envisagées.

Tuberculose

— Observation n° 1 : M. D., 31 ans.

Tuberculose pulmonaire bilatérale datant de 1948. Rechutes multiples. En mars 1958, thoracoplastie (résection de côtes) préconisée. Traitement aromatique et de terrain. Excellents résultats en quelques mois. Maintenus plus de 12 ans plus tard (septembre 1970).

Résumé de l'affection :

— Antécédents héréditaires : père tuberculeux pulmonaire.

— Antécédents collatéraux : un frère décédé de tuberculose.

— Antécédents personnels : en 1948, à 19 ans, hémoptysie, caverne du sommet gauche. Pneumothorax et section de bride consécutifs. Séjour de 2 ans en sanatorium.

Reprise de l'activité en 1951, avec le maintien du pneumothorax jusqu'en 1954.

En 1956 et 1957 : apparition de deux ictères, avec amaigrissement de 12 kg.

En août 1957 : formation d'une caverne au sommet droit.

Le malade est traité dans divers établissements par P.A.S., streptomycine, rimifon, pendant six mois. Création parallèle d'un pneumopéritoine.

En mars 1958, eu égard aux résultats insuffisants, une *thoracoplastie est préconisée, qui est refusée par le malade.*

En mars 1958 :

État général médiocre : 68 kg pour 1 m 83. Troubles hépatiques et de l'appareil digestif marqués : nausées, vomissements fréquents, perturbation du transit.

Traitement : aromathérapie, acide phosphorique, lavements aromatiques quotidiens à conserver, nébulisations à base d'huiles essentielles. De plus, désinfection intestinale, oligo-éléments...

Bien entendu, alimentation saine, naturelle.

Le traitement va être poursuivi pendant six mois.

Résultats au 20 septembre 1958 (six mois plus tard) :

Poids à 75 kg (+ 7 kg). Les analyses (numération globulaire, formule leucocytaire, vitesse de sédimentation notamment) sont normales.

Absence de température. L'appétit, les digestions, le transit sont excellents.

Le malade a repris son activité de publiciste il y a déjà deux mois.

En décembre 1958, soit neuf mois après le début du traitement, l'état général est excellent, la vitalité très marquée. Le poids est passé à 88 kg (+ 20 kg en neuf mois).

En juin 1959, le malade «est en pleine forme dès le matin» pour la première fois depuis plusieurs années. Ceci depuis déjà trois ou quatre mois.

Pour abréger, nous sautons quinze mois.

En septembre 1960, l'état général est parfait, la vitalité, l'appétit, le sommeil excellents. Poids : 87 kg. Le malade accuse toutefois des douleurs gastriques. Les clichés ne sont pas convaincants, mais peuvent faire penser à un ulcère post-bulbaire.

Traitement banal antiulcéreux, drainage hépatique.

En septembre 1970, soit plus de 12 ans après le début du traitement, l'état général est parfait.

Outre un traitement aromatique d'entretien suivi de manière discontinue, le malade a reçu des oligo-éléments, de l'argile, des reminéralisants végétaux, des cellules fraîches.

— Observation n° 2 : M. P., 46 ans.

Tuberculose pulmonaire datant de 1941 (pensionné définitif à 100 % depuis 1943). Nombreux séjours en sanatorium. Thoracoplastie de 5 côtes en 1953.

Vu en mars 1959 : état général médiocre (62 kg pour 1 m 76). Asthénie physique et intellectuelle, inappétence, hépatisme marqué obligeant à un régime draconien depuis plusieurs années. Caractère abattu, anxieux. Céphalées récidivantes.

Traitement : phyto et aromathérapie, phosphore, vitamine D_2, oligo-éléments.

Le 17 avril 1959 : un mois plus tard, a grossi de 5 kg. Activité notablement récupérée. Céphalées supprimées dès le premier jour. A tenté un repas relativement riche avec beurre, chocolat, alcool : digestion parfaite.

En juin 1959, les analyses sanguines sont normales.

En septembre 1959, l'état général est parfait. Le malade n'accuse plus aucun trouble. Psychisme entièrement récupéré. Ne suit plus aucun régime. Poids : 68 kg 500 (+ 6 kg 500 depuis six mois).

Traitement poursuivi, avec éléments de mars 1959.

En juillet 1960, résultats toujours satisfaisants, complétés et sanctionnés par le fait que M. P., raillé stupidement par un tueur des abattoirs, se jeta sur lui, lui fendit les arcades sourcilières, la lèvre supérieure et l'étendit K.O. Le tueur dut être transporté à l'hôpital.

Point supplémentaire : M. P., père d'un fils de 23 ans, nous annonce que sa femme se trouve à nouveau enceinte.

En mai 1965, six ans après le début du traitement, résultats maintenus. M. P. est le père d'une fillette en tous points remarquable.

Sénescence

— Observation n° 1 : M. L., 68 ans.

Sénescent obèse : 85 kg pour 1 m 67. Depuis 5 ans, asthénié physiquement et intellectuellement. Malade incapable de la moindre activité. Il passe ses journées dans un fauteuil, à pleurer. Arthrosique notable et prostatique. Par ailleurs : hyperglycémie à 1,50 g. Tension artérielle à 16/7.

Traité en janvier 1960 par phytothérapie et aromathérapie à visées détoxicantes, circulatoires et hypoglycémiantes, en outre eau de mer, phosphore, magnésium et alimentation saine.

Deux mois plus tard, sujet complètement transformé. Fait sans fatigue. 5 km à pied, porte des fardeaux, aide sa femme dans son commerce. Prostatisme en régression (incontinences disparues). A retrouvé sa gaieté. A maigri de 5 kg.

Les analyses donnent, en mai 1960, soit 4 mois après le début du traitement :

— glycémie : 1,20 g au lieu de 1,58 en février;
— cholestérolémie : 2,02 g au lieu de 2,30 g;
— calcémie : 91 mg au lieu de 66 mg;
— phosphorémie : 44 mg, sans changement (normal);
— par ailleurs : T.A. : 14/9 au lieu de 16/7.

Le traitement est poursuivi pendant 8 mois.

Février 1962 : état général excellent.

Malade suivi tous les 3 mois. Résultats confirmés en février 1963.

— Observation n° 2 : M. S., 65 ans.

Sénescent pléthorique : 95 kg pour 1 m 72. Asthénies physique et morale marquées ayant débuté, un an auparavant, à la suite d'un violent choc moral. Neurasthénie, angoisses, insomnies, perte de la mémoire, irritabilité. Cet industriel se trouve dans l'impossibilité de continuer à diriger son importante affaire londonienne et songe à la céder.

Par ailleurs : accès bi-mensuels de goutte depuis dix ans. Arthrosique notable. Crampes des membres supérieurs et inférieurs.

Les examens montrent une hyperglobulie, un cholestérol à 2,70 g, une augmentation de la viscosité sanguine avec une tension artérielle basse à 13/10 et une élévation des globulines alpha 2 (hémogliase[1]). Enfin des tests d'insuffisance hépatique. L'électrocardiogramme est normal.

Le malade est traité en février 1951 par phytothérapie et aromathérapie détoxicantes, à visées circulatoire, antigoutteuse et rééquilibrante. On ajoute : phosphore et oligo-éléments.

En avril 1959 : amélioration nette de l'état général.

On décide d'appliquer la *thérapie cellulaire* qui, sur un terrain à ce point transformé, a toutes chances d'obtenir un très beau résultat : placenta, foie, rate, cœur, hypothalamus, testicule (14 avril 1959).

1. Terme dû au Dr de Larebeyrette pour dénommer le syndrome qu'il a découvert et décrit, syndrome qu'il rapproche du «sang épais» des anciens. L'hémogliase comporte des perturbations sanguines caractéristiques jointes à une asthénie plus ou moins marquée, des troubles de l'ulcération et de la mémoire, généralement une tension artérielle basse.

Après une forte réaction goutteuse des deux genoux traitée par phytothérapie et emplâtres d'argile, suites normales.

En juin 1959, l'état général est excellent. Reprise totale des activités, retour de la forme exceptionnelle qui a toujours caractérisé cet homme.

Avril 1961 : traitement phyto et aromathérapique poursuivi par intermittence, depuis juin 1959. Résultats maintenus. A noter que ce malade n'a fait que trois crises de goutte mineures (gros orteil) depuis deux ans (au lieu de deux par mois depuis dix ans).

Juin 1962 : excellent résultat maintenu.

Juin 1963 : résultats confirmés.

Malade décédé accidentellement en 1965.

Autres cas

— Observation n° 1 : **Athérosclérose, hémogliase.**

Il s'agit d'un homme de 64 ans ayant présenté, en avril 1962, une difficulté inquiétante à la lecture, à la parole, ainsi qu'une perte de mémoire accusée. Le sujet est obèse (80 kg pour 1 m 70) et depuis quelques mois se plaint d'une fatigue persistante.

Les analyses révèlent une viscosité sanguine augmentée, un pouvoir cholestérolytique[1] négatif, une élévation importante du chiffre des globulines alpha 2, tous signes faisant porter le diagnostic d'hémogliase.

Le malade est traité par phyto et aromathérapie,

---

1. Plus que le taux du cholestérol total sanguin, le *pouvoir* cholestérolytique du sérum paraît revêtir une énorme importance. Ce pouvoir traduit la propriété du sérum «in vitro», à 37°, de *dissoudre* en 36 ou 48 heures une certaine quantité de cholestérol cristallisé ajouté au sérum ou de le laisser précipiter en totalité ou en partie (Lœper et Lemaire).

Pour un même taux de cholestérol sanguin, certains sujets feront des précipitations tissulaires, d'autres non.

A 60 ans, 80 % des sérums sont précipitants et ce fait dénote — toutes choses égales par ailleurs — une tendance plus marquée aux affections précipitantes : athérome, coronarite, lithiase...

l'eau de mer, des extraits de foie, les oligocrines thyroïde et iode.

Cinq mois plus tard, le chiffre de cholestérol total est passé de 2,30 g à 2,20 g et surtout, le pouvoir cholestérolytique, qui était de — 13 %, se situe désormais à + 17 %. Les globulines alpha 2 sont tombées de 20 % à 13 %. Intellectuellement et physiquement, le sujet a parfaitement récupéré.

Excellent état de santé en novembre 1965.

— Observation n° 2 : **Séquelles d'hémiplégie.**

Mme B., 68 ans, atteinte d'hémiplégie gauche en juin 1959, nous est confiée en septembre 1960. Elle conserve une paralysie légère du membre supérieur gauche, un état intellectuel toujours fortement dégradé avec impossibilité de trouver ses mots et absence totale de mémoire, lui interdisant toute activité cérébrale. Un récent électroencéphalogramme conclut à un «tracé de souffrance vasculaire cérébrale généralisée de type artériosclérose».

A l'examen ophtalmologique (Dr D.) : sclérose artériolaire type (signe du croisement).

La malade est traitée par phyto et aromathérapie, acide phosphorique, magnésium, oligo-éléments, plasma de Quinton, cellules fraîches.

Quatre mois plus tard, la parésie du membre supérieur gauche a disparu, la malade se remet à lire, son état général remonte régulièrement.

Cette femme est suivie jusqu'à ce jour (octobre 1963) tous les mois ou tous les deux mois et traitée selon les mêmes thérapeutiques.

En mai 1963, la malade, qui a depuis longtemps récupéré une grande partie de son activité tant physique qu'intellectuelle, étonne son entourage. Il y a près de deux ans qu'elle prend le chemin de fer, seule, pour faire de longs voyages et s'occuper elle-même de ses intérêts situés en Alsace.

Un électroencéphalogramme de contrôle est pra-

tiqué le 9 avril 1963. L'ensemble de l'activité cérébrale présente un aspect spontané normal, compte
tenu de l'âge. Aucune asymétrie hémisphérique
durable non plus qu'aucun signe paroxystique
transitoire ne se manifestent. On constate une nette
amélioration.

En juillet 1965 : résultats confirmés.

— Observation n° 3 : **Obésité chez un adolescent.**

Le jeune B., âgé de 16 ans, pèse 85 kg pour
1 m 62. Le métabolisme basal est très discrètement
diminué à —6%. Divers traitements pratiqués sont
restés sans effets et ce jeune garçon, comme sa
famille, sont désolés.

Ce malade est traité en juillet 1961 par phyto et
aromathérapie, thyroïde J. Roy (3 boîtes de
20 ampoules au total), eau de mer. Bien entendu,
le pain, les pâtes, les pâtisseries, les charcuteries
sont supprimés.

En septembre 1961 : thérapeutique cellulaire.

Trois mois plus tard, le jeune B. a maigri de
17 kg : 68 kg au lieu de 85.

Les résultats sont maintenus en septembre 1970
sans aucun autre traitement, le régime étant depuis
longtemps totalement abandonné. Le sujet, âgé de
25 ans (1 m 73 - 74 kg), est en parfaite santé et
bénéficie d'une force herculéenne.

— Observation n° 4 : **Ostéite.**

M. B., 48 ans, est affecté en 1956 d'une petite plaie
de l'extrémité du gros orteil gauche, qui conduit à
l'ablation d'un ongle incarné, laquelle se solde par
une fistule.

Curetage de l'ostéite consécutive aboutissant à
une seconde fistule.

Amputation de la première phalange (mai 1958)
donnant lieu à la persistance de la fistule.

Amputation de la deuxième phalange (février

1959, Pr P.) suivie d'une suppuration rebelle entravant la cicatrisation.

Le Pr S. propose alors une sympathectomie[1] lombaire.

Malade vu en septembre 1959.

Cliniquement : plaie suppurante du moignon d'amputation de l'orteil gauche. Radiologiquement : altération discrète du bord antéro-interne du cartilage du premier métatarsien gauche.

Sont normaux : urée, glycémie, cholestérolémie, vitesse de sédimentation, taux de prothrombine, test de tolérance à l'héparine, céto et hydroxystéroïdes, électrocardiogramme.

Le protidogramme, par contre, est très perturbé.

Un traitement est institué avec : phyto et aromathérapie, oligo-éléments, magnésium.

Localement : compresses d'essence pure naturelle de lavande.

En janvier 1960, cinq mois plus tard, après un traitement poursuivi avec les mêmes éléments, *cicatrisation totale de la plaie.* Le malade peut, à nouveau, depuis un mois, se chausser et marcher comme tout le monde. Il a, en outre, depuis, repris la danse et la pratique du ski.

En mai 1961 : les résultats sont maintenus. Toute thérapeutique se trouve d'ailleurs abandonnée depuis près d'un an.

Novembre 1965 : résultats confirmés.

En juin 1970 : résultats maintenus sans autre traitement.

---

1. Résection d'un nerf sympathique sur une plus ou moins grande longueur. Dans le cas particulier, il s'agit d'enlever une partie de la chaîne sympathique se trouvant le long et devant les vertèbres lombaires.

Le sympathique étant vaso-constricteur, on cherche, par son ablation, à provoquer une dilatation des vaisseaux sous sa dépendance et à provoquer ainsi une meilleure irrigation des tissus.

— Observation n° 5 : **Diabète.**

Il s'agit d'un homme de 73 ans jusque-là en parfaite santé, présentant une glycémie à 1,98 g depuis 1959.

La tension artérielle est à 19/12. Les clichés révèlent, par ailleurs, une arthrose vertébrale marquée avec vertèbres dorsales en diabolo et des pincements discaux multiples.

Asthénie physique et sexuelle.

Dans les antécédents héréditaires : père et mère décédés de tuberculose pulmonaire.

Vu en février 1960.

Traitement par phyto et aromathérapie, phosphore.

Régime relatif conseillé.

En avril 1960, deux mois plus tard : la glycémie est à 1,11 g et la tension artérielle à 15/10.

Poursuite du traitement. On ajoute des oligo-éléments «zinc-nickel-cobalt».

Évolution de la glycémie :

— juin .... 1,41 g
— juillet .... 1,22 g
— septembre .... 1,30 g
— novembre .... 1,24 g
— janvier 1961 .... 1,09 g

Il a, depuis plusieurs mois, recouvré une vitalité extraordinaire, sexuelle comprise, à laquelle il tient beaucoup. La tension artérielle est à 14/9.

Juin 1963 : la glycémie est à 1,12 g, tout est toujours pour le mieux à tous les points de vue.

Décembre 1972 : à 86 ans, M. B. fléchit mais il conserve toujours les activités de maire de son village.

— Observation n° 6.

Mme P., habitant la Dordogne, fait un **état dépressif alarmant** en mars 1958, au départ de son petit-fils comme militaire en Algérie. En quelques semaines cette femme, jusque-là enjouée et vaillante, n'est plus que l'ombre d'elle-même. Elle ne se souvient plus de rien et elle perd bientôt la raison : croyant sortir de chez elle, elle s'engouffre dans un placard et y demeure ; lorsqu'elle dessert la table, elle porte la vaisselle dans la salle de bain...

Comme il s'agit d'une bonne belle-mère, son gendre veut tenter le maximum.

Je la traite par phyto et aromathérapie, phosphore, oligo-éléments et la fais venir à Paris pour lui appliquer la thérapie cellulaire : placenta, foie, rate, hypothalamus antérieur, hypophyse.

Deux mois plus tard Mme P. a rajeuni de 10 ans. Son activité, tant physique qu'intellectuelle, est entièrement récupérée.

Les résultats se maintiennent pendant deux ans et demi, jusqu'à ce jour de décembre 1960 où Mme P., revenant à pied dans sa maison de Vézac, et empruntant un raccourci, tombe dans une mare glacée. Le choc physique consécutif, la peur horrible de mourir noyée lui sont préjudiciables. Un paysan entend ses cris et vient « in extremis » la sortir de son bain.

Le soir même, un tableau comparable à celui de mars 1958 s'instaure.

Je conseille de ramener cette femme à Paris pour une nouvelle thérapeutique cellulaire appliquée le 6 décembre 1960. On complète le traitement par des plantes et des essences.

Un mois et demi plus tard, Mme P. a retrouvé sa santé et en 1970 soit dix ans plus tard, tout va toujours très bien à 83 ans. Mme P. se contente, de temps à autre, d'absorber quelques tisanes, selon les prescriptions ou de sa propre initiative, car elle est de ces paysannes qui connaissent bien les plantes.

— Observation n° 7 : **Chlorose.**

La chlorose est une variété d'anémie qui n'atteint

que les vierges. Il y a longtemps qu'on a beaucoup de mal à en découvrir un nouveau cas.

J'ai eu l'occasion, en 1962, d'en traiter un exemple authentique. Il s'agissait d'une jeune fille pâle, maigre et fatiguée, dont les règles n'avaient pas reparu depuis environ six mois. Les analyses s'étaient avérées négatives sauf un chiffre de globules rouges à 3 900 000.

Le traitement appliqué comporta des plantes (en teinture et poudre), des essences aromatiques (aiguilles de pin, thym, lavande, géranium, girofle, eucalyptus, citron), de l'acide phosphorique et de l'iode. Cette malade se trouvant sous la responsabilité d'un ménage connaissant l'importance capitale d'une alimentation saine, on pouvait être rassuré sur la qualité du régime.

Quatre mois plus tard, les globules rouges étaient passés à 4 760 000, les règles étaient revenues depuis deux mois et le poids de la malade avait augmenté de 6 kg.

En 1970, tout va bien, encore mieux que ça car la jeune fille s'est mariée. Les hormones naturelles ont raison de la chlorose. Elles permettent même d'avoir un beau bébé qui a maintenant huit mois.

— Observation n° 8 : **Misère physiologique.**

Mme H., 50 ans, est une ancienne déportée à Ravensbruck où elle a subi de nombreux sévices : injections expérimentales de produits inconnus, coups de trique... tout a été écrit sur les méthodes nazies.

Vue en 1960, dans un état précaire : allure de vieillard (démarche courbée, peau flétrie). Son poids est de 47 kg pour 1 m 58.

La malade se plaint d'une asthénie profonde datant de son rapatriement, en 1944. Inappétence et insomnies.

Douleurs vertébrales généralisées : les clichés

montrent une ostéoporose diffuse du rachis, une scoliose dorso-lombaire, de nombreux déplacements et rotations des vertèbres cervicales, dorsales et lombaires.

Par ailleurs — fait curieux — on constate cliniquement et radiologiquement une réduction du maxillaire inférieur et un rétrécissement du squelette des pieds (cette femme, qui chaussait du 37, ne chausse plus que du 35).

Mme H. se plaint également de douleurs osseuses multiples et ne peut mettre de chaussures depuis plusieurs années.

Enfin, disparition des règles depuis 1944, date des expériences médicales germaniques.

Le psychisme est effroyable : instabilité, anxiété, crises d'agitation et de désespoir, disparition totale de la mémoire.

Les nombreux traitements effectués se sont avérés sans grands effets.

Les analyses pratiquées montrent d'importantes perturbations.

La malade est traitée par phyto et aromathérapie, magnésium et cellules fraîches.

Un mois après le début du traitement, l'appétit et le sommeil sont retrouvés. Rajeunissement cutané et du visage. Disparition des algies vertébrales. Mémoire partiellement revenue. Pour la première fois depuis longtemps, la malade peut lire sans lunettes. Le psychisme est notablement amélioré : la malade est calme, enjouée et les cauchemars ont disparu.

Les analyses de contrôle montrent *cinq mois après le début du traitement,* d'étonnantes transformations. On peut les considérer comme sensiblement normales.

La malade a grossi de 6 kg. Pour la première fois depuis de nombreuses années, elle peut porter des chaussures à talons. Elle peut se déplacer, seule, au volant de sa voiture.

En septembre 1961, les résultats se maintiennent. La malade ne se traite d'ailleurs plus depuis trois mois.

En décembre 1974 : excellent état maintenu grâce à un traitement phyto et aromatique discontinu.

★

Depuis la première édition de cet ouvrage, en 1964, un certain nombre de médecins ont pu faire état d'observations comparables, par les mêmes moyens. L'un d'eux s'est livré à une excellente expérimentation en *milieu psychiatrique.* Voici quelques-unes de ses observations. On y retrouvera les résultats favorables auxquels les essences aromatiques, les plantes et les diverses thérapeutiques biologiques nous ont familiarisés. Mais l'intérêt du travail de ce confrère provient de ce qu'il a trait, d'une part, à des *malades mentaux chroniques,* souvent hospitalisés depuis de nombreuses années, et d'autre part, à des malades peu touchés sur le plan psychiatrique mais traités avec une prédominance de *médicaments de synthèse.*

Pour la première catégorie, l'atteinte mentale grave rend impossible toute *simulation.* Dans la seconde, il s'agit le plus souvent de malades antérieurement soignés par un nombre de médecins plus ou moins important, tous «classiques», et de ce fait devenus des *insatisfaits* perpétuels de la médecine courante.

Dans les deux cas, les réactions aux traitements naturels ont été comparables à celles observées chez les consultants «normaux».

— *Observation n° 1 :*

Mme B., 49 ans. Dépression nerveuse grave. Tentative de suicide par défenestration : fractures du bassin et des poignets consécutives.

En octobre 1969, malade alitée, début d'ankylose, blocage du cou, impotence du membre supérieur droit, escarres des talons et des fesses.

Le traitement psychiatrique améliore l'humeur en quelques semaines mais reste sans effet sur l'impotence fonctionnelle.

En janvier 1970, pour faire céder les contractures, on pratique trois fois par semaine des injections sous-cutanées et intradermiques d'eau bidistillée autour des articulations bloquées, et dans les muscles. En plus : massages avec un liniment aromatique.

Débloquée en quelques jours, la malade crie au miracle et se déplace presque normalement.

Le traitement consiste alors en drainages et reminéralisants végétaux aromatiques (teintures, poudre de prêle, mélange avec essences de thym, lavande, sauge, genièvre, romarin), magnésium, auxquels on ajoute des frictions aromatiques et des bains généraux associant les algues marines et les essences aromatiques (Bains « Alg-Essences »).

Trois mois plus tard, excellents résultats tant dans le domaine physique que psychiquement. Le chirurgien est surpris de la récupération totale et la malade reprend ses occupations.

— *Observation n° 2 :*

Mme C., 36 ans. Démence précoce, hospitalisée depuis six ans. Violente, dangereuse, la malade présente, par ailleurs, une infection chronique des bronches, et périodique des voies urinaires. Périodes d'amaigrissement spectaculaire avec température élevée.

Traitée en décembre 1969 par « cuivre-or-argent » et « manganèse-cuivre », aromathérapie et phytothérapie.

En dix jours : stabilisation de la température à 37°. Rétablissement progressif de l'état général avec reprise de poids et d'activité. Psychisme, par ailleurs, favorablement influencé.

Résultats maintenus neuf mois plus tard par des traitements d'entretien comparables.

— *Observation n° 3 :*

Mme F., 56 ans. Folie délirante grave. Hospitalisée depuis plusieurs années.

Ancienne tuberculeuse, souffre d'une infection rhinopharyngée et bronchite chronique avec fièvre rebelle aux antibiotiques depuis trois ans. État général médiocre.

En octobre 1969, oligo-éléments, aromathérapie interne et en suppositoires.

Normalisation de la température en trois semaines. Résultats confirmés par 20 jours de traitement par mois pendant six mois.

— *Observation n° 4 :*

Mme M., 55 ans. Démence agitée, hospitalisée depuis cinq ans.

Hémorragies vaginales post-opératoires (ablation d'un kyste bénin) avec température à 38°-38° 5, rebelle aux antibiotiques. Examen clinique par ailleurs négatif et laboratoire muet hormis signes sanguins d'infection.

Ce syndrome de fièvre ondulante inexpliquée, sans signes cliniques ni biologiques, est de constatation fréquente en milieu psychiatrique. On pense que la raison réside dans l'intoxication médicamenteuse de ces malades chroniques et l'affaiblissement consécutif des barrières naturelles de défense. L'organisme altéré donne alors prise à de multiples petites infections (broncho-pulmonaires, génito-urinaires, ou intestinales) ou difficilement localisables.

Un traitement aromatique anti-infectieux normalise la température en 15 jours (décembre 1968).

Trois mois plus tard, accès fébrile dû à une bronchite aiguë. Le traitement aromatique par voie intramusculaire et buvable : thym, romarin, sauge, cannelle, eucalyptus, camomille, appuyé par des oligo-éléments entraîne la guérison en une semaine.

Résultats maintenus quatorze mois plus tard, avec de temps à autre des traitements simples analogues de consolidation.

— *Observation n° 5 :*

Mlle H., 55 ans. Débile.

Infection chronique des voies urinaires depuis plusieurs années : colibacillose, urines sanglantes, cystite très douloureuse.

En mars 1970, poussée aiguë avec température, état général effondré, prostration.

Traitement phyto et aromatique, ac. phosphorique (comme acidifiant), sédation des symptômes en quinze jours. La malade recommence à se lever.

Résultats confirmés quatre mois plus tard avec traitements d'entretien.

— *Observation n° 6 :*

Mme P., 66 ans. Psychose hallucinatoire.

Grippe à 38°-39°, expectoration abondante en janvier 1970. Examens sanguins perturbés.

Antibiotiques pendant trois jours et aromathérapie (essences de thym, pin, genièvre, romarin, eucalyptus), «cuivre-or-argent», magnésium, poudre de prêle.

Récupération de l'état général et de l'activité en quinze jours.

— *Observation n° 7 :*

Mme R., 36 ans. Dépression nerveuse chez une femme ayant déjà connu un certain nombre d'avatars (traumatisme crânien, ablation de l'utérus...).

La malade alitée se plaint de douleurs vertébrales, surtout lombaires et de l'épaule droite. Par ailleurs d'une cystite tenace.

Traitement (novembre 1969) : une spécialité phytothérapique, aromathérapie, extraits de rein lyophilisés injectables, vaccins buvables.

Par voie externe : massage à l'aide d'un liniment aromatique. Bains généraux associant algues et essences aromatiques (« Alg-Essences »).

Six jours plus tard, mieux sensible et la malade peut à nouveau se lever.

Deux mois plus tard, la malade peut quitter le service. Elle conserve un traitement aromatique interne et externe, un drainage à base de plantes (artichaut, feuilles de frêne, feuilles de cassis, prêle...) et du soufre.

Bilan urinaire normal.

Pour les malades au psychisme *profondément altéré,* aucune simulation à redouter. Ces malades ont été soulagés ou guéris sans savoir ni pourquoi ni comment. Mais l'entourage et le personnel soignant n'ont pas manqué de s'en étonner.

Il n'était pas besoin de ces exemples supplémentaires pour être convaincus de l'activité des thérapeutiques d'extraction naturelle.

Mais ici, il faut se rappeler qu'on traite des organismes intoxiqués, affaiblis, aux métabolismes très altérés par une longue et importante chimiothérapie parfois rendue indispensable par la complexité des syndromes psychiques.

L'aromathérapie, et les thérapeutiques végétales et biologiques, ont affirmé sans équivoque leurs effets parfois incomparables.

En ce qui concerne la catégorie de malades, dont l'importance ne fait que s'accroître, qui « n'étant pas normaux » *ne sont pas totalement* imperméables, il faut envisager l'action psychothérapeutique liant le médecin et son malade. Le fait d'expliquer au patient l'efficacité de traitements naturels éveille un certain intérêt : celui qu'on accorde à une médication originale et «nouvelle», plus «humaine» aussi. Et cet abord a l'avantage d'être, selon une phrase du Dr Henri Ey, «une rencontre bienfaisante, un éveil de conscience et un *départ pour une reprise vitale*».

J'arrête ici la liste des observations que je serais susceptible de présenter après plus de trente ans de pratique dans le domaine phyto-aromathérapique. J'en ai publié de nombreuses par ailleurs et exposé lors de mes conférences ou congrès dans les facultés, dans des réunions grand public, en France ou à l'étranger.

J'ai toujours tenu à préciser que la phyto-aromathérapie, néanmoins, ne saurait être considérée comme *la* panacée. Par exemple, elle est incapable de remettre en place des vertèbres bousculées ou de redresser une voûte plantaire. Elle ne peut pas non plus soigner une méningite tuberculeuse, le tétanos, quelques autres syndromes. Elle le pourra peut-être dans l'avenir. Ce sera à l'actif de nos successeurs.

Mais avant de terminer ce chapitre, il m'est agréable de rendre hommage au Dr Alain Raynaud, responsable d'un service de plusieurs centaines de lits consacrés aux affections chroniques chez les personnes âgées. Toute la pathologie y est représentée, y compris et surtout les syndromes infectieux.

Alain Raynaud, qu'il me fut donné de soigner pour la première fois alors qu'il n'avait pas un an, s'est intéressé à beaucoup de chapitres de la médecine, ses titres sont innombrables. Il s'est souvenu — entre autres techniques — de l'existence de la phyto-aromathérapie dont il fait bénéficier au mieux ses alités, dans les domaines cardio-vasculaires, arthrosiques, infections de tous ordres...

Parmi les malades se trouvent un certain nombre de grabataires avec, en conséquence, ces redoutables escarres qui, généralement, ne disparaissent qu'avec l'individu.

Le sinistre bacille pyocyanique, de tout temps redouté et de nos jours encore, fait partie des germes retrouvés dans de nombreuses escarres rebelles à toutes thérapeutiques anti-infectieuses et cicatrisantes.

Lors de notre Congrès de Lyon en avril 1979, j'ai pu signaler les remarquables résultats obtenus par Raynaud dans la cicatrisation des escarres par la méthode que je lui avais suggérée : compresses bi ou tri-quotidiennes avec le *Tégarome* (50 ou 100 gouttes dans l'équivalent d'un verre d'eau tiède). Entre les compresses, application d'un tulle gras.

Les effets favorables enregistrés au niveau de telles affections prouvent une fois de plus la polyvalence de l'aromathérapie lorsqu'on sait l'utiliser.

Les médecins feraient souvent mieux de commencer leurs soins par les médications naturelles, quitte à leur adjoindre, en cas de nécessité, tel ou tel produit de synthèse. Car si la chimiothérapie peut parfois obtenir des résultats que la phyto-aromathérapie n'a pu apporter, l'inverse est aussi vrai : les faits le démontrent abondamment.

9

Quelques formules de vins et vinaigres médicinaux

Élixirs, espèces

A titre documentaire, il m'a paru intéressant de relever quelques formules parmi des centaines d'autres. Il ne s'agit pas d'en dresser une liste complète, mais simplement de montrer quelles sortes d'armes utilisaient nos prédécesseurs dans leur lutte contre la maladie.

Quelques vins médicinaux

Vin de cannelle ou cordiat :

cannelle	30 g
vin de Malaga	500 g

Laisser macérer 6 jours et filtrer.

L'hypocras (Vinum hippocraticum) des Anciens était du vin aromatisé avec de la cannelle.

Préparer ainsi les vins de cascarille, de genièvre, de gingembre.

Vin amer diurétique (Corvisart) :

quina pulvérisé	
asclépias	
angélique	aa 30 g
scille	
genièvre	
macis	aa 10 g
absinthe	
mélisse	aa 2 g
écorce de citron	
écorce de Winter	aa 60 g
alcool à 34°	
vin blanc	4 litres

Faire macérer les plantes broyées pendant 24 heures. Passer, exprimer et filtrer au papier.
4 cuillerées à soupe par jour et plus progressivement. Dans la débilité des organes digestifs.

Vin antileucorrhéique :

quinquina	180 g
acore	45 g
quassia	24 g
cannelle	24 g
sureau	24 g
alcool	1 500 g
eau pure	9 litres

Après suffisante macération, passer et ajouter :

teinture de mars	375 g
eau de fleurs d'oranger	750 g
sirop de sucre	180 g

60 g le matin, à jeun, dans la *leucorrhée*.

Vin aromatique :

alcoolature vulnéaire	125 g
vin rouge	875 g

Mêler. Filtrer 2 jours plus tard.

espèces aromatiques	100 g
teinture vulnéraire	100 g
vin rouge	875 g

Faire macérer les espèces aromatiques, pendant

10 jours, dans le vin. Passer avec expression, ajouter l'alcoolat et filtrer.

Autrefois très employé en fomentations ou en *injections vaginales*.

Vin aromatique amer (vin d'absinthe composé, vin fortifiant) :

1 - gentiane	85 g
centaurée	56 g
écorce d'orange	42 g
absinthe	56 g
2 - acore	85 g
aunée	85 g
galanga	42 g
petite absinthe	28 g
sclarée	28 g
iris	28 g
3 - quina jaune	28 g
4 - coriandre	85 g
cannelle	14 g
girofle	7 g
muscades	n° 3

Faire 4 sachets distincts, les mettre au fond d'un baril de 50 litres et emplir le baril de moût de raisin. Lorsque la fermentation est terminée, tirer à clair.

Jadis employé comme stomachique contre les digestions lentes et pénibles des *valétudinaires*.

Vin de cannelle composé (hypocras, vin cordial, vin hippocratique) :

amandes douces	125 g
cannelle	45 g
sucre	900 g
eau-de-vie	360 g
vin de Madère	720 g

Faire macérer quelques jours et ajouter à la colature :

musc	} aa 0,09 g
ambre gris	

Autre formule :

cannelle	7,50 g
gingembre	1.00 g
noix de muscade	0,50 g
girofle	0,50 g
cardamine petit	0,25 g
zeste d'oranges amères	0,25 g
alcool	25,00 g
sirop simple	150,00 g
vin rouge généreux	1 litre

Vin de séné composé :

séné	120	g
coriandre (semences)	8	g
fenouil (semences)	8	g
vin de Xérès	1 litre	

Faire macérer les plantes concassées pendant 3 jours. Filtrer, ajouter 90 g de raisins secs, faire macérer 24 heures. Filtrer à nouveau.

De 60 à 100 g le matin à jeun comme laxatif et carminatif, dans la *dyspepsie flatulente.*

Vin toni-purgatif :

follicules de séné	30	g
rhubarbe concassée	24	g
clous de girofle	4	g
safran	4	g
vin de Xérès	1 litre	

Faire macérer pendant 6 jours en agitant souvent, et filtrer. Deux ou trois cuillerées de ce vin agissent comme *tonique*, et cinq à six cuillerées déterminent un effet *laxatif.*

Quelques vinaigres médicinaux

Vinaigre antiseptique ou des quatre voleurs :

grande absinthe	40	g
petite absinthe	40	g
romarin	40	g

sauge	40 g
menthe	40 g
rue	40 g
lavande	40 g
calamus	5 g
cannelle	5 g
girofle	5 g
muscade	5 g
ail	5 g
camphre	10 g
acide acétique cristallisé	40 g
vinaigre blanc	2 500 g

Faire macérer les plantes dans le vinaigre pendant une dizaine de jours. Passer avec expression. Ajouter le camphre dissous dans l'acide acétique et filtrer.

Ce vinaigre trouve son utilité dans la prévention des *maladies contagieuses*. On s'en frotte les mains et le visage, on en brûle dans les appartements. On peut, par ailleurs, garnir de petits flacons pour en respirer les vapeurs en cas de syncope.

On raconte que cette formule fut révélée, au XVIIe siècle par quatre détrousseurs de cadavres, arrêtés en flagrant délit lors des grandes pestes de Toulouse, de 1628 à 1631. Leur mépris de la contagion avait fortement étonné les juges... Les archives du Parlement de Toulouse rapportent que : « Quatre voleurs furent convaincus, lors de l'ancienne grande peste, qu'ils allaient chez les pestiférés, les étranglaient dans leur lit et après volaient leurs maisons : pourquoi ils furent condamnés à être brûlés vifs et pour qu'on leur adoucît la peine, ils découvrirent leur secret préservatif ; après quoi ils furent pendus. »

La recette originale serait en réalité :
— trois pintes de fort vinaigre de vin blanc
— une poignée d'absinthe, de reine des prés, de grains de genièvre, de marjolaine sauvage, de sauge
— 50 clous de girofle
— deux onces de racine d'inula campana

— deux onces d'angélique
— deux onces de romarin
— deux onces de marrube
— trois grammes de camphre.

Vinaigre aromatique et antiseptique :

alcoolat de mélisse	15 g
essence de girofle	4 g
essence de citron .... }	
essence de lavande .... }	aa 10 g
vinaigre blanc	60 g

Mélanger et filtrer. Étendu d'eau, on l'utilise en lotions contre le *prurit* qui accompagne certaines affections cutanées.

Vinaigre dentifrice :

racine de pyrèthre	60 g
cannelle fine	8 g
girofle	8 g
esprit de cochléaria	60 g
eau vulnéraire rouge	125 g
résine de gaïac	8 g
vinaigre blanc	2 litres

Mettre les substances concassées à macérer dans le vinaigre. Faire, par ailleurs, dissoudre la résine de gaïac dans l'eau vulnéraire et l'esprit de cochléaria. Réunir cette teinture au vinaigre filtré (le mélange se trouble, mais s'éclaircira en quelques jours).

Vinaigre virginal :

alcool .... }	
vinaigre fort .... }	aa
benjoin .... }	parties égales

Laisser macérer. Filtrer. Quelques gouttes ajoutées à l'eau la rendent laiteuse en lui communiquant un parfum agréable et des propriétés *toniques* pour la *peau*.

Vinaigre aromatique anglais (sels pour respirer) :

acide acétique concret	250	g
camphre	60	g
huile essentielle de lavande	0,50	g
huile essentielle de girofle	2	g
huile essentielle de cannelle	1	g

Vinaigre de table (Maille) :

fleurs de sureau	250	g
estragon	375	g
menthe aquatique	125	g
basilic	100	g
marguitaine	100	g
sarriette	100	g
thym	1	pincée
laurier (feuilles)	4 à 5	
échalote	125	g
ail	31	g
clous de girofle	40	g
cannelle	40	g
piment mûr	n° 6	
cerfeuil	180	g
poivre concassé	60	g
sel et petits oignons .... q.s.		
vinaigre d'Orléans le plus fort	3	litres

Exposer au soleil, pendant 6 semaines, dans un vase de grès clos par une feuille de parchemin. Filtrer et mettre en bouteilles cachetées.

Quelques élixirs

Élixir antigoutteux :

quinquina gris	125 g
coquelicot	60 g
sassafras	30 g
rhum	5 litres

Faire macérer 15 jours, passer, ajouter à la colature :

racine de gaïac	60 g

Faire macérer de nouveau pendant 15 jours et ajouter un sirop composé de :

salsepareille	125 g
sucre	1 250 g

Une à deux cuillerées à soupe, 2 ou 3 fois par jour.

Élixir antiseptique de Chaussier :

quinquina	64 g
cascarille	16 g
safran	2 g
vin d'Espagne	500 g
cannelle	12 g
eau-de-vie	500 g

Faire macérer plusieurs jours, passer et ajouter :

sucre	150 g
éther sulfurique	6 g

Cet élixir fut employé contre le typhus en 1814-1815.

Élixir antivénérien :

résine de gaïac	220 g
sassafras	155 g
baume du Pérou	15 g
alcool	1 250 g

Une cuillerée à café dans un verre d'eau sucrée (goutte, *syphilis*).

Élixir dentifrice :

essence de cannelle de Ceylan	1 g
essence de badiane	2 g
essence de girofle	2 g
essence de menthe	8 g
teinture de benjoin	8 g
teinture de cochenille	20 g
teinture de gaïac	8 g
teinture de pyrèthre	8 g
alcool à 80°	1 000 g

Mélanger. Filtrer après 24 heures.
1/2 cuillerée à café dans un verre d'eau tiède.

Autre élixir dentifrice :

eau-de-vie de gaïac	187 g
eau-de-vie camphrée	4 g
essence de menthe	VI gouttes
essence de cochléaria	VI gouttes
essence de romarin	VI gouttes

Élixir odontalgique :

gaïac	15 g
pyrèthre	4 g
muscade	4 g
girofle	2 g
essence de romarin	X gouttes
essence de bergamote	IV gouttes
alcool à 70°	100 g

Laisser macérer 8 jours. Filtrer. Une cuillerée à café dans un verre d'eau, en lavages de bouche (névralgies dentaires).

Élixir de la Grande-Chartreuse :

mélisse fraîche	640 g
hysope fraîche	640 g
angélique fraîche	320 g
cannelle	160 g
safran	40 g
macis	10 g

Après 8 jours de macération dans 10 litres d'alcool, exprimer et distiller sur une certaine quantité de plantes fraîches : mélisse, hysope. Au bout de quelque temps, on ajoute 1 250 g de sucre et on filtre.

Autre formule :

essence de mélisse citronnée	2 g
essence d'hysope	2 g
essence d'angélique	10 g
essence de menthe anglaise	20 g
essence de muscade	2 g
essence de girofle	2 g
alcool à 80°	2 litres
sucre .... q.s.	

On colore en jaune avec quelques gouttes de

teinture de safran, et en vert avec quelques gouttes
d'indigo dissous, ou d'alcoolature de feuilles de sureau.

Quelques espèces

On appelle «espèces» des mélanges d'un plus ou
moins grand nombre de plantes ou parties de plantes
incisées ou concassées. Elles servent à faire des
infusés, des macérés, des décoctés pour usage interne
ou externe.

Espèces antispasmodiques :

valériane	90 g
feuilles d'oranger	60 g
millefeuille	30 g

Autre formule :

lavande	50 g
mélisse	100 g
basilic	100 g
cataire	100 g

En infusion contre les *toux coquelucheuses.*

Espèces aromatiques :

feuilles de sauge	
feuilles de thym	
feuilles de serpolet	
feuilles de romarin	aa
feuilles d'hysope	parties égales
feuilles d'origan	
feuilles d'absinthe	
feuilles de menthe	

En bains ou lotions. Infusion à 50 g pour 1 litre
d'eau.

Espèces ou semences carminatives :

anis	
fenouil	
coriandre	aa
carvi	

Contre les flatulences.

Espèces diurétiques :

racines sèches de fenouil .... ⎫
racines sèches de petit houx .... ⎪
racines sèches d'ache .... ⎬ aa
racines sèches de persil .... ⎪
racines sèches d'asperge .... ⎭

En infusion : 20 g pour 1 litre d'eau.
(Servent à préparer le sirop des cinq racines :
3 à 5 cuillerées à soupe par jour).

Espèces pour fumer (Trousseau) :

stramoine .... 30 g
sauge .... 15 g

A diviser en 20 cigarettes ou à fumer en pipes :
dans l'*asthme*.

Espèces vermifuges pour lavement :

absinthe .... 30 g
valériane .... 30 g
semences de tanaisie .... 15 g
écorce d'orange .... 15 g

Deux cuillerées à soupe pour 1/2 litre d'eau
bouillante. Laisser infuser 10 minutes. Passer.
Quantité suffisante pour deux lavements, à chacun
desquels on ajoutera une cuillerée d'huile. (Oxyures
et tricocéphales.)

Quelques formules utiles

● « **Climarome** » (produit d'hygiène) :
mélange d'essences de lavande, niaouli, pin, menthe et thym.

Ce produit, de conception récente, n'est pas un médicament au sens propre du terme. Mais les essences qui le composent allient leurs vertus **antiseptiques** et **balsamiques, protectrices** des voies respiratoires, comme le font les forêts de pin, les champs de lavande et de thym.

20 gouttes sur le mouchoir et respirez plusieurs fois par jour.

● « **Tégarome** » (produit d'hygiène) :
mélange à base d'essences de lavande, thym, sauge, eucalyptus, romarin, cyprès, niaouli, géranium.

Contre : coups de soleil, brûlures des premier et second degrés superficielles et limitées, piqûres d'insectes (guêpes, araignées, moustiques,...), coupures, certains boutons, contusions, hygiène de la bouche.

Selon les cas, applications du produit pur ou sous forme diluée dans de l'eau tiède : en compresses (50 gouttes pour un verre), lavages de bouche, gargarisme (20 gouttes pour un verre).

De plus, l'expérience a prouvé que ce produit était à employer localement, pur ou en compresses, sur les éruptions du zona. Nous n'avons pas encore enregistré d'échecs sur d'innombrables cas traités de cette façon avant les 15-20 premiers jours. Nous ajoutons, par mesure de sécurité, du magnésium par la bouche.

Sans doute le *Tégarome* agit-il ici grâce aux propriétés antivirales et cicatrisantes de certaines de ses essences.

● **Teinture d'arnica aromatique :**

fleurs d'arnica	50 g
girofle	10 g
cannelle	10 g
gingembre	10 g
anis	100 g
alcool	1 litre

Faire macérer 8 jours. Passer.

Une cuillerée dans 1/2 verre d'eau sucrée, réitérée 2 ou 3 fois par jour, dans le cas de *chute* et de *contusion*. Bon *odontalgique*.

● **Eau miraculeuse :**

angélique	30	g
romarin	30	g
marjolaine	30	g
baume des jardins	30	g
hysope	30	g
absinthe	30	g
menthe	30	g
thym	30	g
sauge	45	g
eau-de-vie	2,50	litres

Mettre dans une bouteille exposée 15 jours au soleil. Filtrer. Mettre en bouteilles et boucher.

Contre indigestions, constipation, infections intestinales, asthénies, vertiges : une cuillerée à café chaque matin.

Pour les pansements des plaies, abcès : en compresses, 2 à 3 fois par jour.

● **Baume Opodeldoch :**

Faire fondre au bain-marie dans un récipient en verre :

savon animal râpé	30 g
alcool à 90°	250 g

Ajouter :

camphre en poudre	24 g
H.E. de thym	2 g
H.E. de romarin	6 g

Couler à chaud dans des flacons, le mélange se prend en gelée.

(Douleurs rhumatismales, en frictions).

● *Alcoolat (ou Baume) de Fioravanti* - encore appelé : *alcoolat de térébenthine composé :*

térébenthine de mélèze	500
résine élémi	100
styrax liquide	100
galbanum	100
myrrhe	100
aloès	50
baies de laurier	100
galanga	50
zédoaire	50
gingembre	50
cannelle de Ceylan	50
girofle	50
muscades	50
f. de Dictamnus de Crète	50
alcool à 80°	3 000

Autrefois utilisé dans les coliques néphrétiques. De nos jours en frictions (rhumatismes, rachitisme).

● Et pour les déficients sexuels, qui peuvent toujours essayer :

Essence d'Italie :

cannelle	90	g
cardamome grand	60	g
galanga	60	g
girofle	15	g
poivre long	12	g
muscade	8	g
ambre gris	0,2	g
musc	0,2	g
alcool à 90°	1	litre

Faire macérer un mois et filtrer.

(*Aphrodisiaque* : 20 à 30 gouttes sur du sucre.)

10

Variétés d'essences artificielles de fruits utilisées dans l'alimentation

Le lecteur sera sans doute intéressé par la composition de certaines essences artificielles de fruits, employées en parfumerie et dans la *confiserie*.

Voici quelques formules :

Pour 100 parties d'alcool, elles contiennent :

— *Essence d'ananas :* une partie d'aldéhyde, 1 p. de chloroforme, 10 p. d'éther amylbutyrique, 5 p. d'éther butyrique, 3 p. de glycérine.

— *Essence de cerise :* une partie d'acide benzoïque, 5 p. d'éther acétique, 5 p. d'éther benzoïque, 5 p. d'éther œnanthique, 3 p. de glycérine.

— *Essence de fraise :* 5 parties d'éther acétique, 3 p. d'éther amylacétique, 2 p. d'éther amylbutyrique, 5 p. d'éther butyrique, 1 p. d'éther formique, 1 p. d'éther méthylsalicylique, 1 p. d'éther nitreux, 2 p. de glycérine.

— *Essence de cognac :* s'obtient en éthérifiant les acides gras volatils provenant de la saponification des matières grasses.

Voici les formules développées de quelques parfums artificiels alimentaires.

Ananas

essence artificielle de fraise	200
acétate d'éthyle	100
acétaldéhyde	10
caproate de méthyle	50
valérianate d'éthyle	20
caprylate de méthyle	50
bêta-méthylthiopropionate de méthyle	4
caproate d'allyle	100
heptanoate d'allyle	100
pélargonate d'allyle	100
cyclohexylpropionate d'allyle	100
méthylamylcétone	10
acétate de géranyle	20
butyrate de géranyle	10
vanilline	10
essence d'orange Guinée	116
	1 000

Cerise

acétate d'éthyle	408
acétylméthylcarbinol	5
butyrate d'isoamyle	50
caproate d'éthyle	50
caprylate d'isoamyle	50
caprate d'éthyle	100
butyrate de terpényle	5
géraniol	5
butyrate de géranyle	5
acétylacétate d'éthyle	100
heptanoate d'éthyle	100
aldéhyde benzoïque	50
aldéhyde p. toluïque	20
vanilline	10
essence d'amandes amères S.A.P.	30
essence de girofle Bourbon	5
essence de cannelle Ceylan	5
essence de lie de vin	2
	1 000

Fraise

acétylacétate d'éthyle	80
diacétyle	2
acétate d'éthyle	30
butyrate d'éthyle	50
caproate d'éthyle	20
benzoate d'éthyle	10
cinnamate d'éthyle	10
salicylate d'éthyle	5
acétate d'amyle	10
acétate d'hexanyle	10
hexanol	5
terpinéol	5
nérol	10
bornéol	5
acétate de bornyle	5
butyrate de phényléthyle	20
pentanal	2
anthranilate de méthyle	5
butyrate de p. crésyle	50
yara-yara	20
coumarine	10
vanilline	20
phénylacétate d'éthyle	20
méthylphénylglycidate d'éthyle	400
éther butylique du bêta-naphtol	20
maltol	14
iso-jasmone	2
benzylidène isopropylène acétone	100
essence concrète d'iris	10
essence de Portugal	20
essence néroli	10
méthylnaphtycétone	20
	1 000

Framboise

acétylméthylcarbinol	3
diacétyle	2
acétate d'éthyle	10
acétate d'isobutyle	40
caproate d'éthyle	10
caproate d'isoamyle	10
acétate d'hexamyle	10
acétate d'hexényle	10
acétate de benzyle	50
méthylbutanol	10
hexanol	5
hexénol	5
bêta-ionone	25
méthylionone	25
essence d'iris concrète	15
aldéhyde anisique	5
benzaldéhyde	5
alcool phényléthylique	50
salicylate de méthyle	10
salicylate de bornyle	10
essence de girofle	10
essence de Portugal	50
essence de géranium	10
coumarine	20
vanilline	30
méthylphénylglycidate d'éthyle	400
benzylidène-isopropylidène - acétone	100
méthoxyacétoxyacétophénone	60
benzoate d'éthyle	10
	1 000

Miel

acétylméthylcarbinol	1
diacétyle	5
acétate d'éthyle	15
acétylacétate d'éthyle	20
formiate d'éthyle	15
butyrate d'éthyle	20
benzoate d'éthyle	10
phénylacétate d'éthyle	50
dihydrocoumarine	100
vanilline	10
benzoate de linalyle	50
phényglycidate d'éthyle	50
phénylacétate de linalyle	50
phénylglycide d'eugényle	100
anéthole	15
ionone	150
butyrate de la méthylcyclopenténolone	150
acide pyruvique	10
aldéhyde décylique 10 %	2
aldéhyde phénylacétique 10 %	2
aldéhyde décylique 10 %	2
maltol	10
acide phénylacétique	38
absolu de genêt	2
absolu de benjoin	20
absolu de fèves Tonka	20
absolu de mélilot	20
essence d'armoise	3
essence de fenouil	15
essence de néroli	5
butyryllactate d'éthyle	70
	1 000

Caramel

café artificiel	100
beurre artificiel	100
dihydrocoumarine	200
maltol	10
éthylvanilline	30
acide lactique	500
absolu de fèves Tonka	40
absolu de benjoin	10
absolu vanille Bourbon	10
	1 000

Ces essences s'utilisent à la dose de 10-15 g pour 100 kilos de sucre cuit.

De nombreuses autres formules ont été créées pour reproduire artificiellement les parfums de : banane, pêche, pomme, raisin, amande, noix, noisette, abricot, prune, poire, coing, cassis, groseille, noix de coco, orange, citron, pamplemousse, mandarine, café, beurre, vanille, rhum...

Quant aux *essences naturelles de fruits* employées en confiserie, elles proviennent de la distillation d'une quantité considérable de fruits de première qualité, dont on retire parfois à peine le vingtième.

J'ajouterai à titre indicatif, une formule pour composer un **parfum de muguet**.

absolu de rose de la concrète	70 g
absolu jonquille de la pommade	3 g
absolu de violettes feuilles	3 g
absolu tubéreuse de la pommade	3 g
heptine carbonate de méthyle	3 g
liquide jasmin	15 g
méthylionone	100 g
aldéhyde anisique	50 g
ylang manille	60 g
aldéhyde phénylacétique	25 g
bergamote zeste	120 g
musc ambrette	10 g
linalol du bois de rose	150 g
héliotropine	5 g
résinoïde d'ambre	5 g
terpinéol	343 g
cinnamate de méthyle	35 g
	1 000

11

Comparaison des mesures anciennes et nouvelles

Lorsque j'ai dû, au cours de ce travail, faire état de formules ou de recettes anciennes, je me suis efforcé d'indiquer les poids et quantités dans le langage actuel. Il peut ne pas être inutile de connaître la correspondance de certaines mesures en usage dans le passé.

— une pinte	= 2 chopines	= un litre
— une chopine	= 1 setier	= 1/2 litre
— 1/2 setier		= 1/4 litre
— une livre	= 16 onces	= 500 g
— 1/2 livre	= 8 onces	= 250 g
— une once	= 8 gros	= 32 g
— 1/2 once	= 4 gros	= 16 g
— un gros	= 1 drachme	= 72 grains = 4 g
— un scrupule		= 25 grains = 1,3 g

La thérapeutique par les essences aromatiques se formule généralement par leur administration en gouttes ou en pilules. Mais on se traite également tous les jours, en utilisant les aromates dans l'alimentation. On pourra également se soigner par les infusions de plantes aromatiques.

Aussi est-il utile de donner quelques précisions sur la récolte et la conservation des plantes, ainsi que sur la posologie des infusions et décoctions.

Récolte et conservation des plantes

De la récolte et de la conservation des plantes dépend l'action des végétaux car il est essentiel qu'ils conservent le maximum de leurs principes actifs.

Pour les conserver, on les dessèche au soleil, au séchoir, au four ou à l'étuve.

Les fleurs doivent être protégées de la lumière, de la chaleur et de l'humidité. On conserve les plantes sur des claies ou en petits paquets suspendus. Auparavant, on les débarrassera des substances étrangères, des portions mortes ou abîmées.

En principe, les racines doivent être séchées à l'air sec et conservées à l'abri de l'humidité. Les racines mucilagineuses sont séchées au four. Écorces et bois seront séchés au soleil ou à l'étuve et conservés à l'abri de l'humidité.

Fleurs, feuilles, semences, doivent être séchées à l'ombre dans un grenier ou une pièce à atmosphère sèche. Les conserver dans des boîtes dans un endroit sec.

On cueillera les plantes par temps sec après le lever du soleil et la disparition de la rosée.

Les feuilles se cueillent avant complet développement, au plus tard au moment de la formation des boutons floraux (sauf pour les plantes dont on emploie les feuilles isolées, soit les sommités fleuries, exemple : les labiées).

Les bourgeons se cueillent au printemps, les fruits en automne, les racines au printemps et en automne, les écorces d'arbres en hiver, les écorces d'arbrisseaux en automne, les écorces de résineux au printemps.

La négligence de ces données a contribué puissamment à faire tomber les plantes, à plusieurs reprises, dans le discrédit.

Emploi des plantes
en infusions et décoctions

On utilise les plantes à la même dose, qu'elles soient fraîches ou sèches, les fraîches étant plus lourdes et leurs principes plus actifs.

— une pincée correspond à 2 à 3 grammes.
— une cuillerée à dessert à 5 g.
— une cuillère à soupe à 10 g.
— une poignée à 30 ou 40 g.

Les données indiquées, sans autres précisions, correspondent aux adultes. Pour les enfants, on préparera comme pour les adultes et on coupera d'eau :

— pour un an : une partie de tisane et 4 d'eau.
— de 1 à 3 ans : 2 parties de tisane et 3 d'eau.
— de 3 à 5 ans : 3 parties de tisane et 2 d'eau.
— de 5 à 10 ans : 4 parties de tisane et 1 d'eau.

Pour les adultes et, bien entendu, encore plus pour les enfants, il est parfois nécessaire de tâter la susceptibilité individuelle du malade.

Lorsqu'il convient de faire bouillir, on met les plantes dans l'eau froide et on amène à ébullition.

Il vaut mieux boire non sucré ou sucré avec du miel.

Si l'on ne trouve pas de temps indiqué, l'expression «donner un bouillon» correspond à une ébullition de quelques secondes. On retire du feu et on laisse infuser selon les indications.

En principe, on fait bouillir les racines, tiges, écorces pendant 5 à 10 minutes.

On donne un bouillon pour les plantes entières, feuilles, semences et sommités fleuries.

On infuse (c'est-à-dire en versant de l'eau bouillante sur le végétal) les fleurs.

Il est conseillé d'utiliser des casseroles émaillées et non les récipients en métal nu.

Définition des divers modes
de préparation des plantes
Leur utilisation

Dans ce chapitre, nous trouverons des indications ayant trait parfois à des produits de nature différente des essences. C'est que, tel quel, il nous a paru former un ensemble utile qu'il eût été inopportun de démanteler.

Alcoolat : liquide obtenu par distillation de l'alcool sur une plante.

Alcoolature : liquide obtenu par contact prolongé d'une plante fraîche dans l'alcool.

Alcoolé : (voir teinture alcoolique).

Bains aromatiques :

Mettre dans un sachet de 500 g d'espèces aromatiques (250 g pour les enfants). Verser dessus 3 ou 4 litres d'eau bouillante. Laisser infuser 10 à 15 minutes en vase clos. Ajouter au bain.

1 - *genièvre :* recommandés aux arthritiques et aux rhumatisants.

2 - *lavande :* sédatifs (troubles nerveux, insomnies). Indiqués également aux enfants fragiles ou débiles. Les alterner avec les bains de pin, romarin, algues marines.

3 - *marjolaine :* fortifiants (comme les bains de thym).

4 - *pin* : fortifiants. Recommandés également aux rhumatisants et aux goutteux (les bains locaux seront utilisés contre la transpiration exagérée des pieds).

5 - *romarin* : fortifiants, surtout pour les enfants. Indiqués également aux rhumatisants et aux sujets atteints de faiblesse de la vue.

6 - *térébenthine* : antirhumatismaux.

7 - *sauge* : fortifiants, pour les enfants affaiblis, rachitiques ou scrofuleux. Favorables aux rhumatisants.

8 - *thym* : fortifiants et, par ailleurs, indiqués aux arthritiques, rhumatisants, goutteux et contre les affections pulmonaires chroniques.

Bains d'essences et d'algues associées.

L'association, dans le même bain, de certaines algues marines et de complexes aromatiques choisis, en faisant bénéficier l'organisme des propriétés des unes et des autres, a permis d'étendre considérablement les indications. En sont justiciables l'embonpoint et la cellulite, le lymphatisme, les convalescences traînantes, l'anémie, les rhumatismes chroniques, les troubles circulatoires, les états de déminéralisation, le vieillissement prématuré, les troubles de la ménopause et du vieillissement normal, certaines affections de la peau... («Alg-Essences», voir p. 149).

Décoction : solution obtenue par ébullition prolongée d'une plante (à pratiquer en vase clos). On met la plante dans l'eau froide. On fait bouillir de 10 à 20 minutes. Les écorces et les racines se font bouillir plus longtemps que les tiges et les feuilles.

Embrocation : pratique consistant à asperger d'un liquide approprié, et en frictionnant, une partie du corps.

Emplâtre : préparation adhérente destinée à être

appliquée par voie externe. Il en est de diverses sortes, selon leur mode de fabrication et leurs composants : axonge, huile, cire, poix...

Enveloppement sinapisé : plonger une gaze dans l'eau tiède, essorer et étaler sur une table. Saupoudrer de farine de moutarde. Mettre en place et laisser une dizaine de minutes à partir du moment où le patient ressent des picotements.

Espèces : vocable sous lequel on groupe les essences ou plantes douées des mêmes propriétés (espèces diurétiques, sudorifiques...).

Extrait : substance obtenue en évaporant partiellement une solution aqueuse, alcoolique ou éthérée d'une plante.

Extrait fluide : liquide obtenu en traitant une drogue par plusieurs fois son poids d'eau ou d'alcool et en l'évaporant jusqu'à ce que son poids soit celui de la drogue utilisée.

Extrait mou : l'évaporation a été arrêtée lorsque le produit avait la consistance du miel.

Fomentation : friction pratiquée avec un liquide chaud quelconque, soit à la main, ou à l'aide d'une éponge, d'une brosse, d'un tissu de flanelle...

Fumigation humide : on fait bouillir la ou les plantes dans de l'eau pour obtenir une vapeur aromatique.

Fumigation sèche : on fait brûler la ou les plantes sur des charbons ardents.

Huiles : remplir la moitié d'un bocal avec des plantes sèches ou des racines broyées et compléter par de l'huile. Laisser macérer trois semaines à température douce. Remuer de temps en temps. Décanter et mettre en flacon. Ainsi obtient-on des huiles médicinales ou culinaires : Huile de camomille : utilisée en frictions contre les douleurs.
Huile de millepertuis : contre douleurs et brûlures.

Huile avec thym, laurier, romarin : pour les grillades.

Hydrolat : eau distillée aromatisée (hydrolat ou eau distillée de fleurs d'oranger).

Hydrolé : drogue obtenue par contact avec l'eau (macération, infusion, décoction).

Infusion : solution obtenue en soumettant, quelques minutes, une plante à l'action de l'eau bouillante (de 5 à 15 minutes, selon la plante).

Intrait : extrait spécial que l'on ne peut obtenir qu'en partant de la plante qui a gardé sa composition primitive.

Jus d'herbes :

Jus d'herbes amer et apéritif (affections biliaires) :

angélique (tiges vertes)	1 petite poignée
fumeterre	2 grosses poignées
pensée sauvage	2 grosses poignées
chicorée	2 grosses poignées
pissenlit	2 grosses poignées

Jus d'herbes amer et tonique (débilité) :

menthe poivrée	1 petite poignée
véronique	2 grosses poignées
petite centaurée	2 grosses poignées
trèfle d'eau	2 grosses poignées
houblon (tiges vertes)	2 grosses poignées

Jus d'herbes antiscorbutique (scorbut - ulcérations de la bouche) :

cochléaria beccabaunga	3 poignées
bourse à pasteur	2 poignées
cresson de fontaine	3 poignées

Jus d'herbes rafraîchissant (diurétique) :

pourpier	1 poignée
oseille	1 poignée
laitue	1 poignée
poirée	1 poignée
scorsonère	1 poignée
pissenlit	1 poignée

Laudanum : alcoolé d'opium et de safran. Le laudanum de Sydenham titre 10 % d'opium et 1 % de morphine (20 gouttes = 5 cg d'opium. Une tête de pavot contient 5 à 6 cg d'opium).

Lavement adoucissant (diarrhées, rectite, hémorroïdes) :

graines de lin	15 g
feuilles de bouillon blanc	150 g
eau bouillante	500 g

Laisser infuser jusqu'à ce que l'eau soit tiède. Passer en exprimant et délayer un jaune d'œuf. A administrer en 2 fois...

ou :

têtes de pavot sans graine	20 g
eau bouillante	500 g

Laisser infuser 2 heures et ajouter 10 g d'amidon en poudre.

ou :

5 cuillerées de vinaigre
400 g d'eau tiède.

Lotion : on fait bouillir la ou les plantes dans de l'eau, on passe à travers un linge fin, on utilise en lavages.

Macération : solution obtenue en traitant, pendant un temps plus ou moins long, une plante par de l'eau froide, du vin, de l'alcool, de l'huile, pour en obtenir les principes solubles (selon les cas, de quelques heures à plusieurs jours, parfois plusieurs semaines).

Oléo-saccharure : mélange d'huiles essentielles et de sucre, servant à aromatiser les boissons.

Onguent : préparation à usage externe, composée généralement de corps gras (huile, graisse...) avec ou sans principes actifs.

Rob : sirop sudorifique et dépuratif.

Sinapisme : mélange de farine de moutarde et d'eau

que l'on applique, comme un cataplasme, sur la peau pour provoquer une révulsion.

Sirop simple : composé obtenu en faisant dissoudre, à froid ou à chaud, 180 g de sucre dans 100 g d'eau. On y incorpore les principes thérapeutiques voulus.

Teinture : liquide obtenu par la dissolution des principes actifs de substances médicamenteuses dans un liquide convenable (eau, alcool, éther).

Teinture alcoolique ou alcoolé : liquide obtenu par contact prolongé de plantes dans une quantité d'alcool dont le poids est 5 fois supérieur à celui de la plante.

12
Conclusions

> *Les recherches scientifiques doivent toujours, et uniquement, tendre à la connaissance du phénomène, sans que l'expérimentateur ait à se demander s'il va pouvoir en déduire quelques conclusions pratiques. (Charles Richet.)*

Arrive toujours l'instant où les recherches scientifiques, si décousues fussent-elles en apparence, laissent entrevoir les chaînons qui les lient aux fins de conséquences heureuses.

La notion empirique de la valeur thérapeutique des essences, nous apparaît — à la lumière des multiples travaux modernes — pourvue d'une réelle et étonnante objectivité.

Les études actuelles semblent suffisantes pour prouver, selon F. Decaux[1] «qu'à l'authenticité de ses titres d'ancienneté et de noblesse, la phytothérapie joint ceux plus utiles de constituer une thérapeutique actuelle tant en raison de la découverte et de l'utilisation de maintes drogues nouvelles végétales qu'à cause de l'étendue et de la variété de leurs indications en pathologie».

Du seul point de vue antiseptique, il est surprenant d'observer la défaveur dont a pâti l'aroma-

---

1. F. Decaux : *Pérennité de la Phytothérapie*, Gazette médicale (1963).

thérapie pendant les décennies qui nous séparent du travail initial de Chamberland en 1887. Sans nul doute, la concurrence des antiseptiques chimiques, tels les hypochlorites et l'eau oxygénée, peut expliquer ce paradoxe.

Douter de tout et croire à tout sont deux solutions également commodes qui nous dispensent de réfléchir, disait Henri Poincaré.

En général, les hommes se contentent de déprécier ce qu'ils ne peuvent comprendre. Or, «une saine philosophie recommande de ne pas nier les faits pour cela seul qu'ils sont opposés à nos idées et à nos théories, mais de chercher à les constater[1]».

C'est ce qui fut fait à l'endroit des essences végétales. Or, le médecin possède en elles, une gamme infinie de médications actives et non toxiques généralement.

Par ailleurs, en médecine, l'éclectisme devrait être une vertu. «Il convient de prendre les traitements qui paraissent les meilleurs partout où ils se trouvent»... surtout lorsqu'ils se trouvent partout... surtout lorsque ces traitements — comme c'est le cas pour les huiles essentielles — possèdent habituellement des vertus diverses, agissant le plus souvent sur la partie et sur l'ensemble : sur la partie parce qu'ils ont généralement cette propriété d'agir sur l'ensemble, sur l'ensemble parce qu'ils ont soigné efficacement la partie. «Un organisme n'est pas une simple juxtaposition de tissus, déclarait Paul Foulquié : il constitue un tout et fonctionne comme un tout. Un organe n'est jamais seul en action... un organisme n'est pas une machine dont chaque élément accomplit sa fonction propre, sans souci du travail des autres : chez le vivant, les parties s'intéressent au tout... une machine est faite,

1. Gazette médicale (1833).

tandis que l'organisme se fait et se refait constamment ».

Loin de moi, toutefois, le désir puéril d'enlever aux autres modes de traitements l'immense bénéfice des bienfaits qu'ils apportent. Bien au contraire, car je suis preneur, preneur de tout ce qui est susceptible de guérir ou de soulager sans nuire.

Loin de moi, par ailleurs, la prétention d'avoir réalisé un travail complet sur les huiles essentielles. En vertu des mots célèbres de Trousseau : « Messieurs, un peu plus d'art et moins de science », je n'ai retenu que certaines d'entre elles, les recherches pharmacologiques n'étant pas encore suffisantes en vue d'une efficace présentation.

Celles que j'ai mentionnées gardent pour elles le mérite d'avoir été utilisées depuis des temps immémoriaux et de l'être encore quotidiennement par de nombreux médecins.

Mais leur liste, dans l'avenir, ne pourra que s'accroître au fur et à mesure des expérimentations. Dès maintenant néanmoins, nous possédons, dans l'aromathérapie, un instrument de travail précieux.

D'autant plus que les essences ne se bornent pas à guérir ou à améliorer. Par les modifications qu'elles apportent au terrain, elles représentent pour l'homme des agents incomparables dans la prophylaxie des affections les plus diverses.

Incomparables et permanents si nous prenons l'habitude d'employer quotidiennement les aromates dans l'alimentation.

Sans vouloir nous attarder ici sur les problèmes du bon pain, des légumes cultivés sans les déversements anarchiques de pesticides comme on le voit trop souvent, sur la nécessité d'obtenir des huiles vierges consommables, sans vouloir traiter de ce qui fait une alimentation saine, répétons qu'un menu bien compris doit savoir utiliser les plantes condimentaires et les vertus des essences qu'elles renferment.

Il ne suffit pas, enseignait Hippocrate, de prévoir la maladie pour la guérir, il faut enseigner la santé pour la conserver. Or, dans le maintien de la santé, les aromates ont toujours eu une part prépondérante. Et cette notion conserve tout son prix car, selon un proverbe valaque, « la maladie entre par une porte large comme la roue du char et sort par une ouverture étroite comme le trou de l'aiguille ».

13

Annexes

Comme j'ai eu souvent l'occasion de le dire — je ne manque jamais de le répéter dans mes écrits, conférences ou émissions radio-télévisées — les plantes et les essences aromatiques sont, pour les médecins soignant à notre manière, un *traitement de fond* systématique. Mais elles ne prétendent pas résoudre tous les problèmes, dans tous les cas, à elles seules. Ainsi, leur adjoignons-nous le plus souvent d'autres médications ou procédés. Il s'agit, en effet, d'entourer le problème le mieux possible avec des traitements synergiques, tirant dans le même sens. Ce chapitre est consacré à certains parmi ceux m'ayant procuré, en trente-cinq ans de pratique, les meilleurs résultats, y compris dans de nombreux cas où tout le reste avait échoué.

La médecine est chose complexe. Hormis quelques exemples comme la digitaline, l'émétine ou la colchicine..., les doses thérapeutiques demeurent encore pour l'ensemble dans de larges fourchettes. Dans les colibacilloses, certains prescripteurs obtiennent de bons effets avec 200 gouttes quotidiennes de teinture mère de myrtille *(Vaccinium Myrtillus)* alors que d'autres, tout aussi heureux, n'en donnent que la moitié. Il en est de même pour les huiles essentielles sauf qu'ici — l'aromathérapie étant *la médecine atomique de la phytothérapie* — les doses doivent être de quelques gouttes seulement en solutions très diluées.

Ce flou dans la posologie n'est d'ailleurs pas réservé à la «Médecine des Plantes» ou des essences : dans la prophylaxie du rachitisme, selon l'Académie américaine de Pédiatrie, il faut donner au nourrisson 400 unités de vitamine D par jour tandis qu'on conseille 1 000 à 1 500 unités d'après la législation française (Entretiens de Bichat, 1978). De la même manière, il n'est guère d'étuis de drogues synthétiques qui ne comportent des posologies allant du simple au double ou au triple, parfois plus. Les fabricants sont en fait bien inspirés, qui mentionnent de plus en plus souvent : se conformer à la prescription médicale.

Ainsi, la médecine ne me paraît pas être à la veille de se trouver aussi «scientifique» que certains — parfois pour se gargariser — le voudraient ou l'écrivent... sans nous donner d'ailleurs la marche à suivre afin d'y parvenir, encore moins nous apporter les preuves de leurs affirmations.

Un exemple particulièrement démonstratif est fourni par les «constantes sanguines», qui ne le sont pas autant que le qualificatif pourrait le faire supposer. La plupart des patients examinent à la loupe des chiffres portés sur leurs feuilles d'analyses, en tirant d'alarmantes conclusions lors des plus minimes variations leur paraissant un signe d'aggravation. Or, dans l'état de santé, les écarts peuvent être considérables, et non confrontés à l'examen clinique, sans signification. Voici, à titre documentaire ou de rappel, les fourchettes considérées normales actuellement :

— Globules rouges : 4 500 000 à 5 500 000 par mm.
— Globules blancs : variété neutrophile 45 à 70 %, leucocytes 20 à 40.
— Plaquettes sanguines : 150 000 à 400 000 par mm³.
— Protides totaux : 65 à 80-84 g par litre de sérum, les albumines pouvant aller de 37 à 52 g.
— Urée sanguine : 0,15 à 0,50 g par litre (j'ai dit ailleurs que des expérimentations avaient été

faites il y a de nombreuses années : dans un même échantillon de sang soumis à quatre laboratoires, les chiffres furent 0,30, 0,45, 0,60 et 0,90 g par litre. Des différences comparables peuvent bien entendu se rencontrer à propos d'autres éléments).

— Cholestérolémie : 1,8 à 2,8 g par litre.

— Acide urique : 0,015 à 0,070 g par litre.

— Fer sérique : 0,60 à 1,90 mg par litre.

En ce qui concerne la vitesse de sédimentation, elle est de 3 à 8 mm à la première heure, de 40 à 60 mm à la vingt-quatrième. Elle signe généralement un syndrome inflammatoire, de la virose bénigne au cancer, mais sans qu'il y ait parallélisme de gravité. Une infection dentaire peut entraîner une V.S. très augmentée quand une V.S. normale n'infirme pas la possibilité d'un processus cancéreux.

Avec le Dr René Allendy, rappelons-nous que « la médecine ne saurait prétendre à la qualité de science parce que son objet clinique ne se prête ni aux mesures ni aux calculs, sinon artificiellement et sur des aspects fragmentaires[1] ».

« L'eau, même bouillie, me donnait de l'eczéma, m'écrit le 13-10-1978 une aimable correspondante inconnue, Mme G. demeurant à Antibes. Bébé, j'avais droit au bain quotidien, c'est peut-être pour cela que j'étais toujours malade. J'ai lu votre livre Aromathérapie, et j'ai acheté de l'extrait de lavande, que j'emploie pure, avec prudence, surtout pour les paupières. L'effet a été merveilleux, plus d'eczéma ».

Nous attendons toujours qu'on nous explique la raison « scientifique » de ce résultat. Mais le traitement est efficace, tout au moins dans ce cas (pas de généralisations hâtives !) et prescrit depuis longtemps. A noter, par parenthèse, l'utilité des

---

1. *Essai sur la guérison* (Denoël et Steelle - 1934).

infusions de pensée sauvage dans nombre de dermatoses.

Monsieur H.M. de Chardonne (Suisse) m'écrit le 9-11-1978 : «... Nous avons un ami âgé d'environ 60 ans, M. R. de Fribourg, souffrant depuis plus de 3 ans de cystite, à telle enseigne qu'il a dû arrêter prématurément toute activité. Sur conseil de M..., il a potassé vos livres pour finalement se procurer la teinture de myrtille à La Chaux-de-Fonds et en faire une cure de 6 semaines. Guérison merveilleuse. Notre brave ami n'en revenait pas, a rajeuni de x années et a même pris une maîtresse de 20 ans plus jeune que lui... Il y a plus d'une année maintenant qu'il est guéri et je lui ai parlé encore hier. Il prend de temps en temps de l'argile pour se débarrasser de ses anciens médicaments et se décrasser des doses d'antibiotique qu'il a consommées également pendant plus de 3 ans. Il est toujours aussi en forme... ».

Madame R. R., de Rambouillet, m'informe de son cas personnel : «Votre livre m'a été très utile pour soigner mon mari d'un ulcère du petit orteil gauche dû à l'artérite. Aucun médecin ne pouvait rien pour lui. Moi j'ai pu, avec du chou, le guérir complètement. »

Ne tirons cependant pas la conclusion que le chou — grâce auquel, disait Caton, les Romains ont pu se passer de médecins pendant six siècles — soit toujours suffisant pour s'opposer aux effets locaux du processus artéritique.

L'artérite qui, négligée, conduit encore trop souvent de nos jours à l'amputation, est justiciable de nombreuses attitudes thérapeutiques : cures thermales, bains aromatiques ou algues, ou mieux, associant les deux éléments, vérification et traitement de la colonne vertébrale... par voie interne phyto-aromathérapique de drainage, à visées vaso-dilatatoires, réforme de l'alimentation, interdiction du tabac, etc.

Et, comme pour la plupart des affections, le véritable remède réside dans *la prévention* : ne sait-on pas que nombre d'obésités devraient être traitées préventivement dès le stade de l'enfance ?

Les bains aromatiques

Il serait faux de considérer les bains aromatiques comme une invention supplémentaire et récente du modernisme.

De tout temps, en effet, ces bains ont connu la faveur des humains.

On connaît certes, en France, diverses époques enfuies et mal jugées pour leur élémentaire manque d'hygiène et de coquetterie. Ce fut le cas du XIVe siècle, puis du règne d'Henri IV où, à l'image du «Bon Roy» repoussant de saleté, l'époque fut surtout le règne de la crasse et de la vermine : on se nettoyait alors en se grattant, les belles puaient le charnier tandis que les nobles se devaient d'avoir «un peu l'aisselle sûrette et les pieds fumants». Ce fut également le cas — quelle désillusion ! — pour le siècle de Louis XIV. A cette époque, le roi comme les courtisans, pour couvrir leurs mauvaises odeurs, faisaient une véritable débauche d'essences aromatiques, c'est-à-dire de parfums. La véritable histoire rapporte, toutefois, que le Roi Soleil finit un jour par être suffisamment outré de cet état de choses pour réglementer, sur l'heure, l'emploi excessif des arômes.

La Restauration marqua une nouvelle éclipse des bains. Les médecins de l'époque, on ne sait trop en vertu de quelle vérité première, recommandaient de ne se baigner qu'avec précaution, et pas plus d'une fois par mois.

Mais ces quelques égarements mis à part — pour certains relatifs à la «mode» souvent réactionnaire, comme la mode actuelle des cheveux démesurément longs et des pantalons sales adoptés par quelques évolués — les hommes, et surtout les femmes ont de tout temps employé les bains aromatiques de façon régulière, quelle que soit leur appartenance sociale.

Ainsi, les belles Égyptiennes antiques prenaient-elles journellement une longue succession de bains, froids d'abord, puis tièdes, de vapeur ensuite dans leur «caldarium», pour terminer dans leur «balneum» par des bains chauds odoriférants suivis de massages et d'onctions aromatiques du corps et du visage.

Tout le monde connaît la dilection particulière des Romains pour les bains. A cette époque déjà, le peuple pouvait se rendre dans de nombreux bains publics parfaitement installés.

Sous le règne de Saint-Louis, les seigneurs, les bourgeois, mais aussi les gens d'humble extrance usaient très fréquemment de bains aromatiques, source de souplesse, de santé, de beauté et de jeunesse, la beauté et la jeunesse étant à l'époque (on y revient avec force aujourd'hui) reconnues comme les meilleurs synonymes de bonne santé.

Environ 1290, on comptait près de trente bains publics à Paris.

Le XVIe siècle, l'époque de Louis XVI furent des fervents des bains aromatiques. Depuis cette date, les arômes ont conquis un nouveau droit de cité qu'ils ne sont pas près, sans doute, de perdre désormais.

Les hommes, qu'ils fussent chasseurs, guerriers puis hommes d'affaires, apprirent en réalité très vite à reconnaître dans les bains aromatiques une source de vigueur entretenue ou nouvelle, un facteur déterminant de souplesse et d'équilibre.

De leur côté, les femmes surent, de tout temps, demander aux bains d'arômes de leur conserver — ou de leur permettre de récupérer — la jeunesse, la beauté, une peau douce exempte de lésions.

Pendant des millénaires, nos prédécesseurs*

---

* L'une des grandes erreurs de notre siècle est de croire que nous avons tout découvert : c'est faire peu de cas des architectes

n'agirent évidemment que de manière empirique. Ils se contentaient de connaître les effets des essences aromatiques employées dans les bains et de les utiliser.

C'est ainsi — pour ne rappeler ici que des exemples simples — que les bains de marjolaine ou de thym étaient prescrits comme toniques, la marjolaine s'avérant également antispasmodique et douée de propriétés circulatoires, le thym se trouvant indiqué, par ailleurs, aux arthritiques, aux rhumatisants, aux goutteux, aux sujets souffrant d'affections pulmonaires chroniques.

Les bains de genièvre étaient recommandés aux arthritiques et aux rhumatisants (on a depuis reconnu leur pouvoir hypoglycémiant).

Les bains de lavande, de tilleul, ont de tout temps été appréciés pour leurs vertus sédatives, utiles aux nerveux, aux spasmés, aux insomniaques. La lavande est également indiquée aux enfants délicats et scrofuleux. On l'alternait souvent, dans ces cas, avec les bains d'aiguilles de pin, recommandés pour leur compte aux asthéniques, aux goutteux, aux arthritiques, aux pulmonaires chroniques, comme aux individus affectés d'une excessive transpiration des pieds.

Les bains de romarin, fortifiants généraux, étaient souvent donnés aux enfants scrofuleux ou rachitiques, ainsi que les bains de sauge. Le romarin est également favorable aux hépatiques et aux sujets souffrant de troubles de la vue. La sauge, herbe

de l'Acropole ou de Byblos, de tous les médecins passés qui savaient déjà guérir d'innombrables malades. Le terme «empirique» se trouve donc employé dans ces lignes... jusqu'à ce que soit éventuellement démontrée (comme certains auteurs le pensent eu égard à certaines réalisations antiques non encore expliquées) l'existence, chez les Anciens, d'une science réelle, parfois très avancée mais qui — en raison de destructions fréquentes sinon systématiques de nombreuses bibliothèques uniques en leur genre — n'a pu être transmise à la postérité.

sacrée des Latins, tonifie l'ensemble de l'organisme, active les glandes endocrines (les ovaires notamment) et se trouve indiquée dans l'hypotension.

Les méthodes analytiques modernes nous ont enseigné, depuis, que l'empirisme des Anciens s'appuyait, en fait, sur des réalités scientifiques, pour certaines jusqu'alors méconnues. Nous savons maintenant en vertu de quels principes les essences aromatiques jouissent de leurs innombrables propriétés : circulatoires, antispasmodiques, calmantes et tonifiantes à la fois (car rééquilibrantes), antiseptiques générales et locales (pulmonaires, urinaires, intestinales...), antiarthritiques, antirhumatismales, anticellulitiques, reminéralisantes, régulatrices des époques menstruelles, digestives, vermifuges, cicatrisantes, et combien d'autres.

Les recherches et expérimentations modernes ont permis de préciser un grand nombre de constituants des essences aromatiques et de distinguer dans leur formule divers homologues des hormones animales. Aussi, les huiles essentielles sont-elles fréquemment considérées comme de véritables « hormones végétales ». Cette notion ne devra jamais être perdue de vue dans le traitement des troubles neuro-endocriniens.

Nous savons enfin pourquoi les essences aromatiques agissent si puissamment lorsqu'elles sont utilisées par *voie externe* et notamment dans les bains : c'est qu'elles traversent le revêtement cutané en quelques minutes pour se rendre dans le sang et, grâce à son intermédiaire, agir sur nos tissus, nos organes, sur nos glandes endocriniennes, sur l'organisme en somme, dans son ensemble.

L'exceptionnel pouvoir de diffusion des huiles essentielles — pour cette raison qualifiées généralement de « volatiles » — est d'ailleurs démontré par une multitude de faits banals courants. Qui n'a pas eu l'occasion de remarquer l'odeur de la chambre à coucher d'un sujet faisant une excessive consommation d'ail ou d'oignon? C'est que les poumons comme la peau de l'intéressé «transpirent» l'essence sulfurée de ces deux condiments. De la même manière, n'a-t-on pas eu plus ou moins l'occasion de relever l'odeur particulière d'un étranger, européen, africain ou asiatique? Il faut en voir la traduction d'une nourriture comportant des aromates divers*.

Des expériences ont été pratiquées : si l'on frotte le crâne rasé d'un cobaye avec quelques gouttes d'essence de lavande, à l'autopsie une vingtaine de minutes plus tard, les reins de l'animal sentent la lavande.

Enfin, ce que les recherches modernes nous ont en outre permis, c'est de pouvoir remplacer les anciennes décoctions de sauge, de thym, de marjolaine, de bruyère, de genièvre — toujours laborieuses à préparer et qui n'avaient d'efficacité qu'en fonction des qualités de la récolte, des précautions observées au séchage comme lors de la conservation — par des huiles essentielles préparées avec art, parfaitement dosées, associées en synergies diverses et facilement utilisables, de grande activité à condition, cela va de soi, d'être à la fois naturelles et totales.

Aussi, dès 1955, me suis-je particulièrement attaché à l'étude des bains aromatiques dans le traitement de nombreuses affections. Tous mes malades pourvus d'une baignoire (normale ou genre «sabot») bénéficient presque systématiquement, à côté de médications internes, de cet incontestable

---

* En Indochine, environ 1950, nous avons vu des buffles (obéissant généralement à des autochtones de dix ans grimpés sur leur dos) se lancer sur des Européens qu'ils piétinaient à mort lorsqu'ils en avaient la possibilité. Était-ce une conséquence de l'uniforme, du langage ignoré, de la couleur de la peau ou de *l'odeur* de la victime?

procédé d'appoint. Le pouvoir de diffusion des essences leur permet d'ailleurs d'agir à travers de simples bains de pieds ou de jambes, lesquels n'exigent qu'un récipient modeste.

Une longue expérimentation me permit d'élaborer diverses formules comportant en association un certain nombre d'essences naturelles choisies en fonction de leurs vertus complémentaires : thym, romarin, cyprès, sauge, pin, genièvre... en solution limpide dans un excipient neutre[1].

Une longue énumération d'observations apparaîtrait fastidieuse. Mais les fatigues physiques ou intellectuelles, le nervosisme, l'insomnie, les troubles circulatoires (des extrémités, comme les «jambes lourdes» ou les syndromes artéritiques) sont améliorés, parfois de façon spectaculaire dès les premiers bains. Les douleurs (rhumatismales, musculaires, post-traumatiques) comme certaines névrites sont également justiciables de ces bains.

Une femme de quatre-vingt-trois ans qui ne pouvait marcher qu'à l'aide d'une canne, put à nouveau se déplacer seule à la suite de trois bains.

Un goutteux de soixante ans, rendu impotent par les douleurs aiguës du gros orteil et du genou gauches, eut l'idée de se frictionner trois fois par jour à l'aide du mélange pour bains. Quatre jours plus tard, il se trouvait en mesure de reprendre ses activités.

Je cite intentionnellement de tels exemples. Mais d'une manière générale, un nombre de bains plus élevé s'avère nécessaire pour l'obtention d'un résultat évident : généralement six à dix, parfois plus, au rythme de deux ou trois par semaine.

Les contractions musculaires, les noyaux cellulitiques, les douleurs post-traumatiques ou de l'arthrose sont toujours influencées, parfois dans un laps de temps relativement court, par les bains aromatiques dont la pratique facilite considérablement la tâche des kinésithérapeutes et des rééducateurs qui voient leurs résultats incomparablement plus rapides et plus complets.

En périodes épidémiques — grippales ou d'autres natures — l'usage des bains aromatiques agit comme un puissant *modificateur de terrain.* Sous leur influence, la plupart des usagers échappent de la sorte aux maladies saisonnières. Par ailleurs, nombre de malades atteints d'affections pulmonaires chroniques se sont trouvés transformés après une cure de dix à vingt bains, à raison d'un par jour ou de trois par semaine.

Certaines dermatoses sont également améliorées ou guéries par ces bains. M. B..., industriel de cinquante ans, élimina définitivement de son dos l'acné rebelle qui, depuis de nombreuses années, l'empêchait de se dévêtir en public.

Pour les *enfants,* d'autres bains ont été conçus exclusivement composés d'huiles essentielles associées, naturelles et totales en excipient neutre également[2].

Insuffisance de développement, fatigue générale, anémie, déminéralisation, rachitisme, inappétence, nervosisme, insomnie, instabilité, infections rhinopharyngées chroniques..., ont été — comme on pouvait le prévoir — notablement améliorés dans la majorité des cas, ou guéris par l'usage de ces bains associés à diverses médications biologiques.

Les bains d'algues

Pas plus que les bains aromatiques, les bains d'algues ne représentent une nouveauté. D'ancienneté comparable et, pour les populations maritimes, obligatoirement supérieure, leur réputation ne s'est jamais démentie.

C'est que les algues marines sont d'une richesse insoupçonnée, ce qui ne saurait surprendre pour qui pense, avec P. Gloess, qu'elles sont « la première manifestation de la vie sur notre globe ».

Elles contiennent des minéraux et des métalloïdes en abondance : de l'iode (jusqu'à 1 % de leur poids sec), du magnésium, du potassium, du calcium, du fer, de l'alumine, du manganèse, du phosphore, du soufre, du cuivre, du nickel, de l'or, du zinc, du cobalt, du strontium, du titane, du vanadium, de l'étain, du rubidium, du silicium... Aussi a-t-on pu les appeler des « concentrés d'eau de mer ».

Elles renferment des diastases et des vitamines (A, complexe B, C, D_1, D_2, E, F, K, PP), des acides aminés (acide glutamique, cystine, méthionine, leucine, valine, tyrosine, lysine, acide aspartique...), des glucides, des matières grasses, de la chlorophylle en quantité, des mucilages, des substances antibiotiques[1], etc.

Les *propriétés* des algues sont, de ce fait, multiples. Elles sont stimulantes, favorisent les échanges, tonifient les glandes endocrines et s'opposent ainsi au vieillissement. Rééquilibrant le terrain, elles renforcent nos défenses naturelles. Reminéralisantes, circulatoires, amaigrissantes (pour les obèses seulement), elles sont pourvues de pouvoirs antirhumatismaux, anti-infectieux, antiscrofuleux, antigoitreux.

---

1. C'est la présence de nombreuses algues microscopiques dans l'eau de mer qui, partiellement, conférerait à cette dernière ses propriétés bactéricides et cicatrisantes.

Aussi ne sera-t-on pas surpris de leurs nombreuses *indications* :

— Adénites, lymphatisme.
— Prédisposition générale aux maladies, «patraquerie».
— Déminéralisation, rachitisme, troubles de la croissance.
— Asthénies physique et intellectuelle.
— Anémie.
— Troubles glandulaires.
— Rhumatismes chroniques.
— Algies.
— Troubles circulatoires.
— Prévention et traitement des affections cardio-vasculaires.
— Obésité, cellulite.
— Artériosclérose, hypertension.
— Sénescence et son cortège habituel.
— Allergies.
— Certaines affections cutanées.
— Rhinopharyngites.
— Affections pulmonaires.
— Séquelles de fractures, etc.

L'activité des bains d'algues sera, bien entendu, fonction de leur qualité, des modes de récolte, de séchage et de conservation. Nul ne sera surpris d'apprendre que, pas plus que dans d'autres domaines, les garanties ne sont toujours pas au rendez-vous.

Les résultats obtenus par la pratique des bains algués sont depuis longtemps bien connus. Mais, eu égard au pouvoir exceptionnel de pénétration des huiles essentielles à travers la peau, les essences entraînant en outre les principes qui leur sont associés, je me suis livré, dès 1962, à une longue expérimentation dans le but, en associant certaines essences aux algues, d'en augmenter l'efficacité. Les

Les effets obtenus ont entraîné la conviction non démentie vingt ans plus tard.

Ces bains, de formule également personnelle, portent depuis 1964 le nom « *Alg-essences* ». Cette précision est également donnée en réponse aux courriers m'interrogeant périodiquement sur la question. En vertu des prescriptions légales, ils sont commercialisés avec la mention : produit d'hygiène.

Contre-indications des bains :

Qu'ils soient aromatiques, algués ou mixtes, les bains sont contre-indiqués dans :
— les maladies infectieuses à leur phase aiguë ;
— les inflammations aiguës et affections évolutives ;
— certaines dermatoses (eczémas suintants..., bien que, dans ces cas, d'heureux résultats aient pu parfois être enregistrés) ;
— la tuberculose pulmonaire ;
— les abcès pulmonaires ;
— la décompensation cardiaque ;
— les affections cardio-rénales ;
— le rhumatisme articulaire aigu ;
— l'hyperthyroïdie (maladie de Basedow) ;
— les maladies mentales.

La négativation électrique

Au chapitre 8 des observations, le lecteur a rencontré plusieurs fois le nom de cette remarquable méthode encore insuffisamment employée, que j'utilise dans de nombreux syndromes depuis 1954, date à laquelle je l'ai découverte sous une épaisse couche de poussière datant de quinze ans. Le Dr Albert Leprince, aujourd'hui disparu, m'a beaucoup aidé dans cette détermination. Parmi les nombreux ouvrages qu'il a publiés sur les sujets les plus divers, beaucoup viennent des éditions Dangles à Paris. Les médecins auraient intérêt à les lire.

J'ai parlé de la négativation électrique à de nombreuses reprises. Voici ce qu'il faut en connaître car elle sera souvent heureusement associée à l'aromathérapie, à la phytothérapie comme à d'autres traitements.

Depuis quelques années, se propagent diverses publications sur les *ions négatifs nécessaires à la vie*. Il s'agit des ions aériens dont l'atmosphère des montagnes est riche, phénomène connu depuis longtemps. Mais cet air ionisé artificiellement n'a pu être obtenu que depuis peu, grâce à l'évolution des techniques électroniques.

Il est vraisemblable que les affections dues aux changements de saison, aux influences climatiques, cosmo-telluriques sont relatives à plusieurs facteurs. On sait que les épidémies ne surviennent pas n'importe quand et n'importe où, qu'à certaines époques on meurt beaucoup plus d'infarctus, qu'on a signalé depuis des siècles des épidémies d'hémorroïdes. Nous avons pu observer des épidémies de phlébites, de thromboses d'une façon générale.

Parmi ces facteurs favorisants figurent la température, le degré hygrométrique, les dépressions barométriques, et combien d'autres que les chercheurs tentent de toujours mieux préciser. Il paraît indubitable que l'ionisation de l'air fait partie de ces composantes. On connaît la pathologie due au fœhn, ce vent sec et chaud en Suisse, et le «syndrome du vent du Midi» dans la vallée du Rhône (Dr Mouriquand de Lyon, il y a 40-50 ans) : à certaines époques dans les crèches, tous les enfants pleurent, crient, hurlent, ont de la fièvre. Tous ces phénomènes disparaissent quand le vent s'est calmé.

La quantité des ions aériens est variable :
— 1 000-2 000 par cc en campagne, 3 000-4 000 en montagne.
— En ville : 150-450 ; dans les locaux fermés : 50-60.

Mais ici, il ne s'agit pas de l'ionisation négative aérienne.

La *négativation électrique,* objet de ce chapitre, est d'une tout autre essence.

Principe :

Redonner aux cellules les charges négatives qu'elles ont perdues dans certains états de maladies : maladies dégénératives, affections cardiovasculaires, névroses, arthroses, dystonies neurovégétatives, états cancéreux...

L'expérience clinique animale et humaine, portant sur des milliers de cas, a démontré le bien-fondé de la théorie (appuyée par des examens de laboratoires, des contrôles radiographiques...).

Il s'agit de doses infimes d'impulsions rythmées et modulées d'électricité négative.

Il faut rappeler les travaux de d'Arsonval sur le muscle dès 1827, de Kölliker et Müller en 1856, de Lippmann en 1873 sur les courants électriques du cœur.

Charles Laville confirma, dès 1922, les données de ses prédécesseurs et attira l'attention sur l'existence de courants électriques dans le *milieu cellulaire,* ou plus exactement de *déplacements de charges.* La théorie classique thermodynamique de Lavoisier se trouvait remplacée par la théorie électrodynamique.

On sait que les corps sont formés d'*électrons,* corpuscules infiniment petits de charge électrique négative, groupés diversement autour de noyaux de charge positive qui les retiennent, autour desquels ils gravitent mais auxquels ils peuvent échapper.

Tous les phénomènes physico-chimiques s'accompagnent de transferts d'électrons. L'équilibre biologique est un phénomène de nature électrique. Dans l'*oxydation,* la charge positive d'un ion augmente, c'est-à-dire que sa *charge négative* diminue.

La nature humaine est soumise à des rythmes biologiques inéluctables, cadence du pouls, fréquence respiratoire, rythmes menstruels..., réglant notre équilibre. Ces cadences sont de nature vibratoire. Tous les *chocs,* physiques ou psychiques, engendrent des charges positives. Le système nerveux a pour rôle d'adapter l'organisme à ces chocs... tant que l'agression ne dépasse pas un certain seuil pour un individu donné.

L'homme *en bonne santé est électrisé négativement.* Mais dans l'état pathologique, il s'électrise positivement en perdant des électrons (exemple, le nervosisme des enfants... ou des adultes : *marcher pieds nus* sur la terre, dans la rosée du matin, est un traitement efficace).

Les travaux de Ch. Laville ont permis la mise au point d'un appareil connu sous la dénomination de «négativateur électrique». Son promoteur a voulu réaliser un mode d'électricité possédant les mêmes caractéristiques (forme, tension, intensité) que celui agissant dans l'ensemble de notre vie cellulaire. On sait maintenant qu'il s'agit de formes «exponentielles» d'une micro-énergie électrique. Ch. Laville a été le premier à en apporter la révélation et a eu la satisfaction de constater que ses vues, très en avance à l'époque où elles ont été publiées, ont été depuis confirmées, en particulier par des travaux américains (K.S. Cole, H.J. Curtiss, A.I. Hodgkin, Lorente de No, etc.) par F. Bohatichek et d'autres auteurs de différents pays. Il m'adressa, à ce propos, un très intéressant courrier il y a plus de vingt ans, peu de temps avant de mourir dans sa 88e année.

Il y a plus d'un demi-siècle que Ch. Laville créa le premier appareil qui donna lieu à de nombreuses expérimentations animales et humaines (en particulier à Maisons-Alfort et à l'hôpital Beaujon). Depuis une dizaine d'années, cet appareil ne se fabrique plus, mais celui qui l'a remplacé* bénéficie de conceptions plus modernes.

Dans ses premières expérimentations animales, soucieux d'éviter aux sujets toute réaction désagréable, Ch. Laville avait utilisé des doses infimes d'électricité, doses physiologiques à bas potentiel tendant à reproduire les caractéristiques de tension, quantité et forme des charges normales de l'organisme (tension très basse, entre 5 et 7 volts, intensité inférieure au millionième d'ampère alors que les quantités les plus faibles d'électricité habituellement employées sont de l'ordre du milliampère, donc 1 000 à 1 000 000 de fois plus élevées).

Ce sont toujours les caractéristiques de l'appareil de négativation Marion. Ainsi a-t-on pu dire, à juste titre, qu'il s'agit d'une homéopathie électrique.

En pratique :

Le sujet traité (allongé ou assis) n'a aucune perception (en général, il s'endort...). Comment sait-on que le courant passe et agit ? En l'écoutant grâce

---

* Appareil de Négativation Marion CP - 175/177, rue Lecourbe, 75015 Paris. Tél. : 531.12.50.

au jack. Quel que soit le point où l'on place ce dernier, sur n'importe quelle partie du corps, on entend le bruit caractéristique de crépitement régulier prouvant que tout l'organisme est traité, qu'il y a une imprégnation totale alors que le sujet tient son électrode cylindrique dans la main, ou qu'on applique l'électrode circulaire sur un point douloureux.

Comme l'état de sujet peut se *modifier* en cours de traitement, il convient d'écouter environ toutes les *5 minutes* pour adapter éventuellement le traitement par un simple réglage. Il s'agit donc d'un traitement physiologique *sur mesure*.

Rythme des séances :

— 3 à 5 par semaine, de 15 à 30 minutes, parfois une heure ;
— séries de 15 à 25 à renouveler, selon les cas, 3 ou 4 fois par an.
   1. *En général :* électrode cylindrique dans la main.
   2. *Sur régions douloureuses :* l'électrode circulaire plate ou tampon (sciatique) *in situ* ou sur les correspondances vertébrales (travaux d'Abrams, de Sambucy).

Un tableau des correspondances vertèbres-organes par zones a été établi pour positionner les électrodes avec un maximum d'efficacité (il peut être demandé aux Ets Marion C.P.). Par exemple :
— L 1 - L 2 pour constipation atonique ;
— D 11 - D 12 pour constipation spasmodique ;
— C 7 - D 3 pour les extrasystoles.

Indications de la négativation électrique :

Employée seule ou en association avec d'autres moyens de traitement, la négativation électrique est indiquée dans de nombreux syndromes :
— fatigue générale, patraquerie habituelle ;
— dystonies neuro-végétatives : vertiges, bourdon-

nements d'oreilles, nervosisme, anxiété, irritabilité, palpitations, insomnies, spasmes divers (abdominaux, vasculaires, migraines...) ;

— troubles digestifs : dyspepsies, atonie gastrique, gastro-entérites, colite, constipation spasmodique ou atonique ;

— hépatisme, troubles vésiculaires et du carrefour (vésicule atonique ou hypertonique, périduodénites) ;

— troubles respiratoires : asthme, coryza spasmodique ;

— troubles circulatoires et cardiaques : hypertension artérielle, tachycardie paroxystique, syndromes artéritiques ;

— troubles endocriniens : goitre exophtalmique, règles douloureuses, diabète ;

— affections cutanées : urticaire, prurit, certains eczémas ;

— cicatrices vicieuses et douloureuses ;

— algies diverses : douleurs rhumatismales, douleurs vertébrales, sciatique, névralgies intercostales... ;

— douleurs post-traumatiques ;

— œdèmes accompagnant les traumatismes ou les affections rhumatismales ;

— céphalées ;

— certaines névroses : angoisses, psychasthénie, pessimisme, obsession ;

— états précancéreux, cancéroses.

Aucune contre-indication.

Les traitements associés sont possibles et généralement souhaitables. Mais il faut savoir que la négativation électrique *potentialise* l'action des médicaments : donc attention aux produits toxiques éventuellement prescrits, dont il conviendra de diminuer les doses si on ne peut les supprimer.

Nouvelles observations

Tout d'abord, deux exemples de zona sévère présentant chacun leurs particularités.

Observation 1. — *M. S...,* 70 ans. *Zona ophtalmique.* Cette affection susceptible d'être grave et de handicaper pendant des mois *ou des années* les malades qui en ont été atteints, est souvent déroutante pour les médecins qui se bornent aux traitements habituels. Le nombre d'échecs enregistrés par les méthodes classiques est beaucoup plus important qu'on ne croit. Après avoir publié sur la question dans de nombreuses revues, je pense devoir revenir une fois encore sur un traitement qui donne... disons, pour être modeste, près de 95 pour 100 de succès en *quelques jours.* Il ne comporte *aucun* des éléments habituellement préconisés.

Cette observation aura de plus le mérite d'émaner d'un jeune et brillant chef de clinique des Hôpitaux de Paris, le Dr R... Ce médecin était venu me voir le 26 juillet 1973 pour me parler de son beau-père atteint depuis un mois d'un zona ophtalmique extrêmement douloureux. Je lui conseillai le traitement que j'utilise depuis près de vingt ans et que j'ai rappelé dans : *Plantes médicinales et Phytothérapie,* à savoir :

— une préparation comportant les huiles essentielles de lavande, géranium, romarin, sauge et thym, pour applications locales biquotidiennes*;
— un mélange aromatique composé d'huiles essentielles de thym, cyprès, sauge, marjolaine en solution alcoolique et destiné à être absorbé à la dose de 30 gouttes dans de l'eau tiède trois fois par jour (1 g de chaque essence pour 60 ml d'alcool à 90°);

* *Tégarome* (produit d'hygiène).

— du magnésium.

Voici les éléments utiles de la lettre du Dr R., datée du 28 juillet 1973, *deux jours* après l'application du traitement :

« Voici 48 heures exactement que je suis arrivé chez mon beau-père, transportant avec mille précautions tes flacons... SANS Y CROIRE. J'ai trouvé mon malade avec un zona ophtalmique atteignant le territoire du nasal interne, en *pleine poussée* vésiculeuse, HURLANT DE DOULEUR malgré la prise quotidienne de 3 Tégrétol, 100 mg de Nozinan, 1 Palfium et 3 Dolosal. J'ai commencé ton traitement le 26 à 14 h. Le lendemain, il souffrait beaucoup moins. Le 28, aujourd'hui : localement, tout est à l'état de dessiccation, sauf 3 ou 4 vésicules sur le cuir chevelu. Douleur : *aucune*, j'ai TOUT ARRÊTÉ. Je suis sidéré. »

Observation 2. — *M. T.,* 82 ans. Diabétique équilibré par 12 unités d'insuline-retard. Sans antécédents notables. Vu chez lui le 12 avril 1973 pour un *zona intercostal gauche* évoluant depuis trois semaines, aggravé par des applications intempestives de talc. L'état local est préoccupant : *larges plaques ulcéro-nécrotiques.* L'état général est médiocre : le malade affaibli, anorexique, ne dort plus qu'une heure par nuit du fait de l'intensité des douleurs.

Sur le plan biologique, le diabète n'est plus équilibré : glycémie à 1,95 g. Réaction leucocytaire avec 12 000 globules blancs et 75 pour 100 de polynucléaires neutrophiles.

À noter par ailleurs une plaie ulcérée du pavillon de l'oreille gauche évoluant depuis 3 ans (provoquée par un appareil), extrêmement douloureuse au moindre contact et qui n'a jamais cicatrisé malgré les traitements de nombreux médecins consultés (un diabétologue a dit que c'était incurable).

Traitement :
a) *voie interne*
— formule avec teintures-mères d'*Equisetum arvense, Fraxinus, Cynara* et *Taraxacum* (c'est-à-dire prèle, frêne, artichaut, pissenlit) ;
— mélange d'huiles essentielles de thym, cyprès, sauge : 1,5 g de chaque, alcool à 90° q.s.p. 90 ml ;
30 gouttes de chaque flacon dans un demi-verre d'eau tiède quelques minutes avant les repas ;
— une injection intramusculaire quotidienne d'*Emgé Lumière.*

b) *localement,* applications de tulle gras Lumière, imbibé d'un mélange d'huiles essentielles de lavande, géranium, romarin, sauge, thym dans un excipient végétal, à renouveler toutes les 6 heures (*Tégarome,* vu plus haut).

Huit jours après le début du traitement, le malade dort normalement, car les plaies thoraciques sont détergées et en bonne *voie de cicatrisation.*

Mais ce que nous n'avions pas prévu fut la guérison totale de l'ulcération du pavillon de l'oreille, sur laquelle nous avions conseillé d'appliquer la même préparation que pour le zona. En *trois semaines,* le malade est complètement guéri de son zona.

Ainsi, le zona relève de traitements simples et particulièrement de la phyto-aromathérapie. Les résultats demandent généralement de 5 à 15 jours pour se manifester. *Une condition :* c'est que l'affection soit traitée avant le premier mois de son évolution. Au-delà, ce sera plus difficile.

Deux observations relatives à des cas dont la complexité, sinon la gravité, ne saurait échapper.

Observation 3. — *M. S.,* 75 ans. Déporté politique de la Résistance à Neuengamme.
En février 1960, il avait 56 ans, vient me consulter

pour *asthénie* persistante, *angoisses, diabète, irritabilité* et *artérite du membre inférieur droit*. Un an plus tôt, on lui avait enlevé la vésicule biliaire.

Analyses relativement bonnes, hormis un cholestérol à 3,40 g et une uricémie* à 78 mg. Électrocardiogramme : déviation axiale gauche. On note aussi une aorte athéromateuse et un mégadolichocôlon à l'origine d'une constipation sévère.

Les clichés vertébraux : arthrose notable et quelques déformations probablement dues aux coups de crosse.

T.A. à 12/9. Taille : 1,65 m. Poids : 60 kg (pour 45 à son retour de déportation).

Traitement : mélange de plantes à visées hépatiques et circulatoires, et d'essences anti-infectieuses et tonifiantes : teintures-mères d'artichaut, ortie, pissenlit et huiles essentielles de thym, romarin, lavande, marjolaine.

Par ailleurs : *Héparine lipocaïque, Oligo-éléments* «Manganèse» et «Manganèse-Cobalt», *diastases pancréatiques.* Massages de la colonne vertébrale.

Deux mois plus tard, M. S. se sent beaucoup mieux, sans que la situation soit toutefois parfaite.

Application de la *thérapeutique cellulaire* (placenta-foie-rate-hypothalamus-cœur-moelle osseuse) en avril 1960. Traitement phyto-aromatique poursuivi en traitement de fond avec, tour à tour, iode, soufre, magnésium, phosphore... à visées antispasmodiques, circulatoires, digestives, etc., en fait reconstructrices et rééquilibrantes.

La cholestérolémie est passée de 3,40 g à 2,60 g en trois mois et à 2,20 g en novembre (six mois plus tard). L'uricémie n'a pas varié. Reste du bilan normal.

Le malade est suivi tous les deux mois d'abord, puis tous les trois mois jusqu'en mai 1962, époque

* Taux d'acide urique dans le sang.

à laquelle il a repris une activité étonnante.

Depuis cette période, consulte épisodiquement son médecin et se fait faire des analyses annuelles. Pour le reste, se traite avec des médicaments simples comparables.

Malade revu en mai 1978, donc *huit ans après sa première consultation.* État général excellent, nombreuses activités de conférences et manifestations artistiques dans plusieurs associations. Les analyses sanguines sont normales, sauf l'acide urique qui reste à 74 mg, chiffre ne présentant d'ailleurs aucun caractère alarmant.

Observation 4. — *M. A.,* 54 ans. Professeur de chirurgie dentaire. *Asthme* depuis l'âge de 13 ans, rhume des foins, crises anaphylactiques d'origine alimentaire. Prend des corticoïdes depuis plusieurs années, par cures entrecoupées.

Vu en *octobre 1971.* Traité par un mélange d'huiles essentielles contenant thym, hysope, cyprès, marjolaine, et un mélange de teintures-mères composé d'*Equisetum arvense, Ribes nigrum et Taraxacum :* 30 gouttes de chaque flacon dans 3/4 de verre d'eau tiède dix minutes avant les trois repas (formules magistrales). On ajoute aux deux principaux repas deux dragées de *Pancréatine-papaïne.* En cas de crise, 1 cachet d'*Asthmosine* (théobromine, valériane, acide valérianique, caféine, quinquina rouge) avec une infusion d'*Espèces calmantes* Lehning.

Trois mois plus tard, mieux sensible. M. A. se sent dégagé, moins fatigué dans ses fonctions de praticien et d'enseignant. Traitement comparable avec chlorure de magnésium et Kola. Par ailleurs, quinze massages du rachis un peu raide et siège d'une discrète arthrose — dans le but de libérer la cage thoracique.

En mars 1972, cinq mois après le début du traitement, M. A. n'a eu recours à l'Asthmosine qu'en de rares occasions. Il est très satisfait des résultats obtenus.

Trois autres traitements, d'environ deux mois chacun, seront institués où entreront tour à tour le fumeterre, la piloselle, des protecteurs hépatiques et des antispasmodiques végétaux, des diastases, en particulier sous la forme de Réaldyme (une poudre extraite des céréales, expérimentée pendant plusieurs années dans des services de gastro-entérologie) dont on saupoudre les aliments. Bien entendu, les essences de cyprès, hysope, thym, marjolaine, aiguilles de pin, cannelle seront poursuivies, diversement associées.

En juillet 1973, dix-huit mois après la première consultation, M. A. s'estime très amélioré depuis déjà près d'un an.

Résultats confirmés en 1978.

*

* *

Beaucoup d'autres observations pourraient être relatées, relatives à la majorité des syndromes rencontrés, y compris les plus graves, les plus complexes, où la *phyto-aromathérapie* — seule ou en association — obtient des résultats qu'aucune autre thérapeutique n'avait pu jusqu'alors acquérir de manière satisfaisante.

C'est cette idée qu'il convient de conserver en permanence à la mémoire : quand de telles thérapeutiques se montrent capables de « rattraper » des situations très compromises par l'abus de la chimiothérapie, ne devraient-elles pas être employées avant toute autre chose, quitte à les remplacer, en cas d'échec, par des médications brutales ?

Mais ne s'agit-il pas aussi, avec la connaissance des traitements efficaces et non toxiques, d'une pure *question de bon sens* ?

Folles ordonnances

J'ai souvent dénoncé dans ces pages ce que le Dr Robert, spécialiste de neuro-psychiatrie à l'hôpital Saint-Antoine (Paris), a dénommé les «folles ordonnances», celles qui prescrivent journellement 6, 8, 10, 12 produits chimiothérapiques et font de malades bénins des loques en quelques jours.

Le médecin prescripteur est alors fautif : il «assomme» son malade parfois pour des années, et vous coûte des impôts supplémentaires, chers lecteurs, bien que cette retombée apparaisse secondaire en regard des misères endurées par le malade et ses proches.

Mais il y a mieux. Un pharmacien m'a adressé la photocopie d'une prescription (non signée et non datée) faite sur le papier à en-tête d'un restaurant du Val-d'Oise (95 - France) un récent jour de novembre 1977.

La voici intégralement retranscrite :

— Mélange de plantes usage interne :

HE de citron	
HE de cupressus	
HE d'hysope	
HE de cajeput	
HE d'origan	
HE de thym	
HE de romarin	
HE de menthe	
HE d'estragon	0,05 g de chaque
HE de pin	
TM de saponaire	
TM de bourrache	
TM de bouillon blanc	
TM de mélisse	
TM de polypode	
TM de combretum	
TM de petite centaurée	pour 1 gélule
	1 matin - midi - dîner

— Crème :

Huile d'abricot	q.s.p. 150 g
Tartrate de potassium	1 g
Baume du Pérou	10 g
Glycérine neutre Codex	10 g
Talc pur exempt d'arsenic	74 g
Chlorure de magnésium	0,90 g
Bromure de magnésium	0,099 g
Iodure de magnésium	0,001 g

— Baume :

Dermarome	15 g (produit n'existant pas)
HE de lavande	10 g
HE de géranium } HE de romarin	5 g de chaque
HE de sauge HE de thym HE de cupressus HE de basilic	2,5 g de chaque
Baume du Canada	3 g
Baume du Pérou	10 g
Baume de Tolu	5 g

Solutyl + huile de noisette q.s.p. émulsion huile/eau 100 g.

— HE de cupressus :

HE de sauge HE de pin HE de bornéol HE d'hysope HE de cerfeuil HE de verveine HE de cannelle HE de lavande HE d'ylang-ylang HE de cajeput HE de basilic HE de menthe	aa q.s.p. 4 g solubilisation alcool à 90° q.s.p. 30 ml

— TM de houblon :

TM de centella asiatica
TM d'avoine
TM d'hamamélis
TM de séné   à parties égales
TM de pissenlit   pour un flacon
TM de calendula   de 60 ml
TM de fragon   soit un flacon de 90 ml
TM de marron d'Inde
TM d'artichaut
TM de combretum

40 gouttes dans un peu d'eau avant les repas matin et soir.

A bon droit surpris, le pharmacien à qui le client s'était adressé me demanda ce que j'en pensais, je ne pus lui répondre qu'à sa place, je refuserais d'exécuter ces prescriptions... en souhaitant qu'un de ses bons collègues en hérite. Il est, en effet, des ordonnances irréalisables et celle-ci est, en outre, de celles qui nuisent gravement à la phyto-aromathérapie.

★

A ce propos, voici la publication que j'ai cru devoir faire paraître en septembre 1975 dans un trimestriel d'informations générales.

Gare aux charlatans

Il n'est pas de mauvais procédés de traitements, seule l'application peut être préjudiciable. La chimiothérapie n'aurait certainement pas sa triste réputation actuelle si les médecins l'avaient toujours utilisée à bon escient, c'est-à-dire pour des affections soigneusement sélectionnées, avec des doses précises pour des temps limités. La débauche insensée d'antibiotiques et de produits de synthèse, chez n'importe qui et pour n'importe quoi, a nui gravement à la méthode. Ce qui, au demeurant, n'est pas un mal.

Riche de nombreux résultats à condition d'être prescrite par des spécialistes compétents, l'homéopathie subit par-ci par-là quelques éclipses. Elle les doit aux ignorants qui, ne l'ayant jamais apprise, estiment connaître la matière : dans leur esprit, méthode facile et sans danger. Quoi d'étonnant à ce que leurs ordonnances fantaisistes se soldent par des échecs ?

Elle les doit aussi, et plus encore, aux « astucieux » dont parla R. Perrey, directeur de L.H.F. (Lab. homéopathiques de France). Profitant de l'auréole justement attachée à l'homéopathie, certains médecins prescrivent en totale anarchie, mais « ça fait bien » pour le profane, des dilutions de toutes sortes qui « couvriront » surtout l'insuffisance des soins dont ils ne sont pas sûrs. On ne saurait guère faire mieux pour saboter un procédé.

Car les généralisations hâtives sont de tous les jours pour ne pas dire de chaque minute. Pour le malade déçu, ce n'est pas le pseudo-homéopathe d'occasion mais l'ensemble de la profession qui sera mis en cause. Rappelons qu'on estime actuellement à environ un millier le nombre des homéopathes qualifiés, et à trois mille les praticiens usant plus ou moins fréquemment des remèdes de cette sorte.

Comme on pouvait s'y attendre, la *phytothérapie* et l'*aromathérapie* n'ont pas tardé à courir des dangers comparables.

Une nuance cependant : les médecins qui s'estiment insuffisamment familiarisés avec la technique, se limitent habituellement aux plantes et aux essences dont ils connaissent bien les propriétés et modes d'emploi. Leurs prescriptions sont réfléchies, généralement simples. On ne répétera jamais assez que la complexité, le brouillamini de certaines ordonnances n'ont rien à voir avec l'action et la sécurité.

Les patients soignés de cette manière en tireront bénéfice.

Mais à côté, bien plus que pour les faux homéopathes, il existe des escrocs à la phytothérapie et à l'aromathérapie.

Profitant du renouveau explosif de la médecine par les plantes, arguant des innombrables travaux scientifiques parus sur la question, ils se sont contentés — une méthode bien connue depuis longtemps — de prendre le train en marche. Mais mal. Car ignorant à peu près tout de ces problèmes, ils se distinguent par une rouerie de grand style : pour mieux «attirer le client», ils prescrivent des cocktails où les médicaments chimiques aux noms incompréhensibles sont enrobés de produits très clairement désignés à base de végétaux. Ainsi, l'usager marri pourra-t-il dire un jour en toute bonne foi, comme pour la Légion d'honneur : j'avais confiance.

Certains de ces individus ont même réussi à «embarquer» des journalistes... en nombre limité, faut-il le reconnaître.

Conscients de leur incompétence, ces médecins se gardent d'ailleurs bien de soigner des malades.

Ils ont choisi très tôt de se consacrer à l'esthétique et à l'amaigrissement, deux domaines en constante expansion : «l'industrie des kilos est florissante» titrait un *Quotidien du médecin*. Ici, nul besoin de longs interrogatoires, les connaissances médicales ou pharmacologiques peuvent parfaitement avoisiner le zéro, la responsabilité est pratiquement nulle et les tarifs sans codification.

Dès 1972, des médecins m'avaient signalé, documents à l'appui, les curieux agissements d'un jeune confrère se disant membre de Société de recherches. A peu près dans le même temps et depuis, plusieurs pharmaciens m'avertissaient qu'ils se refusaient à préparer ses formules aberrantes, susceptibles d'être néfastes, certaines tout simplement irréalisables. Cependant qu'un certain nombre de correspondants me demandaient de bien vouloir dissiper la dangereuse équivoque soigneusement entretenue à son profit par cet habile personnage pour qui tout était bon : distribution et envois de circulaires, visites aux commerçants, prônant ses méthodes fondées sur les vertus des *plantes* et des *essences aromatiques.*

★

Sous peine de me rendre complice de ce volubile médicastre, je ne saurais différer plus longtemps une mise au point indispensable.

Voici d'abord la reproduction intégrale de trois ordonnances imprimées à la chaîne du Dr X... exerçant à Paris.

● La première

Gélules Psychosoma

Poudre de belladone
Poudre de marjolaine   ãã 0,01 g
Poudre de muguet
Meprobamate 0,250 g   *avec en marge, ce curieux*
Phényl éthyl malonyl urée 0,02 g   *tampon de caoutchouc :*
Poudre d'hysope 0,01 g
....
Pour 1 gélule n° 90
....   **Si besoin seulement**
1 gélule matin, midi, dîner   **avis du patient**
....
Si somnolences : 2 ou même 1
par jour seulement

Les médecins remarqueront d'emblée certaines anomalies :

— cette formule, aux prétentions savantes, a pour but de faire absorber deux médicaments chimiques inconnus des patients en les entourant d'une phytothérapie rassurante. Il s'agit là d'une tromperie caractérisée volontaire, en plus d'une méconnaissance totale des règles de la prescription. En marge de l'ordonnance figure un curieux tampon : «*Si besoin seulement avis du patient*»; à quoi le médecin sert-il?

— *le nom de la gélule est de pure invention;*

— *du point de vue strictement de la forme, aa (qui signifie : de chaque) ne doit pas porter d'accent.*

● **La seconde**

Gélules soudées

Poudre sassafras	
Poudre carvi	
Poudre géranium	àà 0,01 g
Poudre frêne	
Mefenorex	0,040 g
Fenproporex base	0,010 g
Meprobamate	0,150 g
Phényl éthyl malonyl urée	0,020 g
Thyroxine	0,00075 g
Digitalis purpurea poudre de feuilles	0,075 g
Acide déhydrocholique	0,30 g
Poudre aloès	
Poudre séné	
Poudre jusquiame	àà 0,01 g
Poudre fenouil	
Poudre badiane	

Pour 2 gélules n° 30 (1 gélule dédoublée)

Pharmacie, préciser si plus encore dédoublé

Matin et midi avant les repas 1 gélule

Ici **seize** ingrédients, dont cinq chimiques mélangés avec la même fantaisie à des végétaux. Aucun médecin spécialisé en **phytothérapie** ne se permettrait de formuler de cette manière. On remarquera en plus que ce médecin ne sait pas ce qu'il prescrit puisqu'il s'en remet au pharmacien. En outre, l'expression : *gélules soudées* n'existe pas en médecine.

• La troisième

Gélules soudées

> Poudre de citron ⎫
> Poudre de menthe ⎬ àà 0,01 g
> Poudre de genièvre ⎭
> Acétazolamide   0,25 g
> Acide étacrynique   0,050 g
> Dilar   0,002 g
> Poudre d'artichaut   0,01 g
>
> ....
> Pour 1 gélule n° 8
> ....
> 1 gélule au déjeuner 1 jour sur 2 seulement (jours pairs) si vertiges,
> la prendre au dîner ou au coucher.
>
> Mélange de plantes buvables usage interne
> Alimézamine à 4 %   20 ml
> + TM Craetagus Ballote fétide
>   Valériane Mélilot   àà QSP 40 ml
>   Tilla   Saule Blanc
>   Passiflora Strophantus
>
> ....
> soit 1 unique flacon de 60 ml n° 1
> ....
> 5 à 10 gouttes (V à X gouttes) de ce mélange le soir au coucher dans
> un peu d'eau.
> En cas d'insomnie grave, la posologie varie de 5 à 50 gouttes (V à
> L gouttes).
> ....
> Éventuellement Tisane C... contre la constipation.

Le citron, la menthe, ni le genièvre des gélules ne sauraient figurer dans une préparation capable de provoquer des vertiges. Qui doit endosser la responsabilité ? Les plantes de cette curieuse combinaison ou les produits chimiques annexés ?

Les pharmaciens qui, voici plusieurs années, refusaient de préparer semblables prescriptions, étaient sans le savoir très en avance sur une récente décision des Hautes Instances Pharmaceutiques. Eu égard aux risques toujours plus grands que font courir aux malades (et à ceux qui ne le sont pas encore) de telles formulations, les médecins ont reçu une

mise en garde officielle relative à leur responsabilité.

De leur côté, les pharmaciens se sont vu préciser
que « *le mélange de médicaments spécialisés soit
entre eux, soit avec d'autres substances* (produits
chimiques définis, produits d'origine biologique ou
végétale) *effectué par le pharmacien est interdit* ».

De plus, ces préparations farfelues, ascientifiques,
dépourvues d'action sinon nocive à long terme,
reviennent généralement très cher... à la collectivité.

A la question que posait B.T. dans le *Figaro* du
11 avril 1975 : « *Les pharmaciens doivent-ils exécuter toutes les ordonnances médicales ?* ». Il est
donc répondu **formellement non.**

Ces mesures viennent enfin confirmer, avec éclat,
les recherches que poursuit depuis plusieurs années,
Paul Blanié, pharmacien et P.-D.G. de l'*Institut de
Recherches et d'Applications médicales* (I.E.R.
A.M.). Ce grand chercheur, sollicité de toutes parts
dans le monde entier, a créé, à l'usage des médecins
et des pharmaciens, des industriels de tout bois, des
enseignants, d'autres encore, un système simple
dénonçant les interactions profitables ou nocives
des divers éléments de la vie courante, ou plus
exceptionnelle, mélangés sciemment ou non. Son
système de fiches devrait être, depuis, sur le
bureau de tous les responsables, quels que soient
l'importance ou le titre de leurs responsabilités.

Dans tout cela, quel est le devenir des *prescriptions
magistrales,* c'est-à-dire des formules prescrites par
des médecins, sous-entendu en toute connaissance
de cause ? Il est officiellement reconnu qu'elles sont
en *nette augmentation* de fréquence, notion très
favorable pour les malades demandant à être
soignés « sur mesure ».

« Les préparations magistrales, écrit Geneviève
Dupoux dans le *Quotidien du médecin* du 12 juin
1975, doivent-elles subir les mêmes critiques que

nous venons d'énumérer ? Certes non, et c'est fort heureux car quelques-unes d'entre elles sont d'un intérêt thérapeutique irremplaçable. Ces préparations, liées à l'emploi de matières premières traditionnelles, sont le résultat d'essais galéniques et de contrôles codifiés, que le pharmacien d'officine garde présent à l'esprit tout au long de sa vie professionnelle et dont la seule connaissance constitue déjà une somme scientifique : incompatibilité entre certains produits, dose maxima, dosage de certains principes actifs tels que les alcaloïdes, législation des substances vénéneuses entrant dans la composition des produits magistraux, etc. »

L'information de l'usager est un droit. A nos lecteurs, nous disons : attention aux faux phytothérapeutes, méfiez-vous de ceux, qui sous prétexte de vous soigner comme vous le leur demandez, vous font ingurgiter des cocktails de chimie avec une pincée de plantes... de couverture et de prestige.

Si certains arrangements demeurent toujours possibles entre professionnels conscients, instruits et de bonne foi, «que cela ne permette pas la persistance des ordonnances charlatanesques des «amaigrisseurs» : une mise en garde formulée par l'équipe du Pr Simon (C.H.U. Pitié-Salpêtrière) en juin 1975.

Nous sommes parfaitement d'accord : **gare aux charlatans**, aux escrocs de la médecine par les plantes.

Des pharmaciens

En tous domaines, les classifications sont innombrables mais il est toujours possible de simplifier et de ne faire état que de deux catégories : par exemple, les bons et les méchants, les grands et les petits, ceux qui se lavent et ceux qui ne le font pas...

En ce qui concerne les pharmaciens, il est aisé — et l'opinion ne s'y trompe pas — de distinguer les commerçants de ceux qui, avec la science et le savoir, cultivent l'amour de leur métier, donc, du malade.

On a, de toutes parts, suffisamment parlé de ces officines ressemblant plus à une succursale de grands magasins, avec leurs appareils photos, leurs bicyclettes et les parfums de grandes ou petites marques... Je m'y suis moi-même laissé prendre plusieurs fois et, comme d'autres, pensant m'être trompé d'adresse et revenu sur le trottoir, je pus lire en grosses lettres effectivement, l'enseigne d'une Pharmacie. Je regretterai toujours que ces apothicaireries modernes offrent à la vue les mêmes comptoirs, les mêmes vitrines, les mêmes gadgets que les grandes surfaces.

Quoi d'étonnant, dès lors, que « le » pharmacien soit, depuis longtemps, assimilé à un simple épicier — de luxe évidemment. Mais « le » pharmacien ne représente pas « tous » les pharmaciens dont quelques-uns — trop rares en fait — permettent, par leurs compétences et leur dévouement, de sauver l'image de marque de la corporation.

Personne n'ignore plus aujourd'hui qu'en juin 1979, le Gouvernement français a pris la décision d'autoriser la vente d'une trentaine de plantes médicinales ailleurs qu'en pharmacie ou en herboristerie. Voici un extrait du Journal officiel n° 143, relatif au décret concernant *la vente au public des plantes médicinales inscrites à la Pharmacopée.*

Le Premier Ministre décrète :

Art. 1er. — Les plantes ou parties de plantes médicinales inscrites à la Pharmacopée et figurant sur la liste ci-après peuvent être vendues en l'état par des personnes autres que les pharmaciens et les herboristes : bardane, bouillon blanc, bourgeon de pin, bourrache, bruyère, camomille, chiendent, cynorrhodon, eucalyptus, frêne, gentiane, guimauve, hibiscus, houblon, lavande, lierre terrestre, matricaire, mauve, mélisse, menthe, ményanthe, olivier, oranger, ortie blanche, pariétaire, pensée sauvage, pétales de rose, queue de cerise, reine des prés, feuilles de ronces, sureau, tilleul, verveine, violette.

Art. 2. — Ces plantes ne peuvent être vendues mélangées entre elles ou à d'autres espèces, à l'exception des suivantes : tilleul, verveine, camomille, menthe, oranger, cynorrhodon, hibiscus, dont les mélanges entre elles sont autorisés.

Comme on pouvait s'y attendre, ce ne sont pas les pharmaciens depuis longtemps spécialisés en Phyto-aromathérapie qui furent scandalisés par la mesure : leur clientèle est fidèle et la réputation qu'ils se sont forgée ne peut que leur attirer de nouveaux usagers. Ceux qui hurlent à la trahison sont au contraire leurs collègues qui, s'étant récemment aperçus qu'un vent de renouveau venait de s'engouffrer à vitesse accélérée dans les écoutilles, sont pris de crises hystériformes à la pensée d'un manque à gagner.

Je me défends d'être sévère en écrivant ces lignes : certains Prs des Facultés de Pharmacie en ont écrit bien d'autres à ce sujet, dénommant «tiroirs-caisses», ces pharmaciens d'officine dépourvus d'élémentaire idéal.

En preuves supplémentaires s'il en était besoin, voici l'essentiel d'une lettre suffisamment significative :

— Mme X..., toute jeune pharmacienne, vient de se

faire offrir une vieille officine en Normandie. Elle a su que la Phyto-aromathérapie n'était pas une illusion pour les malades, en tout cas pas pour son établissement car la chance veut qu'il n'y ait pas d'herboriste dans le secteur. Elle m'écrit qu'après avoir dépoussiéré les locaux, elle a découvert, dans son grenier, une quantité de flacons d'essences aromatiques datant de dix ans. En conséquence, ajoute-t-elle, vous pouvez m'adresser tous les malades de la région.

Je pense que le lecteur aura déjà compris... J'oubliais de dire que cette jeune femme «s'intéressait à la phyto-aromathérapie», mais n'en savait pas plus, n'ayant jamais rien lu à ce sujet.

On estime de nos jours que les plantes, en l'état, ne peuvent conserver leurs propriétés plus de deux ans, que les essences aromatiques — à condition d'être stockées à l'abri de la lumière et de la chaleur — peuvent à la rigueur servir pendant trois ans. Dans ce dernier cas, je pense, avec quelques raisons, que les délais pourraient être parfois augmentés d'un ou deux ans. De toutes manières, sauf les sardines à l'huile qui, à condition d'être retournées périodiquement, s'améliorent incontestablement en prenant du moelleux, il est de loin préférable en phyto-aromathérapie de disposer de produits frais.

En tant que Président de la Société de Recherches que j'ai fondée en 1971, pour une meilleure garantie des usagers comme il est spécifié dans nos statuts, j'ai demandé à cette charmante de bien vouloir m'envoyer quelques millilitres de toutes ses essences aux fins d'analyses, lui conseillant ensuite et dès maintenant de jeter tout le reste à la poubelle.

Je n'ai jamais reçu de réponse, attitude inquiétante pour ses clients éventuels.

Je ne doute cependant pas que, dans son désir évident de «faire du fric», cette jeune et subtile

opportuniste saura expliquer — ne fût-ce qu'à sa
manière — les propriétés des essences aux usagers
aussi ignorants qu'elle, venus l'interroger. Mais si
elle leur délivre les produits vieillis résinifiés, trouvés
dans ses mansardes, les résultats obtenus ne seront
sans doute pas mirobolants. En revanche, si par
prudence elle a tout de même pris la précaution
de se procurer des huiles essentielles fraîches de
qualité, son attitude positive relative à l'aromathérapie sera plus profitable au renom des pharmaciens que l'attitude inverse d'encore beaucoup trop
de ses collègues, attestée par les nombreux courriers
que je reçois.

En voici quelques passages symptomatiques
parmi des quantités d'autres conservés dans un
classeur intitulé «Curiosités». J'ai estimé superflu
d'ajouter tout commentaire personnel.

— Mme B. podologiste, m'écrit en juillet 1974 :
«J'ai demandé à plusieurs pharmaciens du chlorure
de magnésium pour en faire des solutions à 20 g par
litre d'eau. Tous m'ont répondu ne pas en avoir. J'ai
su, entre-temps, que ce produit était très bon
marché, est-ce donc la raison ? car j'ai remarqué
aussi que plusieurs pharmaciens conseillaient
presque toujours les médicaments les plus chers
quand on leur demandait des produits aussi simples
que du charbon, des produits anti-aigreurs... Or, ces
produits chers sont-ils forcément les meilleurs ?
Je sais que ce n'est pas votre opinion. Alors pourquoi ne signalez-vous pas dans vos écrits les noms
des médicaments que vous préconisez ?»

— M. L..., août 74 : «Je connais depuis longtemps
le Lactéol par mon ancien docteur, aujourd'hui
décédé. Ce produit nous a toujours été très utile,
à ma famille et à moi. Le pharmacien à qui je
viens d'en demander une boîte, m'a dit avec un air
de commisération : «Vous en êtes encore là ?».
Impensable... ».

— Mme V., journaliste (Var), août 1974 : « Je me suis copieusement engueulée avec un pharmacien au sujet de la teinture de prêle... qui n'existait pas (soi-disant). Je me suis accordée avec sa femme qui est également herboriste, car elle m'a fait dire qu'elle en avait. La teinture était seulement sur le rayon des produits homéopathiques... et c'était écrit en latin. Quelle couche !!! ».

— de M. M..., pharmacien-biologiste, analyses médicales (département des Yvelines), sept. 1974 : « Où peut-on, à Paris ou dans les Yvelines, se procurer essences, teintures de plantes : herbo-risterie ou pharmacie ? Aucune officine de ma région ne peut le faire, complet désintérêt de leur part ».

— de M. J., octobre 1974 : « D'habitude, je faisais faire mes préparations de plantes prescrites par mon médecin suivant vos formules dans une pharmacie de Saint-Germain-en-Laye. Hier, elle était fermée et je suis allé dans une pharmacie de la Ferté-Bernard, dans la Sarthe, où j'habite. Le pharmacien m'a dit ne pas pouvoir. Il y a donc des pharmaciens qui n'ont pas de teintures de plantes, ni les essences aromatiques naturelles ?... »

— de Mme R., Genève, Déc. 1974 : « Je suis allée dans une pharmacie et on m'a dit que les prescrip-tions aromatiques et de teintures de plantes sont de la pharmacie vieillotte. J'ai donc envoyé mon ordonnance à la pharmacie où je m'adressais quand vous me donniez vos soins ».

— Mme O., décembre 1974 : « J'ai voulu me pro-curer du chlorure de magnésium comme un de vos élèves m'en avait prescrit. Le pharmacien m'a regardé d'un air stupéfait en me disant : « Pour quoi « faire ? etc. ». Je n'ai pas insisté ».

— de Mme B., janv. 1975 : « A Perpignan, la pensée sauvage est introuvable, la teinture de myrtille aussi. A quelles pharmacies faut-il s'adresser ? »

— M. Ch., mars 1975 : «Souffrant d'un ulcère d'estomac, je n'ai pu trouver dans ma région de la poudre de racine de réglisse. Si vous en demandez à un pharmacien, il vous rit au nez si toutefois il ne vous prend pas pour celui d'une autre planète. Pouvez-vous me dépanner ?»

— de Mlle C., pharmacien (Seine-Maritime), août 1975 : «Un membre de ma famille aimerait employer la teinture d'*avena sativa* dont vous parlez dans un de vos livres, pour ses insomnies. Je n'arrive pas à en trouver. Pouvez-vous m'indiquer... ».

— Mme P., janv. 1976 : «Habitant à Moulins, je ne sais à qui m'adresser pour avoir de la poudre de prêle. Jusqu'à présent je n'ai essuyé que des refus ».

Il paraît inutile d'allonger la liste de tels propos navrants.

J'ai déjà dit ailleurs — et certainement beaucoup l'ont fait depuis longtemps avant moi — que le public généralise habituellement sur les plus mauvais exemples pour vouer toute corporation aux gémonies. Vous connaissez : qu'une dizaine de notaires soient flanqués en prison et l'infamie rejaillit sur tous les autres, qu'un seul prêtre ne se conduise pas en véritable apôtre et c'est l'ensemble de l'Église désormais mise en cause, qu'une centaine de jeunes voyous assassinent des vieillards pour leur voler cent francs et la France est foutue... Méfiez-vous des généralisations hâtives avait coutume de nous répéter le Pr Loquin, notre remarquable professeur de chimie, en 1939, à la Faculté des Sciences de Lyon.

Il semble que les jeunes pharmaciens ne tiennent pas à être engouffrés indistinctement dans le plus mauvais sac. D'un article paru en 1975 (*), j'ai relevé, avec plaisir, certains passages générateurs d'espoir. Ces jeunes pharmaciens, réunis en congrès sous la présidence de Philippe Morel, ont tenu à contester le caractère commercial de leur profession.

« Pour bien marquer notre responsabilité, explique M. Morel, nous devons clairement affirmer que le médicament n'est pas une marchandise comme les autres et ne pas nous cacher derrière une enseigne commerciale ».

« Il est choquant[1], aux yeux du jeune diplômé, de voir les enseignes « Pharmacie de la poste », « Grande pharmacie commerciale », « Pharmacie du « marché », sans toujours trouver le nom du titulaire et éventuellement les titres universitaires ».

Le caractère commercial de la profession hérisse de plus en plus les jeunes pharmaciens qui s'en prennent d'abord à la présentation des vitrines. « Certaines d'entre elles nous font mal », dit M. Morel. « Garnies de parfums, d'eau de toilette, de crèmes solaires, quand ce n'est pas de chaussures, elles tiennent plus de la devanture d'un bazar de plage, voire de l'épicerie, que de la pharmacie ». Et ce n'est pas tant le principe de la vente de chaussures orthopédiques pour jeunes enfants qui est à condamner mais bien l'utilisation « scandaleuse et publicitaire » qui est faite, du circuit pharmaceutique.

D'autres considérations suivent, intéressantes, élaborées. Pour de multiples raisons d'ordres divers, il devient dès lors possible d'espérer que les jeunes pharmaciens retrouveront le chemin suivi par les meilleurs de leurs aînés, et sauront délivrer les plantes et les essences aromatiques en l'état ou sous forme de préparations, pour le plus grand bien de ceux qui aimeraient pouvoir enfin leur faire totale confiance.

1. Q.M. du 15.5.75 (Jacques Degain).

La place de la phyto-aromathérapie dans la pharmacopée internationale

Selon les auteurs, trente à cinquante ans sont nécessaires pour qu'une idée nouvelle soit adoptée. J'ai nette tendance à croire qu'il en faut encore plus lorsque l'idée « nouvelle », datant de siècles ou de millénaires, ressurgit après un temps plus ou moins long de mise en veilleuse.

C'est le cas de l'alimentation qui, bien conduite, équilibrée, à base de produits sains, suffit au traitement de nombre d'affections, simple expression d'encrassements dus à un déséquilibre humoral. Avant, pendant ou après d'autres, Hippocrate s'en était exprimé : « il est des maladies qui ne se soignent que par l'alimentation ». Veuillez alors examiner la manière dont la plupart des occidentaux se nourrissent depuis une trentaine d'années. La réaction, qui fut très lente à se manifester, consiste à parler d'un « nouveau savoir manger », de diététique ou de cuisine « nouvelle ».

Nous y voilà ! la nouveauté consiste en fait à ne pas bouffer comme un chancre quand on manque d'exercice, à se nourrir plus « calorifiquement » l'hiver que l'été et à choisir des aliments les moins souillés possible. On se rappelle alors que le porc est meilleur s'il est nourri d'orties, de pommes de terre et de châtaignes, et que si les hormones de synthèse comme les antibiotiques le font incontestablement grossir plus rapidement, tout comme le veau et les poulets, ce sont des procédés qui rendent la chair toxique. Les éleveurs industriels ne consomment d'ailleurs pas leurs productions. Comme ils le disent eux-mêmes : les déjections de leurs animaux sentent la mort.

Au temps d'Hippocrate, certes, les hormones synthétiques ni les antibiotiques en poudre ou injectables n'existaient. Mais nombre d'animaux n'étaient pas plus consommables eu égard aux infections méconnues qui les agressaient. Alors on tuait l'animal avant qu'il ne succombe de sa bonne maladie, on le dépeçait et puis on le débitait pour le vendre au marché à deux ou trois lieues de là. La méthode est toujours en vigueur : il vous suffit de lire de temps à autre les journaux pour le savoir. Encore ne disent-ils pas tout... pour la simple raison que les Services de Police et des Fraudes, surchargés de besogne, n'ont pas toujours le temps de tout découvrir.

« Beaucoup de choses renaîtront, qui avaient été oubliées », nous dit Horace. Est-ce de la nouveauté ?

En ce qui concerne la phyto-aromathérapie, il en est de même. La mode actuelle parle d'ouvrages tels que « Phytothérapie rénovée » ou « La Nouvelle Phytothérapie », locutions fallacieuses emboîtant regrettablement le pas aux « Super-nouilles » de l'épicier. C'est la médecine ravalée au niveau des enchères. Après, les médecins se plaignent de se voir assimilés aux mercantis !

Les évidences sont certainement parmi les denrées à rappeler le plus souvent. Lors d'un récent Symposium relatif à la phytothérapie et placé sous ma présidence, les organisateurs me demandèrent de bien vouloir exposer mes idées « nouvelles ». En voici le principal :

Contrairement à certaines idées préconçues ou toutes faites, ou bien mal digérées, la phytothérapie n'est pas redevenue une vedette en matière thérapeutique car elle reste toujours le plus important mode de traitement dans le monde, non seulement dans les pays en voie de développement mais en pharmacopée occidentale.

Selon leur composition, les plantes sont douées de pouvoirs innombrables, pour la plupart depuis longtemps bien connus. Méthodes préventives et curatives — par voie interne et externe — la *phytothérapie*, et son expression atomique : *l'aromathérapie*, se sont de tout temps signalées par leurs propriétés antiseptiques, bactéricides, antibiotiques, antifongiques, antivirales, antimitotiques, hormonales, antirhumatismales, circulatoires, antidiabétiques, hyper ou hypotensives, tonifiantes, antispasmodiques, stomachiques, hépato-vésiculaires...

Un court survol de la question démontrera, une fois de plus, les liens qui, unissant les recherches modernes aux enseignements du passé, font de la phytothérapie et de l'aromathérapie les médecines *millénaires et d'avenir* qu'elles n'ont jamais cessé d'être.

La phytothérapie ne doit pas évoquer l'exotisme, car plus de 50 % des médicaments français, comme dans toutes les nations occidentales, sont à base de plantes ou en contiennent. Pour découvrir la multiplicité des végétaux utilisés à des fins thérapeutiques, il n'est pas nécessaire de quitter la France : il suffit de visiter le plus grand Musée mondial des Plantes Médicinales... à la Faculté de Pharmacie de Paris. Cette collection qui fut sauvée, en 1944 puis en 1945, grâce à l'intervention du Pr René Paris, témoigne de la richesse de la phytothérapie mondiale.

Pourtant, les plantes médicinales ne doivent pas être considérées comme des objets de musée : la recherche en phytothérapie est une réalité active dans de nombreux pays, en Occident bien entendu mais dans d'autres aussi, qu'il s'agisse par exemple du Pérou, de la Nouvelle-Calédonie, de la Grèce, de l'Extrême-Orient, de l'Afrique Noire, de Madagascar, des pays de l'Est... Grâce à des méthodes analytiques et à des expérimentations nouvelles, le monde médical découvre toujours plus le bien-fondé des prescriptions empiriques du passé : en effet, bien souvent, le phytothérapeute continue à prescrire les mêmes plantes, dans les mêmes syndromes... en sachant *quelquefois* un peu mieux pourquoi il le fait.

Cette vitalité permanente de la recherche en phytothérapie peut être illustrée par quelques exemples. En 1978, pour la première fois au monde, des chercheurs de l'Institut Pasteur de Madagascar ont mis en évidence l'action immunostimulante d'une plante, une liliacée : l'*Aloe Vahombe*. Gageons qu'après cette grande «première», on découvrira les vertus immunostimulantes de beaucoup d'autres végétaux.

On peut également citer la découverte, dans certaines variétés de thé, de vertus hypolipémiantes, s'opposant aux surcharges graisseuses et cholestéroliques. On sait aussi pourquoi les Anciens utilisaient une labiée de Grèce, *Micromeria Juliana*. Des chercheurs de l'Université Aristote d'Athènes, après détection de 28 des 53 composés actuellement connus dans cette plante, ont montré que les hydrocarbures représentaient 7 % des essences. L'infusion est encore en usage pour ses propriétés antibiotiques.

La démarche des chercheurs s'inscrit dans un processus général : la recherche et l'individualisation de tous les constituants des plantes «thérapeutiques». La tâche est complexe : un végétal contient 50, 100, 250 constituants... parfois beaucoup plus, comme le café (608 à ce jour). Ce travail analytique permet le plus souvent mais *non toujours*, d'expliquer le mode d'action des végétaux, qu'ils soient utilisés sous forme d'infusions, de décoctions, de poudres, de teintures, d'essences, de nébulisats...

Des assises populaires

Cette démarche scientifique ne doit pas faire oublier *les bases traditionnelles et populaires* de la phytothérapie. On peut, bien sûr, citer le Pérou, pays où les ruraux se soignent essentiellement par les plantes dont les vertus sont enseignées de génération en génération : à Lima, la capitale, on vend dans les rues les plantes médicinales provenant des diverses régions du pays. Il en est de même en France dans certains marchés comme ceux de Besançon, de Digne ou de Vannes... Ainsi, les pharmacopées populaires du monde entier sont peuplées de plantes douées d'innombrables vertus.

Deux approches différentes

Dans les pays développés, les traitements phyto-aromathérapiques peuvent se concevoir de deux manières différentes : ou bien utiliser *la plante totale*, attitude préconisée par H. Leclerc et d'autres auteurs, à laquelle je souscris *sans réserve* dans la très grande majorité des cas, ou bien utiliser un constituant du végétal, une molécule nouvelle dont l'action, plus focalisée, s'oppose à des affections ou syndromes très limités[1]. La plante totale possède une action depuis longtemps reconnue, à la fois *plus globale et plus douce*, ce qui ne signifie pas qu'elle peut être utilisée de façon intuitive ou en fonction de bases théoriques insuffisantes, encore moins par défaut d'expérience clinique : on risquerait alors l'inefficacité, une action *inverse* et même, dans certains cas, des réactions désagréables.

Une médecine pas toujours « douce »

Car « phyto-aromathérapie » ne saurait être synonyme de « médecine douce ». Mis à part les plantes toxiques, les plantes les plus *banales* peuvent provoquer des réactions secondaires plus ou moins

---

1. Il n'est, une fois de plus, pas question de nier les résultats obtenus par certains de ces produits, ni leur facilité de prescription (digitaline, émétine...). Ils ont provoqué suffisamment d'accidents pour que la posologie soit devenue très « limitée ».

intenses : vertiges, nausées, vomissements, céphalées, syncopes... Les exemples sont multiples et j'ai pu en décrire il y a de nombreuses années : le tilleul peut provoquer des eczémas par contact direct et paradoxalement, sous forme d'infusion, des insomnies[1].

Ces effets secondaires, généralement imprévisibles, peuvent survenir pour des doses variables d'un individu à l'autre. Ainsi, la prescription d'un mélange d'artichaut, d'ortie et de pissenlit (en teintures-mères), pour son activité dépurative et circulatoire, peut entraîner des troubles à des doses relativement faibles. A l'inverse, certaines personnes supportent, sans aucun effet secondaire, des doses beaucoup plus importantes. Cet exemple donne raison à Georges Duhamel pour qui, compte tenu de l'infinie variété des physiologies, *tout traitement est une application et une expérimentation.*

Certaines plantes peuvent provoquer des phénomènes allergiques. C'est le cas de l'eucalyptus : j'ai pu observer des crises d'asthme après administration d'essence d'eucalyptus ou après simple passage sous l'arbre.

L'automédication est parfois dangereuse, surtout quand elle utilise des essences aromatiques. Des crises épileptiques ont été observées chez des patients absorbant des doses trop élevées d'essences d'hysope, de romarin ou de sauge. Cette iatrogénie, dont la réalité a été confirmée par des études expérimentales sur le rat, peut également survenir à la

---

1. Conséquence habituelle d'une concentration exagérée de la préparation, comme il en est de la menthe qui, elle aussi, peut empêcher le sommeil à qui la prend trop forte.

Doit-on rapprocher ces constatations de certaines notions astrologiques ? Le jaune, couleur de Vénus, est calmant, conciliateur. Or, les plantes calmantes, le tilleul par exemple, ont une première nature vénusienne qui apparaît lorsque l'infusion est légère, de tendre couleur jaune. Mais si on laisse infuser trop longuement — plus de dix minutes — l'eau devient rougeâtre et la préparation devenue excitante, entravera ou empêchera le sommeil.

suite d'une ingestion *régulière* prolongée de posologies faibles *réputées non dangereuses.*

Un dernier exemple est fourni par le lierre
grimpant et par certaines plantes de même genre
utilisées, dans certains pays, pour lutter contre la
toux : des infusions répétées ont provoqué des
cirrhoses hépatiques, même chez les enfants (travail
de l'hôpital pédiatrique de Lima, au Pérou).

En bref, la phytothérapie n'est pas toujours, *et
de loin*, une médecine «douce», surtout si elle est
pratiquée de manière fantaisiste.

J'ignore qui a inventé cette formulation curieuse
en groupant sous son vocable — outre la phyto-
aromathérapie — l'acupuncture, l'homéopathie, la
balnéothérapie... tous procédés qui, dans des mains
inexpertes, peuvent ne pas être sans inconvénients.

Attrape-nigauds mis à profit par un certain
nombre de récentes publications à visées d'information pseudo-scientifiques dont les articles ne
sont souvent que des redites tronquées, l'étiquette
«médecine douce» est *dangereuse.* C'est pourquoi,
même si je me suis récemment prêté à une nouvelle
interview avec enregistrement de deux heures, j'en
ai refusé la parution si la phrase-princeps de
Duhamel, citée plus haut, n'était pas mentionnée,
en précisant — de surcroît — qu'elle est valable
même pour les plantes considérées comme parfaitement anodines[1].

Beaucoup de termes impropres

Par ailleurs, la phyto-aromathérapie s'est, depuis

---

1. La rédactrice en chef (qui n'est même pas journaliste) de ce
nouveau canard mensuel à visées surtout commerciales n'a pas voulu
«traumatiser» ses lecteurs en leur disant la vérité, pourtant facile à
concevoir. Elle dut se résoudre à mettre mon interview au réfrigérateur
mais, à n'en pas douter, elle saura s'attirer de nombreux correspondants
plus souples, ravis de lire leur patronyme au fronton d'articles rassu-
rants à la fleur d'oranger.

quelques années, vue gratifiée de diverses appellations impropres : *remèdes de bonnes femmes*, par exemple, formule qui correspond à la mauvaise traduction du latin *bona fama*, qui signifie bonne renommée.

Il faut également refuser le terme de *médecine parallèle*, car *la médecine* est «une». La médecine doit utiliser, selon les cas, les diverses techniques disponibles, qu'il s'agisse de l'acupuncture, de la kinésithérapie, de la balnéothérapie, de l'homéopathie, de la négativation électrique, de beaucoup d'autres.

La phytothérapie est-elle alors une *médecine différente*? Ce terme ne signifie pas grand-chose car tout traitement est différent d'un autre, les thérapeutiques étant d'ailleurs le plus souvent complémentaires.

Enfin, il convient de dénoncer l'utilisation fausse de *médecine traditionnelle* pour désigner l'enseignement actuel des Facultés, les «médecines différentes» étant celles qui ne sont pas encore enseignées ou qui ne le sont plus. La médecine *traditionnelle* correspond, le bon sens suffit à le comprendre, à la phyto-aromathérapie, à la balnéothérapie, à la kinésithérapie, à l'acupuncture... à toutes les thérapies dont les origines *remontent très loin dans le temps*.

Derrière la querelle des mots, un débat de fond

Ce long débat «terminologique» repose sur l'ambiguïté de la définition même de la médecine. Le Larousse nous la décrit comme «la science qui a pour but la conservation ou le rétablissement de la santé»... Cette définition a de quoi laisser perplexe, surtout lorsqu'on apprend un peu plus loin que la science est «la connaissance exacte et raisonnée de certaines choses déterminées».

Est-ce à dire que la médecine peut prétendre,

aujourd'hui plus qu'hier, être une *science exacte* ? Sans nier l'existence des progrès médicaux dus à l'état actuel de la science, de nombreuses affections ne se laissent pas enfermer dans « l'esprit de géométrie » qui, pour le Pr Valette, ancien doyen de la faculté de Pharmacie de Paris, peut conduire à des catastrophes.

Il ne s'agit pas de méconnaître la nécessité des démarches scientifiques ni l'indispensable recherche fondamentale. La phytothérapie moderne s'est d'ailleurs depuis longtemps engagée dans cette voie en s'imposant des travaux fastidieux, difficiles. Mais force est de reconnaître que si de tels travaux ont fait progresser nos connaissances, ils n'ont pas toujours été suivis de conséquences thérapeutiques révolutionnaires. Ainsi le médecin n'a-t-il pas tort de s'en remettre souvent, dans sa pratique, à un certain empirisme, « cette Arche sainte de la médecine à laquelle il faut bien se garder de toucher », disait Trousseau.

Les découvertes modernes ne font que confirmer, le plus souvent, le « savoir » des Anciens. Ainsi, les travaux sur la silice ont montré que les Anciens avaient raison de prescrire la prêle (la plante de nos régions la plus riche en silice) dans les consolidations de fractures, chez les déminéralisés, chez les tuberculeux. Plus curieux encore, ce fait que des chercheurs mexicains aient démontré l'existence de substances antibiotiques dans les toiles d'araignée, utilisées pour panser le cordon ombilical. D'ailleurs, dans les campagnes françaises, on utilisait autrefois les vertus antiseptiques et cicatrisantes des toiles d'araignée pour le traitement des plaies. J'ai pu en observer et décrire plusieurs cas dont le premier remonte à 1934.

La position de l'OMS

L'Organisation Mondiale de la Santé a publié un

long rapport montrant, après études en laboratoires de recherches, que de nombreuses plantes étaient utilisées à juste titre par des civilisations traditionnelles qui ne disposaient pourtant pas de manuels de pharmacie ni de matière médicale.

Partant de ce constat, l'OMS écrit : « Le monde en développement ne doit pas s'en remettre exclusivement à une médecine de type occidental, ni à des médecins formés en Occident, pour prodiguer des soins de santé à la totalité de ses populations ; il a besoin d'une synthèse entre les médecines modernes et traditionnelles ».

L'OMS préconise formellement un renouveau d'intérêt pour les plantes médicinales et les remèdes traditionnels, proposant aux pays concernés, une aide afin de promouvoir des programmes de santé mieux adaptés aux réalités socio-économiques.

La phytothérapie poursuit donc sa marche ascendante, non seulement dans les pays en voie de développement mais aussi dans les nations industrialisées, épaulée jour après jour par de toujours plus nombreuses justifications scientifiques.

Phyto-aromathérapie : danger !

Un rappel

Traitement des maladies par les essences de plantes, l'aromathérapie est une méthode préventive et curative — par voie interne et externe — utilisant les nombreuses propriétés des huiles essentielles : antiseptiques, bactéricides, antibiotiques, antifongiques, antivirales, hormonales, antirhumatismales, circulatoires, hyper ou hypotensives, tonifiantes, antispasmodiques, stomachiques, hépato-vésiculaires...

En raison de sa puissance, due à la concentration des éléments employés (il faut parfois plus de 200 kg de plantes pour obtenir 1 kg d'huile essentielle), l'aromathérapie est l'expression «atomique» de la phytothérapie. Les deux formes étant, dans ma pratique, le plus souvent associées, il m'a toujours paru préférable de parler de phyto-aromathérapie.

On notera par ailleurs que, pour une véritable médecine de l'homme total, la phyto-aromathérapie (obligatoire traitement de fond dans mon optique) devra s'accompagner d'une alimentation saine et équilibrée (les légumes, les fruits et les céréales sont pour moi des plantes médicinales — preuves analytiques et résultats cliniques à l'appui) et, chaque fois que nécessaire, s'allier les thérapeutiques complémentaires ou synergiques utiles — parfois indispensables — tels que procédés manuels, la négativation électrique, la balnéothérapie... liste non limitative.

«Pourriez-vous étudier mon cas, me demande une correspondante de la région de Lausanne, dans sa lettre du 3 avril 1983. Tout allait bien jusqu'en juillet 1979, époque à laquelle j'ai subi une intervention chirurgicale pour une descente de matrice. Je suis restée alitée durant trois semaines, dont deux en ne mangeant ou buvant que soupe et eau.

C'est alors que j'ai commencé à prendre du poids (même à l'hôpital !). J'ai essayé de faire du régime, mais rien n'a changé. Puis j'ai vu une annonce d'un herboriste dans un journal et j'ai téléphoné de suite. Je lui ai expliqué mon cas et il m'a proposé de m'envoyer un questionnaire à remplir. Ce que je fis. Trois jours plus tard, et sur sa demande, je retéléphonai à l'herboriste. On me dit que, sur la base de mon questionnaire, j'avais plusieurs choses à régler : nervosité, mauvaise circulation sanguine, maux de tête, fatigue générale, troubles intestinaux, etc. On m'a envoyé pour 575 F suisses (et plus tard pour 195 F suisses) de tisanes, de produits de toutes sortes pour se frictionner et pour prendre des bains, selon un schéma et un mode d'emploi bien établi que je vous transmets ci-joint.

« Je devais reprendre contact au bout de 21 jours. Je fis part à l'herboriste de ma déception, car rien n'avait changé. Il me proposa de renouveler certains produits et d'en ajouter d'autres. Le seul produit qui m'ait convenu, c'est le sel intestinal, bien que je ne sois pas réellement constipée. Dans l'espoir qu'il vous sera possible d'étudier mon cas... ».

J'ai étudié... et relevé sur la même prescription, le nom de 18 produits, dont 7 formules pour bains et lotions, l'une pour les « pieds, chevilles, mollets, jambes, genoux, cuisses, fesses », une autre pour les « mains, doigts, poignets, bras, épaules, dos, hanches », une troisième pour « cou, poitrine, côtés du thorax, foie, estomac, ventre », une quatrième pour « front, tempes, devant et derrière les oreilles, nuques »...

Normalement, cette femme eût dû rapidement maigrir car, entre les préparations de tisanes et les modalités d'absorption, les soins externes à faire du matin au soir, il ne lui restait guère de temps pour s'alimenter.

En fait, la malade n'a pas perdu un gramme : on

sait qu'il existe des œdèmes de carence, que les soucis font maigrir les uns et font grossir d'autres. On sait aussi, ou on devrait le savoir, qu'un examen clinique sérieux est, ici comme ailleurs, toujours indispensable, appuyé en cas de besoin par des examens complémentaires choisis et non par des formules passe-partout.

Cette femme a eu de la chance, car elle put être dirigée vers un médecin qualifié. Un mois et demi plus tard, tout était rentré dans l'ordre à la suite d'attitudes très simples : un traitement phyto-aromatique facile à observer, comportant de la sauge, du cyprès et de l'aubépine (sous forme d'huiles essentielles ou en teintures-mères), du magnésium et de la prêle (reminéralisants et traitements de terrain), les bains associant les algues marines et les essences aromatiques, enfin quinze séances de kinésithérapie par un véritable spécialiste, car la colonne de cette malade présentait des signes évidents d'arthrose et plusieurs déplacements de vertèbres étagés au niveau des régions cervicale, dorsale et lombaire. Mais nul ne s'en était soucié avant cette date !

En revanche, voici le résumé d'une lettre de Monsieur O., habitant les Basses-Alpes :

« Je suis un partisan de vos méthodes depuis que j'ai lu vos livres. Je pense avoir profité au maximum de leurs conseils éclairés, me permettant de rétablir une santé défaillante depuis plus de 20 ans. J'ai récupéré un équilibre normal. J'ai aujourd'hui 80 ans. A 60 ans, j'avais 26 de tension et prenais Papavérine, Vibeline, Catapressan, Aldomet, Pervincamine, Adactazine, Tanakan, Anatensil... Malgré tout cela, je restais à 22 ou 20 de tension avec des digestions difficiles, sinusites, difficultés respiratoires. J'ai refusé le stimulateur cardiaque qu'un cardiologue me proposait. Jusqu'à l'âge de 72 ans, je suis resté dans le « cirage ». Après avoir lu les livres cités plus haut, j'ai vu un autre cardiologue qui m'a déconseillé tous les médicaments que je prenais. J'ai pris, depuis, une tisane à visées circulaires à laquelle j'ajoute des feuilles d'olivier. Ma tension est depuis longtemps à 15/8 et mes pulsations à 65-70 (elles étaient descendues à 45). J'ai retrouvé mon équilibre, je conduis ma voiture chaque jour, ma respiration est excellente.

« Je prends du magnésium chaque jour, et comme je vis dans un pays où le thym, le romarin et beaucoup d'autres plantes ne font pas défaut, j'en assaisonne toute ma cuisine ».

Des lettres de la première sorte, comme de la seconde, j'en ai reçu et j'en reçois toujours des quantités depuis 25 ans. Monsieur O. a trouvé le moyen, par un traitement réfléchi très facile, de récupérer sa santé en dépit d'une chimiothérapie aussi ahurissante qu'inefficace qu'il a finalement jetée à la poubelle[1]. Il a su, dans le même temps, se soigner avec intelligence, sans mélanger tout, sans tout compliquer, faisant confiance à une thérapeutique qui « tient toujours le choc » depuis des millénaires, et continue à faire ses preuves. Tant pis pour les médecins qui en savent moins que lui, tant pis pour les « scientistes » qui, à la longue, l'auraient poussé vers la petite voiture.

Les traitements par les plantes et les essences aromatiques ont repris de la vigueur et de l'actualité depuis quelques années, caractéristiques qu'elles ne sont plus à la veille de reperdre après les échecs tragiques et renouvelés de la chimiothérapie, cette médecine devenue décadente par la faute des

---

1. Selon les statistiques, 20 à 73 % des malades ne prennent pas tous les médicaments figurant sur les ordonnances. Lorsque le prescripteur est un médecin d'hôpital, 54 % des patients ne suivent pas les prescriptions. On a, de plus, remarqué que l'adhésion du malade est d'autant meilleure que l'ordonnance compte moins de médicaments et est mieux expliquée. (« *Médecine interne* » - janvier 1980).

prescripteurs. C'est pourquoi, à côté de thérapeutes conscients de leur savoir (ou de leurs ignorances) et de leurs responsabilités, considérant le malade avec les yeux de Sénèque «comme chose sacrée», se sont vite glissés des *charlatans* décidés à «faire du fric» par ce moyen rêvé.

J'ai dit ailleurs, il y a déjà longtemps, le dégoût que pouvaient m'inspirer ces nouveaux escrocs à la misère. Leur floraison était aisément prévisible, et j'ai pu transcrire des ordonnances comportant jusqu'à 25 et 30 médicaments, sous le couvert d'une médecine rassurante à base de plantes et d'huiles essentielles. Or la complexité d'une ordonnance n'a jamais été synonyme d'efficacité. Leurs auteurs, qu'ils soient ou non diplômés, portent le plus grave préjudice à la méthode, comme il en est des faux homéopathes et des pseudo-acupuncteurs dont la sinistre industrie discrédite ces remarquables disciplines.

La «cafouillothérapie» est l'expression la plus évidente et la plus directe d'un diagnostic indécis, d'une regrettable méconnaissance de la pharmacopée... et parfois de compérage. Avec les malades, nous en subissons tous les conséquences, eu égard au constant déficit de la Sécurité sociale que nous sommes en permanence invités à combler. Pauvre médecine, pauvres malades, malheureux contribuables !

Il est de toutes parts reconnu, depuis quelques années, le «ras le bol» extensif vis-à-vis du «scientisme» n'évitant pas le décès annuel en France de quelque 200 000 cardiaques et d'à peu près autant de cancéreux. Ce que beaucoup de jeunes médecins et encore plus d'étudiants demandent maintenant, c'est qu'on leur enseigne la médecine, c'est-à-dire les formes cliniques de diagnostic et les moyens de traitement. Ils veulent des schémas thérapeutiques, des recettes, des «trucs» éprouvés pour soigner leurs malades. Ils n'ont plus rien à faire avec les cours magistraux se penchant avec trop d'abondance sur tel syndrome exceptionnel dont la plupart ne verront sans doute pas un seul cas dans leur vie. Par un réflexe souhaitable d'ailleurs, ces malades hors du commun sont généralement très rapidement dirigés vers les services hospitaliers où la compétence des spécialistes est, en principe, leur meilleure garantie.

Pour conclure, retenons que les ordonnances les plus simples sont généralement les meilleures, car les plus efficaces... à condition que le prescripteur bénéficie des connaissances souhaitables. Quant à la qualité des plantes et des huiles essentielles, que le pharmacien ou le responsable qualifié de certains magasins de régime dispensent aux malades, elle doit être absolue sous peine de rendre le remède pire que le mal.

Médecine :
simplicité, efficacité

Jamais, dans l'histoire du monde, il n'y a eu telle débauche de drogues et, en revanche, autant de patraques, autant de malades véritables dont un tiers — chiffre ahurissant — occupe des lits d'hôpitaux pour les maladies « dues aux médicaments ». Un énorme pourcentage le paie de sa vie.

Il ne saurait, bien sûr, être question de nier les résultats, parfois incomparables, obtenus par certains médicaments modernes. Ainsi en est-il pour la méningite tuberculeuse qui, sans la streptomycine, serait toujours mortelle. Mais à côté de ces quelques succès, combien d'infirmités plus ou moins graves et combien de morts avons-nous pu enregistrer !

La thérapeutique moderne, dite « scientifique », fait incontestablement fausse route. Le fait n'est pas à mettre au passif des chercheurs à qui nul ne saurait reprocher de trouver de temps à autre[1] un médicament plus puissant que les précédents. Mais puissance, ici, est synonyme d'agressivité, de dangers potentiels et réels, et c'est parce que trop de médecins (et d'usagers) les ont méconnus que nous nous trouvons en face, non pas d'une bonne et souhaitable « santé publique », mais d'une effarante situation de « maladie publique » constamment entretenue.

« Tout est poison, rien n'est poison, seule la dose compte », disait Paracelse : la ciguë a tué Socrate mais, à dose très mesurée, le « *conium maculatum* » (nom botanique de cette ombellifère) est indiqué dans diverses affections, y compris certains états cancéreux.

C'est par l'usage insensé qu'ils en firent — et

1. On teste environ 10 000 molécules pour en retenir une seule qui donnera naissance à un nouveau produit.

continent de faire — que trop de médecins ont trahi la vocation de certains médicaments, qu'ils en ont fait des tortionnaires et des assassins, alors que leur découverte devait être, face à certaines alternatives, synonyme d'apaisement et de guérison. Rappelons-nous l'exemple de la pénicilline, extraite d'un champignon microscopique, le «*penicillium notatum*».

Pendant la dernière guerre mondiale, tous les chirurgiens, dont je fis un temps partie dans les hôpitaux des armées, avaient la quasi-certitude de sauver un membre autrefois destiné à l'amputation, ou même la vie d'un blessé grave, avec 100 000 ou 200 000 unités de cette extraordinaire médication. Aujourd'hui, et depuis longtemps, hélas! malgré toutes les mises en garde, on l'emploie pour n'importe quoi, à des doses de plusieurs millions d'unités journalières. Et c'est ainsi qu'on tue des enfants atteints d'angine banale, que la feuille de ronce, le bleu de méthylène et le repos au chaud eussent guéris en quelques jours. La feuille de ronce, comme l'ail et l'oignon, comme la feuille de noyer... et quelque 1 200 espèces de plantes, contiennent des antibiotiques...

Sans doute est-il bon de rappeler une fois de plus — Dieu sait si certaines répétitions sont nécessaires — qu'il n'est pas qu'une seule façon de soigner la plupart des syndromes, même les plus douloureux et les plus graves. Toutes les disciplines médicales peuvent faire état de succès, les gestes simples aussi, avec une bonne hygiène de vie, physique et mentale, et cette indispensable condition d'une alimentation conforme et saine.

Pour tenter de se rendre utile au maximum, il apparaît nécessaire de transmettre ce qu'il convient de faire et ce qu'il faut éviter, indiquer les traitements, procédés, attitudes qui ont fait leurs preuves, qui continuent de soigner, de soulager, de guérir sans cette appréhension qui faisait dire à l'un de nos grands maîtres : «Quel est le médecin qui ne serait anxieux à la pensée d'être malade un jour ?» Sous-entendez : et être soigné sans discernement, à coups de matraque, par les dangereux produits actuels.

Pour tous ceux, et toutes celles qui, comme il fut de tout temps, entendent se soigner eux-mêmes en fonction d'une expérience acquise sur le tas, deux éléments primordiaux, cependant, et j'y reviens intentionnellement : la nécessité d'un diagnostic exact et le respect des règles élémentaires de l'hygiène dont fait partie, en place prépondérante, une alimentation choisie, suffisante très souvent à traiter nombre de dérangements.

«Les choses, en médecine, ne se mesurent et considèrent que par leurs sens et effets», écrivait Ambroise Paré. Il n'est nul besoin de connaître le pourquoi de son action favorable pour utiliser un traitement pourvu d'efficacité. Il suffit de savoir qu'il est actif et sans danger, qu'il soulage, améliore ou guérit.

Au premier siècle de notre ère, Dioscoride utilisait le colchique d'automne pour soigner les cancers. Il ne connaissait pas les raisons de son action mais en avait retenu les effets favorables. Pendant des siècles, les «scientistes» — faux-esprits-forts — rejetèrent cette médication. Or, «nier parce qu'on n'explique pas, rien n'est moins scientifique», a dit et redit Henri Poincaré. Il fallut attendre 1934 pour que soit découverte la colchicine, un alcaloïde faisant partie de la constitution complexe du colchique[1], à qui de nombreux auteurs reconnurent des propriétés antimitotiques (synonyme d'anti-

---

1. Tous les végétaux ont une constitution très complexe. Le nombre de leurs éléments actuellement découverts est de 100, 200, 300... C'est, à ce jour, le café qui nous a livré le plus de constituants : 608.

cancer). Heureusement que Dioscoride, pas plus que les médecins qui l'imitèrent, n'avaient attendu la preuve «scientifique» pour faire bénéficier leurs malades d'un traitement éprouvé !

Comme tous les végétaux, l'eucalyptus est composé de nombreux éléments. Ses propriétés antidiabétiques ont fait l'objet de maints travaux, y compris des thèses d'agrégation. Mais aucun de ses constituants ne peut se prévaloir des propriétés hypoglycémiantes enregistrées. C'est l'extrait TOTAL qu'il faut utiliser, il est actif mais on ne sait toujours pas pourquoi.

Les jeunes médecins, et surtout les étudiants en médecine, déplorent l'aspect actuel des études médicales, négligeant la plus grande partie des méthodes thérapeutiques qui leur seraient utiles dans l'exercice de leurs fonctions. L'Organisation Mondiale de la Santé s'est formellement prononcée pour le retour à l'étude des médecines et procédés de soins traditionnels (plantes, hydrothérapie, kinésithérapie...). Selon un sondage SOFRES en 1978, 50 % de nos compatriotes souhaitent que, dans la formation des médecins, une plus grande place soit accordée à la phytothérapie, à l'acupuncture, à l'homéopathie, à la chiropractie.

En attendant que ces conditions se réalisent (elles surviendront un jour, n'en doutons pas), nombre de médecins et pharmaciens, et de plus en plus d'étudiants de ces disciplines s'informent par eux-mêmes, étudient les notions qui ne leur ont pas été enseignées à la Fac. Le grand public aussi qui, à juste raison souvent, redoute de consulter un médecin qui leur donnera, même pour un syndrome banal malgré son apparente complexité, jusqu'à 18 produits de synthèse à ingurgiter journellement.

Combien d'exemples pourrais-je donner de douleurs vertébrales : cervicales, dorsales ou lombaires (les lumbagos) ou de sciatiques traitées en vain ou très temporairement depuis des années par tous les anti-inflammatoires modernes possibles, les super-antalgiques, pour finalement être guéries par les soins éclairés d'un rebouteux ! Deux, trois séances, parfois une seule, comme il m'arriva un jour de 1965 grâce à un rebouteux spécialisé... dans les chevaux de course.

Pour nombre d'autres chapitres de la pathologie, il en est souvent de même. Mon dernier exemple est symptomatique : une femme souffrait depuis un mois d'une conjonctivite gênante à deux points de vue : paupières collées au réveil, impression de grains de sable en permanence dans les yeux et, par ailleurs, conjonctives couleur rosé de Provence, ce qui nuisait incontestablement à son esthétique. Son ophtalmologiste lui avait prescrit des antibiotiques en comprimés et un collyre de même nature. Comme le syndrome s'aggravait, la seconde ordonnance comporta d'autres antibiotiques. On ne saisit pas le déterminisme exact de telles prescriptions puisqu'un simple collyre végétal, avec la très ancienne pommade ophtalmique à l'oxyde jaune de mercure supprimèrent l'affection *en une nuit*[1].

Retenons qu'en médecine — toutes garanties étant prises par ailleurs sur le plan diagnostic — les attitudes les plus simples car les plus logiques sont de loin préférables dans la plupart des cas.

Et le bon sens, toujours.

---

1. Coût de la prescription : 9,80 F — contre 450 F pour les deux ordonnances précédentes, simple détail !

Toxicité de certaines huiles essentielles

En dépit de son aimable appellation évocatrice d'arômes champêtres ou de parfums de grand luxe, l'aromathérapie ne saurait être employée de manière fantaisiste. Ce n'est ni un gadget pour malades imaginaires ou motivés, encore moins une friandise pour petites filles modèles. Aussi ai-je de tout temps refusé de camoufler ce mode de soins — comme, du reste, l'ensemble de la phytothérapie — sous le masque trompeur et rassurant de «médecines douces». Le neutre, seul, pourrait à la rigueur être anodin. Mais toute thérapeutique pourvue de quelque activité est, par là même, susceptible de se montrer néfaste au prorata de sa puissance.

Les essences à cétone figurent parmi les plus dangereuses : ainsi l'hysope et la sauge, capables à certaines doses, quelquefois peu élevées, de provoquer une crise épileptique, tout comme le romarin et le fenouil, les deux premières rendant, de plus, le sujet agressif tandis que les secondes le rendent au contraire timoré. L'absinthe, l'anis, la mélisse ou la menthe... peuvent également entraîner des accidents nerveux. Le thuya est convulsivant. On chercherait difficilement meilleurs exemples du pouvoir manifeste qu'ont les essences aromatiques de modifier le terrain.

Le problème est de suffisante importance pour que certains auteurs soient revenus sur la question[1] à la suite de cinq cas recensés d'état convulsif suivi d'une perte de conscience ou d'un coma plus ou moins long. L'analyse des essences étudiées et l'expérimentation par injections intra-péritonéales

1. M.D. STEINMETZ, P. TOGNETTI, N. MOURGUE, J. JOUGLARD et Y. MILLET (Marseille) «Sur la toxicité de certaines huiles essentielles du commerce : essence d'hysope et essence de sauge» (*Plantes médicinales et phytothérapie*, 1980).

chez le rat ont confirmé la nature épileptogène de ces produits, non seulement pour des doses excessives, mais aussi, comme j'ai déjà eu l'occasion de le mentionner à différentes reprises en médecine humaine, pour des doses faibles, réputées non dangereuses mais trop longuement prescrites. Dans ce dernier cas, les manifestations disparaissent à l'arrêt du traitement mais, notent les auteurs, les rats d'expérience demeurent amaigris tandis que leur poil devient jaunâtre et rêche. Les responsables des crises d'épilepsie, avec manifestations corticales et musculaires périphériques, sont diverses cétones terpéniques : camphre, thuyone et le mélange pino-camphone-isopinocamphone dont l'importance se trouve, d'après les signataires, démontrée pour la première fois à l'occasion de leur travail[1].

A l'appui de ces constatations, voici une nouvelle observation personnelle, intéressante à divers titres. Elle concerne le fils d'une de mes anciennes malades qui, satisfaite des résultats obtenus chez elle il y a une dizaine d'années pour une bronchite chronique asthmatiforme, une sinusite et des séquelles de sciatique, ne jurait plus depuis que par la phyto-aromathérapie.

Ayant quitté Paris il y a sept ou huit ans, atteinte en 1977 de rhume des foins, affection également présentée par son fils alors âgé de 12 ans, elle s'en

---

1. En réalité, il ne s'agit pas ici d'une réelle découverte car, dès la première édition de mon livre *Aromathérapie* en 1964, j'avais déjà pu noter à propos de l'hysope :

« Contenant des cétones (pino-camphone), bien qu'en quantité infinitésimale, l'essence est toxique et *épileptisante* à hautes doses, chez les *prédisposés* (Cadéac et Meunier - Caujolle, pour lequel elle serait la seule essence végétale capable de produire, chez l'homme, une véritable crise d'épilepsie). Sa toxicité est toutefois moindre que celle de l'absinthe ».

N.B. : Les travaux de Cadéac et Meunier datent de la fin du siècle dernier... L'intérêt de cette communication ne s'en trouve, il va de soi, aucunement diminué pour autant.

était remise en l'absence de tout médecin spécialisé dans sa région, à un confrère qui, pour les deux patients, instaura un traitement de désensibilisation pendant trois ans, à raison d'une injection par semaine (!). L'échec de la thérapeutique ayant incité la malade à revenir à l'aromathérapie, elle crut bon de se traiter, ainsi que son fils, par l'huile essentielle d'hysope qui, en fait, entraîna rapidement d'excellents résultats en atténuant leur rhume des foins et ses épisodiques débuts de crise d'asthme.

Elle avait eu néanmoins le tort de se fier aux indications d'un pharmacien éloigné de ces problèmes et de fixer, pour elle-même *comme pour son fils, adolescent* de 15 ans en pleine formation, la dose de cinq gouttes deux fois par jour, soit dix gouttes quotidiennement. De son côté, ravi des effets favorables du traitement, le jeune homme avait cru indiqué, en vue d'accélérer les résultats, d'augmenter de lui-même les doses, et de curieuse façon puisqu'il secouait le flacon sans même compter les gouttes... De l'avis même de ses parents, «c'est 10 ou 12 gouttes, peut-être davantage, que l'innocent prenait, parfois trois fois par jour», soit entre 30 et 40 gouttes pour la journée.

Au bout d'un mois et demi de ce régime, qu'il suivait à l'insu de sa famille, le jeune garçon fit une crise d'épilepsie caractérisée, un matin de juin 1980 avant le repas de midi. A noter, m'a-t-on également précisé, que dans le même temps, il se bourrait plusieurs fois par jour les narines de *Becotide* (alors que le prospectus incite à la modération), ingurgitait des quantités de pastilles *Valda* et, outre des ampoules de *Mag 2* (un composé magnésien), il venait de terminer un traitement de cinq mois de *Debrumyl* (un psychostimulant) à raison de 3 ampoules par jour, qu'un médecin (autre que le précédent) lui avait ordonné pour l'aider à passer un concours (!!). Enfin, et pour parfaire l'ensemble, ce jeune garçon était, depuis plusieurs mois, l'objet d'un indéniable surmenage par suite d'un entraînement intensif en vue de compétitions d'aviron.

A la suite de cet incident, dont la durée n'excéda pas deux minutes et ne s'accompagna d'aucune miction involontaire ni de morsure de la langue, l'adolescent fut hospitalisé pendant 48 heures dans le service neurologique du centre hospitalier voisin. Le certificat du Chef de service mentionne que le malade «a présenté une première crise d'épilepsie généralisée, sans facteur déclenchant particulier[1]. Son examen neurologique est normal. L'électro-encéphalogramme ne montre pas d'anomalie significative». Moyennant quoi l'ordonnance prescrit la prise régulière d'un antiépileptique «à poursuivre quotidiennement sans interruption pendant plusieurs années».

Voici maintenant la reproduction *in extenso* de la lettre que le père de l'intéressé m'adressa quelques jours plus tard, le 20 juin 1980 :

«Ce que je voudrais savoir, c'est si, dans l'état actuel de vos recherches, il vous est possible de vous prononcer de façon catégorique et de trancher entre les deux hypothèses auxquelles nous nous trouvons affrontés, à savoir :

«a) Ce dépassement des doses d'hysope, compte tenu de l'éventuel effet potentialisant, *n'a fait que révéler une prédisposition de notre fils à l'épilepsie* (auquel cas il faut le soigner pour cette affection et en tenir compte dans le choix de sa carrière future).

«b) Ce dépassement des doses, compte tenu de l'effet potentialisant, était *suffisant pour déclencher une crise d'épilepsie chez n'importe quel sujet parfaitement sain* (auquel cas, mon fils a été victime d'un simple «accident» qui ne se reproduira pas, pour

1. !!!

autant qu'on ne réunisse pas de nouveau tous les facteurs concourant à créer *artificiellement* un électrochoc).

«Je sais qu'il est très difficile de trancher de façon absolue. Néanmoins, il nous faut tout de même essayer d'évaluer le risque que court ce garçon, afin d'en tenir compte pour le choix d'une *carrière future*. Car il est évident que l'épilepsie constitue un handicap (pour ne pas dire une «tare») qui lui ferme une quantité de débouchés.

«Le médecin-chef du service de neurologie de l'hôpital n'a rien décelé de particulier à l'électro-encéphalogramme ni à l'échographie, pas plus qu'à l'analyse du sang. N'étant pas compétent en aroma-thérapie, il a — tout d'abord — écarté l'hypothèse de l'hysope comme facteur déclenchant de la crise de notre fils. Puis, après que nous lui ayons montré votre livre où vous signalez l'effet épileptisant de l'essence d'hysope prise à haute dose, il a interrogé un médecin de l'hôpital neurologique de Lyon qui a confirmé cet effet de l'hysope. A la suite de quoi, le docteur nous a reçu pour nous dire qu'il était dans l'impossibilité de se prononcer de façon absolue et a admis l'éventualité d'un déclenchement par surdose d'hysope, mais avec l'arrière-pensée que cette dernière n'ait fait que révéler des *prédispositions* qui auraient pu se manifester en d'autres circonstances... comme aussi bien ne jamais se manifester.

«Le tout est donc d'essayer d'apprécier si la dose prise inconsidérément par notre fils, *et pendant près d'un mois et demi*, a pu fabriquer un élec-trochoc (auquel cas sa crise serait un *accident,* ou si elle n'a fait que révéler une prédisposition de l'organisme).

«Le Docteur a ordonné, par prudence, un trai-tement de longue durée, à base de Gardenal, à suivre pendant CINQ ANS, sous forme d'un cachet d'Alepsal 10 à prendre chaque soir au coucher.

«Notre fils, quant à lui, refuse de se considérer malade et c'est à grand-peine que nous avons obtenu qu'il accepte de suivre ce traitement jusqu'à la rentrée des classes de septembre. Sachant par ailleurs que nous nous méfions de la chimiothérapie, surtout prolongée pendant des années, nous nous trouvons devant un dilemme qui nous angoisse : devons-nous insister pour que notre fils *se drogue* (peut-être pour rien)? Et avons-nous le droit de l'autoriser à ne pas suivre un traitement peut-être nécessaire?

«N'est-il pas de notre devoir, enfin, de le dissuader d'envisager toute une série de carrières auxquelles il songe précisément? Mais quelle déception pour lui!... Et quelle responsabilité pour nous si nous ne sommes pas raisonnablement fondés à le faire! Car ce garçon est plein de vitalité et d'énergie».

Il ne saurait être question d'épiloguer, outre mesure, à propos de cette observation mais, bien que semblable à beaucoup d'autres qu'il m'est donné de connaître, elle n'en est cependant pas moins de valeur exemplaire et mérite réflexion.

Tout d'abord, les mêmes causes étant généralement suivies des mêmes effets, une nouvelle preuve de la fâcheuse propension qu'a, dans certaines circonstances et par mauvais emploi, l'huile essentielle d'hysope de provoquer des crises d'épilepsie est venue s'ajouter, sans aucun doute possible, à un dossier déjà très étoffé. Pour avoir fait depuis longtemps l'objet de nombreuses publications, de telles éventualités, qui de toute évidence ne sont pas des raretés, ne devraient plus, de nos jours, être ignorées d'aucun médecin, surtout d'un neurologue. Mais s'il faut incontestablement louer le savoir du spécialiste lyonnais, il serait injuste autant qu'inélégant de reprocher à son collègue cette ignorance en la matière : selon de nouveaux et tout récents sondages, 70 à 80 % d'étudiants et de jeunes médecins déplorent que l'enseignement de la thérapeutique soit pratiquement inexistant en Faculté.

En réalité, il y a plus de trente ans qu'en prévision des responsabilités qui les attendent, les étudiants, comme les jeunes diplômés, dénoncent à la fois la trop complaisante description de syndromes dont ils ne verront peut-être jamais un cas au cours de leur carrière, au détriment des affections qui composeront leur lot de chaque jour, et par ailleurs, la dramatique carence des programmes au chapitre des soins. Trente ans qu'ils nous font part de leur anxiété, si ce n'est de leurs angoisses à l'approche du malade dont on ne leur a pas appris à ausculter le poumon, encore moins à percevoir un rein au bout des doigts, et vis-à-vis duquel, n'ayant entendu discourir à l'amphi que de chimiothérapie et de molécules nouvelles, ils se trouvent, même pour des syndromes courants, soudainement démunis sur la meilleure conduite à tenir. En bref, ce qu'ils demandent — qui n'est pas si stupide — c'est que leur soit enseigné avant tout la médecine praticienne avec les différents moyens de soigner efficacement et sans danger[1].

---

1. Je parle de ceux, bien entendu, dont l'orientation autant que la soif de connaissances font honneur à l'éthique et non de ceux qui, pour reprendre une expression de R. Leriche, satisfaits dès le départ de leurs «insuffisances, qui sont énormes», se contenteront toute leur vie des quelques cours figés hérités de la Fac, et encore moins des trop nombreux opportunistes au comportement trop souvent équivoque, dont hélas font partie un certain nombre de mes anciens élèves, qui ne voient dans l'exercice de la médecine, surtout parée de sublime «douceur», qu'une nouvelle vache à traire et à vitesse accélérée.

Qu'on me permette à ce propos de dire ici ma totale désapprobation au sujet de l'article intitulé : «La phytothérapie gagnée par la mauvaise herbe?» paru dans *Tonus* du 24.09.1983. «Y aurait-il de la mauvaise

La lecture attentive des pages relatives à l'observation indique néanmoins que, même en l'absence de l'H.E. d'hysope — facteur prépondérant, nécessaire et suffisant dans ce cas, il faut le répéter — la crise convulsive eût très bien pu être la conséquence de la seule polymédication outrancière enregistrée avec, en particulier, le *Débrumyl* qui présente, comme il est (depuis peu) spécifié dans le prospectus, un certain nombre d'inconvénients dont la possible «réapparition de crises chez des sujets auparavant équilibrés par un traitement antiépileptique».

A ce propos, les fabricants n'étant généralement pas très enclins à minimiser leurs productions, il n'est pas interdit à l'usager de se demander à leur place si, dans certaines conditions, la prescription d'excitants divers, de psychostimulants utilisés seuls et *a fortiori* en associations plus ou moins fantaisistes, ne serait pas susceptible de provoquer semblables épisodes, surtout précisément chez les sujets en état de moindre résistance comme il en est de

graine parmi ceux qui enseignent la phytothérapie et l'aromathérapie ? interroge le rédacteur. C'est ce que prétendent les responsables d'organismes de ces deux disciplines ».

Bien que je sois parfaitement étranger à cette affaire, le procédé utilisé par certains de ces «responsables» (!) — de mes anciens élèves — incomparables procéduriers, m'a paru, comme à beaucoup, suffisamment ignoble pour tenter de mettre un terme à ces répugnantes campagnes de dénigrement, à cette politique dégradante déjà ancienne de permanente désinformation. Il suffira peut-être de préciser qu'en novembre dernier, la Cour de cassation a rejeté le pourvoi auquel ces nostalgiques avaient bien malencontreusement, estimé devoir recourir à l'encontre d'un autre de mes anciens élèves coupable, à leurs yeux, d'avoir fondé sa propre Société d'études. Condamnés pécuniairement de manière assez sévère au profit de l'État comme à celui des défendeurs, parmi lesquels ils avaient cru bon, un moment, de me placer, ils pourront désormais à nouveau se consacrer à leurs chères études. Il était véritablement d'urgente nécessité qu'à l'instar de l'homéopathie et de l'acunpuncture, l'enseignement de la phytothérapie retrouve enfin sa place dans le cadre de la Faculté, hors des chapelles et des coups bas sordides qui n'ont déjà que trop nui à la sérénité de cette discipline. Le Pr Cornillot doit être très sincèrement félicité d'avoir créé cette chaire à la Faculté de Paris-Nord Bobigny.

tous les surmenés, d'ordre physique ou intellectuel. Nous sommes donc assez loin du «sans facteur déclenchant particulier» relevé sur le certificat de notre confrère.

En tout état de cause, un syndrome de cette nature n'est assurément pas de ceux pour lesquels une sanction passe-partout peut ou devrait s'imposer dès le premier regard. Mais au lieu de finalement choisir la solution de facilité en prescrivant un traitement de plusieurs années à un sujet qui, selon toute apparence, n'en était pas justiciable, n'était-il pas plus indiqué de se donner le temps de la réflexion, de solliciter de nouvelles informations si celles déjà fournies paraissaient négligeables, de s'interroger encore pour, s'il en était besoin, reconsidérer l'ensemble du problème ?

Le tort qu'il est possible, sans faire injure, de reconnaître à notre confrère est l'aveugle crédit accordé à l'enseignement restreint de la Faculté, son étonnante obstination dans le mépris de toute autre considération non pourvue de l'estampille. On aimerait ici connaître sa position vis-à-vis des théories de Pasteur qui, à son époque, était un hérétique... Mais la faute, incontestablement, se situe à un tout autre niveau car s'il est couramment admis de nos jours que la théophylline est, de son côté, capable de provoquer des crises d'épilepsie chez le jeune enfant, tel est leur acharnement à maintenir l'éteignoir sur la médecine des plantes, que les auteurs des programmes d'enseignement en sont même arrivés à ne plus mettre en garde les étudiants ni les médecins, à passer sous silence les dangers des plantes et des essences dans leur mauvais emploi. C'eût été de leur part, évidemment, reconnaître à la phyto-aromathérapie l'activité qu'ils entendent formellement lui dénier : «... l'aromathérapie, bien d'autres méthodes encore qui n'ont guère eu le temps de faire leurs preuves» a déclaré le Pr H. S. lors d'une interview publiée dans *l'Aurore* du 22.07.78...[1].

Le jeune garçon en était à sa vingtième prise d'*Alepsal* lorsqu'il me fut donné de le voir. Le vrai traitement de la fatigue passant par la diététique et le respect de l'alternance entre l'activité et le repos, outre une alimentation saine et équilibrée, une vie moins trépidante fut conseillée ainsi que le minimum souhaitable réservé au sommeil, cet incomparable chargeur d'accus qui surclasse très avantageusement les cravaches à neurones. Et pour parfaire l'ensemble, suppression immédiate de toutes les drogues. Trois ans plus tard, la seconde crise d'épilepsie ne s'était pas encore manifestée.

Les crises convulsives épileptiformes, fausses épilepsies *stricto sensu* peuvent être, comme il est bien connu, déclenchées par de nombreux autres facteurs de natures très diverses. Il ne sera sans doute pas inutile de rappeler à ce propos le rôle, loin d'être exceptionnel, que peuvent jouer dans leur apparition, certains troubles endocriniens chez la fillette à la période pré-pubertaire. En méconnaître l'origine serait — outre l'étiquetage habituellement mal supporté — vouer ces adolescentes à un traitement démesuré, inutile autant que préjudiciable. Sans doute parce que, dès le temps déjà lointain de mes études et la préparation d'un diplôme de «psychiatrie et de médecine légale», mon attention avait été très vite attirée sur l'insidiosité de ces phénomènes, j'ai pu, tout au long de ma carrière, en rencontrer de nombreux exemples, par séries quelquefois, en véritables épidémies qui, en confirmant la réalité de certaines influences extérieures — encore trop souvent ignorées de nos

---

1. On pourra juger de l'honnêteté comme de la compétence de cet enseignant qui, d'évidence, ne connaissant rien à la question, se permet d'en parler.

jours quand elles ne sont pas plus simplement rejetées — en facilitent au contraire notablement le diagnostic.

Il s'agit pour la plupart d'enfants de neuf à douze ans dont l'état de santé n'avait jusqu'alors jamais rien présenté de particulier. Les examens, clinique et complémentaires, ne révèlent généralement rien d'anormal si ce n'est assez souvent une parasitose intestinale, capable, nul ne l'ignore, de provoquer de son côté un certain nombre de troubles nerveux. Mais eu égard à l'extrême fréquence, chez les enfants d'âge scolaire, du parasitisme intestinal évalué à environ 60-70 % de l'effectif, et au nombre très inférieur, sans commune mesure, des accidents convulsifs dans cette catégorie, force est d'envisager une autre cause qui, selon toute vraisemblance, ne peut se situer qu'au niveau de l'appareil ovarien. La thérapeutique se chargera d'ailleurs très rapidement de confirmer ce point de vue.

Parmi les divers traitements possibles, outre les calmants (mélilot, lotier, passiflore, valériane...) toujours utiles pendant deux ou trois semaines, la pratique de la phyto-aromathérapie est celle qui, de loin, m'a toujours donné les meilleurs résultats. On pensera aux algues marines (*per os* et sous forme de bains), à la sauge, au cyprès, au persil,... dont les principes hormonaux ont depuis longtemps fait leurs preuves. Mais *surtout*, on prescrira ces plantes majeures que sont l'armoise *(artemisia vulgaris)* et les séneçons *(senecio jacobœa, s. vulgaris...)*.

Loin d'être des nouveautés, les propriétés anti-épileptiques de l'armoise, «particulièrement chez les jeunes filles à l'approche de la puberté», sont mentionnées depuis des siècles. En dépit de sa forme que nombre de «scientistes» jugeront probablement d'un archaïsme crasse, j'ai cru bon de conserver une très ancienne préparation : 50 g de racine pulvérisée dans 50 g de miel dont on donne 3 ou 4 cuillerées à café par jour. La constance de ses effets comme la rapidité de son action m'ont paru justifier, il y a quelques années, la publication d'observations particulièrement démonstratives avec, grâce à ce traitement simple, la suppression rendue possible du gardénal auquel deux de mes petites patientes avaient été bien malencontreusement soumises, respectivement un an et dix-huit mois auparavant.

Quant aux séneçons, dont l'action élective sur l'appareil génital féminin est également connue depuis longtemps, ils seront utilisés avec un égal succès dans le traitement des syndromes nerveux accompagnant nombre d'aménorrhées. H. Leclerc a rapporté le cas de jeunes filles privées de leurs règles et atteintes de convulsions, chez qui le séneçon (à la dose de 2 à 3 g d'extrait fluide par jour), en rétablissant le cycle menstruel, fit disparaître les phénomènes convulsifs. J'ai pu, à différentes reprises, confirmer la réalité de cette application.

Un satisfecit peut donc, semble-t-il, être accordé à ces plantes pour les bons et loyaux services qu'elles ne cessent de fournir depuis des temps très reculés (on les trouve mentionnées dès avant le premier siècle de notre ère, l'armoise avec les mêmes indications, les séneçons — quelque 1 300 espèces recencées à ce jour — n'ayant toutefois démontré leurs propriétés actuellement connues que beaucoup plus tard, après avoir été considérées pendant une longue période comme de simples émollients). On notera que ces deux végétaux sont, par ailleurs, des vermifuges, ce qui pour les exemples envisagés présente un intérêt indiscutable.

Il n'en reste que le terme de « naturel » — l'exemple de l'hysope n'en étant qu'un parmi de nombreux autres — ne saurait être synonyme d'anodin ni de systématiquement bienfaisant, « artificiel » se trouvant à l'opposé chargé de tous les vices. C'est même l'inverse qui peut parfois se produire et cette constatation ne manquera pas, du moins peut-on l'imaginer, de combler d'aise les hacheurs de phyto et prosternés du synthétique. L'exemple des diverses sortes d'essences d'amandes amères est à ce propos des plus significatifs : les artificielles sont sans danger quand l'huile naturelle est un poison violent.

Les essences artificielles d'amandes amères proviennent, en effet, de la transformation du chlorure de benzylidène sous l'influence de l'eau ou de la chaux à 150°. Se transformant dans l'organisme en acide hippurique éliminé par les urines, elles sont dépourvues de toute toxicité.

L'essence naturelle, de son côté, se forme par broyage des amandes dans de l'eau *froide*, car l'eau bouillante détruirait l'émulsine, ferment nécessaire à son élaboration. Outre de l'huile (environ 44 %), des gommes, du tanin, des matières sucrées... l'amande amère contient une matière azotée : l'amygdaline et un ferment : l'émulsine (ou synaptase). Sous l'influence de l'eau, l'émulsine décompose l'amygdaline en glucose, *essence* d'amandes amères (dont le principe odorant est l'aldéhyde benzoïque) et *acide cyanhydrique* (appelé aussi acide prussique) qui, nul ne l'ignore, est un toxique redoutable[1].

On peut, bien entendu, éliminer ce poison de l'essence naturelle par distillation fractionnée, mais l'essence présente alors l'inconvénient de s'oxyder très rapidement à l'air. C'est pourquoi, afin d'éviter aux essences artificielles dépourvues d'acide cyanhydrique de s'oxyder, on leur en ajoute toujours une certaine quantité...

D'autres l'ont dit bien avant : il n'est rien de si compliqué que les simples. Or, depuis quelques

---

1. Cette essence existe également dans les feuilles de laurier-cerise et dans les noyaux de pêche, d'abricot et de cerise (essence dite «de noyaux»).

années, on écrit beaucoup, beaucoup trop assurément, et n'importe qui, sur la médecine des plantes et les essences aromatiques. Certes, il convient de répondre au nouvel engouement, de vendre vite et bien sa sauce, n'importe laquelle avec une herbe par-dessus, pendant qu'il en est temps, avant que les regrettables omissions qu'espèrent dissimuler les envolées dithyrambiques, encore plus les erreurs innombrables génératrices de déconvenues ou d'accidents plus graves[1] viennent à nouveau, comme il y a un siècle et moins de cinquante ans, mettre pour la troisième fois, une sourdine à l'irritant cocorico des pseudo-phytothérapeutes après avoir, chez l'usager, accumulé les déceptions.

Les émouvants détracteurs-apprentis fossoyeurs de la phytothérapie qui, de leur côté, discourent trop souvent de ce qu'ils n'ont même pas pris la peine d'apprendre, ne s'en livrent pas moins avec entrain au réapprovisionnement régulier de leurs arbalètes.

1. Dans un article à la gloire de la phyto-aromathérapie paru en mai 1983 dans un mensuel très connu de fort tirage, le journaliste décrit le cas (d'évidence de pure imagination) d'une colibacillose urinaire durant depuis six ans chez une fillette de douze ans. Le sacro-saint aromatogramme (comme si on avait besoin de cet examen, dont l'abus a été justement dénoncé, pour un syndrome d'une telle banalité !) ayant démontré la sensibilité «des germes» aux essences de cannelle, de girofle, de lavande et de thym, «ces essences sont administrées à l'enfant sous forme de 30 gouttes, 3 fois par jour». Et probablement pour encore mieux convaincre : «deux mois plus tard, ajoute le romancier, le contrôle bactériologique montrait, pour la première fois depuis six ans, des urines stériles». Nous sommes en droit de nous demander si, bien avant ce laps de temps, une telle prescription *n'eût pas* été en mesure de stériliser à la fois le microbe et son porteur (car il va de soi que si la première prise de ce mélange détonant a pu être absorbée par la petite malade, elle n'a pas été suivie d'aucune autre). Aussitôt après avoir, par le plus grand des hasards, été à même de prendre connaissance de ce tissu d'âneries, j'ai adressé une lettre au rédacteur en chef du magazine, en lui demandant de faire paraître d'urgence un rectificatif. L'homme d'affaires n'a jamais pris la peine, ni de me répondre ni d'écouter ce conseil.

Il y a deux mois, paraissait dans un de nos journaux professionnels, une mise en garde sur les effets tératogènes du *Veratrum californicum*, une plante dont la clientèle mal inspirée est constituée par le bétail, et sur le danger de s'enrouler autour du corps des feuilles de tabac pour les passer en contrebande : un homme le paya de sa vie par intoxication. A défaut de déboucher sur un côté pratique, car nos patients, même végétariens, n'en sont pas encore arrivés à brouter les prairies et, pas plus que nous, n'utilisent le tabac de cette façon, ces précisions auront eu le mérite de confirmer que les plantes ne sont pas des placebos, et que l'extrême diffusibilité de leurs principes à travers les téguments, en font d'incomparables alliées sinon les pires ennemies (cf. les empoisonneurs du Moyen Age).

Il est possible, néanmoins, que l'auteur n'ait eu pour seul désir, que se rendre utile à l'ensemble et nous devons l'en remercier. On se demande alors ce que peut bien ajouter le malicieux « Vive la Nature » dont il a cru devoir assortir son propos.

Au cas où, malgré lui, il entendrait poursuivre sa collaboration en vue d'une connaissance toujours plus précise de la phytothérapie et, pourquoi pas, lui sacrifier un jour, qu'il sache que contrairement à ce que certains inconditionnels de la chimiothérapie se sont laissés à dire, les doses de prescriptions en phyto-aromathérapie sont loin de « n'avoir qu'une simple valeur indicative », l'exemple de l'hysope étant de nature à le lui rappeler. Car si, dans la prévention du rachitisme chez le nourrisson, la dose utile de vitamine D varie selon les auteurs de 400 à 1 600 unités par jour, on devra bien se garder de prendre semblables libertés avec l'armoise ou les séneçons : à doses élevées, l'armoise peut provoquer une hépato-néphrite et même des convulsions... tout comme la racine de valériane, modérateur bien connu de l'hyperexcitabilité nerveuse, qui peut, à certaines doses, entraîner également des accidents convulsifs.

La phyto-aromathérapie, comme il est spécifié dans tous les ouvrages sérieux, mais on ne le répétera sans doute jamais assez, est une médecine dangereuse. Car elle agit, en dépit de toutes les balivernes des si benoîts impénitents souteneurs de polémiques.

Attaques sauvages

Si, depuis quelques années, il est devenu banal de parler de phytothérapie ou d'aromathérapie, de noircir du papier, de faire des conférences et de s'exprimer sur les ondes à leur sujet, en bref, d'apporter enfin au public l'information sans fard qu'il demande et à laquelle il a droit, il n'en fut pas toujours ainsi.

Il n'y a pas encore dix ans, le médecin qui se permettait d'affirmer que la chimiothérapie ne pouvait être, et ne serait jamais, le seul moyen de traitement possible, encore moins le *nec plus ultra* de l'arsenal thérapeutique, et qu'en revanche la phyto-aromathérapie pouvait souvent agir quand tout avait échoué, l'imprudent avait toutes chances de s'attirer les sourires condescendants, les ricanements par trains entiers, si ce n'est une avalanche de critiques hystériformes plus ou moins véhémentes, insultes en tous genres, coups bas ou haines féroces de la quasi-totalité des orthodoxes, de l'humble praticien aux maîtres ampoulés omniscients.

Le procédé est bien connu, et son emploi de rigueur depuis les origines vis-à-vis de ceux qui, refusant toute forme de psittacisme, entendent se démarquer des dogmatismes en cours. Plus que tout autre peut-être, le domaine médical expose le novateur à toutes les avanies, même si *non nova, sed nove,* quand il ne s'agit pas, à proprement parler, de choses nouvelles, mais d'une manière nouvelle d'en discourir, par exemple après un temps plus ou moins long de négligence ou d'oubli. Seules les petites innovations, gadgets sans importance qui ne bousculent rien, bénéficient de la tolérance. Les grandes, de préférence les plus utiles, sont d'avance condamnées. C'est qu'elles dérangent les habitudes et surtout, impardonnable inconséquence, malmènent les vanités et plus encore, les intérêts. «Une découverte géniale sur le plan de la santé, écrit le Dr H. Pradal, qui mettrait en péril d'énormes intérêts industriels, n'aurait aucune chance, en 1982, de passer au stade de l'application au grand public[1]». C'est que, les impératifs économiques mis à part, la nature humaine reste immuable dans son essence. Sans doute ne devons-nous pas trop demander : nous bénéficions déjà de la cafetière automatique et de la crème à raser sans blaireau.

D'innombrables exemples pourraient être donnés de cette impossibilité, pour des progrès majeurs, d'être suivis d'effets avant vingt ou trente ans, cinquante et parfois plus. En voici un démonstratif, publié par mes soins en 1974. Il y avait déjà vingt ans qu'un médecin suisse avait fait part de ses constatations sur l'influence de diverses variétés de sucres sur la carie dentaire. A la suite d'une étude portant sur plusieurs centaines d'enfants de 2 à 16 ans, il avait pu prouver que le sucre de betterave, le blanc raffiné, est le grand responsable de ce fléau, le sucre de canne demi raffiné l'étant un peu moins tandis que le sucre de canne naturel et complet assurait à 92 % une excellente denture aux enfants qui le consommaient exclusivement. 92 % au lieu de 21 % avec le sucre blanc, voilà de quoi faire réfléchir, l'usager comme les grands betteraviers et les fabricants de pâtes dentifrice. Mais la parole restant toujours à la puissance, la prévention de la carie dentaire se résume toujours à quelques examens dénombrant les dégâts, aux soins locaux et, surtout, à l'utilisation de produits miracles. Les résultats sont édifiants.

Que les novateurs aient, de tout temps, dû subir à tout le moins la très efficace loi du silence, mais

1. *Chroniques insolentes* (Seuil, édit.).

plus souvent les injures, voire des condamnations plus ou moins lourdes — sans commune mesure cependant avec les peines d'emprisonnement ou le bûcher en usage autrefois — il suffit de s'informer pour le savoir. Dans mon ouvrage «Docteur Nature», j'ai consacré un long chapitre à ces hommes à qui nous devons beaucoup, certains ayant été depuis parés du titre de bienfaiteurs de l'humanité, qui en leur temps furent mis au ban de la société.

Sans remonter aux temps pré-T.S.F., je rappellerai quelques exemples de chercheurs qui, ayant incontestablement enrichi le patrimoine des connaissances, n'en ont pas moins connu des incidents de parcours. C'est le cas du médecin dijonnais R. Guillemin qui, devant l'incompréhension de ceux dont, dans notre cher pays, la mission est d'épauler les scientifiques, se vit contraint de s'expatrier pour devenir, en 1971, Prix Nobel de médecine sous la bannière américaine.

C'est aussi le cas du Pr Milliez, dont la notoriété s'étend, de son côté, bien au-delà de nos frontières. Il y a quelques années, d'aucuns s'en souviendront, à la suite d'un de ses passages à la télévision, il fut stigmatisé vite fait et plutôt méchamment par les pygmées démolisseurs de l'Ordre des médecins[1]. La presse fit grand tapage devant la menace de suspension brandie au-dessus de la tête du courageux doyen de Broussais. Mais il fallut finalement l'intervention brutale d'un comité de défense constitué de médecins anciens résistants — dont Milliez fit partie — pour que, les fesses serrées au-dessus de leurs borborygmes, les visages pâles de céramique craquelée réintégrassent leur case.

A ce propos, lors des «États généraux du cœur»

---

1. Comme on le voit, il n'y a pas que «l'Académie pour être, selon Robertson, l'administration des pompes funèbres des idées».

à Paris, en décembre 1966, les orateurs réprouvèrent avec force l'apathie générale, celle des pouvoirs publics comme d'une grande partie de l'opinion qui, en limitant dangereusement les crédits nécessaires, mettaient le cœur d'un Français au 25° de la valeur de celui d'un Américain : 4 F contre 100. On se souvient que, de trois services importants spécialisés, l'un n'avait reçu en tout et pour tout que 71 000 F pour l'année, les deux autres respectivement 13 000 et 5 000 F. «Les cardiologues ont eu tort, s'était alors écrié le Pr Milliez, de ne pas parler plus tôt à la radio, de ne pas faire de déclaration à la presse». Il a vu, quelques années plus tard, ce qu'il pouvait en résulter. Et je ne puis m'empêcher de conter ici une anecdote datant de 1943 :

J'étais alors en quatrième année de médecine à l'École du Service de Santé et à la Faculté de Médecine de Lyon, lorsque me vint l'idée de préparer ma thèse de Doctorat sur les idées d'Auguste Lumière, en particulier sa théorie colloïdale. «Je vous le déconseille formellement, me déclara le grand chercheur, car ce serait le plus sûr moyen de vous faire recaler. Soutenez une thèse sur n'importe quoi et quand vous serez diplômé, vous pourrez dire ce que bon vous semble». Un rêve qui vit la fin lorsque, deux mois après la parution de la 1re édition de «Docteur Nature» en 1971, j'eus affaire aux honorés confrères trônant au tribunal d'exception de l'Ordre des Médecins.

Il y eut également «l'affaire Pradal», édifiante s'il en fut. Souvenez-vous : ce médecin pharmacologue s'était permis, sans qu'on l'en eût prié, de compléter — tant à l'usage des professionnels que de l'usager — les informations quelque peu imprécises des fabricants de médicaments. Son «Guide des médicaments les plus courants» (Seuil, édit.) à peine paru en 1974, n'écoutant que leur courage et, cela va de soi, on l'a compris, dans le seul et unique intérêt des patients, neuf trusts pharmaceutiques se liguèrent contre le pauvre «petit docteur» (c'est ainsi qu'il se qualifiait) qui dut essuyer quatorze procès. On sait qu'il les gagna dans leur totalité, mais tout de même... De son côté, toujours grand défenseur de la veuve, de l'orphelin et du corps des malades réunis, dépité certainement de jugements sans finesse, l'Ordre des Médecins réserva à Pradal une friction décapante de sa composition.

S'était-il souvenu de la phrase de Diderot : «lorsqu'on a réussi une œuvre utile, on a le devoir de l'exposer. La modestie n'étant alors que sottise ou hypocrisie»? Henri Pradal poursuivit ses travaux qu'il publia dans ses ouvrages, dont le plus important est, sans conteste, le «Dictionnaire critique des médicaments» (Seuil), un monument de savoir indispensable aux professionnels comme à ses nombreux lecteurs, et dont la mise à jour se fait annuellement.

De ces quelques exemples parmi quantité d'autres, il ressort qu'il n'est pas nécessaire de faire de la politique pour se faire fustiger, être voué à l'anathème[1]. Bien que n'ayant pu accéder à un vedettariat de cette envergure — ce dont, au demeurant, je ne saurais me plaindre — je n'ai pu éviter un certain nombre d'offensives qui, selon la qualité de l'assaillant et son humeur du jour, vont de l'emploi de la

---

1. A ces différences toutefois, c'est que les députés se mettent très rarement en prison et qu'à l'inverse, les professionnels de la médecine sont loin de maîtriser l'incomparable diversité de vocabulaire des bipèdes qu'ont choisis nos compatriotes pour les représenter. D'abject jusqu'à zygote, la liste des invectives est émaillée de trouvailles époustouflantes nonobstant certaines répétitions comme gueule de raie et foutu con, en passant par pelle à merde et endaufé. A ceux que décourage la lecture rebutante du Journal Officiel, je ne saurais trop conseiller celle du «Dictionnaire des injures politiques» mis à jour dans le *Crapouillot* nº 45 de 1977. A l'usage des adultes, bien entendu, car les enfants n'y apprendraient rien.

balle humanitaire à celui plus inclément de l'Exocet.

C'était il y a quelques années. Je partageais alors avec, de son côté, M. Mességué en ce qui concerne l'usage des infusions et décoctions de plantes, la lourde charge de remettre en honneur, d'un point de vue scientifique ici, la phyto-aromathérapie encore regrettablement méconnue et, de ce fait, pratiquement inutilisée sauf sous la forme des produits conditionnés.

Depuis la date de mes premières publications en 1948 sur l'action des distillats iodés d'huile de foie de morue sur les furoncles, anthrax et certaines dermatoses, j'avais cependant eu l'occasion de produire divers ouvrages, de prononcer de nombreuses conférences dans le cadre des Facultés ou grand public, de participer à quantité d'émissions radio-télévisées en France comme à l'étranger. J'avais présidé, dès 1960, plusieurs symposiums de phyto-aromathérapie, en particulier sous l'égide de Louis Sévelinges, docteur en pharmacie — à l'époque directeur des Laboratoires Phytaroma — avec pour assesseurs, des hommes de premier plan : le Pr Robert Moreau, l'actuel président de la pharmacopée européenne, le Pr Camille Lian, de l'Académie de Médecine, le Pr Jean Barbaud, mon compagnon d'études à l'École de Santé...

En 1971, j'avais fondé la première association d'études française en phytothérapie et aromathérapie, organisé depuis de nombreuses réunions, présidé divers congrès ayant donné lieu à d'aimables commentaires dans les presses françaises et étrangères quand, un matin de juillet 1976, parut sans plus de façon dans le «Journal suisse de pharmacie» un article détonant me concernant, intitulé : «Le charlatan des ondes». Je n'avais pas encore eu l'avantage d'en prendre connaissance que, de toutes parts, me parvenaient des lettres de malades, et surtout de pharmaciens m'engageant à ne pas en rester là, l'un d'eux se chargeant même de faire publier ma réponse dans le même journal et en même place.

Mais le droit imprescriptible de la liberté d'expression, tout comme l'élémentaire droit de réponse, me furent, en toute simplicité, tout bonnement refusés. Bénéficiant d'une autre tribune, en l'espèce un trimestriel dont j'étais le rédacteur en chef, il m'apparut alors qu'on pouvait, selon le vieil adage, être parfaitement servi en ne s'adressant qu'à soi. Voici, *in extenso*, la page de style de mon auguste pourfendeur :

Le charlatan des ondes

«La radio romande se laisse entraîner sur une voie pour le moins très contestable. Elle rejoint parfois les chaînes périphériques étrangères qui jugent de la valeur d'une émission sur le nombre de réactions qu'elle suscite. Si ce critère est explicable dans le cas de ces dernières, puisqu'elles vivent grassement de la publicité et que les publicistes ont pour objectif unique de toucher le plus grand nombre d'auditeurs, il me semble que notre radio ne devrait pas les suivre sur ce terrain.

«Or, la radio romande, selon ses dires, maintient l'émission du Dr Nature, alias Dr Valnet, parce qu'elle rencontre un énorme succès. Le Dr Valnet répond aux questions personnelles des auditeurs concernant leur santé. A mon avis, le Dr Valnet pratique tout simplement illégalement la médecine. Le personnage de ce médecin français est assez intéressant : prétentieux, bavard, rusé charlatan et surtout admirable commerçant. Il est président de l'«Association d'études et de recherches en aroma-thérapie et phytothérapie»; ce titre ronflant pose son gaillard. Il a chargé une maison en Suisse d'écouler les produits portant son nom. Ainsi, fort de son auréole de médecin-chirurgien et de sa jactance française, il utilise la radio gratuitement pour se faire connaître et vanter sa thérapeutique aromathérapique qui n'est, faut-il le préciser, qu'une vaste charlatanerie, ou peu s'en faut.

« Différentes interventions, entre autres la nôtre et celle du médecin cantonal vaudois, ont été faites à la direction de la radio pour attirer l'attention du responsable sur cette affaire, mais en vain ; le Dr Valnet continue à donner ses consultations sur nos ondes. Lorsqu'on essaie, comme je le fais depuis des années — et je ne suis pas le seul, bien entendu —, de recommander à nos collègues de ne pas outrepasser leurs droits, de ne pas délivrer certains médicaments sans ordonnance, de lutter contre l'abus des médicaments, de jouer en quelque sorte le rôle de gardien de la santé publique, on ne peut qu'être déçu de constater qu'en définitive, seul le culot paie et impressionne. Nos autorités exigent de nous, et à juste titre, une grande rigueur dans l'exercice de nos activités professionnelles et, tout à coup, elles tolèrent une énorme brèche dans le système sanitaire. Il va de soi que je suis le premier à me féliciter que les mass média prévoient des émissions concernant la santé. Mais alors, qu'elles choisissent des médecins ou des membres d'autres professions médicales ou auxiliaires qui viennent devant le micro, non pas pour se créer leur propre notoriété ou celle de leurs produits, mais uniquement pour servir la santé publique.

« Dans ma voiture, l'autre jour, j'ai entendu quelques minutes seulement de l'émission Valnet : c'était époustouflant ! J'ai appris que le meilleur *antibiotique* était une épice, je crois avoir saisi qu'il s'agissait de la muscade. C'est vraiment une affirmation inouïe ! Je me demande combien de malades, traités actuellement aux antibiotiques, vont cesser leur médication pour s'adonner à la muscade ?

« Autre déclaration péremptoire, la façon de

guérir les angines : gargarismes aux feuilles de ronces et badigeons au bleu de méthylène. L'ennui, c'est qu'en Suisse, le bleu de méthylène n'est plus dans la pharmacopée helvétique, ce que le Dr Nature ignore évidemment.

« Je passe sur les allusions aux vertus du poivre, ce qui a permis à notre charlatan français de faire quelques fines plaisanteries. Quant aux explications du président de l'aromatique sur les causes de la chute des cheveux, elles valaient à elles seules toute l'émission : le Dr Valnet déclare qu'il avait constaté, durant la deuxième guerre, que des gens choqués moralement avaient perdu toute leur tignasse en une seule nuit. Curieusement, il ajouta que, dans ces cas, il n'y avait rien à faire, ce qui démontre l'astuce du bonhomme ou alors qu'il n'a pas encore mis au point son propre produit. Je lui suggère, quant à moi, de lancer une formule à base de graisse à traire...

« En effet, il connaît particulièrement bien les vaches à lait helvétiques !

Signé : G. Bédat »

« Plus on est incapable, plus on devient méchant et plus on devient vulgaire, plus on a de la haine ». Que je regrette d'avoir oublié le nom de l'auteur de ces lignes ! En tout cas, ferait un bien mauvais calcul celui qui, perdant de la considération, penserait la retrouver en déconsidérant l'autre. D'autant qu'on doit se méfier du « qui ne dit mot consent ».

Voici la réponse que je crus devoir publier à l'automne, quand certaines feuilles amorcent leur tombée.

Devant l'énormité de certaines balourdises, il est bien difficile de garder son sérieux. Aussi, bien que manifestement dépourvue de toute tendresse à mon endroit, la page que m'a consacrée un certain B. dans le « Journal suisse de pharmacie » de juillet

1976, m'a diverti. B. ne me ménage pas cependant, mais la hargne qu'on devine tout au long de ses élucubrations incite à rire.

Pour ceux qui n'auraient pas eu le rare privilège de lire les curieuses attaques de cet individu, il faut savoir que je suis d'abord «rusé, prétentieux, et bavard». Jusqu'ici, pas de quoi fouetter un chat. Et si bavard est un défaut, je n'y puis rien, c'est de famille.

Mais il y a plus : je suis aussi un «charlatan». Comme j'ai l'honneur. Pourquoi? Eh bien, tout simplement parce que dans mes écrits, mes conférences et sur les ondes (qu'elles soient suisses ou d'autres pays), j'ai l'outrecuidance de défendre la cause de la **Phytothérapie** et de l'**Aromathérapie** «*qui n'est, faut-il le préciser, qu'une vaste charlatanerie*». Outre que ce n'est pas très aimable pour les chercheurs du monde entier et les universitaires qui consacrent leurs activités à la phyto-aromathérapie, B., pharmacien, sera bientôt le seul à ne pas savoir ce qu'est cette thérapeutique. Ce manque de pondération étonne, mais je me demande s'il est très profitable de vouloir humilier. Je ne sais pas non plus si la diffamation grandit celui qui s'y adonne. Il y a tellement d'autres manières de se défouler... et puis on risque moins d'avoir à se prononcer devant les magistrats[1].

J'aurais traité de tels propos par le mépris si, de toutes parts, on ne m'avait prié sinon adjuré de ne pas en rester là. L'article du sieur B., à peine paru et repris, parfois assez malhabilement par certains journaux, je recevais de nombreuses lettres de médecins, pharmaciens, auditeurs me faisant part de leur indignation et m'apportant leur soutien. Il est donc faux qu'il y ait, comme certains journaux

1. Un conseil qui m'avait été donné mais que je n'ai pas cru devoir mettre à profit.

l'ont écrit, une guerre entre **tous** les médecins et les pharmaciens d'un côté, et moi de l'autre. On s'en serait douté ! Que tous les correspondants, professionnels ou non, qui ont tenu à m'assurer de leur confiance et de leur amitié, en soient sincèrement remerciés.

« J'espère que vous ne laisserez pas ce torchon sans réponse, réponse que je transmettrai à qui de droit pour être publiée dans le même journal » m'écrit un pharmacien. « Continuez, ne vous laissez pas intimider » m'écrit un second. Tandis que dans la presse, un troisième qualifiait l'impayable B. d'être « bête et méchant ». Pour d'autres, ce n'est qu'un « pauvre type volant bien bas », ou encore « un malfaisant ».

Je courais évidemment un risque de ne pas répondre car on connaît l'adage : « qui ne dit mot, consent ». Je me bornerai tout d'abord à publier la lettre qu'un très grand pharmacien suisse a adressée aussitôt à mon détracteur :

« Mon cher B.,

« J'ai lu l'éditorial du « Journal suisse de phar-« macie », clouant au pilori le docteur Valnet qui parle à la radio suisse depuis deux ans.

Ces émissions, et d'autres sur des sujets semblables, sont très écoutées et commentées. La raison ? C'est qu'un public de plus en plus nombreux, de plus en plus sensibilisé par les méfaits de la chimie, recherche la santé par des médications naturelles. Et comme il ne les trouve guère chez les pharmaciens, ni les conseils à leur sujet, il écoute le docteur Valnet... La radio est sensible à cette très nette évolution du public. Et c'est bien dommage que les pharmaciens ferment les yeux sur cette évolution. Ce serait intéressant de savoir pourquoi.

Sans vouloir faire ici de la polémique, ma lettre te dit mon désaccord profond avec ton éditorial, et, pour rester positif, te propose ce qui suit.

Que savent les pharmaciens sur, par exemple, l'aromathérapie ? Rien ou presque, bien que la connaissance des plantes soit « res pharmaceutica ». Par conséquent, lorsqu'ils ont à vendre une essence, le public se rend compte qu'ils ne sont pas dans le coup. Nous n'avons donc pas à nous étonner que les droguistes s'intéressent aux essences ; ils étudient par exemple les ouvrages du docteur Valnet, documents parfaitement sérieux qui font autorité dans maintes universités, notamment dans toute la France.

Ainsi, je propose qu'on informe les pharmaciens sur l'aromathérapie ; ils pourront alors se faire une idée personnelle et ils jugeront sur des faits. Que voilà une belle tâche, et positive pour la profession, du Journal suisse de pharmacie !

Ce journal pourrait aussi renseigner les pharmaciens sur une multitude de plantes non étudiées dans les universités, qui sont connues (hélas pas des pharmaciens) et utilisées pour leurs activités remarquables.

On pourrait encore dire aux pharmaciens de bien observer si les antibiotiques ou autres chimiothérapiques guérissent les cystites. Moi, je n'ai jamais vu un cas définitivement guéri. Et toi ? Par contre, le traitement du docteur Valnet en guérit la grande majorité, et par des médicaments naturels normalement en stock dans toute pharmacie. Aucun d'eux ne porte le nom de ce médecin...

Enfin, si en tous sujets pharmaceutiques, une information objective était offerte aux pharmaciens, ils auraient pris connaissance de nombreux travaux scientifiques mettant en garde contre les excès de vitamine C synthétique, — alors qu'actuellement, ils ne sont informés sur des sujets essentiels que par une certaine industrie.

Voilà, mon cher président, ce qu'on voudrait voir

dans le Journal suisse de pharmacie. Ce serait bien autrement promotionnel que ton éditorial qui, par la presse, est en train de faire de l'antipublicité pour la pharmacie. Cette information par le journal professionnel amènerait les pharmaciens à être attentifs à l'évolution du public. Le docteur Valnet, lui, sait ce que cherche le public ; il le lui offre avec conviction et avec compétence, car ce qu'il dit, ce sont des faits prouvés.

Alors, s'informer d'abord, juger ensuite...

Et ceci m'amène à une dernière remarque. Le CAP voulait organiser une Journée technique avec le docteur Valnet. Cette intention a été abandonnée à la suite de pressions de personnages importants de la pharmacie. Qui y a-t-il derrière eux ? Pourquoi refuser aux pharmaciens suisses le droit de s'informer ? Ne sont-ils pas, eux aussi, adultes ?

Reçois, mon cher B. »,...

Je rappellerai aussi les propos, parus dans la presse, de M. Bernard Nicod, directeur des programmes de la Radio-Suisse Romande qui entend maintenir les émissions « Conseils santé » auxquelles participent tour à tour différentes disciplines. Pour Bernard Nicod dont le permanent souci est l'information, « les auditeurs sont des adultes ».

Qu'on me permette également de rapporter les paroles, également publiées, de M. Walter Hofer, vice-président de l'Association Suisse des Droguistes : « Quand le docteur Valnet parle à la radio, il ne donne jamais de nom de marque ni de spécialité. Il donne des conseils pleins de bon sens et il explique un domaine qu'il a parfaitement étudié ». Pour M. Hofer, j'ai été « torpillé par la chimie, dont la puissante industrie met tout de suite le pouce sur la soupape... évidemment, ce que dit le Dr Valnet ne plaît pas à tout le monde ».

De nombreux auditeurs et lecteurs se sont

également prononcés très rapidement dans la presse. Je n'en citerai que deux :

Effrayant, titre l'un des correspondants de «*24 heures*» du 9 août 1976. «La réaction des médecins face aux émissions du Dr Nature est inquiétante. Les détenteurs de la science médicale auraient-ils peur de voir leur tranquille immunité sapée par de modestes émissions radiophoniques? Sinon, pourquoi forment-ils un écran aux «redécouvertes» récentes qui profitent à notre santé, puis à notre bourse (plus qu'à celle des pharmaciens ou médecins, il est vrai). J'en veux pour preuve l'exemple suivant : un médecin soigne un patient à l'aide d'une pommade aux antibiotiques à 80 F le tube géant. Après une année de traitement inefficace, le patient s'affole de voir son mal qui progresse. Son médecin lui conseille d'utiliser inlassablement cette pommade. Puis, sur la proposition d'un fidèle auditeur du Dr Valnet, il prend une médication naturelle (2 F les 250 g) et voit disparaître en un mois l'objet de ses tracas.

Il est effrayant de constater qu'il existe des médecins qui, pendant toute leur vie professionnelle, voyant les noms qui se chevauchent dans leur carnet de rendez-vous, la confiance réciproque sauvegardée et l'argent qui coule à flots, ne prennent pas la peine de rester curieux aux apports nouveaux et pratiquent pendant toute une vie la médecine qu'ils ont apprise durant leurs études et expérimentée pendant leurs stages».

Abject, dit un autre. «Je ne veux en aucun cas faire la critique de nos médecins et pharmaciens, ni soutenir le Dr Nature alias Dr Valnet; mais j'aimerais me faire l'arbitre de ce match, car je trouve abject que nos médecins et pharmaciens puissent, à l'égard d'un de leurs confrères, utiliser des mots aussi ignobles et mensongers que : «pseudo-science, charlatan, imposteur, fumiste» et j'en passe.

Que ces médecins et pharmaciens, qui nourrissent une jalousie extrême envers un confrère qui a du succès sur le plan médical, aient la pudeur de régler leurs comptes d'une façon interne et sur un thème médical avec preuves et expériences ; mais surtout, qu'ils cessent leur petit jeu abject, ignoble et obscène par la voie de la presse. Voilà ce que je veux, moi, le public ».

Que pourrait-on ajouter ? Quelques mises au point toutefois : B. avoue lui-même qu'il a formé son jugement et formulé ses injures après avoir écouté, pendant *quelques minutes seulement* (sic) l'une de mes émissions radiophoniques. *Il croit avoir saisi* que, pour moi, la muscade était le meilleur antibiotique. Or, je n'ai jamais parlé de la muscade dans mes émissions. Il nie que les gargarismes aux feuilles de ronce soient un excellent traitement des angines banales. Je le renvoie à la fiche parue sur cette question dans un précédent « *Journal du Docteur Nature* » et je lui propose de retourner à l'école pour étudier la composition et les propriétés du *rubus fructicosus*, nom botanique du mûrier sauvage également appelé ronce.

Je donne des consultations à la radio ?... à croire que M. B. ne connaît pas la signification exacte des mots qu'il emploie car, en fait, si consultations il y a, il y a bien longtemps qu'elles ont paru dans mes ouvrages et dans mes divers écrits dont je me borne, à la faveur de certaines questions, à en préciser quelques aspects.

Certains journaux, paraît-il, ont dit aussi que j'avais été radié par l'Ordre des médecins. Ce n'est donc plus un secret pour personne que j'ai eu « des mots » avec cet organisme. Pour quelles raisons ? Tout simplement pour avoir écrit mon livre « *Docteur Nature* » qui bousculait trop probablement certains préjugés ou quelques intérêts : suivez mon regard. Sans avoir été entendu, je me suis vu à l'époque (1971), effectivement radié du tableau de l'Ordre des médecins[1]. Est-ce parce que je soignais un certain nombre de parlementaires, y compris un ancien ministre de la Santé et sa famille ? ma radiation se transforma en une suspension d'un an. Mais l'année écoulée, je me suis empressé de demander par lettre recommandée avec accusé de réception à l'Ordre des médecins, le retrait de mon nom du tableau. Cette attitude me fut d'ailleurs reprochée par mes amis professeurs de Faculté, membres ou non de l'*Association d'Études et de Recherches en Aromathérapie et Phytothérapie* que j'avais fondée la même année. Elle me fut également reprochée par cet ancien ministre de la Santé évoqué plus haut. Mais comme je n'avais pas l'intention de modifier en quoi que ce soit mes habitudes !...

« Les attitudes dont vous faites l'objet, sentent la cabale » m'a récemment écrit un autre pharmacien suisse. « Par qui B. est téléguidé ?... ». Effectivement, les mobiles de B. ne sont pas obligés d'apparaître clairement. Car il prétend vouloir lutter contre l'abus des médicaments (?). Beaucoup seraient très intéressés de savoir comment, car nous le prétendons aussi, mais nous, nous le prouvons.

En tout cas, les propos guignolesques du sieur B. m'ont valu une publicité dont je me serais très bien passé, mais aussi de nombreux courriers de personnes entendant ne plus être systématiquement soignées par une débauche de produits de synthèse. Tel ce fonctionnaire fédéral qui commence sa lettre ainsi : « En dépit des critiques jalouses émises à votre égard par certains « confrères », je suis un fervent adepte de la médecine naturelle que vous préconisez dans vos émissions et je tiens à vous en remercier, c'est pourquoi... ».

---

1. Il faut savoir que cette parodie de juridiction ne communiquant jamais les éléments d'accusation à l'intéressé, toute défense devient de ce fait totalement illusoire.

« La jalousie est inévitable envers ceux qui réussissent ». C'est M. Jann qui l'a dit à l'époque. M. Jann : le P.D.G. des Laboratoires Roche.

Après cette mise au point d'octobre 1976, mon intention était de tirer un trait sur un problème qui, au demeurant, n'a jamais empêché la terre de tourner, ni la phytothérapie de progresser. Mais « l'esprit de l'homme, dixit Erasme, est ainsi fait que le mensonge a cent fois plus de prise sur lui que la vérité » ce que mes correspondants se chargent de me rappeler périodiquement. Parmi ses multiples divagations, M. B. a écrit que je préconisais dans les infections génito-urinaires un produit interdit : le bleu de méthylène. Interdit sans doute en Suisse (ce que j'ignorais), mais les émissions de Radio Suisse Romande sont également écoutées par les Français pour qui le bleu de méthylène reste inscrit à la pharmacopée. Les médicaments à base de clofibrate ont été interdits quelques mois en Allemagne, non ailleurs.

L'essence de sassafras est, pour les Suisses, suspecte de pouvoirs cancérigènes mais non dans notre pays.

« Mon médecin m'a prescrit un médicament contenant du bleu de méthylène, m'a dernièrement signalé une malade. Est-ce que je ne risque rien ? » Je pus lui répondre qu'elle risquait tout simplement de se voir améliorée sinon guérie.

On sait que les essences aromatiques sont les plus puissants antiseptiques et microbicides actuellement connus. Toutes les infections en sont justiciables, mais le bleu de méthylène a un pouvoir calmant, ce qu'apprécient les centaines de milliers de femmes souffrant de cystite. C'est la raison pour laquelle je préconise très souvent ce produit dans ces affections pénibles et douloureuses.

Je terminerai, à ce propos, par une communication du Dr P. (Villeparisis - Seine-et-Marne) parue dans «Le Généraliste» du 20.05.78, relative au *bleu de méthylène*.

«Concernant les infections urinaires récidivantes, je me permets de vous signaler que j'ai obtenu de bons résultats avec : bleu de méthylène + vaccin urinaire buccal en cures répétées. Je pense que cette méthode pourrait éviter les cures d'antibiotiques ou de sulfamides».

Voilà, pour le pharmacien B., de quoi conseiller, et cette fois utilement en dépit du faible coût de cette médication, les futurs clients éventuels que je lui souhaite nombreux.

Bioélectronique et aromathérapie

S'il n'est pas nécessaire, pour prescrire un traitement, d'en connaître toujours les exactes modalités d'action, l'essentiel étant qu'on le sache actif et sans danger, il a cependant toujours paru souhaitable, dans la nature profonde de l'homme, de chercher le pourquoi, seul moyen véritable, par ailleurs, de faire mentir Voltaire pour qui «la médecine est la science qui introduit des médicaments qu'elle ne connaît pas dans un organisme qu'elle connaît encore moins». Un siècle plus tard, environ 1860, Trousseau ne parlait guère différemment. Revenu à la chaire de Thérapeutique de la Faculté de médecine de Paris après l'avoir abandonnée pendant quinze ans au profit de la Clinique, les propos qu'il tint lors de sa leçon inaugurale ne laissèrent pas d'imprégner profondément l'esprit du Corps médical de l'époque. Il avait exposé qu'en ayant laissé pendant un an tous les malades de son service sans aucun traitement, il avait vu ces patients guérir plus vite et mieux que ceux qui, l'année précédente, avaient été soumis aux thérapeutiques classiques. Il en donnait l'explication en estimant que les malades traités avaient été dans l'obligation de guérir, non seulement de leur maladie, mais des remèdes qu'on leur avait administrés.

Les méfaits de certaines drogues, comme d'attitudes diverses, ne sont donc pas d'aujourd'hui. Déjà Richard Méad, «médecin du Roi de la Grande-Bretagne», déplorait, en 1734, qu'on ne sache pas «si telle ou telle douleur dut son origine à la maladie ou aux remèdes administrés à contresens». Au lieu des «prétendus remèdes, presque toujours équivoques, quelquefois meurtriers», il recommandait le plus souvent «la sage enpectative», et d'aider la nature en étant son ministre.

Pour ce faire, il convenait tout d'abord de rejeter formellement tous ces « remèdes de bonne femme », charlatanesques et de prix exorbitant, comme celui qui devait briser les calculs dans la vessie pour les entraîner dans les urines, à base de savon et de chaux de crustacés. Aux affectés des reins, il fallait se garder des diurétiques trop forts et donnés trop longtemps, prescrire en revanche des eaux légères, celles qui ne forment pas de dépôt dans les récipients où on les fait bouillir, et en cas de crises, recommander les antispasmodiques comme l'opium, de l'huile d'amande douce et des lavements calmants avec de la térébenthine. Il accordait une importance majeure aux influences lunaires et à la pression atmosphérique, s'irritait de constater que « la médecine dépendît plus des opinions que de l'expérience » et, outre la diète et la saignée, faisait le plus grand usage des plantes auxquelles il reconnaissait devoir les meilleurs succès.

Depuis ces temps déjà lointains, bien que ne manquent toujours pas les exemples vis-à-vis desquels la phrase de François-Marie Arouet, dit Voltaire, n'a pas pris beaucoup de rides, nous en savons tout de même un peu plus sur le mode d'action et le devenir des médicaments, y compris ceux à base de végétaux. La reconnaissance d'une chimie particulière chez le vivant a réintroduit la phytothérapie et l'aromathérapie sous une forme scientifique. Nous le devons aux expérimentateurs, aux fondamentalistes dont les travaux de recherche sont une perpétuelle innovation. Mais, comme l'a rappelé J.-M. Pelt, dans une plante, « le tout est plus que la somme des parties, et connaître isolément chacune des parties ne suffit pas à connaître le tout ». Aussi, les propriétés d'une drogue ne sont-elles pas la somme des propriétés de ses constituants envisagés isolément. C'est pourquoi, pour les hommes de laboratoire, la recherche fondamentale est si souvent décevante : la feuille d'eucalyptus est hypoglycémiante mais aucun de ses constituants actuellement inventoriés ne peut se prévaloir de cette propriété. *In vitro*, on n'a pu démontrer les propriétés antivirales d'aucune huile essentielle. Or, certains mélanges aromatiques guérissent le zona et la grippe.

C'est dire que la pratique qui, pour évoquer Georges Duhamel, reste à la fois une *application et une expérimentation*, doit se référer encore très souvent à l'empirisme, «cette Arche Sainte de la médecine, disait Trousseau, à laquelle il faut se garder de toucher». Aujourd'hui comme hier, il est impératif de faire cheminer parallèlement l'Empirisme et la Pharmacologie. Non moins impérative, la collaboration de la clinique et du laboratoire, dans ses aspects les plus divers.

Les végétaux dans leur généralité, comme les huiles essentielles, sont encore loin d'avoir livré tous leurs secrets, particulièrement leurs modes d'action comme l'ensemble de leurs possibilités thérapeutiques. Imaginer le contraire ferait la preuve d'une totale méconnaissance de la complexité de ce vaste domaine et donnerait à croire que, tout étant désormais fixé, il n'y a plus rien à découvrir. Ce serait Velpeau pour qui, vers 1850, «éviter la douleur en chirurgie est une chimère qu'il n'est plus possible de poursuivre aujourd'hui».

Dans cet effort d'explication scientifique de l'activité des plantes et des essences aromatiques, la méthode «bioélectronique» de Louis-Claude Vincent, nous apporte un certain nombre de réponses relatives à la nature du terrain biologique humain, et à une meilleure utilisation des médicaments en fonction de leur pH, de leur rH2 (potentiel d'oxydo-réduction) et de leur résistivité, valeurs conditionnant leurs propriétés.

«Par bioélectronique, a écrit L.-Cl. Vincent dès

la vulgarisation de ses travaux en 1952, nous entendons que tout être vivant, comme tout minéral en *solution*, est rigoureusement défini par trois facteurs correspondant à des valeurs électroniques : le pH, le rH2 et la résistivité».

— Le pH[1] représente, par un chiffre, l'acidité ou l'alcalinité d'une solution. Il varie de 0 à 14,14. Plus le pH est faible, plus la solution est pourvue d'ions positifs (H+), plus elle est acide. L'eau pure est à 7,07. Elle contient en puissance 62 milliards d'ions (H+) et autant d'ions (OH—). Les vitamines ont une réaction acide inférieure à 6 ou à 5. Les fruits, les jus de fruits, à pH bas, sont des sources de vitamines et des milieux stériles. La fermentation du vin s'effectue en milieu acide. De même celle du lait transformé en yaourt, puissant désinfectant intestinal. A l'inverse, l'œuf pourri, la viande putréfiée accusent une réaction alcaline.

Voilà pourquoi on conserve les cornichons dans le vinaigre acide, et non dans l'eau de Vichy, alcaline.

— Le facteur rH_2 correspond au potentiel électronique définissant la charge en électrons d'un pH donné (pour un même pH, il y a une infinité de valeurs rH_2). Expression de la pression d'équilibre d'hydrogène moléculaire (H_2) ou d'oxygène moléculaire (O_2) sur la solution, le rH_2 définit le pouvoir *oxydo-réducteur*. Il est plus vivant de parler d'électrons et de dire que, pour une solution, une perte d'électrons (négatifs) correspond à son oxydation, un gain d'électrons correspond à sa réduction.

L'échelle de rH_2 varie de 0 (pression maxima

1. Logarithme changé de sens du potentiel d'ions hydrogène (ions positifs et acides). Les ions sont des atomes ou groupes d'atomes liés qui ont perdu un électron négatif (ce sont des ions +) ou en ont gagné un (ce sont des ions —).

d'hydrogène H$_2$) à 42. Pour rH$_2$ = 28, il y a équilibre entre les pressions de H$_2$ et O$_2$. Le sang à rH$_2$ = 28 (indiquant la neutralité) ne peut plus fixer d'oxygène : c'est le cas des thromboses et de l'asthme.

Tout ce qui est au-dessus de 28 est oxydé (ou en déficience d'électrons négatifs) par rapport à ce qui est en dessous. Tout ce qui est en dessous de 28 est réduit (ou chargé d'électrons négatifs) par rapport à ce qui est au-dessus.

Les valeurs rH$_2$ sont extrêmement faibles, du domaine des impondérables moléculaires. Un rH$_2$ de 28 représente théoriquement une pression d'H$_2$ ou de O$_2$ de un dix milliardième de milliardième de milliardième d'atmosphère. Ce sont ces impondérables qui régissent la vie.

— *La résistivité*, inverse de la pression osmotique due aux ions, est la propriété d'une solution à s'opposer à la transmission de la chaleur ou de l'électricité. Plus une solution est pure, plus elle s'oppose à la transmission électrique. Le chiffre, qui s'exprime en ohms/cm/cm^2, donne une mesure intégrale de l'ensemble des propriétés diélectriques électriques d'une solution.

D'une manière générale, *les essences naturelles ont un pH acide* et surtout *une résistivité très importante*. La résistivité de l'essence de girofle est de 4 000 (20 fois celle du sang humain), celle du thym de 3 300, celle de l'essence de lavande de 2 800, celle de l'essence de menthe 3 000.

L'expérience et aussi les mesures bioélectroniques conduisent à penser que :

— par suite du pH acide de cette médication, il y a abaissement progressif du pH sanguin lorsqu'il est trop alcalin. Or, l'alcalinité favorise la *pullulation microbienne*. On comprend, dès lors, les propriétés bactéricides des essences naturelles ;

— le pouvoir oxydo-réducteur (de chiffre variable) des essences naturelles joue un rôle régulateur dans l'organisme. Il active les oxydations, ou les réduit, selon les cas. La menthe, puissant *oxydant*, voit ainsi ses propriétés antimicrobiennes expliquées. Par contre, l'essence de girofle est un *réducteur* et devrait comporter des propriétés antivirales et anticancéreuses ;

— leur résistivité *s'oppose à la diffusion de l'infection et des toxines*.

De tout temps, dans les Alpes, les chasseurs de chamois ont utilisé les propriétés de l'essence de lavande pour leurs chiens piqués par les vipères. Ils n'utilisent pas le sérum antivenimeux, mais ils cueillent de la lavande, la froissent et en frottent les animaux mordus. La piqûre devient, dès lors, inoffensive. Il s'agit d'un phénomène hautement significatif de la neutralisation du pouvoir hémolytique des venins grâce à la haute résistivité de la lavande (2 800, soit 14 fois la valeur moyenne de la résistivité sanguine de l'homme en bonne santé). Le genêt neutralise également les venins : les moutons ayant absorbé du genêt résistent aux morsures de vipères, et G. Billard a montré que lorsqu'on mélange une solution de sulfate de spartéine (principe du genêt) à du venin de vipère, on rend ce dernier inoffensif.

Bioélectronique et terrain biologique

Les mesures du pH, du rH$_2$ et de la résistivité s'obtiennent à l'aide d'un appareil appelé *bioélectronimètre* par L.-Claude Vincent qui en est l'inventeur. Une seringue à 5 électrodes permet de faire les prises de sang et de procéder immédiatement aux analyses, condition indispensable pour éviter toutes modifications trompeuses.

Bénéficiant de cet appareil dans mon service du ministère des Armées, j'ai pu, de 1954 à 1959, procéder à de nombreuses mesures sanguines, et analyser d'innombrables solutions végétales et aromatiques. J'en ai donné les premiers résultats dans différentes publications parues de 1959 à 1962[1]. La bioélectronique était d'ailleurs traitée régulièrement dans nos réunions de travail et fit l'objet de divers exposés lors des trois premiers symposiums qu'il m'a été donné de présider, par L.-Claude Vincent, Louis Sévelinges et Claude Reddet. Ce qui nous amena, avec Reddet, à publier en 1961, une communication de 60 pages[2] dont il me paraît nécessaire de résumer l'essentiel.

William Osler, médecin anglais dont le nom reste attaché à l'endocardite infectieuse affirmait : « Plutôt que de connaître quelle sorte de maladie frappe le patient, il est beaucoup plus important de savoir de quel type de patient s'empare une maladie ». C'était évoquer une fois de plus le terrain du sujet, qui permet à une affection de s'installer à l'exclusion d'une autre. « Ne fait pas une tuberculose qui veut », enseignait-on au temps de mes études. Et chacun sait que, malgré la promiscuité et les dangers possibles de contagion, peu de médecins, d'infirmiers ou d'infirmières contractent en fait les maladies qu'ils sont chargés de soigner. La connaissance du terrain est en effet un atout majeur pour vaindre la maladie.

Nous savons, depuis Claude Bernard, que le milieu aqueux dans lequel baignent les cellules

1.
— Lithiases et thérapeutique aromatique. L'Hôpital 1959.
— Cholestérolémie et thérapeutique aromatique. L'Hôpital 1960.
— Phyto-aromathérapie. Leur place dans la pratique actuelle. L'Hôpital 1961.
— L'aromathérapie et les thérapeutiques naturelles face à la maladie. L'Hôpital 1962.
2. Dr Jean Valnet et Claude Reddet : « Contribution à l'application pratique d'une nouvelle conception du terrain biologique ». (A.M.I.F., avril-mai 1961).

de notre organisme constitue un *milieu intérieur*, réplique du milieu marin, le *milieu extérieur* au sein duquel la vie est apparue et où les premiers animaux ont subsisté. Ce milieu intérieur, véritable milieu de culture pour l'animal évolué, correspond donc au milieu de culture extérieur des organismes primitifs, des végétaux comme des animaux inférieurs. Il ne faut pas, semble-t-il, hésiter à l'écrire : l'homme « pousse sur son milieu intérieur » comme le blé sur la terre arable, comme le staphylocoque sur son bouillon nutritif.

Tout organisme vivant, nous le savons aussi, ne peut fonctionner que dans les limites étroites des caractéristiques physico-chimiques du milieu, qu'il soit extérieur ou intérieur. Le progrès, chez certains organismes, est le pouvoir qu'ils possèdent d'assurer la régulation des caractéristiques de leur milieu pour les maintenir dans les limites compatibles avec leur propre existence. Ces limites, nous les appellerons *limites d'adaptation.*

Or, si parmi les plantes et les animaux, on trouve des espèces dotées de limites d'adaptation qui leur permettent de supporter de stupéfiantes variations de température ou d'hydratation (mousses, graines, germes qui résistent à des froids considérables, rotifères qui restent desséchés pendant des mois et revivent dès qu'on les met dans l'eau), l'homme ne jouit pas du même privilège : ses limites d'adaptation sont très étroites. Certains écarts relativement minimes au sein de son milieu intérieur, provoquant la floculation des colloïdes, entraînent la maladie. Leur persistance et leur aggravation aboutissent à la mort. Or, la vie est une succession d'agressions contre l'équilibre de son milieu intérieur.

Ces agressions peuvent être d'origine exogène, comme le froid, le chaud, les radiations cosmiques ou telluriques de toutes sortes, les aliments, les animaux concurrents, les parasites. Il existe également des agressions d'origine endogène. Celles-ci sont en général des transpositions sur le plan physique, d'agressions d'ordre psychique. C'est ainsi que tout choc, toute émotion, toute joie comme toute peine, entraîne le déversement dans le milieu intérieur d'histamine, d'hormones et de bien d'autres éléments encore qui en modifient la composition.

Le problème, pour l'organisme, est de faire face, à chaque instant, à ces agressions — qu'on me pardonne d'insister : qu'elles soient d'origine endogène ou exogène — afin de maintenir dans les limites d'adaptation l'équilibre physico-chimique du milieu intérieur. Cette tâche s'accomplit par deux moyens. D'une part, un moyen passif formé d'un ensemble de systèmes tampons s'opposant aux variations brutales. D'autre part, un système actif constitué par le système neuro-végétatif et les glandes endocrines. Il est des cas où le système de défense se montre insuffisant devant l'intensité de l'agression. Celle-ci, malgré la défense organique, entraîne une perturbation du milieu intérieur dépassant les limites d'adaptation. Dans ce cas, c'est la mort. Dans la majorité des cas, toutefois, la perturbation reste dans ces limites d'adaptation. Le fonctionnement organique vicié correspond alors à la maladie.

Toute maladie résulte effectivement d'un vice de fonctionnement de l'organisme consécutif à un déséquilibre plus ou moins marqué de la composition du milieu intérieur ou de son état physique. Il est possible — et facile d'ailleurs — de provoquer artificiellement des états morbides en modifiant la composition du milieu intérieur. En modifiant, par exemple, le taux de la glycémie, on peut faire apparaître à volonté les manifestations d'hypo ou d'hyperglycémie bien connues.

Ne craignons donc pas de l'affirmer : tous les symptômes prennent naissance dans une modification du milieu intérieur, mais nos moyens d'investigation sont souvent malheureusement impuissants à nous permettre d'en découvrir les relations de cause à effet.

En réalité, la notion de «terrain» n'est pas nouvelle. Son importance est reconnue par des expressions qui, depuis longtemps, sont devenues des lieux communs : «Il n'y a pas de maladies, mais des malades» ou bien «le microbe n'est rien, c'est le terrain qui est tout». Rappelons ici que Pasteur lui-même, contrairement à ce que certains pensent, n'a jamais méconnu l'importance du terrain. Lors de ses fameuses expériences sur le choléra des poules, au cours desquelles il immergeait les pattes de ses animaux dans l'eau froide pour les rendre plus ou moins sensibles à l'infection, il ne faisait pas autre chose qu'une modification de terrain.

Cependant, si cette notion de terrain biologique est généralement admise en médecine, il n'existait jusqu'à présent aucune méthode scientifique permettant d'en connaître l'état. Nous en étions à l'empirisme pur en ce qui concerne la connaissance de l'équilibre du milieu intérieur et de ses perturbations, et en ce qui concerne les moyens de pallier — ou mieux, de prévenir — les perturbations dangereuses. Or, grâce à une prise de sang et à des appareils de mesure spécialement conçus, trois chiffres permettent de situer le terrain d'un sujet.

«L'homme fait ses maladies par ses propres moyens physiologiques» disait Leriche, ce qui signifie que les antécédents héréditaires et personnels, l'état clinique et biologique, les facultés réactionnelles, les susceptibilités physiologiques du sujet jouent un rôle capital dans la façon dont se manifestera la maladie ainsi que son évolution. C'est que la maladie est UNE dans son essence mais, suivant l'extrême diversité des caractéristiques physico-chimiques possibles dans le milieu intérieur où elle progresse, elle revêt les modalités les plus variées. Ce sont ces modalités que l'on a cataloguées en syndromes morbides, et que l'on appelle communément « les maladies ».

Ce qu'il faut bien comprendre, c'est que l'homme, tout au long de sa vie, subit des agressions, qu'il s'agisse des microbes ou des divers fléaux du monde moderne dont les produits toxiques, mêlés plus ou moins volontairement à son alimentation, ne sont pas les moindres. Il répond à ces agressions *en fonction* de son état organique, lequel est défini par les caractéristiques physico-chimiques de son milieu intérieur, de son *terrain*.

Depuis Hippocrate, on classe les individus en tendances, en types, en terrains. L'école homéopathique utilise, à cette fin, la typologie morphologique ou la matière médicale et parle de types carboniques, fluoriques, phosphoriques, de terrains tuberculiniques ou psoriques. Pour les allopathes, il est question de terrains arthritiques, arthrotuberculeux, etc. Il faudrait également citer les diathèses, les six tempéraments et les cinq terrains des acupuncteurs, avec les propriétés des plantes de la pharmacopée chinoise classées en cinq grandes familles ou cinq saveurs. A noter que, bâtie sur l'énergétique, la phytothérapie orientale a certains points communs avec la thérapeutique telle que nous-mêmes la concevons.

On pourrait aussi bien, comme certains auteurs l'ont signalé il y a déjà de nombreuses années, tenter une classification de terrains supplémentaire fondée par exemple sur le système neuro-endocrinien. Manquera toujours, semble-t-il, la représentation *globale* du milieu intérieur, permettant de *situer* un sujet sur fiche quadrillée, *comme le navigateur fait le point de son bateau* (cf. figure 1), fiche dérivée de celle de L.-Cl. Vincent).

Pour une meilleure compréhension de ce qui va

EXAMEN N° 11 131

en date du   19 FEVRIER 1962

pour M   ADAME P▓▓▓▓▓

demandé par M. le Dʳ   VALNET

ÉTUDE ÉLECTRONIQUE DU TERRAIN BIOLOGIQUE
(*Détermination des Facteurs pH, rH2 et ρ du sang et de l'urine*)
Technique REDDET & VALNET

	Sang (S)	Urine (U)
pH (potentiel d'acidité ionique) en abscisse ...	7,37	6,77
rH2 (potentiel d'oxydoréduction) en ordonnée.	22,26	20,40
ρ (résistivité) : vecteur proportionnel ⟶	214	69
Facteur d'équilibre des électrocytes $\frac{\rho \ du \ sang}{\rho \ de \ l'urine}$		3,1

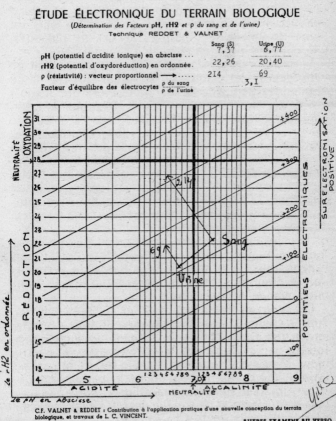

C.F. VALNET & REDDET : Contribution à l'application pratique d'une nouvelle conception du terrain
biologique, et travaux de L. C. VINCENT.

T.D.R.

AUTRES EXAMENS AU VERSO.

Fig. 1

suivre, certaines notions doivent être également bien présentes à l'esprit.

Tous les praticiens connaissent les *lois des séries*. Brusquement, dans leur clientèle, ils assistent à de véritables épidémies. Sans raison apparente, à des époques déterminées, ils enregistrent une aggravation des ulcères gastro-duodénaux, des névroses, des douleurs rhumatismales de leurs patients ou bien ils voient se multiplier les cas de phlébites, de coliques néphrétiques, etc.

Des ouvrages spécialisés font le recensement de l'influence des facteurs physiques sur la santé humaine, depuis celle de la température jusqu'à celle des taches solaires et des positions astrales, en passant par celle de l'ionisation de l'atmosphère et de la pression barométrique. Jusqu'à présent, ces ouvrages ne nous apportaient que des observations systématisées, mais aucune explication des phénomènes observés. La doctrine bioélectronique éclaire d'un jour particulièrement nouveau, cette troublante question : « Pourquoi un certain nombre d'individus présente-t-il les mêmes symptômes à un moment déterminé ? »

Il faut, pour comprendre ce qui va suivre, se souvenir que les astres décrivent dans l'espace des solénoïdes variés qui, comme tels, sont créateurs de champs polarisés. Du fait de leurs mouvements réciproques, il existe des interférences variées entre champs qui peuvent, suivant leurs positions, entraîner des excès de charges positives ou des excès de charges négatives. Il y a, en somme, analogie — mais avec une complexité beaucoup plus grande — avec les phénomènes... que nous observons sur les marées. Il est logique d'admettre que *tout ce qui existe sur terre subit obligatoirement l'influence de ces champs,* y compris, bien entendu, celui de la terre elle-même.

Cette influence cosmotellurique a été confirmée

par des mesures quotidiennes effectuées pendant des années, selon les principes de la bioélectronique, sur les eaux de mer, de pluie, de source et sur les sols, mesures qui ont montré qu'il existait des variations du pH, du rH2, de la résistivité.

Dès lors, s'expliquent certaines aggravations apparentes chez telles ou telles catégories de malades (si ces facteurs se modifient, le «terrain» qu'ils caractérisent se modifie également). S'explique aussi l'échec fréquent de certaines médications à certaines époques de l'année où tout se passe, les médecins le savent bien, comme s'il était illusoire de tenter de soulager certains patients.

L'origine des étranges séries est enfin élucidée. Lorsque, par exemple, la perturbation cosmotellurique sera négative, caractérisée par une baisse de potentiel, c'est-à-dire par un rH2 bas dans les milieux aqueux terrestres, les individus qui sont nettement positifs (avec un rH2 élevé) la subiront peu. En revanche, pour les sujets à rH2 bas, cette surcharge électronique négative peut entraîner le terrain vers une zone dangereuse.

Au contraire, lorsque la perturbation sera positive (ce qui sera mis en évidence par un rH2 élevé), il va de soi que ce seront les individus dont le milieu est caractérisé par un rH2 trop fort qui seront les plus touchés.

Dans ces conditions, la douleur qui prend naissance sous l'action de l'influx nerveux, lui-même constitué de chapelets de quanta d'électricité positive, sera de son côté, exacerbée depuis celle des cors aux pieds jusqu'aux douleurs rhumatismales.

Les thromboses, les poliomyélites, les tuberculoses, les cancers, toutes affections caractérisées par des terrains surélectronisés positivement, avec des pH et des résistivités différents, pourront apparaître ou être aggravés chez les individus suivant les valeurs de ces derniers facteurs.

Mais les influences extérieures ne datent pas de notre époque. Aussi sommes-nous en droit de nous demander pour quelles raisons nous assistons depuis 40 ou 50 ans à une telle progression des affections cardio-vasculaires, des maladies virales, des arthroses, des cancers.

C'est dans les conditions de la vie moderne qu'il faut chercher l'explication.

Tout ce qui alcalinise le sang, tout ce qui surélectronise, tout ce qui encrasse l'organisme et fait fléchir sa résistivité, perturbe l'équilibre du terrain et fait naître la maladie. Or, notre existence quotidienne n'est faite pour la plupart que de facteurs agissant sur ces trois éléments : les soucis répétés, les chocs moraux et *surtout* l'alimentation.

Par l'alimentation, nous introduisons en effet plusieurs fois par jour au sein de l'organisme d'innombrables individualités chimiques. Il est de toute évidence que, quelles que soient nos possibilités de défense, la qualité des mets ingérés retentit sur l'équilibre du milieu intérieur... Des observations toujours plus nombreuses paraissent sur les méfaits d'une alimentation provenant de méthodes de culture ou de préparation dénaturées dites « modernes »...

Depuis les eaux de boisson rendues «officiellement» potables, selon l'expression de L.-Cl. Vincent, par la javellisation ou l'ozonisation, au lait, au pain blanc que P. Delbet considérait cancérogène, au vin, aux œufs, à la viande aux hormones... Nous constatons, chiffres à l'appui, que tous les facteurs modernes de production artificielle des aliments sont des facteurs de perturbation de leurs caractéristiques physico-chimiques et, par voie de conséquence, de leur action nocive sur notre milieu intérieur... Ces perturbations se font dans le sens de l'électronisation positive, de l'alcalinisation et de la baisse de la résistivité. Elles apportent leur concours journalier, constant et insidieux, dans la déviation générale du terrain vers les maladies «de civilisation».

Les variations des valeurs bioélectroniques du sang

A la naissance, le pH sanguin est légèrement acide. Chez l'adulte jeune en parfaite santé, il se situe à 7,1-7,2. La valeur moyenne des facteurs dits «prhoniques» chez l'individu en bonne santé sont : pH à 7,2-7,35 — rH$_2$ à 22-23 — résistivité de 190-210 ohms/cm/cm^2 pour l'homme, de 220-230 pour la femme.

Les chiffres extrêmes que nous avons trouvés chez des malades avec Cl. Reddet sont : pH 6,8 et 7,8 (d'autres auteurs ont signalé 6,2 et 9,4), rH$_2$ 17 et 31,5, résistivité 105 et 370.

On a pu lire plus haut que les axes de neutralité : pH à 7,07 et rH$_2$ à 28 déterminaient par leur intersection le point de neutralité totale. En réalité, *les déviations pathologiques* ne partent pas de ce point mais, en l'état actuel des connaissances, *de pH 7,3-7,4 et rH$_2$ 23-24* (le sang doit être réduit pour pouvoir fixer l'oxygène). C'est cette *dernière intersection qui définit les quatre zones pathologiques* (fig. 2). On considère, par exemple, qu'on se trouve en présence d'un terrain favorable aux cancers dès qu'il y a conjonction entre un pH supérieur à 7,4 et un rH$_2$ supérieur à 24, ou un pH supérieur à 7,5 et un rH$_2$ supérieur à 22. A noter que le terrain peut rester stationnaire pendant des années avant que l'affection se déclare sous sa forme visible, une notion qui, au demeurant, n'est pas nouvelle mais qui justifie un diagnostic précoce.

Les quatre zones sont :
— *à gauche*
— en haut : acide et oxydé
— en bas : acide et réduit

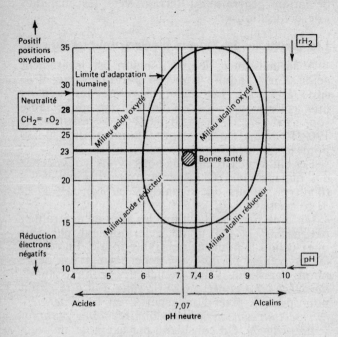

Fig. 2

Bien noter le point de départ des quatre zones (approximativement pH 7,3-7,4 et rH 23-24).

— *Terrain acide oxydé* : maladies infantiles, tuberculose, pneumonie, poliomyélite, psoriasis, mycoses...

— *Terrain acide réducteur* : tétanos, folies dépressives, délirium tremens, cirrhoses, méningites, néphrites aiguës, comas, piqûres venimeuses...

— *Terrain alcalin oxydé : cancers, mal. virales, infarctus, thromboses, artérites,* névroses, spasmophilies, chocs (post vaccinaux, transfusions...), leucémies, arthritisme, épilepsie, obésité...

— *Terrain alcalin réducteur : affections microbiennes,* typhoïde, typhus, peste, choléra.

— *à droite*
— en haut : alcalin et oxydé
— en bas : alcalin et réduit

Les pH du sang total et du plasma sont sensiblement de même valeur. Par séjour du plasma au contact de l'air, le pH peut s'oxyder très rapidement de 7,35 à 7,65, ce qui est considérable. D'où la nécessité de procéder aux mesures immédiates, ce que permet le bioélectronimètre.

Malgré les causes permanentes de déséquilibre, le pH sanguin varie relativement peu (sauf en cas d'effondrement des défenses en état avancé de maladie), grâce à des systèmes tampons automatiques et immédiats, dont le système bicarbonaté — acide carbonique est le plus important. Grâce aussi à l'intervention plus lente mais plus durable d'une série de réactions biochimiques, enfin, par le jeu de l'élimination rénale qui participe à sa régulation.

Contrairement à ce que l'on observe pour le pH et le rH_2, il existe une grande disparité entre les *résistivités* du plasma et du sang total. La résistivité plasmatique varie entre des limites assez étroites : 70 à 90 (correspond au chiffre énoncé par Hamburger). La résistivité sanguine connaît des variations plus amples.

De nos recherches avec Cl. Reddet, il ne semble pas que cette disparité soit en relation avec le nombre des hématies :

	résist. sang total	résist. plasma	hématies
Cas 1	300	90	3 800 000
Cas 2	185	81	4 220 000
Cas 3	135	90	3 180 000
Cas 4	145	76	4 000 000

Nous n'avons pas d'explication à offrir mais

nous pensons que c'est bien le sang *total* qui permet une représentation du terrain. C'est bien lui qui, selon l'expression bien connue, représente l'intégrale de l'organisme.

Enfin, un fléchissement de la résistivité représente un élément aggravant dans les états infectieux et les cancers. L'augmentation de la résistivité est un facteur aggravant dans les états spasmogènes, en rapport avec les manifestations névrotiques.

L'urine

L'un des agents essentiels, sinon le principal physico-chimique de la constance prhoniqués du milieu intérieur étant le rein, il est indispensable de pouvoir comparer les valeurs du sang et de l'urine, les deux étant obligatoirement liées.

Chez le sujet en bonne santé, le pH urinaire est légèrement acide, aux environs de 6,8. Mais il varie suivant un rythme nycthéméral (fig. 3), avec un minimum de 4 h (solaires) pour s'élever à partir de 16 h jusqu'à un maximum vers 20 h. Il est influencé par les phases lunaires, les saisons... (Jeanne Rousseau). Il faudrait, en réalité, pratiquer les mesures sur des urines de 24 heures, à conserver au froid.

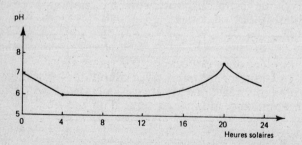

Fig. 3 — Variations urinaires quotidiennes (J. Rousseau)

Le rH*2* est légèrement supérieur à celui du sang. La résistivité est faible : 30-50 ohms/cm/cm^2, signe d'une élimination correcte des électrolytes en excès.

Le tableau comparatif : sang-urine donne par conséquent :

	pH	rH$_2$	résistivité
Sang	7,1	22	210
Urine	6,8	24	30-50

Le rapport résistivité sanguine/résistivité urinaire qu'avec Claude Reddet nous avons appelé «rapport d'élimination des électrolytes» dans notre travail de 1961, est d'environ 4, ce dernier chiffre n'ayant, pas plus que les autres, la prétention de représenter l'intégrité organique. Ce rapport se trouve quelquefois inversé, et certains malaises peuvent être dus simplement à une élimination défectueuse : les cellules se chargeant alors d'électrolytes, les échanges auxquels président les lois de l'osmose ne se font plus normalement.

Mme M... est une pharmacophage, constipée, cellulitique, souffrant de nombreux malaises. Elle présente :

Sang : pH 7,4 —	rH$_2$ 18 —	résistivité 205
Urine : pH 6,4	rH$_2$ 19,5	résistivité 215

rapport des résistivités : 0,9 (mauvais).

Un traitement simple avec diurétiques végétaux, stimulants végétaux hépato-vésiculaires et eau pure en abondance donna au bout d'un mois :

Sang : pH 7,2	rH$_2$ 19	résistivité 205
Urine : pH 5,2	rH$_2$ 19,5	résistivité 48

Avec un rapport de 4 (normal).

Cet exemple montre bien la nécessité de pratiquer les mesures simultanément sur le sang et l'urine.

Dans les infections, on trouvera :

Urine : pH ╲ (plus acide) rH₂ ╱ (oxydée)	résistivité
Sang : ╱ (alcalin) ╲ (réduction)	

Dans les cancers :

Urine : pH╲ (plus acide)	rH₂ (plus réducteur)	résistivité ╱ (insuffisante élimination des électrolytes).
Sang : (alcalin) ╱	(oxydé) ╱	╲ (surcharge en électrolytes)

Et dans le domaine des cancers :

— Pré-cancer :

Sang : pH 7,5-7,6	rH₂ 24,7-26	résistivité 160
Urine : pH 6,20	rH₂ 21 -22	résistivité 50-60

— Cancer réversible :

Sang : pH 7,5-7,8	rH₂ 26-27	résistivité 140
Urine : pH 5,5	rH₂ < 20	résistivité 60-120

— Cancer irréversible :

Sang : pH 7,6-8,9	rH₂ 27-32	résistivité < 120
Urine : pH < 5	rH₂ < 18	résistivité < 120

La salive

La salive est susceptible, de son côté, de nous fournir d'intéressantes indications dans le domaine bioélectronique. Observée dès les temps les plus reculés, Wright tenta de tirer de son analyse un moyen de diagnostic (1844). Pour Claude Bernard : « Dans les conditions pathologiques, l'examen de la salive peut fournir d'utiles indications, et il est des circonstances dans lesquelles la salive peut offrir des caractères d'une certaine valeur sémiologique ».

Pour la salive mixte, mélange des s. parotidienne, sous-maxillaire et sublinguale :

— le pH moyen chez le sujet en bonne santé est d'environ 6,5. Il varie dans de nombreuses affections, et aussi au cours de la journée comme d'un mois à l'autre.

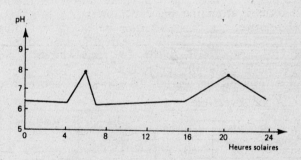

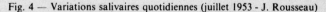

Fig. 4 — Variations salivaires quotidiennes (juillet 1953 - J. Rousseau)

On remarque (fig. 4) un pH maximum à 6 h, et un autre à 20 h (heure de température maximale dans les états fébriles). Et un pH minimum à 4 h (heure de température minimale).

L'amplitude des max. et des min. varie au cours de l'année. Le minimum de 4 h disparaît vers les solstices d'été, les maxima de 6 et 20 h disparaissent au voisinage du solstice d'hiver. On constate également, pour la même heure, de soudaines variations périodiques du pH au voisinage des phases de la lune...

— le rH$_2$ est voisin de celui du sang : 22
— la résistivité plus faible que la r. sanguine : 140

Pour un homme en parfaite santé, par conséquent :

	pH	rH$_2$	résistivité
Sang	7,1	22	210
Urine	6,8	24	30-50
Salive	6,5	22	140

Grâce aux enzymes acides et réductrices, la salive a ces caractéristiques. Dans les cancers, elle devient alcaline et oxydée, contenant de moins en moins d'enzymes, et tout se passe comme si, les fonctions de digestion et d'assimilation ne se faisant plus correctement, il en résultait une dégradation du sang (R. Cannempasse-Riffard). La résistivité, de son côté, devient de plus en plus forte.

Le tableau des variations dans les cancers se résume ainsi :

	pH	rH$_2$	résistivité
Sang	↗	↗	↘
Urine	↘	↘	↗
Salive	↗	↗	↗

Le pH et le rH$_2$ de la salive et du sang varient dans le même sens. La résistivité, comme celle de l'urine, en sens inverse à celle du sang.

Le problème de l'eau

Élément essentiel de la vie, constituant principal de tout être vivant, l'eau a fait l'objet de très nombreuses études qui nous permettent de la considérer comme bien au-delà d'un simple véhicule amorphe et neutre. Il est banal de rappeler que le nouveau-né contient 85 % d'eau, le vieillard extrême n'en contenant plus que 60 %, et de reconnaître avec Fred Vlès[1] que « la vie, de la jeunesse à la vieillesse, est une déshydratation ».

Considérée comme un corps simple jusqu'à la fin du XVIIIe siècle, l'eau commença à livrer quelques-uns de ses secrets avec Cavendish qui, en 1781, démontra qu'elle contient de l'hydrogène et de l'oxygène. Lavoisier en détermina la composition centésimale deux ans plus tard et Gay Lussac, qui en fit la synthèse, montra qu'elle est formée de 2 volumes d'hydrogène et d'un d'oxygène.

Mais l'eau n'est pas qu'un composé chimique simple. Ses propriétés déjà connues en font un corps tout à fait exceptionnel, bien qu'encore mystérieux à certains égards. Fred Vlès en avait déjà pressenti toute l'importance lorsqu'il disait que « la biologie est, pour la plus grande part, la science de l'eau » (« la mère de la vie » pour H. Doffin dans « le roman de la molécule »), et précisait que « un grand nombre de propriétés de la substance vivante vont se trouver déterminées et dominées par les propriétés de l'eau ».

Seule, l'eau permet les phénomènes d'ionisation, d'électronisation et de pression osmotique. Les travaux de Piccardi (1951) ont montré le rôle de l'eau en tant que résonateur des forces extérieures d'origine cosmique qui agissent à la fois sur les solutions salines et sur les masses colloïdales des tissus vivants. Sa texture isolante joue le rôle d'amortisseur des variations incessantes du milieu ambiant. Et toute transformation infligée à l'eau, toute

---

1. Qui fut professeur de physique biologique à la faculté de Strasbourg et l'un des plus grands spécialistes de l'eau. Il mourut en déportation, en 1943.

pollution, entraîne une destruction de sa trame isolante, ce qui entraîne une augmentation des conséquences des agressions et une altération de la faculté d'adaptation des tissus vivants.

L'eau est pourvue d'importantes propriétés diamagnétiques, le diamagnétisme étant la caractéristique des corps qui, placés dans un champ magnétique, acquièrent une aimantation de sens opposé. Par ailleurs, sa viscosité présente des anomalies : contrairement à ce qui se passe pour les autres liquides, la pression diminue la viscosité de l'eau qui passe par un minimum vers 35° (Bridgman, 1925). C'est entre 35° et 40° que l'eau présente un maximum d'activité physico-chimique, donc biochimique.

Les propriétés exceptionnelles de l'eau ne peuvent, semble-t-il, s'expliquer par sa formule chimique traduisant une simple combinaison d'hydrogène et d'oxygène. Ses potentiels de base sont facteurs des électrolytes en solution, également du mouvement, de sa température, comme de son vieillissement.

Jeanne Rousseau, Dr en pharmacie (Nantes), s'est livrée à d'innombrables études sur ces sujets. Une eau courante, non polluée, immobilisée par un système quelconque, dégénère par acidose, réduction et baisse de la résistivité sans que sa teneur en électrolytes dissous ait augmenté pour autant. A l'inverse, une eau immobilisée, mécaniquement réanimée, retrouve des propriétés analogues à celles de l'eau courante.

La température modifie le pH et le rH_2 de l'eau : une augmentation de la température entraîne d'abord une augmentation de ces 2 facteurs jusqu'à un maximum à 37°, puis leur diminution.

Enfin, et pour nous limiter sur ces quelques notions encore trop peu connues, complétant les travaux de Piccardi, Jeanne Rousseau a démontré que l'énergie ambiante liée aux cycles cosmiques imprime à l'eau ses propres variations d'énergie potentielle. De nombreuses mesures pratiquées, en juin 1957, chaque matin à 8 heures à l'émergence d'une source d'eaux vives ont montré les importantes variations des facteurs prhoniques, correspondant aux phases lunaires, ainsi que la variation solaire correspondant au solstice d'été (voir tableaux A, B et C).

Empruntés, comme l'essentiel de ce qui précède, à R. Cannempasse-Riffard[1].

Ainsi, se trouve une fois de plus démontré que les eaux minérales ne peuvent être les mêmes, qu'elles soient prises au griffon et immédiatement ingérées, ou embouteillées puis stockées un temps plus ou moins long. La matière du flacon, de son côté, ne saurait être indifférente.

Peut-être les « Scientistes » comprendront-ils aussi que le moment de la cueillette des plantes revêt une certaine importance et que ne sont pas si débiles ceux qui prétendent procéder à la récolte à certaines heures de la journée et en fonction des phases lunaires. Une expérience facile à faire par ces négateurs rigolades omniscients : qu'ils plantent, s'ils en ont toutefois le courage et le désir d'apprendre des pommes de terre à la lune montante et qu'ils veuillent bien me faire part du résultat...

Ceci exposé, il m'est souvent donné de lire — et sous la plume de médecins qui mieux est — que, dans telles ou telles affections (notamment les lithiases rénales, mais aussi dans l'arthrose, la goutte, la cellulite et combien d'autres), on devra boire beaucoup, en s'adressant à des « eaux faible-

---

1. Bases théoriques et pratiques de la Bioélectronique (EDINAT - B.P. 61 - 83502 La Seyne/Mer).

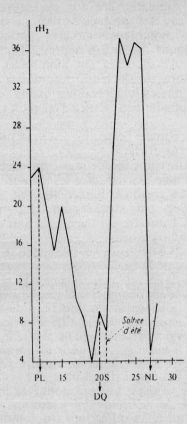

Tableau A

Variation du rH₂ d'une source d'eau,
les mesures sont effectuées à l'émergence
(Jeanne Rousseau - juin 1957)

PL : pleine lune
DQ : dernier quartier
NL : nouvelle lune

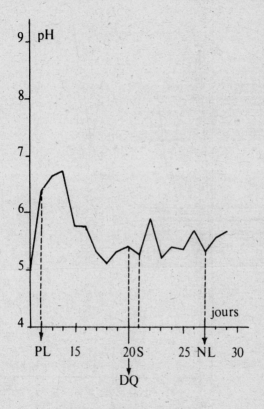

Tableau B
Variation du pH de la même source d'eau
(Jeanne Rousseau - juin 1957)

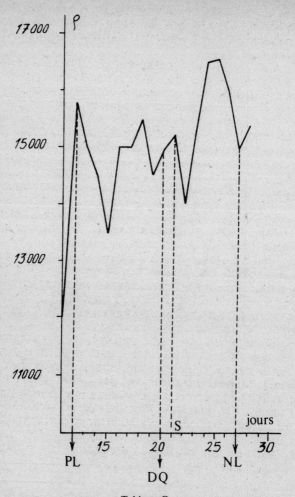

Tableau C
Variation de la résistivité de la même source d'eau
(Jeanne Rousseau - juin 1957)

ment minéralisées comme Évian, Contrexéville ou Volvic». Ces propos dénotent une totale méconnaissance de la question et l'attitude peut être très dangereuse.

Car il n'est pas indifférent de prescrire de l'eau de Volvic, l'une des meilleures surtout dans les affections dégénératives, et Contrexéville par exemple, l'une certainement des moins indiquées.

Les facteurs prhoniques des eaux varient à l'infini et leur résistivité paraît ici l'élément le plus déterminant : une eau sera choisie en fonction de sa faible minéralisation, donc de sa haute résistivité. Or, si Volvic a une résistivité de 8 000 ohms/cm/cm², Évian en a 2 000 et Contrexéville 480.

En outre, on l'a déjà compris, la plus mauvaise eau sera celle qui sera alcaline et oxydée, outre sa faible résistivité consécutive à sa surcharge en électrolytes (inassimilables de surcroît).

Il faut savoir qu'en France, et à ce propos les travaux comme les mises en garde de L.-Cl. Vincent sont d'une importance capitale[1], au lieu d'utiliser comme on devrait le faire, la mesure ohms/cm/cm² — mesure internationale plus complète et plus précise, utilisée dans le domaine industriel, ce qui est significatif — on emploie pour caractériser la minéralisation des eaux, le «titre hydrométrique», exprimé en termes conventionnels correspondant à une minéralisation en g par litre. O° de titre hydrométrique (T.H.) équivaut à une minéralisation nulle. L'Organisation mondiale de la santé (O.M.S.) a depuis longtemps évalué la norme acceptable de minéralisation des eaux à 10° de T.H. Or, la moyenne des eaux de distribution en France est 30° (Évian 29°).

---

1. «L'eau, source de santé et de vie ou de maladies et de mort» (1952) et nombreuses publications ultérieures (Édit. La Source - 63200 Marsat).

Dans les années 1957-1960, nous avons, avec Claude Reddet, fait de nombreuses mesures d'eaux du robinet qui se distinguent (sauf, ce qui est rare, si elles proviennent de sources) par une alcalinité notoire (7,9-8,1) et un rH_2 très élevé (30,5-33), consécutifs à la javellisation ou à l'ozonisation, qui donnent des oxydants. Dès 1926, le Pr René Leriche avait cependant attiré l'attention sur les méfaits de l'eau javellisée, considérant que son emploi généralisé était en rapport avec une augmentation du nombre des phlébites. Ces eaux sont responsables de bien d'autres méfaits encore, puisqu'elles dirigent obligatoirement vers le terrain dégénératif alcalin-oxydé.

Variété	pH	rH_2	Résistivité	T.H.	Minéralisation en mg/litre	Observations
Charrier			50 000	0		
Mont Roucous	6,12	26,3	40 000	2		certains auteurs ont donné 30 600, chiffre néanmoins remarquable.
Kartell Roc			20 000	3		
Roxane			12 000	4		
Volvic	6,7	26,5	8 000	5,2	90- 110	les mêmes auteurs ont donné pH 7,5 — rH_2 28,7 — et r. 6 700 ce qui paraît inexact.
Évian	7,5	29	2 000-2 300	29	450- 500	
Eaux du robinet	7,9-8,1	30,5-33	900-1 500	30 et plus		pH et rH_2 très défavorables - et trop minéralisée.
Vittel G.S.	7,10	28	920			
Contrexéville	7,53	30,4	480	150	1 700-2 300	
Eau distillée	6,2	25	150 000 et plus			non potable au long cours.

Voici, pour fixer les idées, un tableau comparatif relatif à quelques eaux de boisson étudiées par divers auteurs (L.-Cl. Vincent, L. Roujon, P. Bressy, Cl. Reddet...) :

Je rappelle que les facteurs rhoniques du sang chez un sujet en bonne santé sont approximativement : pH à 7,2-7,35 — rH$_2$ à 21-23 — résistivité à 180-220-230. Et qu'un terrain est favorable aux maladies dégénératives, notamment aux cancers, dès qu'il y a conjonction entre un pH > 7,4 et un rH$_2$ > 24-25, ou un pH > 7,5 et un rH$_2$ > 22-23 la résistivité étant toujours abaissée à < 130 ohms/cm/cm^2.

Ainsi, toutes choses égales par ailleurs et en l'état actuel des connaissances, une eau sera considérée comme favorable si ses facteurs sont : pH < 7,10 - rH$_2$ < 28 et résistivité > 6 000 ohms/cm/cm^2... qu'il s'agisse des adultes, malades ou pas encore, ou des bébés pour leurs biberons.

Les différences des chiffres rencontrées, selon les auteurs, peuvent être dues à de nombreux facteurs, comme on l'a vu, y compris le maniement délicat du bioélectronimètre.

L'importance des eaux de boisson dans l'éclosion de certaines maladies a fait l'objet de nombreuses communications de L.-Cl. Vincent depuis plus de trente ans. En voici un exemple relatif à trois villes :

— Kingston (USA) - 29 000 hab. - mauvaise eau de surface, stérilisée.

— Irondequoit (USA) - 34 000 hab. - eau de nappage de bonne qualité.

— Prossotsani (Grèce) - 7 300 hab. - eaux de sources pures, peu minéralisées, nourriture : pain complet, ail, oignon, yaourts, fruits, miel...

Ainsi, à Kingston, les maladies dégénératives sont largement prédominantes. A Irondequoit, l'eau de bien meilleure qualité a fait chuter la mortalité générale de 50 % de même que les affections cardio-vasculaires et les cancers. L'exemple de Prossotsani est significatif de ce que peuvent apporter, pour la santé publique, une eau de bonne qualité associée à une alimentation saine.

Mortalités pour *100 000 hab.* (1946-1950) :

	Mortal. gale	Tuberculose	Cardio-vasc.	Cancers
K	1 400	30	800	281
I	720	12	405	135
P	560		110	60

Déjà, il y a 2 000 ans, Pline l'Ancien recommandait les *eaux légères*, celles qui ne forment pas de dépôt dans les récipients où on les fait bouillir...

Dans le journal *Tonus* du 24.01.84, une communication intitulée : «la meilleure eau, c'est la détoxiquée» mettait l'accent sur le grand nombre de facteurs issus du développement industriel, polluant toujours plus les sols et la plupart des eaux de boisson provenant des rivières comme des nappes souterraines auxquelles nous nous approvisionnons. L'auteur parle aussi d'un «nouveau problème, découvert un peu plus récemment, celui des *eaux trop minéralisées*» (termes soulignés par lui-même). «Nouveau problème», celui-là? Pour qui?... pour ceux, sans doute, qui négligent et méprisent tout autre travail que les leurs ou ceux provenant des petits copains de la Sainte Chapelle mais assurément pas pour nous.

Une rencontre internationale, est-il précisé, a eu lieu récemment autour du thème «Science et eau». Les conférenciers ont reparlé de *l'eau* «*dure*» (dont la concentration en calcium est supérieure à 48 pour mille) et de sa responsabilité non encore prouvée, comme je l'ai rapporté de mon côté il y a plus de dix ans, dans la mortalité cardio-vasculaire. Fut également soulignée la nécessité de débarrasser l'eau de ses contaminants toxiques, surtout en vue de l'hémodialyse nécessaire à des milliers d'insuffisants rénaux (13 800 exactement) pour leur permettre de continuer à vivre. «Les toxines urémiques responsables des complications neuropathiques ou sanguines[1] ne sont pas encore identifiées»... Et l'auteur poursuit : «On voit donc que l'eau n'a pas manqué de faire réfléchir»... d'autant que «chacun de nous pollue, par ses rejets domestiques, 20 000 m³ d'eau de rivière chaque année en Europe». La conclusion du Congrès : «il est nécessaire de s'orienter vers des mesures de prévention au lieu de «réparer» les méfaits de la pollution».

Dommage que les organisateurs n'aient pas songé à convier ceux qui se penchent sur la question depuis près de quarante ans. A écouter L.-Cl. Vincent, ils en auraient plus appris que (certaines rares précisions mises à part), ce qui ne figure en somme que dans le rayon des banalités. Mais y tenaient-ils vraiment puisque la puissance invitante était un Trust fabricant d'appareils...

La thérapeutique

«*Quand tu soignes, crains de déplacer le mal*» (J. Hiak).

Les *affections microbiennes* se situant en terrain *alcalin* et *réducteur,* il paraît logique de leur opposer un traitement présentant les caractéristiques inverses, c'est-à-dire un traitement *acide* et *oxydant.* En corrigeant le terrain dans le sens favorable, il empêchera la propagation comme la survie des germes infectieux. Or, de nombreuses huiles essentielles ont un pH < 7 et un $rH_2 > 28$, en plus d'une résistivité élevée, caractéristique commune à toutes les essences aromatiques. Par exemple :

— H.E. de citron déterpéné : pH $= 5,6$ - $rH_2 = 30$ - rô $= 5\,900$ ohms/cm/cm².

1. Hormis l'aluminium (travaux de Alfrey - New Eng. J Med.

— H.E. d'aiguilles de pin : $pH = 4$ - $rH_2 = 28,5$ - rô = 5 400 ohms/cm/cm².

— H.E. de menthe : $pH = 7$ - $rH_2 = 36,5$ - rô = 3 000 ohms/cm/cm².

En revanche, les affections *virales,* comme les *cancers*, se trouvent en terrain *alcalin-oxydé,* avec un $pH > 7,4$ - 7,5, $rH_2 > 24$ - 25 (ce n'est pas 28 qu'on prend ici comme chiffre de référence, on l'a vu, car on considère qu'à 24 - 25, le terrain est déjà en voie d'oxydation), et résistivité < 180 - 190. Par exemple, ont été signalés dans des cas d'épithéliomas utérins, des chiffres de pH entre 7,7 et 8,1, de rH_2 entre 27 et 36, et de résistivité entre 119 et 124.

Les traitements indiqués, examinés sous cet angle, devront donc être *acides* et *réducteurs*. On pourra faire appel aux H.E. de :

— girofle : $pH = 6,7$ - $rH_2 = 16,5$ - rô = 4 000 ohms/cm/cm² ;

— sauge : $pH = 4$ - $rH_2 = 20$ - rô = 40 000 ohms/cm/cm² ;

— hysope : $pH = 3$ - $rH_2 = 16$ - rô = 5 400 ohms/cm/cm².

Il importe cependant de savoir que les huiles essentielles s'oxydant très facilement, nul n'est jamais absolument certain d'utiliser une essence réductrice à opposer aux terrains oxydés. Pour rendre ce moyen thérapeutique plus fiable dans ce domaine, il faudrait être assuré que les essences aient été conservées en petits flacons, toujours bien remplis et bien bouchés... et que la livraison soit assortie d'une fiche technique indiquant les valeurs bioélectroniques et la date à laquelle on les a pratiquées. En ajoutant 10 % d'alcool à l'aldéhyde benzoïque, on limite la production d'acide benzoïque découlant de l'oxydation. Peut-être un moyen comparable pourrait-il être trouvé pour une meilleure conservation des essences, sans pour autant nuire à leurs propriétés ?

Dans ces cas d'affections dégénératives, la *négativation électrique* devrait être systématique.

Parmi les innombrables remèdes que L.-Claude Vincent a depuis longtemps mesurés, il en est qui, effectivement, ont les caractéristiques de leur emploi. Ainsi, le vaccin antipolio, acide et *réducteur*, est bien un antagoniste de l'affection située en milieu *oxydé* et alcalin... par rapport au vaccin, plus exactement beaucoup moins acide que lui. Le gardénal s'oppose bien à la strychnine... comme à l'épilepsie qui se trouve en terrain alcalin oxydé, et le vaccin pesteux à la peste (fig. 5).

Les venins sont réducteurs, avec une résistivité basse. On comprend que les huiles essentielles, oxydantes et de forte résistivité, puissent leur être opposées d'autant que leur pouvoir de diffusibilité est, on le sait, considérable.

La figure 5 fait état de quatre produits non commercialisés qu'avec Reddet, j'avais expérimentés en 1959-61. Le produit V avait bien toutes les caractéristiques s'opposant à la cancérose. Les produits A et B un peu moins (et malheureusement une résistivité trop faible). Ils nous ont cependant paru avoir quelque influence. Pour le produit C, complexe aromatique, les résultats ont été excellents, mais rien ne saurait étonner dans ce cas : outre leurs pouvoirs microbicides connus depuis longtemps, les essences sont de remarquables traitements de terrain et c'est sans doute la raison pour laquelle elles s'opposent avec tellement de bonheur aux syndromes infectieux.

On a pu voir plus haut que le tétanos se situait en terrain acide et réducteur. C'est avec le persulfate de sodium qu'Auguste Lumière traitait cette affection avec d'indéniables et fréquents résultats exposés dans ses ouvrages (1940-42). Or, ce produit est alcalin oxydant.

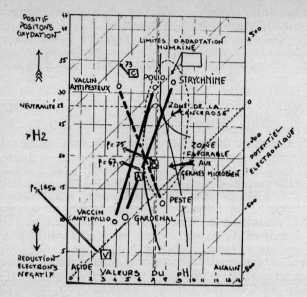

REMARQUER :
- Opposition entre strychnine & gardénal.
- Opposition entre peste & vaccin antipesteux.
- Opposition des remèdes A, B et V avec la zone de la cancérose.
- Opposition du remède C avec la zone d'infection microbienne.

Fig. 5 - Réalisée d'après les chiffres de L.-C. Vincent

En revanche, de deux médicaments anticancers usuels étudiés, l'un a un pH de 5 et un rH$_2$ de 24,8 donc indiqué, tandis que l'autre, avec 8 et 33, est alcalin oxydé comme le syndrome auquel on entend l'opposer.

Bioélectronique et alimentation

J'ai indiqué plus haut que tous les facteurs endo-gènes et exogènes avaient leur influence sur l'équilibre du «terrain», c'est-à-dire sur l'état physico-chimique du milieu intérieur. Or, s'il est un facteur qui peut apporter une perturbation à cet équilibre, c'est bien l'alimentation. Par l'alimentation nous introduisons, en effet, plusieurs fois par jour, directement au sein de l'organisme, d'innombrables individualités chimiques. Celles-ci, après un laborieux travail des organes digestifs et des organes protecteurs (barrière hépatique, intestinale...) passeront plus ou moins transformées dans le milieu intérieur.

Il est de toute évidence que, quel que soit le travail des organes digestifs et protecteurs, la *qualité* des mets ingérés retentit sur *l'équilibre* du milieu intérieur. La diététique est précisément la science qui nous permet de déterminer les aliments les plus favorables à l'organisme et les plus propres à lui apporter sa ration énergétique et ses matériaux plastiques, sans perturber l'équilibre du milieu intérieur. Tout ceci n'est plus à démontrer et les spécialistes[1] étudient, avec un intérêt croissant, le retentissement de l'alimentation sur la santé et même sur le rendement de la machine humaine. Il faut dire qu'à l'intérêt se mêle l'inquiétude, car des observations toujours plus nombreuses attirent en permanence notre attention — et celle des pouvoirs publics — sur les méfaits d'une alimentation provenant de méthodes de culture ou de préparation dénaturées, dites «modernes». Le cas d'une corporation ayant manifesté des symptômes de féminisation pour avoir mangé des cous de poulets élevés aux hormones féminines, est sans doute amusant,

---

1. Chercheurs, hommes de science courageux, au premier rang desquels le docteur Bas et le professeur Joannon qui, dans le cadre de l'AFRAN (Association Française pour la Recherche d'une Alimentation Normale) poursuivent un but humanitaire, sans souci des remous provoqués dans certains milieux de l'industrie alimentaire, en démontrant et dénonçant les graves dangers d'une alimentation frelatée.

mais combien significatif si l'on pense qu'à côté de ce cas type et manifeste, il s'en trouve une quantité innombrable d'insidieux, passant inaperçus. Plus près de nous, de Larebeyrette considère qu'il est impossible de guérir l'affection qu'il a décrite sous le nom «d'Hémogliase-hyper-alpha-deux», sans la suppression du pain blanc. De son côté, le professeur Truhaut dénonce, depuis longtemps, les multiples *colorants, antiseptiques* et *conservateurs* utilisés dans l'industrie alimentaire, dans lesquels il voit des éléments plus ou moins *cancérigènes*.

Ces notions, jusqu'ici, demeuraient fréquemment empiriques ou du domaine de l'intuition, lorsque la bioélectronique vint apporter la démonstration éclatante du bouleversement effectué dans la structure moléculaire d'un aliment qui, au lieu d'être préparé d'une manière naturelle, était fabriqué artificiellement. L'équipe de L. Vincent a effectué d'innombrables mesures sur les eaux et les divers aliments. Nous-même avons également pratiqué, à ce sujet, de nombreuses mesures au bioélectronimètre et nous avons réuni sur la figure n° 6 quelques résultats spectaculaires.

Nous pouvons constater, par exemple, que les eaux javellisées ou ozonisées de la région parisienne ont un pH et un rH_2 nettement plus élevés que les eaux de sources naturelles. Quant à la résistivité, elle est bien inférieure, limitant ainsi, par encombrement ionique, le pouvoir dissolvant de l'eau, son pouvoir d'entraînement des déchets, rôle — somme toute principal — de la circulation hydrique dans l'organisme.

Pour ce qui est du lait, nous constatons qu'un lait de montagne a une résistivité d'environ 250. Mais en hiver, dans la région parisienne, lorsque

(Note de 1961, date de la première parution de ce travail élaboré avec Cl. Reddet).

les bêtes sont nourries de tourteaux, le lait se charge de sels et sa résistivité baisse aux environs de 150.

Pour ce qui est du pain, du vin, des œufs, les modifications sont là également, manifestes.

En définitive, nous constatons que tous les *facteurs modernes de production* plus ou moins *artificielle* des aliments, sont des facteurs de perturbation des caractéristiques physico-chimiques de ces aliments et, par conséquent, de leur action sur le milieu intérieur. Ces perturbations sont décelables et mesurables par bioélectronimétrie. *Ces perturbations se font dans le sens de l'électronisation positive, de l'alcalinisation et de la baisse de la résistivité.*

Elles apportent donc leur concours journalier, constant, insidieux, dans la déviation générale du terrain humain, constituant un véritable «*stress*», peut-être minime, mais permanent. Ce stress peut, chez certains, constituer le quantum suffisant pour dépasser le seuil des perturbations incompensables. Et ce qui est inquiétant : cette *perturbation se fait toujours* dans le sens positif, c'est-à-dire *dans le sens des terrains caractéristiques des maladies dégénératives :* tuberculoses, cancers, psychoses, thromboses, arthroses, maladies virales...

Mais, comme au temps d'Hippocrate, il est des maladies qui ne se soignent que par l'alimentation... ou tout au moins dans lesquelles une nourriture saine et équilibrée a une action prépondérante.

Dans le relevé des titres des travaux de l'Institut National des Sciences et des Arts (An V de la 1re République), j'ai noté un titre évocateur : «De l'influence du régime diététique d'une Nation sur son état politique», par le citoyen Toulongeon. Je regrette fort de n'avoir pu me procurer le texte, probablement brouté par les termites dans les locaux de la Bibliothèque Nationale, très mal en point si j'en crois les journaux.

Mais plus près de nous, un confrère a publié

(janv. 1984) les résultats très intéressants qu'il a pu obtenir dans un établissement de retraite pour personnes âgées. En face de la plupart de ces hommes et de ces femmes dont la moitié présente des signes graves de nutrition, affublés de tous les maux créés et entretenus par le défaut alimentaire, ce médecin a pensé d'abord et avant tout à l'importance de la diététique. Par la patiente correction des carences, les dégradations organiques se sont peu à peu amendées tandis que la consommation pharmaceutique baissait d'un quart. Ébloui par les résultats, l'auteur insiste avec vigueur sur la «nécessité d'en informer le public, mais aussi les médecins». Voilà qui est fait.

Parmi les carences les plus fréquemment rencontrées chez le vieillard dénutri, figure le manque d'acide folique dont les effets sur la mémoire et le psychisme sont bien connus. Or, les légumes verts sont pourvus d'acide folique, les fruits aussi. L.-Cl. Vincent et Jeanne Rousseau ont pratiqué de nombreuses mesures à leur sujet. On ne sera pas étonné de savoir que leurs pH et leurs rH_2 les classent dans la catégorie des acides réducteurs, éminemment favorables pour s'opposer au terrain alcalin oxydé de la vieillesse.

En voici quelques exemples (le premier chiffre représente le pH, le second le rH_2) : fraise : 4-23 - groseille : 3,5-15 - citron : 2,5-18 - pamplemousse : 4,2-22 - orange : 3,4-19,5 - framboise : 3-20 - raisin : 3,4-17,8 - carotte : 5,5-10 - concombre : 6,2-17 - céleri : 5,7-9,5.

Il faut savoir que la cuisson, qui détruit certaines vitamines, a une tendance alcalinisante et oxydante, d'où l'intérêt des jus de fruits et de légumes frais (non industriels, bien entendu).

A propos de l'alimentation, je ne saurais trop conseiller la lecture de l'ouvrage de Jacques Mittler : «Un grain, dix mille grains» (Les 7 marches,

EAUX

Les valeurs sont évidemment très variables, mais on remarquera que la zone des eaux de ville est nettement surélectronisée positivement et alcalinisée par rapport à celle des eaux naturelles.

LAITS

Lait naturel : pH 6 - rH₂ 25 - rô 160 à 220. Lait homogén. : pH 7,7 - rH₂ 28 - rô 130 à 150.
Là également, positivation et alcalinisation accompagnées d'une baisse de la résistivité.

ŒUFS

Jaune d'œufs frais :
6,5-24-135.
Jaune d'œufs de 15 jours :
7,5-29-80.
Même évolution.

PAINS

Pain complet au levain :
6,5-13-130.
Pain blanc méthode « moderne » :
7-26,5-105.

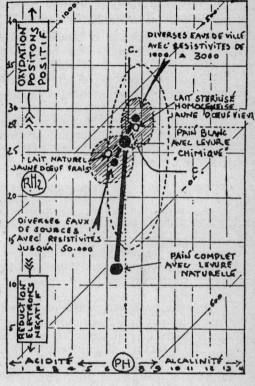

Fig. 6 - Réalisée d'après les chiffres de L.-Cl. Vincent. D'après L.-Cl. Vincent, toute l'évolution moderne de la production d'aliments aboutit à une modification dans le sens d'une élévation de potentiel traduite par une élévation du pH et du rH₂, accompagnée d'une baisse de la résistivité.

éditeur - Les Creusettes, Poisy - 74330 La Balme de Sillingy). Un livre sérieux, écrit sans passion, équilibré, qui apprend beaucoup de choses, et pas uniquement du seul point de vue de la nutrition.

N.B. : Ouvrages sur la bioélectronique :
— Pierre Bressy - La bioélectronique et les mystères de la vie (Le Courrier du Livre - 1979);
— Lucien Roujon - Aperçus théoriques et pratiques sur la bioélectronique Vincent (Édit. La Source - 63200 Marsat);
— Lucien Roujon et Eugène Mangez - Sur la perturbation bioélectronique, dénominateur commun des états pathologiques (EDINAT - B.P. 61 - 83502 La Seyne/mer).

Réflexions

«*La physique biologique nous offre le moyen de voir l'invisible dans les tissus, d'analyser le remaniement perpétuel, les transmutations chimiques en chaîne qui se font constamment en nous, microchimie qui donnera, sans doute, des mégarésultats*».

René LERICHE

Au terme de ce survol, très incomplet on le devine, mais le lecteur intéressé pourra toujours se procurer les ouvrages de L.-Claude Vincent (Édit. La Source - 63200 Marsat), il convient de préciser que la méthode bioélectronique présente un certain nombre de difficultés pour être bien pratiquée.

L'appareil est délicat à manier mais puisque j'y étais parvenu !... Il exige le nettoyage des électrodes après chaque mesure, la dépolarisation de l'électrode de platine avant tout usage, d'être employé dans un local antiparasite et loin de toutes vibrations. Le protocole, enfin, doit être très rigoureux.

L'intéressé ne doit pas avoir absorbé de médicaments les 8 ou 15 jours précédents, n'avoir ni mangé, ni bu, ni fumé 4 à 5 h avant l'examen, ne pas avoir subi de rayons ionisants depuis 15 jours.

Eu égard aux variations cosmo-telluriques incessantes, une seule mesure, on l'a compris, ne saurait donner une image valable du terrain biologique. Il faudrait plusieurs mesures dans la journée et pouvoir tenir compte des rythmes biologiques propres à chacun.

Dans les cancers, les perturbations sont inconstantes et on a pu observer des paramètres normaux chez des porteurs de grosses tumeurs. A ce sujet, des hypothèses ont d'ailleurs été émises, qui déborderaient le cadre de ce travail mais qui contiennent probablement une part de vérité. Dans ces cas, d'ailleurs, la bioélectronique est d'intérêt secondaire puisque le diagnostic est fait et que d'autres examens permettent de suivre l'évolution. D'ailleurs, nous avons fait des centaines d'études comparatives en associant différents tests aux mesures électroniques. Les conclusions ne sont pas toujours très évidentes et l'interprétation parfois très délicate.

Il n'empêche que la méthode a déjà permis de nombreuses et intéressantes réalisations dans les domaines les plus variés et, qu'incontestablement, c'est une méthode d'avenir qui ne pourra que se perfectionner.

En thérapeutique, la position bioélectronique du remède n'est peut-être pas toujours suffisante pour le bien définir du point de vue pharmacodynamique car chaque médication a son individualité qualitative propre, et on ne peut encore tout expliquer. Cette position est néanmoins en relation avec les propriétés curatives du produit considéré, ce qui a tout de même son importance.

Comme en toutes choses, la pratique de la bioélectronique demande qu'on s'y attache, qu'on persévère, qu'on se familiarise. Si pour certains, il n'est de science que le mesurable, il est encore un certain nombre de paramètres, plus ou moins palpables, parfois non évidents, pour être utiles dans l'exercice de la médecine.

Ampère et d'Arsonval étaient de ceux qui pensaient qu'à l'ère thérapeutique d'ordre chimique succèderait un jour une ère d'ordre physique. Il n'est pas interdit d'imaginer la suppression, dans un avenir plus ou moins proche, de très nombreuses médications chimiques dont les modes d'action, sous l'aspect de la mécanique ondulatoire, ne sont que des potentialités électroniques dangereuses en ce qu'elles laissent obligatoirement des radicaux ionisés, facteurs d'encrassements, donc de dégénérescence et de vieillissement accéléré! Alors, la guérison par l'eau aminérale? et une machine électronique capable d'enlever un excès d'électrons, ou d'ajouter à une insuffisance?

« *C'est, sans doute, le physicien qui nous dira ce que sont les arrangements moléculaires dans la maladie, disait le Pr R. Leriche, qui nous indiquera la manière de les corriger, car, certainement, c'est le déséquilibre de la physique des milieux vivants qui fait le désordre de certains tissus... ».*

Épilogue

L'opinion de R. Leriche, professeur au Collège de France et membre de l'Institut, devait être trop en avance pour être audible à ceux dont la mission devrait être de s'informer pour promouvoir et faciliter la recherche scientifique. Car emportés par notre élan, soulevés par l'enthousiasme et confiants dans le progrès, Claude Reddet et moi-même étions prêts à œuvrer *gratis pro Deo* pour la bonne cause commune, à condition cependant qu'on nous en donne quelques moyens.

Aussi, le 30 novembre 1961, adressions-nous un courrier à la Délégation générale à la recherche scientifique et technique, 103, rue de l'Université - Paris - France, dont voici la reproduction :

DEMANDE DE CRÉDITS
POUR DES TRAVAUX DE RECHERCHE
CONCERNANT LES PROBLÈMES POSÉS
PAR LA MALADIE CANCÉREUSE

Sans prendre parti sur l'importance réciproque que représentent dans la maladie cancéreuse, le germe pathogène encore hypothétique et le « terrain favorable », les auteurs se sont particulièrement intéressés à l'étude du « Terrain cancéreux » dans le cadre de leurs travaux sur le « Terrain biologique » en général.

Il est généralement admis que la maladie cancéreuse est une maladie à évolution lente et que l'apparition de la tumeur, qui elle-même peut présenter un degré de malignité variable, est la phase aiguë de la maladie. Cette phase aiguë, événement brusque, apparaît lorsqu'une certaine défense de l'organisme est dépassée. Cette phase aiguë est donc précédée d'une période plus ou moins longue, où le terrain se modifie discrètement, et tous les auteurs sont d'accord pour faire la distinction entre terrain précancéreux et cancers.

Un travail considérable a déjà été effectué, qui a permis de démontrer que le terrain biologique, en réalité constitué par l'état intime physico-chimique de la solution complexe qu'est le milieu intérieur, pouvait être défini d'une certaine manière et sous un certain aspect, par les mesures électroniques conjointes du potentiel d'oxydoréduction, du potentiel redox, du potentiel d'acidité ionique et de la résistivité électrique. Ces mesures permettent, en effet, une représentation quantique des solutions complexes à l'échelon moléculaire et sous leur aspect énergétique.

La poursuite de ce travail a permis de constater les faits suivants :

1 - Il existe une zone délimitée de variations de ces valeurs et relativement restreinte de ces valeurs où la vie est possible, appelée par les auteurs «zone d'apparition».

2 - Il existe au sein de cette zone, une zone privilégiée, très étroite également, déterminée par ces valeurs et qui correspond à l'état optimum de la vie végétative, c'est-à-dire à l'état de santé. Cette zone, comme la précédente, varie suivant les espèces animales.

3 - Des variations dans un sens ou dans un autre, en dehors de la zone de santé et, bien entendu, sans dépasser les limites de la zone vitale, correspondent à de grands syndromes morbides. En particulier, «le» cancer semble se manifester spécialement sur des terrains caractérisés par un potentiel redox et d'oxydoréduction élevés accompagnés d'un potentiel d'acidité ionique tendant vers l'alcalinité et d'une résistivité tendant à baisser.

4 - Les agents d'agression endogènes et exogènes, l'alimentation, les agents thérapeutiques physiques et chimiques ont une action sur ces valeurs.

Les auteurs pensent qu'après ces résultats encourageants venant confirmer une hypothèse théorique, il y aurait lieu d'élargir d'une manière vaste le champ de l'expérimentation.

En effet :

I. Le processus de cancérisation ayant lieu, quel que soit l'agent causal ou occasionnel et quelle que soit l'importance du germe, au sein même de la matière, à l'échelon moléculaire, là où la chimie et la physiologie deviennent de la physique quantique, il apparaît que toutes les techniques s'attachant à mettre en évidence les variations de l'état moléculaire de la matière vivante sont dignes d'intérêt. La méthode électronique proposée, cherchant à définir l'équilibre quantique énergétique du milieu intérieur chez l'homme en bonne santé et ses variations avec la maladie, et plus spécialement avec le cancer, présente un intérêt tout particulier. Cette méthode est la seule qui, actuellement, puisse prétendre étudier le processus lent et insidieux de la phase prétumorale. De même, elle est la seule qui puisse, lorsque ce stade limite d'adaptation du sujet est dépassé, étudier les variations du terrain au moment de cet événement brusque qu'est l'apparition de la maladie. Enfin, elle semble capable d'apporter des lumières sur le processus de son évolution, ses rémissions, sa généralisation. Cette méthode, indépendamment de son intérêt dans la recherche pure, peut ouvrir la voie à une technique permettant le diagnostic et le pronostic dans la maladie cancéreuse, ainsi que le dépistage précoce des sujets «cancérisables». Elle peut, d'autre part, permettre l'orientation et le contrôle de la recherche pharmacodynamique.

II. Tous les agents environnant l'homme étant pour lui des agents agresseurs auxquels son organisme lui permet de résister, on voit immédiatement que la méthode doit permettre d'obtenir de nombreux renseignements sur l'action de ces divers agents sur le terrain biologique. C'est ainsi que tous les facteurs héréditaires et acquis, l'alimentation, les divers stress physiques et psychiques, les agents thérapeutiques ont, à travers l'organisme — grâce à lui dans la santé et malgré lui dans la maladie — une action sur le milieu intérieur, qui peut être mise en évidence par la méthode électronique proposée. En particulier, il y aurait lieu d'étudier «in vivo» l'action des agents thérapeutiques physiques et tout particulièrement celle de l'électrothérapie récemment proposée. En effet, cette dernière technique consiste en l'application au malade d'un faisceau d'électrons, c'est-à-dire de quanta d'électricité négative, et les auteurs ont tout lieu de penser que le terrain cancéreux est en partie caractérisé par un potentiel électronique hyperpositif. Il est donc d'un intérêt primordial que l'on puisse, par l'électrothérapie, redresser un terrain cancéreux.

III. Il y aurait lieu également d'étendre largement la méthode à l'expérimentation sur l'animal de laboratoire. Il est bien connu maintenant qu'il existe des souches d'animaux réfractaires à la maladie, à la greffe tumorale, aux agents cancérigènes. L'étude du terrain biologique de ces souches et de sa résistance aux perturbations, ainsi que celle des moyens capables de le modifier pour le rendre sensible à la maladie, s'impose et doit être poursuivie dans le même temps que l'expérimentation humaine.

IV. Enfin, il sera intéressant d'étudier également l'influence de l'état moléculaire quantique du milieu sur le développement des cultures de tissus, en particulier d'étudier l'influence du potentiel d'oxydo-réduction sur l'aspect morphologique et histologique des cultures de tissus in vitro.

La méthode proposée permet ainsi :

— d'étudier l'évolution du terrain dans la maladie cancéreuse à ses divers stades et de jeter les bases d'une méthode de diagnostic et de pronostic ;

— d'étudier l'action des agents agresseurs endogènes et exogènes, des agents alimentaires et thérapeutiques sur le terrain humain ;

— de vérifier l'activité d'une thérapeutique physique ou chimique ;

— d'expérimenter in vivo sur l'animal de laboratoire ;

— d'expérimenter in vitro sur les cultures de tissus.

L'intérêt de la méthode paraît donc s'imposer par son caractère polyvalent et par son très large champ d'action. Elle présente, d'autre part, le très grand avantage d'être sans danger pour les malades : ces derniers n'ont, en effet, à subir qu'une simple prise de sang et d'urine. Enfin, considération non négligeable, son prix de revient reste modeste, comparé aux besoins de la recherche moderne, et son financement ne semble pas poser de problème rédhibitoire.

C'est pourquoi, les auteurs sollicitent une aide du Fonds de Développement de la Recherche Scientifique, non que leur persévérance soit lassée, mais parce que les premiers résultats obtenus — grâce à leur seul travail et à leurs seuls deniers — paraissent justifier un élargissement de la recherche que leurs seuls moyens ne leur permettent pas d'assumer.

C'est dans cet esprit qu'ils proposent de créer une unité de recherches rattachée au laboratoire de M. le professeur M... à la Faculté de Pharmacie de Paris. Cette unité comportera le matériel et le personnel capable d'effectuer, pour les divers secteurs de la recherche, les délicates mesures que comporte l'examen électronique du milieu intérieur. Ils proposent de mettre à la disposition de cette unité leur expérience du sujet afin de former le personnel nécessaire et aussi de centraliser et d'interpréter les résultats.

Paris, 30 novembre 1961
signé : Cl. Reddet - J. Valnet

On ne fait rien de correct, c'est bien connu, dans la précipitation. Noël passa, puis Mardi gras et Pâques, quelques jours encore et un matin de mai 1962, nous recevions de la Délégation générale, etc., la réponse sans surprise ci-après :

«Par lettre citée en référence, vous avez bien voulu demander à la Délégation générale à la recherche scientifique et technique, une subvention pour la création, auprès de la Faculté de pharmacie de Paris, d'une unité de recherche sur l'étiologie et la prévention du cancer.

« J'ai le regret de vous informer que le Comité « Cancer et leucémie », appelé au cours d'une récente réunion, à examiner cette demande, n'a pas cru pouvoir me conseiller de lui réserver une suite favorable.

« Il est apparu, en effet, au comité, que vos recherches, pour intéressantes qu'elles soient, n'entraient pas exactement dans le cadre du programme strict qu'il a dû se fixer, les crédits dont nous disposons, au titre de l'action concertée « Cancer et leucémie » étant très limités. Je vous prie... ».

N.B. : ... « Très limités les crédits... », c'est sans doute la raison pour laquelle on fait maintenant toutes ces quêtes dans la rue... Je ne l'ai pas fait exprès, mais ce matin même, 12 mars 1984, en dépliant le journal, que lis-je ? « Une semaine contre le cancer » :

« La campagne de collecte de fonds de la Ligue nationale française contre le cancer débute aujourd'hui et se terminera le dimanche 18 mars par une quête sur la voie publique. Le label « *Grande cause nationale* » a été attribué par les pouvoirs publics pour l'année 1984 à la Ligue contre le cancer qui est donc, ainsi, autorisée à faire appel aux dons du public ».

L'article à la suite précise qu'il est quand même reconnu la responsabilité des virus, agents chimiques, radiations, etc., dans la genèse des cancers. C'est toujours ça de gagné.

14

Termes médicaux utilisés dans cet ouvrage

Abcès chaud : amas de pus, accompagné de phénomènes inflammatoires aigus.

Abcès froid : abcès qui se forme lentement, sans réaction inflammatoire (tuberculose, mycose, c'est-à-dire affection provoquée par des champignons microscopiques).

Abortif : produit capable de provoquer un avortement.

Absorbant : produit qui, à l'intérieur, se combine aux sécrétions gastriques — à l'extérieur, absorbe les sécrétions des plaies (craie, charbon...).

Acide phénique (ou phénol) : excellent désinfectant (de 2 à 5 g pour 500 g d'eau) : plaies, gangrène — également pour la désinfection des lieux d'aisance, appartements, égouts (longtemps considéré comme le type de l'antiseptique).

Adénite : inflammation aiguë ou chronique des ganglions lymphatiques (cervicaux, cruraux, inguinaux...).

Adynamie : extrême faiblesse musculaire qui accompagne certaines maladies.

Agranulocytose : disparition des globules blancs du sang (presque toujours mortelle).

Alcalin (ou base) : principe chimique opposé aux acides (une base détruit un acide, un acide détruit une base).

Alcool : produit de la fermentation des végétaux contenant du sucre. Employé comme stimulant, vulnéraire... appelé autrefois : esprit-de-vin, trois-six, eau-de-vie.

Algies : douleurs.

Allergie : toute modification nocive du milieu humoral provoquée par un produit quelconque (médicaments, rouges à ongles, certains aliments...).

Alopécie : calvitie. Les causes en sont diverses : maladies infectieuses, séborrhée, pelade, teigne, syphilis...

Amaurose : perte de la vue, sans altération des milieux de l'œil (albumine, diabète, anémie, hystérie, rhumatismes, syphilis, alcoolisme).

Aménorrhée : absence de règles, en dehors de l'état de grossesse, et chez une femme en âge d'être réglée. Elle peut être primitive, ou secondaire à une intervention (la ménopause exceptée).

Amer : végétal tonique, apéritif, dépuratif. Donne de l'énergie aux organes (absinthe, centaurée, charbon bénit, chicorée, pissenlit...).

Amibiase : maladie parasitaire due à l'entamœba dysenteriæ. Elle se localise d'abord au niveau du gros intestin (dysenterie amibienne), mais peut atteindre d'autres viscères : foie, poumons, reins, rate, cerveau.

Amidon : produit tiré du blé, riz, maïs... (absorbant, en cataplasmes, lavements, bains).

Amnésie : perte totale ou partielle de la mémoire.

Amyotrophie : atrophie des muscles.

Analeptique : médicament ou aliment qui rétablit les forces et stimule le fonctionnement des différents appareils de l'organisme.

Analgésie : abolition de la sensibilité à la douleur.

Analgésique : qui abolit la sensibilité à la douleur.

Anaphrodisiaque : diminue les désirs vénériens (nénuphar, lactucarium tiré de la laitue...).

Anasarque : hydropisie du tissu cellulaire produisant un gonflement général du corps et des membres.

Angine de poitrine : syndrome caractérisé par des crises de douleurs constrictives violentes siégeant dans la région précordiale, irradiant dans le bras gauche et s'accompagnant d'une angoisse poignante avec sensation de mort imminente. Presque toujours due à l'artériosclérose des artères coronaires.

Angiocholite : inflammation des voies biliaires.

Angiome (naevus) : petite tumeur érectile produite par la dilatation des vaisseaux capillaires.

Ankylostome : petit ver cylindrique qui se fixe en grand nombre à la muqueuse de l'intestin grêle et provoque l'ankylostomiase (anémie due à de nombreuses petites hémorragies répétées) appelée aussi : anémie des mineurs, des briquetiers.

Anorexie : perte ou diminution de l'appétit.

Antibiotique : signifie «qui s'oppose à la vie» — se dit des substances qui empêchent le développement des microbes.

Anticorps : nom donné à certaines substances qui apparaissent dans le sérum d'un animal ou de l'homme à la suite de l'injection d'éléments étrangers (microbes, éléments divers). Certains anticorps existent spontanément dans le sérum. Ce sont des agents de défense de l'organisme. Leur rôle est notamment d'agglutiner, de dissoudre, de neutraliser les microbes ou leurs toxines.

Antigène : toute substance capable d'engendrer la production d'anticorps (voir ce mot). Les germes microbiens, tous les éléments étrangers au sérum normal peuvent être des antigènes.

Antigénétique : voir antiseptique.

Anthelminthique : vermifuge.

Antiphlogistique : médicament qui combat l'inflammation (bains, cataplasmes, émollients, sang-sues...).

Antiseptique : qui détruit les microbes et empêche leur développement.

Antispasmodique : qui combat les spasmes, convulsions, les affections nerveuses.

Aphonie : extinction de voix.

Aphrodisiaque : qui excite les désirs vénériens.

Apoplexie : perte subite de la connaissance et des mouvements, pouvant être suivie de paralysies plus ou moins durables.

Apozème (tisane composée) : infusion ou décoction de plusieurs végétaux, à laquelle on ajoute divers autres médicaments.

Artériosclérose : épaississement et durcissement des parois artérielles.

Arthrite : inflammation aiguë ou chronique des articulations.

Arthritisme : état particulier de l'organisme prédisposant à la goutte, aux rhumatismes, à la migraine, à l'asthme, à la lithiase, à l'obésité, au diabète.

Arythmie : anomalie du rythme cardiaque.

Ascite : accumulation de liquide dans la cavité péritonéale.

Asthénie : dépression de l'état général, entraînant des insuffisances fonctionnelles multiples.

Astringent : qui resserre les tissus, modère les sécrétions, cicatrise les plaies en prévenant l'inflammation (dans hémorragies, diarrhées, plaies, leucorrhées...).

Asystolie : ensemble des troubles du cœur.

Athérome : tumeur enkystée, vulgairement loupe. Terme actuellement souvent utilisé dans le sens d'athérome artériel : lésion chronique des artères caractérisée par la formation, dans la tunique interne, de plaques jaunâtres constituées de dépôts lipidiques (cholestérol). Ces foyers constituent le début de l'artériosclérose, laquelle atteint souvent l'aorte, les coronaires, les artères des membres, dont elle peut provoquer l'oblitération.

Atonie : diminution de la tonicité normale d'un organe contractile (estomac...).

Axonge : graisse de porc lavée (sert à la préparation d'onguents, cérats...).

Azotémie : état morbide dans lequel l'urée et d'autres produits d'excrétion azotée se trouvent en excès dans le sang.

Bactéricide : qui tue les bactéries (variété de microbes).

Bactériostatique : action des substances qui suspendent la division (reproduction) des bactéries, entraînant leur vieillissement et leur mort.

Balnéothérapie : traitement des maladies par les bains (voir bains au chapitre IX).

Balsamique : substance odorante, chargée de baume et de résines (adoucissante des muqueuses respiratoires).

Basedow (maladie de) : goitre exophtalmique.

Béchique : employé contre la toux.

Blépharite : inflammation des paupières.

Bradycardie : ralentissement des battements du cœur (moins de 60 par minute). Elle peut être normale ou pathologique.

Bright (mal de) : néphrite chronique (hydropisies multiples, albuminurie, lésions des reins).

Bromure de potassium : très utile dans l'épilepsie, spermatorrhées, nervosisme, chorée, vomissements de la grossesse... (2 à 4 g).

Cachexie : altération profonde de l'organisme — maigreur extrême — «aboutissement commun de toutes les souffrances et résultat de toutes les maladies».

Calcul : voir lithiase.

Cardiopathie : lésion organique du cœur.

Cardiotonique : qui tonifie le cœur (toni-cardiaque).

Cardio-vasculaire : actif dans le traitement des maladies du cœur et des vaisseaux.

Carminatif : qui provoque l'expulsion des gaz intestinaux.

Catarrhe : inflammation des muqueuses accompagnée d'hypersécrétion.

Cautère : ulcération artificielle provoquée sur la peau, à l'aide d'un caustique (dérivatif). Instrument destiné à brûler les tissus.

Céphalée : mal de tête.

Charbon : maladie infectieuse, commune à l'homme et aux animaux, provoquée par un microbe appelé la bactéridie charbonneuse. Maladie généralement très grave (la feuille de noyer a une action bactéricide locale contre la pustule charbonneuse).

Chlorose : variété d'anémie se rencontrant surtout chez les jeunes filles.

Chlorurémie : présence normale de chlorures dans le sang. Mot également employé pour désigner l'excès des chlorures dans le sang.

Cholagogue : qui facilite l'évacuation de la bile des voies biliaires et surtout de la vésicule.

Cholécystite : inflammation de la vésicule biliaire.

Cholémie : présence de la bile dans le sang.

Cholérétique : qui augmente la sécrétion de la bile.

Chorée : manifestations nerveuses caractérisées par des contractions musculaires. Appelée aussi : danse de Saint Guy.

Cirrhose : nom donné à plusieurs affections hépatiques (cirrhoses alcoolique, tuberculeuse, paludéenne...).

Cordial : excitant, relève les forces (toutes les plantes aromatiques sont cordiales).

Potion cordiale des hôpitaux :

vin rouge	125 g
teinture de cannelle	8 g
sirop simple	25 g

Condylome : petite tumeur cutanée siégeant au niveau de l'anus ou des organes génitaux.

Coronarite : artérite des artères coronaires (nourricières du cœur) prédisposant à l'angine de poitrine.

Cycle menstruel : voir œstral.

Cystite : inflammation de la vessie.

Cytophylactique : qui protège les cellules de l'organisme (le magnésium et les essences aromatiques sont cytophylactiques).

Dépuratif : qui combat l'impureté du sang et du milieu intérieur (diurétiques, sudorifiques).

Dérivatif : médication ou pratique destinée à attirer à un endroit du corps des sérosités, humeurs... encombrant une autre région de l'organisme (sangsues, vésicatoires, sinapismes, ventouses, purgatifs).

Dermatose : affection cutanée.

Détersif : qui nettoie les plaies, ulcères et en favorise la cicatrisation.

Diaphorétique : sudorifique.

Diathèse : prédisposition, apportée à la naissance, pour certaines maladies (diathèse arthritique, tuberculeuse, veineuse...); synonyme : tempérament.

Digestif : qui facilite la digestion (la plupart des aromates, les stimulants).

Diurèse : élimination urinaire.

Diurétique : qui favorise la production des urines.

Drastique : purgatif énergique.

Dyscrasie : mauvaise constitution (exemple : dyscrasie sanguine).

Dyshidrose : affection cutanée, siégeant aux espaces interdigitaux, caractérisée par une éruption vésiculaire récidivante.

Dysménorrhée : menstruation difficile et douloureuse.

Dyspepsie : digestion difficile et douloureuse.

Dyspnée : difficulté de la respiration.

Dystonie : trouble de la tonicité ou du tonus (dystonie neuro-végétative : dérèglement du système sympathique).

Ecchymose : épanchement sanguin tissulaire, généralement suite d'une contusion.

Écrouelle : adénite cervicale tuberculeuse chronique.

Émétique : vomitif.

Emménagogue : qui provoque ou régularise les règles.

Émollient : qui relâche les tissus, calme l'inflammation, rafraîchit les régions en contact.

Endocardite : inflammation de l'endocarde (tunique interne du cœur).

Énurésie : incontinence d'urine, presque toujours nocturne.

Épigastre (creux épigastrique) : partie supérieure de l'abdomen (le creux de l'estomac).

Érythème : congestion cutanée.

Escarre : croûtre noirâtre tendant à s'éliminer, formée par du tissu mortifié.

Eupeptique : qui facilite la digestion.

Exutoire : ulcère artificiel entretenu pour servir de dérivatif dans une maladie.

Fébrifuge : qui combat la fièvre et en prévient le retour.

Fièvres intermittentes : qui viennent par périodes plus ou moins éloignées (paludisme surtout, mais aussi parfois : hépatite suppurée, infection urinaire, infection purulente), terme souvent employé comme synonyme de paludisme.

Flatulence : abondance de gaz dans l'intestin et l'estomac, accompagnée de ballonnements.

Galactogogue : médicament ou aliment qui favorise la sécrétion lactée.

Gangrène : mortification des tissus.

Gastrite : inflammation aiguë ou chronique de la muqueuse de l'estomac.

Glossite : inflammation aiguë ou chronique de la langue.

Gravelle : concrétions rénales ordinairement de la grosseur d'une tête d'épingle. Les concrétions plus petites forment le sable. Celles qui sont plus grosses sont les calculs (pierres, graviers).

Hématémèse : vomissement de sang venu de l'estomac.

Hématome : épanchement de sang enkysté.

Hématopoïèse : formation des globules sanguins.

Hématurie : émission de sang dans les urines.

Hémolytique : qui détruit les globules rouges.

Hémophilie : affection héréditaire transmise par les femmes et n'atteignant que les hommes, caractérisée par une disposition aux hémorragies provoquées, incoercibles.

Hémoptysie : vomissement de sang provenant de l'appareil pulmonaire.

Hémostatique : qui arrête les hémorragies.

Hépatite : inflammation du foie fréquente dans les pays tropicaux (hépatite amibienne).

Hydrocèle : épanchement de sérosité dans les bourses.

Hydropisie : épanchement de sérosité dans une cavité naturelle du corps (abdomen, méninges).

Hydrothérapie : traitement des maladies par l'eau sous toutes ses formes et à des températures variables. Indiquée dans de nombreuses affections : anémie, fatigue générale, goutte, hystérie, obésité...

Se donne par bains, douches, étuves, frictions, affusions...

A la température de 10-12°, commencer par 15 secondes et augmenter peu à peu sans dépasser une minute. La faire suivre de frictions générales et de vingt minutes d'exercices pour provoquer la réaction.

Outre ses propriétés thérapeutiques, l'hydrothérapie est préventive des rhumes, névralgies, affections pulmonaires.

Hypochondrie : neurasthénie dont la cause est rapportée à un trouble des organes situés dans les hypochondres (foie, estomac...).

Hypocras : boisson stimulante à base de vin sucré et de plantes aromatiques.

Ictère : jaunisse.

Infarctus : nom donné à un territoire vasculaire où cesse la circulation (infarctus pulmonaire, de l'intestin...).

Infarctus du myocarde : hémorragie intra-myocardique provoquée par l'oblitération d'une branche de l'artère coronaire.

Kératite : inflammation de la cornée.

Leucocytes : globules blancs du sang.

Leucorrhées : pertes blanches.

Lithiase : affection qui consiste dans la formation de sable ou de petites pierres dans une glande ou un réservoir (lithiases rénale, salivaire, biliaire...).

Ménopause : retour d'âge, fin de la fonction menstruelle.

Ménorragies : règles abondantes.

Météorisme : gonflement de l'abdomen par des gaz intestinaux.

Métrite : affection inflammatoire de l'utérus.

Métrorragies : hémorragies utérines survenant en dehors des périodes menstruelles.

Miction : action d'uriner.

Mycose : affection parasitaire provoquée par des champignons.

Myocardite : inflammation du myocarde (le muscle cardiaque).

Narcotique : qui provoque le sommeil et calme les douleurs (poison à haute dose) — synonymes : stupéfiant, somnifère.

Néphrite : inflammation aiguë ou chronique des reins.

Névrite : inflammation des nerfs.

Névrose : nom donné aux troubles du système nerveux.

Nymphomanie : exagération des désirs sexuels chez la femme.

Odontalgie : névralgie dentaire.

Œdème : infiltration séreuse des tissus. Au niveau de la peau, il se révèle par une enflure indolore.

Œstral (cycle) : modification périodique de l'utérus et du vagin déclenchée par les sécrétions ovariennes, qui préparent à la fécondation et à la gestation.

Œstrogène : qui provoque le cycle œstral chez la femme et les femelles des mammifères.

Oligurie : diminution de la quantité des urines.

Ophtalmie : inflammation de l'œil caractérisée par de la rougeur.

Otalgie : névralgie de l'oreille.

Otite : inflammation de l'oreille.

Otorrhée : écoulement de l'oreille.

Pectoral : favorable aux voies respiratoires.

Péricardite : inflammation du péricarde (enveloppe du cœur), aiguë ou chronique, sèche ou avec épanchement.

Péristaltiques (mouvements) : contractions qui font progresser le bol alimentaire et fécal dans le tube digestif.

Phtiriase : maladie de la peau, produite par les poux.

Phtisie : tuberculose pulmonaire.

Pléthore : surabondance du sang ou d'humeurs dans tout l'organisme ou une de ses parties.

Prurit : démangeaison.

Psychasthénie : indécision de l'esprit, tendance au doute, aux appréhensions irraisonnées, qui aboutit aux diverses phobies.

Psychosomatique (médecine) : étude des perturbations psychiques d'ordre affectif et des troubles viscéraux qui en constituent la manifestation corporelle.

Pyélonéphrite : inflammation du bassinet et du rein.

Résolutif : qui provoque la fonte des engorgements (iodures, plantes aromatiques, alcool...).

Révulsif : (voir dérivatif).

Salpingite : inflammation aiguë ou chronique des trompes utérines.

Santé (préceptes de F. Hoffmann pour se bien porter) :
1 - éviter tout excès
2 - ne pas changer subitement d'habitude
3 - être d'un esprit gai et tranquille (le meilleur garant)
4 - rechercher l'air pur et tempéré (pour le corps et l'esprit)
5 - savoir s'alimenter
6 - établir une mesure entre l'alimentation et l'exercice physique
7 - fuir l'excès de remèdes et les médecins.

Sarcome : tumeur développée aux dépens du tissu conjonctif.

Séborrhée : augmentation de la sécrétion des glandes sébacées (favorise l'acné, la calvitie...).

Scrofule : variété de tempérament lymphatique propre à l'enfance et à l'adolescence, caractérisée par une prédisposition aux infections banales de la peau (impétigo) et des muqueuses (rhinite, otite...) qui revêtent un caractère suintant et une allure chronique, et également une prédisposition à la tuberculose qui se localise sur les ganglions, les os, les articulations, évoluant sans grande réaction.

Spermatorrhée : émission involontaire de sperme.

Sphacèle : gangrène.

Sternutatoire : qui provoque l'éternuement et la sécrétion du mucus nasal (sympathicothérapie nasale).

Stomachique : qui favorise la digestion.

Stomatite : inflammation de la muqueuse buccale (rougeur, salivation, ulcération).

Surinfection : infection nouvelle contractée par un sujet déjà infecté antérieurement et non encore guéri.

Tachycardie : accélération du rythme des battements cardiaques.

Tœnifuge : qui entraîne l'évacuation du tænia.

Tonicardiaque : voir cardiotonique.

Topique : médicament appliqué à l'extérieur.

Tumeur blanche : arthrite tuberculeuse chronique.

Valétudinaire : qui a une santé chancelante.

Vaso-constricteur : qui resserre les vaisseaux.

Vaso-dilatateur : qui augmente le calibre des vaisseaux.

Vésicatoire : emplâtre vésicant appliqué sur la peau pour y provoquer une sécrétion de sérosité dans un but dérivatif (voir ce mot).

Virus filtrant : germe microbien de si faible dimension qu'il traverse les filtres habituellement utilisés pour étudier les microbes, et qu'il est invisible au microscope (la poliomyélite, la fièvre aphteuse, le zona, la varicelle sont provoqués par des virus filtrants).

Vulnéraire : propre à la guérison des plaies et blessures, par voie externe. Mais aussi, stomachique, comme l'*Arquebuse* bien connue depuis longtemps en Franche-Comté et en Bourgogne, et utilisée à la fin des repas trop copieux.

Adresses utiles

- *Syndicat national des producteurs de plantes médicinales :*
  91490 MILLY-LA-FORÊT.

- *UNADIET :* Union syndicale des détaillants spécialisés en produits diététiques :
  163, rue Saint-Honoré, 75001 PARIS.

- *Nature et progrès :*
  3, ch. de la Bergerie, 91700 SAINTE-GENE-VIÈVE-DES-BOIS.
  (Guide des producteurs en agriculture biologique).

- *Deux mensuels d'utilité publique :*
  — L'*Impatient* - 9, rue Saulnier - 75009 PARIS - 246.43.01. Très uniforme, clair, concis, musclé. Articles parfaitement rédigés, sans concession.
  — *Vie naturelle* - B.P. 39 - 83501 LA SEYNE/MER Cédex. Des enseignements de qualité.

- *Un semestriel :*
  — *Écologie* - 83780 FLAYOSE (Lucie Voix).

- *Répression des fraudes :* Préfectures.
  Pour Paris : 12-14, quai de Gesvres, 75004 PARIS.

Bibliographie

Cette bibliographie est fatalement incomplète car il ne peut être question de lire tous les ouvrages ayant trait aux végétaux et aux essences aromatiques. Le lecteur trouvera néanmoins de nombreuses autres références en cours de texte, et si certaines omissions involontaires ont pu se glisser, je m'en excuse bien vivement auprès des auteurs encore de ce monde.

AREND G. — Volkstumliche Anwendung der einheimischen Arzneipflanzen. Verlag von Stringer, Berlin, 1925.

BAYLE — Formulaire général. «Encyclopédie des Sciences Médicales», Paul Mellier éditeur, 1844.

BENEZET L. — Contribution à l'étude de l'essence de lavande, Parfumerie, 1943, I, 153-157.

BINET L. — Au bord de l'étang. Magnard éditeur, Rouen, 1948.

BINET L. — Leçons de Biologie dans un parc. Magnard éditeur, Paris, 1960.

BINET L. — Diététique et gastronomie. Figaro Littéraire, 1963.

BINET L., BOUR H. et TANRET P. — Effets comparés des cures de chou et de citron dans le traitement de l'ascite cirrhotique. B. et M. de la Soc. Méd. des Hôpitaux de Paris, 1948, n° 9 - II.

BRESSY P. — La bioélectronique et les mystères de la vie (Le Courrier du Livre).

CADÉAC C. et MEUNIER A. — Travaux divers. C.R. Soc. Biol., 1889 à 1892.

CAPO N. — Mis observaciones clinicas sobre el limón. Sanch., Barcelona.

CARLES P. — Un dernier mot sur l'action diurétique de l'oignon. Gaz. Hebd. des Sc. Méd. de Bordeaux, 1912.

CAUJOLLE — Toulouse Médical, 1943, 44, 483. Annales Pharm. françaises, 1944, 2, 147.

CAVEL L. — Sur la valeur antiseptique de quelques huiles essentielles. C.R. Acad. Sc., 1918.

CAZAL R. — Contribution à l'étude de l'activité pharmaco-dynamique de quelques essences de labiées. Thèse Toulouse, 1944.

CLARUS J. — Handbuch der Speziellen Arzneimittellehre, 1860, Leipzig.

COLIN CLAIR et MARONNE M. — Dictionnaire des herbes et des épices. Denoël éditeur, Paris, 1963.

COSTET P. — Phythothérapie des affections artério-veineuses en pratique phlébologique. Maloine éditeur, Paris, 1963.

COUPIN H. — Les plantes médicinales. Costes A. éditeur, Paris, 1920.

COURMONT P., MOREL A. et BAY I. — Sur le pouvoir infertilisant de quelques essences végétales vis-à-vis du bacille tuberculeux humain. C.R. Soc. Biol., 1927.

COURMONT P., MOREL A., PERROT L. et SANLAVILLE S. — Du pouvoir infertilisant de l'essence d'ail et de moutarde sur les cultures homogènes de bacille de Koch. C.R. Soc. Biol., 1937.

COUVREUR A. — Les produits aromatiques utilisés en pharmacie. Vigot frères éditeurs, Paris, 1939.

CZAPEK — Biochimie der Pflanzen, Verlag von Fischer, Iéna, 1922-1923.

DELANGE R. — Essences nouvelles et parfums. A. Colin, édit., 1930.

DORVAULT — L'Officine. Vigot éditeur, Paris, 1945.

DRAGENDORFF G. — Die Heilpflanzen, Verlag Enke, Stuttgart, 1898.

FORGUES E. — L'essence déterpénée de lavande contre les plaies anfractueuses. Parfumerie Moderne, 1917.

FOURNIER P. — Le livre des plantes médicinales et vénéneuses de France. Paul Lechevalier éditeur, Paris, 1948.

FROHNERE — Lerbuch der Arzneimittellehre fur Tierarzte. Verlag Enke, Stuttgart, 1911.

GARNIER G., BÉZANGER-BEAUQUESNE L., DEBRAUX Cr. — Ressources médicinales de la flore française. Vigot édit., Paris, 1961.

GATTEFOSSE R. M. — Antiseptiques essentiels. Girardot éditeur, Paris, 1926.

GATTEFOSSE R. M. — Aromathérapie. Girardot éditeur, Paris, 1928.

GILBERTA et MICHEL Ch. — Formulaire pratique de thérapeutique et de pharmacologie. Doin éditeurs, Paris, 1925.

GIRAL F. et ROJAHNC — Productos Quimicos y Farmaceuticos. Editorial Atlante Mexico, 1946.

GORIS A., LIOT A. et GORIS A. — Pharmacie galénique, Masson et Cie éditeurs, Paris, 1942.

HUSSMANN et HILGTER — Die Pflanzenstoffe. I. Springer, Berlin, 1882.

JACQUES R. — Traitement de la tuberculose pulmonaire par la méthode des essences. Marseille Médicale, 1927.

KERHARO J. — La Pharmacopée traditionnelle sénégalaise (Vigot édit., Paris, 1974).

KING'S — American Dispensatory, 18e édition. The Ohio Valley Company Cincinnati, 317, Race Street, 1898.

LECLERC H. — Les épices. Masson et Cie éditeurs, 1929.

LECLERC H. — Précis de Phytothérapie. Masson éditeur, Paris, 1954.

LEMERY — Dictionnaire des drogues simples. 1798.

MARTINDALE et WESCOTT — The Extra Pharmacopoeia. Lavis and C°, Ltd., London.

MOIROUX Jean. — Les huiles essentielles en dermatologie vétérinaire. Thèse Lyon, 1943.

MOREL A. et ROCHAIX A. — Nombreuses communications dans Bulletin Sc. Pharmacol. et C. R. Soc. Biol., de 1922 à 1928.

NAUROY J. — Contribution à l'étude de la pharmacopée marocaine traditionnelle (Jouve, édit. Paris 1954).

OESTERLE — Grundriss der Pharmakochemie. Verlag Borntrager, Berlin, 1909.

OESTERLEN F. — Handbuch der Heilmittellehre. Tubingen, 1853.

PALAISEUL J. — Tous les espoirs de guérir (R. Laffont, édit.). Nos grand-mères savaient (même édit.).

PARIS R. — Nombreux travaux.

PELT J.M. :
— Les médicaments. Seuil, 1969.
— Évolution et sexualité des plantes. Horizons de France, 1970.
— Drogues et plantes magiques, H. de F., 1971.
— L'Homme re-naturé. Seuil, 1977.

PERROT Em. — Matières premières du règne végétal. Masson et Cie éditeurs, Paris, 1944.

Mme PORCHER-PIMPARD — Contribution à l'étude du pouvoir antiseptique des essences végétales. Thèse Toulouse, 1942.

REYNIER P. — Travaux divers, 1943.

ROLET A. — Plantes à parfums et plantes aromatiques. J. B. Baillière et fils, édit., 1930.

SARBACH R. — Contribution à l'étude de la désinfection chimique des atmosphères (Impr. Lescuyer - Lyon 1962).

SCHMIEDEBERG O. — Grundriss der Pharmacologie. Verlag Vogel, Leipzig, 1913.

SCHUCHART D. B. — Handbuch der Arzneimittellehre und Rezeptierkunt. Vieweg und sohn, Brauschweig, 1858.

TRENDELENBURG P. — Grundlagen der Allgem. und Speziellen Arneiverordnung. Verlag Vogel, Leipzig, 1926.

TRIER — Chemie der Pflanzenstoffe. Verlag Borntrager, Berlin, 1924.

TSCHIRCH A. — Handbuch der Pharmakognosie. Verlag Tauchnitz, Leipzig, 1917.

UEBÈLE G. — Handlexikon der Tierraztlichen Praxis. Verlag Ebner, Ulm, 1921.

VALNET J. :
— Traitements des maladies par les légumes, les fruits et les céréales. 8e édition, Maloine édit., Paris, 1982.

— Docteur Nature, Fayard édit., Paris, 1971, reprise par Maloine, 3ᵉ édit., 1981.
— Phytothérapie, Maloine, 5ᵉ édit., 1983.
et pour mémoire :
- Le citral-uréthane en dermatologie. L'Essor médico-social dans l'Union Française, juillet 1954.
- Lithiases et thérapeutique aromatique. L'Hôpital, mai 1959.
- Cholestérol et thérapeutique aromatique. A.M.I.F., janvier 1960.
- Phytothérapie et aromathérapie. Leur place dans la thérapeutique actuelle. Les Actualités Médico-Chirurgicales, L'Hôpital, mars 1961.
- La mésenchymothérapie - L'Hôpital, avril 1961.
- L'aromathérapie et les thérapeutiques naturelles face à la maladie (indications et résultats). L'Hôpital, janvier-mars 1962.
VALNET J. et REDDET Cl. — Contribution à l'application pratique d'une nouvelle conception du terrain biologique. A.M.I.F., avril et mai 1961.
VINCENT L.-Cl. — Nombreux travaux.
VANDER — Medicina Natural. Sanch. édit., Barcelona.
WALDENBURG et SIMON — Handbuch der Arzneiverordnungslehre. Verlag Hirschwald, Berlin, 1887.
WATTIEZ N. et STERNON F. — Éléments de chimie végétale, Masson et Cie édit., Paris, 1935.
WIESNER J. — Rohstoffe der Pflanzenreiches. Verlag Engelmann, Leipzig, 1927.
WOLFFENSTEIN — Die Pflanzenalkaloide. Verlag Springer, Berlin, 1922.

Tableau résumé des indications des essences aromatiques

(dressé par Norman Defrance)

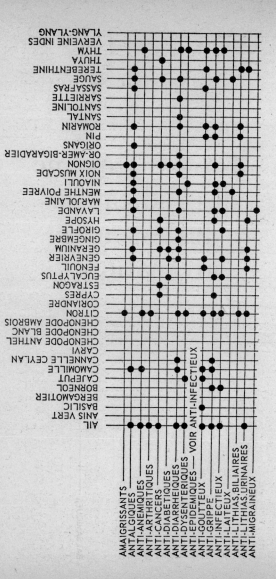

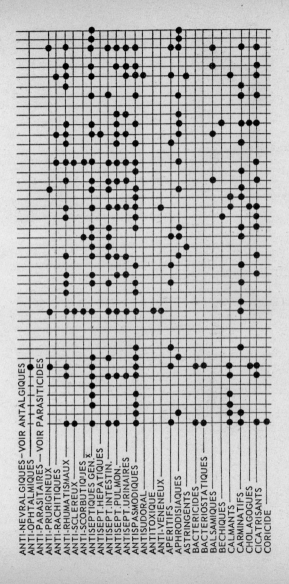

ANTI-NEVRALGIQUES – VOIR ANTALGIQUES
ANTI-OPHTALMIQUES
ANTI-PARASITAIRES – VOIR PARASITICIDES
ANTI-PRURIGINEUX
ANTI-RACHITIQUES
ANTI-RHUMATISMAUX
ANTI-SCLEREUX
ANTI-SCORBUTIQUES
ANTISEPTIQUES GEN. X
ANTISEPT.HEPATIQUES
ANTISEPT.INTESTIN.
ANTISEPT.PULMON.
ANTISEPT.URINAIRES
ANTISPASMODIQUES
ANTISUDORAL
ANTITOXIQUE
ANTI-VENENEUX
APERITIFS
APHRODISIAQUES
ASTRINGENTS
BACTERICIDES
BACTERIOSTATIQUES
BALSAMIQUES
BECHIQUES
CALMANTS
CARMINATIFS
CHOLAGOGUES
CICATRISANTS
CORICIDE

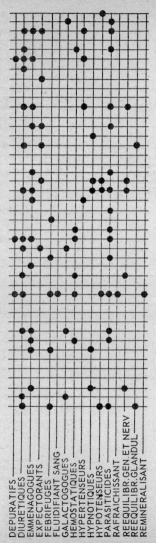

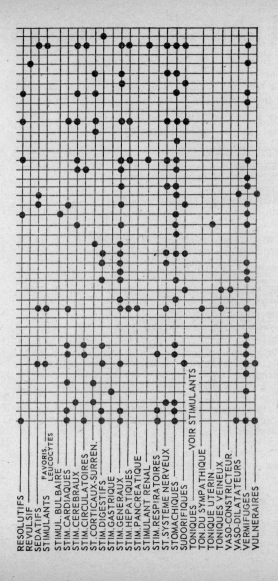

RESOLUTIFS
REVULSIF
SEDATIFS
STIMULANTS — FAVORIS, LEUCOCYTES
STIMUL. BULBAIRE
STIM. CARDIAQUES
STIM. CEREBRAUX
STIM. CIRCULATOIRES
ST. CORTICAUX-SURREN.
STIM. DIGESTIFS
STIM. GASTRIQUE
STIM. GENERAUX
STIM. HEPATIQUES
STIM. PANCREATIQUE
STIMULANT RENAL
STIM. RESPIRATOIRES
ST. SYSTEME NERVEUX
STOMACHIQUES
SUDORIFIQUES
TONIQUES — VOIR STIMULANTS
TON. DU SYMPATHIQUE
TONIQUE UTERIN
TONIQUES VEINEUX
VASO-CONSTRICTEUR
VASO-DILATATEURS
VERMIFUGES
VULNERAIRES

Table des matières

Composition réalisée par COMPOFAC

IMPRIMÉ EN FRANCE PAR BRODARD ET TAUPIN
Usine de La Flèche (Sarthe).
LIBRAIRIE GÉNÉRALE FRANÇAISE - 6, rue Pierre-Sarrazin - 75006 Paris.

ISBN : 2 - 253 - 03564 - 5   30/7885/4